现代传播学精品教材

# 大众传播学导论
DAZHONG CHUANBOXUE DAOLUN

陈 龙 著

第4版

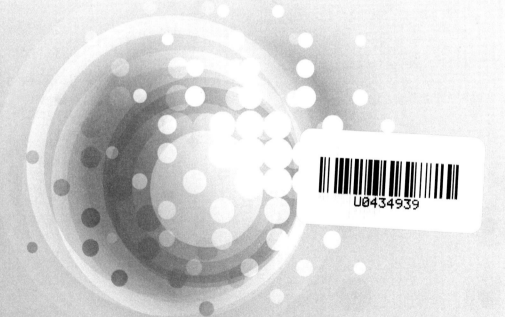

苏州大学出版社
Soochow University Press

图书在版编目(CIP)数据

大众传播学导论 / 陈龙著. —4版. —苏州：苏州大学出版社,2013.5(2022.8重印)
现代传播学精品教材
ISBN 978-7-5672-0471-3

Ⅰ.①大… Ⅱ.①陈… Ⅲ.①大众传播－传播学－高等学校－教材 Ⅳ.①G206.3

中国版本图书馆 CIP 数据核字(2013)第 091456 号

## 大众传播学导论 第4版

| | |
|---|---|
| 著　　者 | 陈　龙 |
| 责任编辑 | 李寿春　张晓明 |
| 装帧设计 | 刘　俊 |
| 出版发行 | 苏州大学出版社 |
| 地　　址 | 苏州市十梓街1号 |
| 邮　　编 | 215006 |
| 电　　话 | 0512-67481020　67258815(传真) |
| 网　　址 | http://www.sudapress.com |
| 印　　刷 | 常州市武进第三印刷有限公司 |
| 开　　本 | 787 mm×960 mm　1/16　印张 21.25　字数 392 千 |
| 版　　次 | 2013年5月第4版 |
| | 2022年8月第6次印刷 |
| 书　　号 | ISBN 978-7-5672-0471-3 |
| 定　　价 | 56.00 元 |

# 前 言

16年前,苏州大学中文系(新闻传播系)为了教学的需要,组织编写了《现代新闻学与传播学丛书》。考虑到教材多层次的适用性,我们一方面根据全日制普通高等学校新闻传播专业教学大纲的要求进行编写,另一方面有条理、清晰地编排知识点,尽量让读者"无师自通",从而方便自学者使用。教材出版后,不仅在江苏省普通高校全日制专业和自考专业中使用,而且得到了江苏省以外的许多高等学校的认可,国内一些高校甚至将它指定为新闻传播学专业考研的参考书。这套教材受到了普遍好评,16年来除增补的两种外已修订重版三次。

新闻传播学是与社会的发展紧密相连且实用性很强的学科。随着中国新闻传播事业的快速发展、改革开放力度的不断加大以及新媒体技术的突飞猛进,新闻传播学的知识在不断更新,学科也在不断完善。为了避免教材内容的"老化"和理论建设与社会发展相脱离的现象,我们决定再一次对丛书进行大规模的修订,并重新命名为《现代传播学精品教材》。本次修订主要根据以下原则进行:

● 尽量吸收国内外新闻传播学的新成果,结合新媒体技术的发展,引领学生了解学科发展的最新动态。

● 保持原教材便于自学的特点,厘清概念,指出知识点。

● 进一步强调教材的系统性,做到内容充实,资料丰富。

● 根据实际需要和本学科的发展,对内容和结构适当加以增删。

在初版教材的前言中我们曾说:"学科的发展是无止境的,教材的编写也只是阶段性成果,我们希望听到各方面的意见,在以后的修改中使之更加完善。"在新版丛书出版之时,我们仍坚持这样的愿望,让我们的教材在逐步完善的过程中更具有时代的特性和社会的适应性。

本丛书适用于全日制普通高校新闻传播学专业学生、新闻传播学专业自考学员以及新闻传播系统从业人员。

伴随着科学技术的高速发展,创新是这一学科永恒的主题,因此,关注这一学科理论与实践的发展将是我们长期的课题。同时,我们也期待着专家和同行的批评指正,以便我们在再次修订时补正。

《现代传播学精品教材》编委会
2013年4月

# 目录 Contents

**绪 论**
- 第一节 传播学界说 / 2
- 第二节 传播学研究方法论 / 9
- 第三节 我国传播学研究的现状 / 19
- 第四节 传播学与新闻学的异同 / 20

**第一章 人类传播的基本原理**
- 第一节 传播是什么 / 26
- 第二节 传播与语义学、符号学研究 / 31
- 第三节 传播的基本要素 / 51

**第二章 人类传播的主要类型**
- 第一节 个人自身的传播——内在传播 / 62
- 第二节 个体与个体之间的传播——人际传播 / 65
- 第三节 群体内的传播——组织传播 / 72
- 第四节 个体向群体的传播——公众传播 / 76
- 第五节 社会总体的传播——大众传播 / 86

## 第三章 传播与信息

第一节 信息的内涵 / 92
第二节 信息的传递 / 94
第三节 信息源与信息量 / 100
第四节 信息与新闻 / 102

## 第四章 职业传播者与传播伦理

第一节 大众传播中职业传播者的特点 / 104
第二节 职业传播者的任务 / 106
第三节 职业传播者的权利和责任 / 109
第四节 职业传播者的素养 / 114
第五节 "守门人"理论 / 117
第六节 传播者的职业道德与职业伦理 / 118

## 第五章 大众传播的媒介

第一节 大众传播媒介的发展历程 / 130
第二节 传统媒介的特点 / 142
第三节 新媒介的特点 / 150
第四节 大众传播媒介的社会功能 / 157
第五节 大众传播媒介与大众文化 / 161
第六节 几种主要的媒介理论 / 167

## 第六章 传播的对象——受众分析

第一节 大众传播的受众内涵 / 178
第二节 受众在传播过程中的构成特点 / 184
第三节 几种常见的受众理论 / 187
第四节 受众在传播活动中的心理机制 / 190
第五节 大众传播中的受众与信息反馈系统 / 195
第六节 受众调查 / 201
第七节 大众传播与民意测验 / 206
第八节 大众传播与舆论 / 209

## 第七章 大众传播的效果分析

- 第一节　传播效果研究的历史 / 214
- 第二节　劝服的传播效果研究 / 217
- 第三节　适度效果论与受众中心的传播效果研究 / 227
- 第四节　强大效果的再论证 / 238
- 第五节　大众传播的社会效果理论 / 245
- 第六节　大众传播面对的社会现实问题 / 259
- 第七节　影响传播效果的因素 / 265

## 第八章 传播制度与传播的控制

- 第一节　关于传播制度的几种理论 / 274
- 第二节　国家政府对意识形态领域的管理 / 278
- 第三节　行业或团体组织对传播的压力 / 283
- 第四节　受众对于传播的影响和控制 / 285
- 第五节　传播业职业道德的自律性 / 286

## 第九章 大众传播与社会发展

- 第一节　大众传播与社会发展研究的三代范式 / 291
- 第二节　大众传播如何为推动社会发展服务 / 295
- 第三节　大众传播与民主社会建设 / 300

## 第十章 国际传播与媒介全球化

- 第一节　国际传播的方式、方法 / 305
- 第二节　国际传播中的不平等现象及其实质 / 309
- 第三节　国际传播机构 / 312
- 第四节　全球化与媒介帝国主义 / 317
- 第五节　国际传播的发展趋势 / 323

主要参考文献 / 327

后记 / 331

# 绪 论

## 内容提要

1. 传播学的研究对象
2. 传播学的历史
3. 传播学的研究流派
4. 传播学的研究方法
5. 传播学与新闻学的比较

## 要点提示

在"绪论"里,我们需要着重了解以下内容:

1. 传播学的研究对象。传播学是研究人类社会信息交流现象及其规律的一门科学。具体地说,它要研究人类信息传播的内容、方式、方法,传播的社会作用,传播的效果,传播的控制,传播者与受众的各自特点及其相互之间的关系,等等。它不仅要研究人们怎样使用媒介,而且要研究传播媒介的种类以及人与媒介之间的关系等。广义的传播学以人类一切传播行为为研究对象;狭义的传播学以大众传播为研究对象。

2. 传播学的历史。传播学的产生有商业、政治、战争三个方面的因素,其起始阶段是作为社会学、心理学、政治学的一个分支而进行研究的,并诞生了传播学界"五大先驱":拉斯韦尔、拉扎斯菲尔德、卢因、霍夫兰、施拉姆。20世纪五六十年代传播学逐步发展为一门独立的学科。

3. 传播学的研究学派:经验学派和批判学派。

4. 传播学的研究范式:发现范式、阐释范式、批判范式。

5. 传播学的研究方法:内容分析法、实地调查法、控制实验法。

6. 传播学与新闻学的比较。

## 第一节 传播学界说

### 一、什么是传播学

人类文明是在传播交流中发展起来的。任何一种知识的积累，任何一种思想观点、理论见解为人们所接受都离不开传播，可以说，人类文化中的诸多学科都与传播结下了不解之缘。传播在心理学、社会学、政治学、经济学以及文学、语言学等学科的发展中都发挥了巨大的作用。再从近处说，人是社会关系的总和，人与人之间需要交流，而交流行为本身就是一种传播行为。我们生活在信息时代，每时每刻都需要接受信息、传播信息，因此，传播在我们人类生活中有着十分重要的作用。第二次世界大战以来，人们对传播行为在历史发展进程中的巨大作用开始有了初步的认识，特别是传播业在第二次世界大战中所发挥的积极作用，促使西方学者开始对传播这一社会学范畴的内容产生浓厚的兴趣。于是，对于传播行为及其相关因素的研究越来越引起人们的重视。一门新的学问应运而生了，这就是传播学。

传播学的研究对象是什么呢？传播学先驱施拉姆认为传播学是"研究人的学问"，"人类传播是人做的某种事"，"我们研究传播时，我们也研究人——研究人与人的关系以及与他们所属的集团、组织和社会的关系；研究他们怎样相互影响；受影响；告知他人和被他人告知；教别人和受别人教；娱乐别人和受到娱乐"。[1]施拉姆对传播学研究对象的这种概括，具有其独特性和深刻性。这主要表现在他是把人所具有的社会关系作为出发点来研究人类的传播行为的。从这一角度往往能观察到传播行为的本质。施拉姆还强调了人与人怎样相互影响、相互传播、相互接受等，即怎样互动，亦即互动中的方式、手段，实质上就是传播的方式、手段。

这样，我们就可以在施拉姆对传播学研究对象所作规定的基础上作出一种表述：传播学是研究人类社会信息交流现象及其规律的一门科学。具体地说，传播学要研究人类信息传播的内容、方式、方法，传播的社会作用，传播的效果，传播的控制，传播者与受众的各自特点及其相互之间的关系等。不仅要研究人们

---

[1] [美]威尔伯·施拉姆，威廉·波特.传播学概论（第2版）.北京：北京大学出版社，2007：5.

怎样使用传播媒介进行信息交流,而且要研究传播媒介的种类、发展变化及将来的发展趋势,以及各种传播媒介之间的相互关系,人和传播媒介之间的相互关系,等等。概括起来讲,传播学从人类传播的社会作用出发,利用社会行为科学的方法,研究人类传播的一般规律,其目的在于提高传播效果,更好地发挥传播的作用,促进社会发展。传播学有广义和狭义之分:广义的传播学以人类一切传播行为为研究对象;狭义的传播学则以大众传播为研究对象,故而也称之为大众传播学。现代传播学则从现代大众传播媒介所引起的人类传播行为的新变化入手,探讨现代传播与人类社会生活的关系,对传统意义上的传播理论作出修正,并对现代形势下的传播规律作出总结和概括。

## 二、传播学的起源

前面我们提到,传播学是在第二次世界大战以后出现的。这里着重分析一下传播学产生的历史背景。

传播学的产生与现代美国的政治、经济、文化、军事等各方面的发展有着密切的关系。第二次世界大战前夕,已经进入垄断资本主义阶段的美国,社会矛盾重重,经济危机频频爆发,工商业竞争也日趋激烈。工商业界的资本家为了推销自己的商品,为了增加利润,为了抢占更多的市场,不得不想尽各种办法,其中之一就是利用大众传播媒介,包括报纸、广播等来推销产品,树立企业形象。当时的商业广告日趋发达,从事广告服务业务的广告公司纷纷成立,他们专门为各个工商企业出谋划策,为其树立企业形象。这些广告公司最初都与报纸、杂志、广播、电视等大众传媒有着密切的联系,这样,大众传播媒介的商业色彩越来越浓厚,对商业界的依赖程度也不断加深。工商企业要借助于大众传播媒介推销产品,获得更多的利润;而大众传播机构要依靠工商企业的广告费来维持其生存和发展,并从中获取利润。可以说,二者是相互依赖、相互促进的关系。

不仅是工商企业界有赖于大众传播媒介,在美国的政界,许多政党、组织都很重视大众传播媒介的作用。20世纪30年代以后,美国的大众传媒如报纸、广播、电视成了党派斗争的阵地,谁掌握了传播媒体,谁就可能在政治角逐中获胜。因此,无论是竞选总统还是竞选党派领袖,竞选人无一例外都要在传媒中亮相,发表演说,撰写文章,鼓吹自己的施政纲领,抨击竞争对手的观点和立场。

传播实践表明,无论是商业性还是政治性的传播,不同的人、不同的方式、不同的媒介,其效果都是不同的。有的收效显著,有的收效甚微,有的甚至适得其反。怎样使用传播媒介?使用何种传播媒介效果最好?通过什么形式效果最好?这些都是摆在人们面前最为现实的问题。于是学术界、政府机构、大企业财团以及各种社会团体、专业组织都纷纷从各自不同的利益需要出发,去研究传播和传播媒介的有关问题。虽然研究的背景和侧重点各不相同,但是,大的研究项目几乎都是由财团基金会出钱或由政府出资支持的,甚至题目也由他们拟定,研究成果往往也直接为他们所使用。第二次世界大战刺激了西方传播学的研究。当时美国军界为了鼓舞士气,为了对付希特勒的法西斯政治宣传,也开始研究传播媒介在改变人的态度和行为方面的作用和效果。于是军界雇用一批学者,让他们从心理学、政治学、社会学角度研究大众传播媒介的作用,一方面用来提高本国士兵的士气,另一方面用来抵消希特勒的法西斯政治宣传的影响。这样,由于政界、军界以及资本家企业财团都很重视传播学的研究,使得传播学这门新兴的学科得以蓬勃发展。但最初从事传播学研究的并不是新闻工作者,而是一些社会学家、心理学家、政治学家等。

在西方,传播业十分发达,对传播的研究自然也很发达,涌现了一大批杰出的学者,如美国政治学家、传播学五个 W 公式的创始人哈罗德·拉斯韦尔,社会学家、心理学家保罗·拉扎斯菲尔德,社会心理学家库尔特·卢因,实验心理学家卡尔·霍夫兰以及新闻学家威尔伯·施拉姆等,他们后来被称为大众传播的"五大先驱"。拉斯韦尔从宣传的角度出发,对传播进行了大量研究,提出了不少基本理论。拉扎斯菲尔德从社会学角度出发,研究传播是怎样产生效果的,提出了如"意见领袖"、"二级传播"等理论。20 世纪 50 年代,施拉姆总结了以前几位学者对传播学的研究,发现了传播学和新闻学有着很密切的关系。他对前人的研究成果进行归纳、整理,并进一步发展了传播学的理论。施拉姆因此被人们称为传播学理论的集大成者,是美国传播学的开山鼻祖。继施拉姆之后,传播学在美国得到了迅速的发展。很多新闻院校都开设了传播学课程。有的院校把原来的新闻学院改成传播学院,传播学研究从此得到了迅速的发展。

## 三、传播学的研究流派

随着社会科学领域新方法的介绍和引进,20 世纪 40 年代以后开始了传播学研究方法的大变革,特别是"三论"(信息论、系统论、控制论)的兴起,使传播学研究朝着纵深方向发展。传播学从"三论"中借用了不少有用的理论和方法来丰富自己。例如,传播学中的信息概念来源于申农的"信息论",而"反馈"概念和原理则来自维纳的"控制论"。同时,西方突飞猛进的科技革新为传播学研究提供了许多便利条件。例如,电脑的发明和使用,使得传播学调查研究中的统计工作变得既快捷又方便。西方传播学已步入了科学研究的轨道,并且为传播学研究积累了不少有益的经验。

在传播学研究的历程中形成了两大主要学派,其一是经验学派,其二是批判学派,这两种流派在研究方法、研究风格等方面都存在很大的差异。

## (一) 经验学派

经验学派(也称传统学派、实证学派)从社会学、心理学等领域汲取营养,将传播定位为一种行为,视传播为人们互相影响彼此行为、心理状态的社会互动过程,所以,约翰·费斯克(John Fiske)称之为"过程学派"。这一学派从社会学、心理学那里借鉴了研究方法。从广义上看,它是运用经验方法来分析社会现象的社会科学学派。具体地说,经验学派是运用实证研究方法,即运用可以量化、可以观察、可以测定的材料来对有关传播现象或传播行为进行考察,总结和发现其中规律的研究流派。它源自18世纪的经验主义哲学思潮。其实验室研究的特点便是严格的控制和操作,相信数字测量和数学模式,重视实际经验的观察和推论,强调研究程序具有客观性和可重复性。行为科学的学者把这些方法运用到他们的研究工作中,久而久之也就形成了社会科学的研究规范。这些规范主要表现在以下几个方面:第一,研究程序应具有客观性和可重复性,以便为其他人提供清晰的观点和验证手段,让其他学者能清楚其中的研究思路;第二,必须提供准确的关于理论假设的佐证数据和客观材料;第三,在研究出现可重复检验的普遍性情况下,归纳出关于社会现象的一般定理。对传播而言,则是关于传播过程中一般规律的模式描述或理论。在西方传播学近一个世纪的传播研究发展中,实证研究占据了主流地位。实证传播研究出现了许多所谓的"里程碑"项目。最具有代表性的莫过于美国的13项里程碑项目。这13项里程碑项目研究的重点在于传播媒介的效果。

近一个世纪的研究史中,经验学派的研究方法也不断得到丰富,多变异项统计和新的测量方法等都曾运用在效果研究中。学术界普遍认为"佩恩基金研究"是第一个真正的传播研究,该研究于20世纪20年代首次将统计方法引进到社会科学研究中来,使得内容分析、受众研究等传播研究方法开始成型。1938年普林斯顿大学对广播剧《火星人进攻地球》引起受众恐慌的效果研究,使得内容分析与田野调查方法得到实际的应用。其后,40年代拉扎斯菲尔德在俄亥俄州伊里县进行的调查,50年代施拉姆等人的电视对儿童影响研究,60年代公共卫生局长报告"电视与社会行为研究",等等,都是经验学派研究的样板。

## (二) 批判学派

批判学派是近代欧洲兴起的一种研究学派。其源头可以追溯到20世纪20年代西方马克思主义的法兰克福学派。"二战"以后，随着美国传统学派传入欧洲，欧洲学者也开始探索传播学自己的研究路子。经验学派的方法经过欧洲学者的尝试和应用后暴露出它的一些缺陷，同时一些已有结论也被证明不符合欧洲实际。在英国和德国，一些学者纷纷对经验方法提出质疑。批判的焦点在经验学派过多注重实证结果，商业色彩浓厚，更主要的是经验学派脱离社会多种因素去考察人类传播活动，导致了一叶蔽目不见泰山，看不到资本主义条件下传播活动和传播现象的本质。西方马克思主义思潮在战后重新兴起，对批判的传播研究也产生了深远的影响。批判学派在欧洲乃至全球都给人耳目一新的感受，即使是相对保守的美国传统学派对其也不排斥。在澳大利亚学术界，也有一批学者热衷于批判的研究。除了老的一批学者外，至今仍活跃在学术界的学者有英国的班尼特(Tonney Bennett)、默多克(G. Murdock)，美国的费斯克(John Fiske)、凯瑞(J. W. Carey)、丹·席勒(Dan Schiller)、瓦斯卡(Janet Wasko)、吉特林(Todd Gitlin)，加拿大的马斯克(Vincent Mosco)，澳大利亚的哈特莱(John Hartley)、辛克莱尔(John Sinclair)、洪宜安(Ien Ang)，德国的威尔希(Wolfgan Welsch)，芬兰的诺顿斯壮(Kaarle Nordenstreng)，等等。

批判学派看待传播现象与传播过程中的有关问题有自己独特的视角。但总体来说，不外乎两种路线：一种是老一辈的马克思主义学者沿用他们对马克思主义相关理论的理解，去研究大众传播中的问题；另一种则是运用社会学的相关理论来看待社会现实中的传播现象和传播过程中出现的方方面面的问题。因此，批判学派就方法而言是开放的，既有思辨性的方法，又有一些实证的方法。不过，批判学派的学者还是偏爱思辨的方法，善于运用符号学方法来分析资本主义社会大众传播与人们意识形态之间的本质关系。所以，费斯克把这一学派称为"符号学派"。批判学派的研究对象主要集中在三大领域：传播制度与社会阶层的关系；大众传播功能与大众文化的关系；受众与传播效果的关系。

批判学派的主要代表有：

### 1. 法兰克福学派

这一学派得名于它的诞生地——德国莱茵河畔的法兰克福大学社会学研究所。该研究所是后来学派的组织基础，于1922年由卢卡契和科尔斯首先提出创办。"二战"期间，研究所曾辗转于日内瓦和巴黎，最后迁往美国，从此，法兰克福学派的思想便在全世界广泛传播。该学派在思想上并不具有统一性，但在政治上却始终保持一致。主要代表人物有：第一代学者霍克海姆、阿多诺、马尔库塞、弗洛姆；第二代学者本雅明、哈贝马斯等。法兰克福学派的学者有一个普遍的倾向，即都以宣传人道主义异化理论而著称。例如，阿多诺和本雅明都突出批判了资本主义文化工业的负面价值。与传统马克思主义不同，他们认为这种异化来源于资本主义的大众传播，在他们看来，畸形的社会格局是由大众传媒协助制造出来的。"文化工业"给资本家带来丰厚利润的同时也培植了人们的意识形态，人们在媒介文化产品的影响下久而久之就丧失了批判能力。马尔库塞就认为物质文明的进步只会增加对人的压抑，使人异化为"单向度的人"。由于对"文化工业"保持一种批判姿态，因而也就使这一学派形成了带有锐利批判锋芒的研究风格。这一学派的研究领域还包括阿多诺对权威人格的分析，哈贝马斯对公共领域结构变迁的研究以及交往行动理论等。

尽管法兰克福学派对西方国家文化工业进行了批判，并联系社会思想因素对其加以大量分析，但该学派无意于改变资本主义社会制度及其秩序。例如，哈贝马斯主要从社会哲学和语言哲学方法的角度来探索传播与社会变革问题，其传播观念中带有明显的"普遍主义"和"伦理主义"色彩。

**2. 英国文化研究学派**

这一学派也称"伯明翰学派"，因其大本营设在伯明翰大学而得名。20世纪50年代，随着苏联镇压匈牙利革命和英法入侵苏伊士运河，当时英国的左派知识分子放弃了对斯大林社会主义革命的崇拜，同时也对殖民主义保持着清醒的认识。他们从人道主义立场出发，围绕在《新左派评论》周围对"经济化约论"进行批判，同时把文化看作社会过程本身，而把经济、政治仅仅看作这一过程的构成因素，这对后来的文化研究产生了深刻的影响。除了新左派崛起部分开拓了文化研究的空间外，媒介文化与亚文化的发展，亦成为20世纪60年代文化研究的重要脉络；70年代，女权运动及新右派的兴起，对文化研究产生了直接的影响；80年代，撒切尔新保守主义的盛行，引发了这一学派对种族问题的思考；到了90年代，同性恋运动登上历史舞台，"同志研究"（Queer studies）驱使文化研究再次将研究领域拓展。文化研究在某种意义上也可以被称为"意识形态研究"，这一流派的代表人物霍尔（S. Hall）、莫利（D. Morley）、费斯克等人的研究都直接沿用了阿尔都塞、葛兰西的意识形态理论，可以说意识形态学说为文化研究提供了强有力的思想武器。而就研究内容来看，文化研究学派讨论最多的是"再现"问题。在区分"再现"过程中的真理与谬误、现实与虚构等要素时，形成了二元论的研究倾向。这样，阶级、性别、种族等研究领域渐渐定型。在方法上，由于社会学学者的加入，文化研究学派也吸收了实证方法，最为突出的是"民族志"的受众研究。文化研究后来成为一种学术研究时尚,为国际传播学术界所接纳,在澳大利亚、美国、加拿大等国,都有学者专门从事文化研究工作。

**3. 政治经济学派**

这一学派是英国影响较大的一个西方马克思主义分支。其代表是英国李斯特大学大众传播研究中心的默多克、戈尔丁(P. Golding)、威斯特嘉特(J. Westergaord)、奥利弗·鲍伊德-巴勒特(Oliver Boyd-Barrett)等。该学派按照马克思主义的经济基础决定上层建筑的基本观点,运用实证分析方法,主要研究两方面问题:第一是传播体系所有制的结构;第二是传播媒介市场约束力运行的方式。该派学者认为,应将传播机构视为经济制度的一部分,所以它和政治制度联系紧密。为了扩大传播媒介市场,传播媒介需要传播多种不同的信息内容,这取决于传播媒介的拥有者和决策人的经济利益。20世纪70年代,默多克等人撰写了大量论文,对当时以英国为代表的资本主义社会传媒现状进行了批判,着重分析了大众传播与阶级关系,文化产品的生产过程及其结构,商业利润获取的横向、纵向过程等问题。

政治经济学派偏重于剖析西方资本主义国家垄断化的传播体系及其带来的社会后果。集中研究传播媒介作为一种经济形式(如作为产业的形式)是如何运作的,并由此延伸到信息内容的分析,提出传播媒介也在"制造受众"的看法。该派的代表人物达拉斯·斯迈思(D. Smythe)研究指出,媒介获利大小的根源是受众的多寡在起作用,因此他提出受众商品化的观点。

政治经济学派也存在许多不足。例如,研究传播媒介的经济结构有余,涉猎传播理论与思想不足;试图从所有制关系和经济结构上来揭示资本主义大众传播的内在矛盾和制度的非合理性,如同缘木求鱼。从这派的研究方法上说,他们普遍对市场调查、测定过于迷信,而市场测定工作本身相当复杂,这也制约了他们的研究视野,很多因素通过实证工作是难以解决的。

**4. 多伦多学派**

这是北美最具影响的一个批判学派。该学派诞生于20世纪60年代的加拿大。创始人是媒介研究学者麦克卢汉(Marshall McLuhan)和英尼斯(Harold Innis),追随者有科克霍夫(Derrick de Kerckhove)等。这派学者的研究兴趣大多集中在对媒介功能的研究以及媒介文化的分析上,主要观点集中在麦克卢汉和英尼斯等人的著述中,特别是麦氏的理论对今天的网络时代媒介功能的认识仍具有启发价值。作为北美的批判学派,该学派还关注传播与文化的现实问题,对客观存在的媒介霸权保持警惕,在他们的有关论述中,对美国的电子媒介文化对于加拿大的渗透和影响进行了有力的批判。

其他批判学派还有"社会科学学派"、"思想统治学派"、"功能主义学派"等。前二者属于"西马"序列,而后者则是典型的社会学学派,因而在方法上他们也存在很大的差异。

批判学派就其历史来说,走过了三个阶段,即20世纪30年代以前、30年代到第二次世界大战结束、"二战"后到60年代。总的来说,首先,批判学派的理论已经演变为视野广阔的知识系统,90年代以来,流派的意识渐渐淡化了,但其人本主义传统使之迥然不同于传统学派的思考。其次,批判学派的理论集中体现了关于社会的历史科学,它关注社会的历史发展和内在冲突,对现代组织化的资本主义社会中权力、资本和异化现象进行了深入的分析和批判。再次,批判学派对社会中思想宰割与被宰割的不平等现象给予了特别的关注,澄清了人们对民主社会性质的认识。最后,批判学派在一个世纪的发展历程中已逐渐演变为一种跨学科的综合研究思潮,不仅是方法的融合,而且是学科的融合。正如美国学者凯尔纳所指出的那样:"批判理论不再把自己局限于任意的或传统学术分工之中,它消解了互相竞争的各个学科之间的界限,进而强调哲学、经济学、政治、文化和社会之间的结合。"[1]

## 第二节 传播学研究方法论

### 一、实证研究方法与批判研究方法

在学术界,一般认为实证研究范式开始于孔德(August Conte)的实证哲学,而在20世纪的美国得到发扬光大。这一范式主张以自然科学的方法来研究社会现象、社会问题。孔德主张扬弃形而上的不可观察的现象,从具体可感的现象中去寻找事物的本质规律,强调科学的最终目标在预测。

18世纪开始的许多科技发明,使人们开始笃信科学主义,这也造就了实证主义。19世纪欧洲的物理学家将实证主义的研究推向顶峰,其实验室研究的特点,便是严格的控制和操作,相信数字测量和数学模式,重视实际经验的观察和推论。行为科学的学者把这种方法应用到他们的工作中,以求发现人类行为的规律,自然就形成了实证研究范式。自实证主义范式产生以来,渐渐发展成为一

---

[1] 周宪.20世纪西方美学.南京:南京大学出版社,1997:5.

种全球性的政治和学术运动。到了20世纪初,维也纳学术圈的逻辑实证论变成科学哲学中最具有影响力的一支,其影响波及全球,直到今天仍是社会科学的主流范式。我们所说的传统传播学研究,就是这一研究范式的产物。长期以来,学术界均奉实证研究方法为传播学研究的圭臬,而相对轻视其他研究方法。1961年,德国学术界的方法论大讨论使传播学术界对研究方法有了重新认识。当时,批判学派的一代宗师法兰克福学派的阿多诺(T. Adorno)与实证学派的代表人物帕伯(K. Popper)进行辩论,与此同时,法兰克福学派的第二代学者哈贝马斯(J. Habermas)与另一实证学派代表人物阿尔伯特(Albert)也进行辩论,虽然法兰克福学派挑战实证学派没有取得最终结果,但这场大讨论引起了全球学术界对方法论的关注。此后,哈贝马斯也曾与阐释学大师伽达默尔(Gadamer)及后现代理论大师利奥塔(J. F. Lyotard)进行辩论,其结果都使学术界对研究方法更加重视。

20世纪60年代,主导德国社会学界的学派有三个:一是以海德格尔(Heidegger)和格伦(Gehlen)为代表的阐释学派;二是以科隆大学为中心的实证学派;三是以阿多诺、霍克海姆(Horkheimer)为代表的批判学派。其实,批判学派的鼻祖阿多诺与实证学派的鼻祖帕伯均反对将自然科学的方法移植到社会科学。帕伯认为科学知识不能依赖由实证资料归纳而来的规律,而必须靠演绎推理的方法。科学家的工作在于运用"批判理性的方法"来不断地加以否定。科学的客观与否,过去是植根于科学家的客观与否,但帕伯将客观转移到方法本身。阿多诺则发展出"否定的辩证法"(negative dialectic),跳出了黑格尔以来的三段论式的辩证方法。对阿多诺来说,抓住否定哲学中的"否定"精神,并自其发展出理性,就是所有知识的源头。而哈贝马斯则强调"理解的理性"(comprehensive rationality),"理解的理性"是建立在自我反省基础之上的,这才是获取真知识的方法。

批判理论方法论对社会学界贡献很大,除了在科学哲学的部分,主张以辩证的方法,取代自然科学的方法,以"理解的理性"取代"工具理性"之外,最主要的贡献还有此派在文化批判上的独到见解。哈贝马斯对西方世界公共领域结构变迁的讨论,及其所发展出来的交往行动理论更是对当代民主政治、民意研究特别是传播研究产生了深远的影响。

包括拉扎斯菲尔德在内的经验学派学者都认识到,批判学派的辩证分析方法和经验研究方法具有有机统一的可能性。拉扎斯菲尔德认为,两派的分歧事实上主要是社会观的对立。经验学者认为资本主义社会是多元社会,只要实现多元利益的协调和平衡便能够消除社会矛盾,就自然会把传播看作是控制人的行为和实现社会"科学管理"的重要手段和途径。而批判学派则认为,资本主义制度连同其传播制度本身就是不合理的,大众传播媒介在本质上是少数垄断资本对大多数人实行统治的意识形态工具。

由此,我们不难看出两个学派方法论体系上存在的差异。与经验学派在制度内部找解决社会问题的对策的做法相比,批判学派是把资本主义制度本身作为变革对象的。经验学派过于依赖实证材料,批判学派则主要借助文本分析。经验学派和批判学派都关心传播的社会控制作用:经验学派的核心课题是"如何"控制或在"多大程度上"进行控制;而批判学派关心的焦点则是"谁在控制"、"为什么存在着支配与控制"以及"为了谁的利益进行控制"。这种关注意向的不同,是由他们的社会观和意识形态立场决定的。

## 二、传播学研究的基本范式

范式(paradigm)概念是美国学者托马斯·库恩提出来的。根据库恩的解释,范式是某一科学领域公认的模型或范例,它是科学共同体成员"所共有的信念、价值、技术等构成的整体"。其特点是:"成就空前地吸引着一批坚定的拥护者,使他们脱离科学活动的其他竞争模式。同时这些成就又足以无限制地为重新组成的一批实践者留下有待解决的问题。"[1]具体地说,范式涉及研究整体中的一种元素,就是具体的问题解答。作为一种模型或范例,可以代替规则作为常规科学其他疑题的解答基础。近年来,学术界对此也曾进行过讨论,有学者研究认为,社会科学中的研究范式,是有关科学和社会基本性质的一组形而上的假定,无所谓对或错,而只是提供了观察人们社会生活的不同方式和思路。[2]传播学研究范式就是研究传播问题的不同思路和模式。

传播研究范式的差异首先来源于社会科学与人文科学的区分。社会科学倡导科学主义,试图仿效自然科学的研究,因此主张价值中立,认为学者必须不带个人偏见地去揭示纯粹的客观规律;而人文学者认为价值中立是无法真正做到的,研究工作具有一定的价值导向不仅是可以的,而且也是必然的。如果说社会科学主要是想揭示社会究竟是什么样的,那么人文科学主要着眼于价值关怀,让研究工作带有了一点揭示社会应该是什么样的性质。前者在传播研究中强调客观,强调实证,强调规律性,因而形成了传播的社会科学研究范式,研究多注重结果和发现,也可称为"发现范式"(discovery paradigm)。后者在传播研究中又

---

[1] [美]托马斯·库恩.科学革命的结构.北京:北京大学出版社,2003:9.
[2] 金兼斌.传播研究典范及其对我国当前传播研究的启示.新闻与传播研究,1999(2).

可以分为两支：在具有价值导向的前提下，一派强调理解，这带来了传播的"阐释研究范式"（interpretive paradigm）；另一派强调批判，这带来了传播的"批判研究范式"（critical paradigm）。

20世纪90年代以来，传播研究在学术自由的氛围下，进入了一个多元范式时期。所谓的多元范式，其实就是指"发现范式"、"阐释范式"以及"批判范式"。

"发现范式"的传播研究，首先假设有一个可知的"实体"（reality）存在着，等待人们去发现，其哲学思想建立在理性主义、实证主义、逻辑实证论、行为主义以及现代主义等认识论基础之上，其研究的目的在于正确地揭示出实体。因此，特别注重严谨、系统、具有信度和效度的研究过程。为了正确地把握到实体，对研究对象进行归类，确立普遍性准则，成为其必要的手段。例如，对媒介议程设置的研究。媒介有议题设置的功能，这是一个实体，对这一实体进行实证研究，要落实到方法上，如何设计有效的问卷、田野调查的范围和样本如何确立，统计结果如何分析等都是系统而严谨的。"发现范式"常用的方法有：内容分析、田野调查、控制实验、语义分析等。

"阐释范式"认为多重实体的存在，是通过人际符号互动而建构的。这个范式的哲学思想建立在阐释学、现象学、符号互动、结构主义的基础之上。其研究的目的在于了解意义是如何创造的，因此强调解释过程的创造性与价值观。为了了解意义，从参与者与其所处环境角度来加以描述，成为必要的手段。阐释范式常用的方式有：民族志研究、交谈分析、话语分析、修辞批评等。

"批判范式"与"阐释范式"相似，它也认为多重实体是通过人际符号互动而建构的。这一范式的哲学思想建立在批判理论、解构主义、符号学、后现代主义基础之上，其研究的目的在于显现事件的隐藏结构，特别是文化内所隐藏的意识形态问题，揭示媒介文化中隐藏的意识形态企图。作为传播研究范式，批判范式常用的方法有：批判的民族志学研究、马克思主义方法、文化研究、后现代主义研究等。

传播学研究的"发现范式"多主张量化研究，而"阐释范式"及"批判范式"采用质化研究方法更多。这三种方法各有利弊。虽然我们在具体的研究工作中可能有某一种方法更为适用，但也要承认其他方法的合理性。当然，从绝对的标准来看，任何分析的目的、分析过程终点、分析工具和分析客体，几乎都不可能彼此相容。[1]然而，真正的问题是，我们必须找出，在什么范围、什么层面下，质化和

---

[1] K. B. 简森，N. W. 简柯维奇.大众传播研究方法：质化取向.台北：台湾五南图书出版公司，1996：6.

量化这两种研究模型可以彼此相容。某种研究范式在传播学研究中的存在与否,取决于具体的情况,范式的采纳和发展与特定的历史社会语境相关,只有根据具体的研究内容、研究对象和研究条件制定合适的研究方法,才能使传播学研究深入下去。

### 三、传播学研究的基本方法

作为一门学科,传播学也有自己的研究方法,不过,这些研究方法都是从社会学、心理学、政治学等学科中借鉴过来并加以发展的。传播学研究就方法而言,可以分为两大类型,即实证方法和批判方法,而以实证方法为主流。

#### (一) 实证研究步骤

科学研究方法的作用在于提供客观公正的资料评价。为了有系统地调查研究某一问题或假想,学术机构和民间两方面的研究者都要经过8个基本的发展步骤。当然,仅仅遵循这8个步骤也不能保证研究的顺利进行及研究结果的正确性,总会产生数不清的非正常因素,可能使本来计划得很好的研究课题不能顺利完成。

实证研究的8个主要步骤是:

(1) 参阅相关的理论和研究;
(2) 提出关于课题的假设或要研究的问题;
(3) 设计合适的研究方法和研究计划(包括是否采用质化研究或量化研究);
(4) 设定问题;
(5) 搜集相关的资料;
(6) 分析和说明研究成果;
(7) 用适当的形式发表研究成果;
(8) 必要时进一步重新研究这一课题。

在这8个研究步骤中,每一个步骤都相互依存,为完成课题研究发挥最大效能。在开始搜集资料前,需要先确定要研究的问题,要设计最佳的研究方案,就必须了解哪些类型的课题已经被研究过,依此类推。各步骤之间又相互作用:每一个步骤的结论都与另一个步骤相互联系。例如,搜集资料的过程中,可能会发现以前的步骤中存在的问题,便可以及时加以改进。

就研究的种类而言,大体上有两种:学术研究和私人研究。西方传播学研究,因目标和对象不同而出现分野。学术研究通常也称基础研究,由政府或相关研究机构出资设立项目,由大学或研究机构的学者运用有关理论与方法进行专门的研究,其研究结果用来解释媒介及其对个体的影响。一般理论研究内容包括与媒介有关的问题,如电视游戏、互动式电视系统、受众生活方式分析、媒介"信息过剩"情况下媒介的选择以及各类节目对儿童的影响等。私人研究由非政府部门的商业机构或他们的研究顾问承担,一般是应用性研究,其研究成果主要用于决策阶段。私人研究的主要内容有:媒介内容的分析和受众的兴趣爱好、销售预测、公共关系研究和公司的形象研究等。两种研究存在一些差异,但都强调研究的准确性和现实性,都运用相似的研究路线和统计分析方法。此外,他们还有共同的研究目的:解释问题和预测未来。

### (二) 传播学研究步骤

传播学研究的程序也有其独特性。任何问题的科学评价过程,都必须按照一定的步骤进行,以增加相关信息产生的机会。研究人员如果不遵循规定的步骤,不采用科学的方法,研究过程中产生的错误必然增加。传播学研究方法属于社会学方法论范畴,因此,它有严格的操作流程,表现在学术论文的写作上也是如此,学术界通常称之为"洋八股"。具体地说,包括以下几个步骤:

**1. 研究论题的选定**

对于初学者而言,学术刊物、新闻性媒介和日常的杂志都能提供很多有价值的创意。在美国,《传播学研究》(Communication Research)、《传播杂志》(Journal of Communication)、《传播理论》(Communication Theory)、《大众传播学批判研究》(Critical Studies in Mass Communication)等刊物具有广泛的影响性。其中刊载的论文都有许多创见,观点值得借鉴之处也很多;相关的研究公报、简报和研究摘要(比如,在我国有人大"复印报刊资料"系列、《高等学校文科学报文摘》、《新华文摘》等),有助于我们一目了然地了解学术进展;另外,相关的日常生活中的信息传播,如读书看报等,也能使专门从事学术研究的人发现问题;其他如档案资料、调查资料等都具有参考价值,如盖洛普(Gallup)、罗普(Roper)组织的民意调查,阿比创(Arbitron)、尼尔森(A. C. Nielsen)和波切(Birch)的媒介占有率资料对研究人员来说都具有很高的价值,都能使我们从中发现问题,并从中受到启发,发现新的研究视角。

**2. 确定与论题相关的问题**

一旦研究选题已经确定,接下来的工作就是要证实这一论题的价值。这一步骤可通过对下列问题的回答来完成。

(1) 论题是否大而无当？
(2) 这个问题确定能够调查吗？
(3) 资料分析是否可行？
(4) 这一问题是否有意义？
(5) 研究结果是否具有普遍性？
(6) 所投入的经费与时间是否可行？
(7) 预计的研究途径是否适合研究需要？
(8) 是否会对受访者造成潜在的伤害？

**3．文献探讨**

实证研究十分注重文献探讨。文献探讨可以提供以往研究的方法和结果等信息。有经验的研究者，会将文献探讨视为研究的重要步骤之一。从阅读文献中不仅可以得到过去研究的资料，而且省时、省力、省钱，避免做无用功，对调查研究的成败具有决定性的影响。在进行调查之前，研究人员需要回答以下问题：

(1) 这个问题以往有过什么形态的研究？
(2) 过去的研究有什么发现？
(3) 其他研究者对研究有什么建议？
(4) 还有哪些问题尚未研究？
(5) 如何为研究领域提出新的见解？
(6) 过去的研究采用什么研究方法？

**4．拟订研究假设与研究问题**

假设是对"变数"关系的一种描述，从研究中可测试出假设是否成立。"研究问题"陈述着某些现象的方向，不仅仅局限于"变数"之间的关系，"研究问题"往往是研究者在问题本质不确定时所进行的运用合理方法进行的验证过程，"假设"也正是从研究问题结果的资料中发展出来的。

**5．调查与实验设计**

对于不同的研究对象，采用的研究途径也不尽相同，研究途径的选择取决于研究目的和研究经费情况。有些问题宜采用田野问卷调查，有些宜采用深度访谈，而有些则要用实验室的控制实验以排除外生变数。一些表面看来很简单的研究，也得采用十分复杂的调查研究方法。在进行研究之前，应决定如何搜集和分析资料。如果在搜集了资料以后勉强把研究纳入某种特定的研究途径或统计方法之中，就会造成错误。例如，一个商场促销部门要对该商场的顾客情况进行了解，在未做计划的情况下，它便设计问卷来搜集信息。然而，受访者对于问题的回答与选择并不充分，而不良的问卷设计也无法给出有意义的结论，它得到的只能是一堆无意义的数据。因此研究的程序都必须预先规划好,这样,研究结果才会有信度和效度。

### 6. 调查代理机构与外勤服务机构

学术部门项目研究工作往往会受到人手方面的限制,因此委托专门的调查代理机构来进行调查会节省大量的时间和精力。例如,当电话采访的样本数很多时,就需要有很多人手参与,这时就需要委托专门的公司来进行这项工作。全程参与的调查代理机构往往要参与研究设计,负责资料搜集,将资料列表,并对结果进行分析。外勤服务机构通常专门从事电话访问、街头访问或登门造访工作,为团体自填调查机构(group administration)的研究计划以及焦点团体招募受访者(pre-recruits)。尽管有些外勤服务机构也提供问卷设计和资料制表的服务,但他们多半从事电话访问、街头访问和招募受访者工作。当然,这类机构很多,水平参差不齐,应尽可能选择专业化、规范化的机构。

### 7. 资料分析和解释

搜集的资料数据需要进行分析,这往往需要很长时间,根据研究方法和目的的不同,时间使用也不尽相同。每一项分析都必须按照分析的规则认真计划和执行。结果呈现之后,研究人员就应思考发现的问题。结果必须在符合外在效度和准确的条件下进行分析。通过分析来确定研究的内在及外在效度。所谓内在效度(Internal Validity),是指研究是否确实检视了预计的研究课题;而外在效度(External Validity),则是指研究结果能够推论到不同母体、环境和时间的程度。

### 8. 重复实验

重复实验的目的在于确保研究符合科学性。任何一项研究的研究结果,只能是事实存在的一个指标。研究所提供的信息只能用"也许是这样"来表达,不是某一问题研究的最终答案。为了提高研究结果的可靠性,必须反复地进行试验。一个问题或假设,在呈现有意义的研究结果之前,必须经过不同面向的检验。研究方法和设计必须避免设计导向结果(design-specific results)的出现,也就是特殊的研究设计而导致某种结果。同样,从不同角度研究具有不同特征的调查对象以避免抽样导向的结果(sample-specific results);统计分析也应有所变化以避免方法导向的结果(method-specific results)。为防止研究结果受研究方法左右的状况,就必须反复进行测试。重复实验的方法有以下四种:(1)逐项重复;(2)操作上的重复;(3)测量工具的重复;(4)建设性的重复。

## (三) 西方传播学界研究方法

西方传播学界所常用的研究方法主要有以下几种。

**1. 内容分析法(content analysis)**

内容分析法是传播学研究中的一种常见方法。18世纪的瑞典学者最早在社会科学研究中使用。美国传播学学者贝雷尔逊(B. Berelson)在他的《内容分析:传播研究的一种工具》中曾下过这样的定义:内容分析是一种对传播内容进行客观地、系统地和定量地描述的研究方法。这个定义包含了三层含义,即客观性、系统性、定量性。所谓客观性,是指研究者必须从现有的材料出发,排除个人的主观好恶,对传播内容作出客观的、实事求是的评价和分析;所谓系统性,是指按照系统论原则把所有的材料看作一个整体,用严密的、系统的抽样方法把所要分析的内容挑选出来,然后用标准统一的方法进行分析处理;所谓定量性,是指对所要分析的内容进行量化,每个阶段、每个过程、每个细节都用百分比、平均数、概率等有关数量概念进行统计分析。

内容分析的一般步骤是:确定研究方向→抽取分析样本→制定分类标准→检验分类标准的可信度→对内容进行量化评分→统计分析→得出结果→撰写报告。这几个步骤又可简括为"选择"、"分类"、"统计"三个阶段。

内容分析法具有材料易获取、费用较低等特点,研究信息内容也是大众传播过程研究中的重要一环,因此,内容分析方法在大众传播研究中得到广泛的应用。

**2. 实地调查法(field survey)**

实地调查法是一种由部分求证整体的研究方法,国内社会学科将其称为田野调查法。调查者在传播研究范围内,分析、研究传播媒介和受众之间的关系及其影响,从中进行抽样,并以此推断其总体特征。此法也称抽样调查法。

实地调查一般遵循以下几个步骤:确立研究课题→抽样设计→问卷设计→收集资料→统计、分析资料。每一个步骤对于调查都很重要。

实地调查法不仅是对大众传播的受众进行研究的科学手段,还因为著名的传播学家拉扎斯菲尔德创造了"固定样本法"(即随机抽得一批调查对象,每隔一段固定的时间去访问一次,每次问同样的问题,以此获得一系列可以进行比较的材料)而"被提高到能发现因果关系的水平上",运用于旨在探索因果关系的大众传播效果研究之中。[1]民意测验、民意调查即使用这一研究方法。

---

[1] 复旦大学新闻系编.新闻大学,1985(9):82-85.

### 3. 控制实验法（controlled experiment）

控制实验法是传播学研究中的一种最古老的方法。为了显示传播因素间的直接的因果关系，利用实验室的控制实验往往是行之有效的方法。控制实验法的主要特点在于，对研究中的自变量（即假设的条件）可以进行人为的控制。至于其他可能会影响应变量（即预期的结果）的潜在的外部因素，则可以通过随机分配测试对象等方法加以控制。

实验的控制，一般包括以下三个方面：

（1）环境的控制。研究者可以任意设计研究的环境，如照明、噪音、电视音量、温度等都可以根据研究的意图而设计。

（2）刺激变量的控制。受传者被置于特定的实验环境中，研究者对他们进行刺激试验，检查这些刺激是否影响他们对信息的接受，影响的程度如何。刺激的变量很多，如灯光的强弱、噪音的大小等。

（3）实验的比较。通常控制实验要把受试对象分为两组或多组。其中一组要加以各种刺激以观察其反应，其他组则加以少量刺激或不加刺激，然后将测试的结果进行比较得出结论。

控制实验的一般步骤是：假设效果→抽样选择对象→设计实验方案→比较结果→得出结论。

控制实验法多用于研究传播效果，即探讨传播对象对传播内容的反应。在"儿童与电视"、"妇女与电视"这类专题研究中常采用此法。由于刺激因素设计与现实生活或多或少存在着差异，因此这一方法不一定可靠。

总之，传播学经过70多年的发展，至今已基本形成了同其他社会科学研究基本相同的科学程序。无论是哪一类的研究或使用哪一种方法，都要经过选题、设计研究线路、搜集资料、处理和分析资料、撰写研究报告等阶段。每个阶段都有其科学依据。方法是科学得以发展的桥梁，使用合理、科学的方法是传播学研究成功的关键。传播学研究中选择方法或确定了解传播现象手段的范围是很广的，但总体来说，可以分为定量研究与定性研究两大类。在具体研究过程中，大多数研究者都是先确定研究课题，然后再确定使用哪种方法对该项研究更合适，但必须有一个前提，就是研究者必须对各种研究方法的特性有充分的了解。

## 第三节　我国传播学研究的现状

中国是个有着悠久历史的文明古国,文化遗产十分丰富。从古至今,我国人民积累了人类传播活动的各种经验。早在春秋战国时期,孔子、孟子、荀子等都曾有过关于传播方面的言论。例如,孔子在《论语》一书中就有多处论及传播,他在《卫灵公篇》中说:"可与言而不与之言,失人;不可与言而与之言,失言。知者不失人,亦不失言。"他在《尧曰篇》中说:"不知言,无以知人也。"孔子还特设"言语"一科,注重口头传播的传播效果。稍后的孟子、韩非子等对传播的作用亦有着很深的认识。孟子、韩非子的能言善辩在他们的著述中处处可见。战国时期的苏秦、张仪等纵横家,视语言传播为自己的事业,把巧舌如簧的辩才视为立身的根本。只不过这些思想家、纵横家对于传播的认识还只是停留在无意识状态中而已。中国历代的统治者都很重视传播的作用。天子诏书、征战前的檄文、宫廷机构的各种告示都曾发挥传播的效应,尽管如此,在中国几千年文明史上并未出现专门研究传播的学问。这不能不说是一大缺憾。

传播学作为一门学科,在中国的发展历史还不算长。起初,它是作为社会学的一个分支而存在的,这当然是由认识上的偏差所造成的。随着西方传播学理论的传入,人们越来越认识到其领域的广阔。20世纪80年代以来,各高等院校、科研单位开始把传播学从其他学科中独立出来,有些高等院校开始在新闻系开设传播学课程,有的则设立传播系,全国开设传播学课程的院系由1995年前的70多所增加到现在的600多所,授予博士、硕士的学位点也有了大幅度的增加。传播学越来越受到人们的重视。

1982年11月,第一届传播学学术讨论会在中国社科院新闻研究所召开。会议讨论了如何评价和对待西方传播学的问题,分析了西方传播学的精华之处和糟粕所在,认为对待西方传播学的态度应概括为16个字,即"系统了解、分析研究、批判吸收、自主创作"。第二届传播学学术讨论会于1986年8月在安徽省黄山市举行,会议提出把建设中国特色的传播学理论作为我国传播学研究的首要任务。这表明我国学者对于传播学的认识有了很大的提高。此后,国内学者先后在厦门、成都、杭州、上海、南京、北京、保定等地召开了十余届学术研讨会。这些研讨会既有对传播学一般理论的探讨又有对具体传播问题的研究,如新闻传播的热点问题、新闻传播现象研究、受众研究、媒介经营管理、媒介伦理学、民族地区的大众传播现象、传播制度研究等,逐步显现出一定的理论深度。同时,对新生事物网络传播的研究也开始有所关注。在检验传统传播学理论的同时,后几届研讨会还探讨了建立符合中国国情、富有本土特色的传播学体系。关于传播学本土化研究的尝试性著作也开始相继问世。近十几年来,中国传播学实证研究和批判研究的著述可谓汗牛充栋、洋洋大观。这些都极大地推动了中国传播学研究的深入开展。

随着网络、新媒体传播的不断发展,人类社会处在一个信息传播变革的时代,新型的传媒形式和传播方式正改变着我们的生活方式。传播学研究有着广阔的发展前景。1982年春,施拉姆在中国访问期间对传播学作了大胆的预测。他认为,在未来100年中,分门别类的社会科学——心理学、政治学、人类学等——都会成为综合之后的一门科学。在这门科学里面,传播的研究会成为所有这些科学见面的基础。因为要牵涉到这些基本的技术问题,所以综合之后的社会科学会非常看重传播的研究,它将成为综合之后的新的科学的一个基本学科。随着传播科技的不断进步,人类将迎来传播的崭新时代,网络技术、卫星通信等都给人们提出了新的研究课题,特别是在当今纷繁复杂的国际条件下,现代传播对国际关系的影响、媒介霸权、媒介经济等议题逐步为人们所关注。这也促成了中国传播学研究与国际的接轨。

## 第四节 传播学与新闻学的异同

传播学不等于新闻学,这是两个不同的学科,但又有着密切的联系。

新闻学产生于19世纪末20世纪初,传播学成型于20世纪40年代。早期的传播学从属于政治学、社会学、心理学,是这些学科的有机组成部分。传播学的早期研究者并不是新闻工作者,而是一些政治学家、社会学家和心理学家。"二战"之后,传播学作为专门的学科产生了,并且研究的重点也转到了大众传播上,这样,传播学研究的内容与新闻学研究的内容有了相似之处,即都是把媒介传播信息问题作为自己的研究对象。新闻学是传播学的先导,传播学则是新闻学的发展。在传播学与新闻学之间既有着血缘关系,又有着很大的差异。

下面我们分析一下传播学与新闻学之间的差异。

## 一、研究风格

传播学注重理论研究,而新闻学则注重业务研究;传播学以"原理"为重点,新闻学则以"术"为重点。新闻学形成于19世纪末叶,那时,新闻事业迅速发展,新闻工作日趋复杂,需要大批经过职业训练的专业人员去从事新闻工作,这样,新闻教育应运而生,新闻学也随之出现,以适应培训新闻专业人才的需要。初期的新闻学著作大都与新闻业务息息相关,如美国的第一本新闻学著作就是舒曼1903年撰写的《实用新闻学》。1911年,威斯康星所写的《报纸写作与编辑》和罗斯所写的《新闻写作》等,都与新闻业务息息相关。后来尽管新闻学研究的领域有所拓宽,但很少有专门讲述新闻理论的书。一般新闻书籍中主要谈业务训练,如新闻采访、写作、编辑、评论、广告等。理论问题只是关于新闻事业的性质、作用等,而且占的比例很小。

随着各种传播媒介的发展,尤其是电子媒介的出现和普及,传播媒介对社会政治、经济、文化的影响愈来愈大,大众传播给社会既带来积极的影响,也带来消极的影响,随之出现了许多新的问题需要解决。这时仅靠新闻学的理论已远远不够了。传播事业的迅速发展及其对社会的巨大影响,要求学者们跳出以往狭隘的研究圈子,视大众传播为社会整体的一部分,从宏观角度,借助社会学、心理学等的研究方法,对传播媒介的功能、效果等问题进行全面的、立体的研究。传播学不仅研究传播要素的特点,研究传播造成的种种社会现象,而且要研究传播现象后的社会本质规律。因此,它的理论色彩无疑是很浓的。

## 二、研究对象

新闻学研究的范围相对来说要窄,传播学研究的范围要宽得多。新闻学研究的对象包括报纸、杂志、广播、电视、记者、编辑、通讯社等,其重点是报纸、广播、电视的新闻传播工作,包括新闻现象、新闻原理、新闻规律以及新闻实务;传播学除了研究报纸、广播、电视之外,还要研究书刊、电影、录音、录像等传播媒介的传播活动。广义的传播学还研究个体自身的传播、人际传播、公众传播、国际传播、组织传播等内容;狭义的传播学侧重于大众传播媒介的研究。大众传播媒介传播新闻的过程是新闻学和传播学所要共同研究的对象,但大众传播媒介的其他功能如娱乐、教育等则是新闻学无法包括进去的。传播学则很自然地把它们纳入自己的研究领域,并给予相当的重视。同时,研究公共关系、民意测验、广告等也是传播学所要涉及的内容。传播学比较重视对广播电视的研究,但也不忽视对报纸、杂志、电影等其他传媒的研究，并时常将各种媒介的功能与效果加以分析比较，找出它们各自的特点及其相互影响的规律。

## 三、研究内容

传播学与新闻学在研究内容上也存在很大的差异。新闻学侧重研究与新闻有关的各种内容；传播学除了研究与新闻有关的内容外，还把传播媒介所传播的其他各种信息作为自己的研究内容。新闻学注重研究新闻信息的传播规律、传播方法，具体地说，新闻学研究新闻内容的各种关系，即新闻与政治、新闻与经济、新闻与法制、新闻与文化、新闻与道德、新闻与伦理等的关系，通过对这些关系的研究，揭示新闻与社会进步和社会发展的规律；新闻学还研究新闻文体的写作方法、采访艺术、编辑技巧等新闻实践的诸多问题。传播学不是孤立地研究某一种传播媒介或某种传播媒介的具体业务，而是将各种传播媒介视为一个系统、一个整体，考察它与整个社会系统之间的关系，研究传播行为的发生、发展，传播者的素质、特性，传播媒介的特性、作用，传播行为的社会影响以及受众的反应，传播行为的控制等，它是把整个传播系统置于整个社会系统背景之下去考察、分析、研究的。所以，传播学的社会学、政治学价值比较突出。

## 四、研究方法

新闻学通常从新闻理论出发，对新闻工作的实践加以考察、分析，通过大量的新闻现象的归纳、推理，去判断某一事物的性质，主观色彩较重。可以说，新闻学是运用新闻理论研究新闻实践的学问，未从根本上脱离新闻业务圈子，所以其研究方法显得十分单调，所接触的面也相对比较狭窄。传播学的研究方法则比较多，由于它与社会科学、自然科学的关系比较密切，所以，它往往可以将这些学科的方法运用到传播学研究中。社会学方法如社会调查法、定量分析法、心理学方法等，自然科学中的实验室方法、统计学方法以及近几年出现的"三论"——信息论、系统论、控制论等都能成为传播学的研究方法。采取这些方法研究传播现象，可以使结论更加准确、科学，更有利于传播学研究的深入发展，也更有利于指导传播实践。所以传播学的方法要比新闻学更全面、更系统。

综上所述，传播学研究所有的信息传播现象；新闻学则主要关心新闻传播，范围稳定而且狭窄。因此，我们可以说，在研究传播信息这一点上，传播学与新闻学是共性与个性的关系、普遍性与特殊性的关系、宏观把握与微观剖析的关系。二者之间得以联系的纽带是信息，因而它们与信息学都有着不可分割的关系(关于信息与传播的内容,将在第三章中阐述),二者的交叉之处为新闻传播信息学,如图绪-1所示。从以上对传播学与新闻学的比较分析中,我们基本上可以了解传播学的一些特性。我们既不能把传播学混同于新闻学,又不能将传播学与新闻学对立起来,只有把二者结合起来,互相吸收另一学科的长处,互相补充,互相促进,才能不断丰富和发展传统的新闻学研究,也只有这样才能不断推进我国大众传播事业的发展。

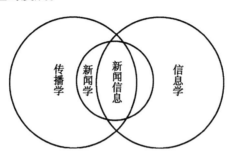

图绪-1　传播学、新闻学、信息学关系

# 第一章
# 人类传播的基本原理

## 内容提要

1. 传播是什么
2. 传播与语义学、符号学的关系
3. 传播的基本要素
4. 传播的种类

## 要点提示

本章阐述了传播的一般原理,它包括以下几方面的内容:
1. 什么是传播?
（1）传播的含义：传播是信息的共享。
（2）传播与相关领域的关系：传播与社会规范、传播与文化、传播与经济等的相互关系。
2. 传播与语义学、符号学的关系。传播的语言类型,传播的符号类型。
3. 传播的基本要素。传播的情境、传播者与受传者、信息与通道五个基本要素及其内涵。编码、解码、噪音、反馈、效果等要素及其他。
4. 传播的种类。人的内在传播、人际传播、组织传播、大众传播等传播的基本种类及其特点、功能和技巧。

## 第一节 传播是什么

### 一、传播的含义

传播一词来自英文 communication，communication 源自于拉丁文的"communicare"，意思为"与他人建立共同的观点"（相当于 commonness 的意思），又含有"说服"、"同化"之意。也就是说，建立"共同观点"，必须至少有两人以上的参与，同时要有"意识交换"的事实存在。

虽然目前关于传播的观念已经普遍建立，但学术界对传播的观点尚未统一，所以，要给"传播"下一个适当的定义是比较困难的。西方学术界对于传播的界定有以下几种代表观点：美国传播学研究者佛哲林海姆在他的《劝说的观点》一书中认为传播就是"有关符号的选择、制造和传送的过程，它帮助接受者理解传播者所要传达的意思"[1]；在约翰·梅里尔等著的《现代传播媒介》一书中，传播的目标被界定为"建立一个理解的共同体"[2]；乔治·米勒认为"传播的意义就是把信息从一个地方传到另一个地方"[3]；布朗则认为"（传播）是将观念或思想由一个人传递到另一个人的程序，或者是个人自身内的传递，其宗旨是使接受传播的人，获得思想上的了解"[4]；华滋洛维克、比文和杰克逊在他们合著的《人类传播语用学》一书中把传播定义得更为宽泛，他们认为"在交互作用的情境中，有信息价值的所有活动就是传播"[5]；安德鲁·里奇对传播的定义则比较注重接受者的反应，在他看来传播就是"一个通过对信息（不管是语文或非语文、记号或符号）的传达，能在接受者引起反应的过程"[6]。更有一些人把传播作为一个系统来考察，如 R. A. 约翰逊等人在他们的《管理科学》中给传播下的

---

[1] Wallace C. Fotheringham, Perspective in Persuasion, Boston, Allyn & Bacon, 1966, p.254.
[2] John C. Merrill, John Lee, Edward Jay Friedlander, Modern Mass Media, New York, Harper & Row, 1990, p.3.
[3] George A. Miller, Language and Communication, New York, McGraw Hill, 1951, p.6.
[4] C. G. Browne, Communication Means Understanding, Readings in Human Relations, N. Y. McGraw Hill, 1959, p.331.
[5] P. Watzlawich, J. H. Beavin and D. D. Jackson, Pragmatics of Human Communication, New York, Norton, 1967, p.48.
[6] Andrea L. Rich, Interaction Communication, New York, Harper & Row, 1974.

定义是"传播是涉及一位发讯人及一位收讯人的系统,并且具有反馈、控制作用"[1]。对于传播的定义影响比较大的是著名传播学家施拉姆的论述。施拉姆在1973年出版的《男人、女人、信息、媒介:人类传播概览》一书中,谈及传播的意义时,引用沙皮尔在《社会科学百科全书》中的一段话说:"社会不是被传统所规范的静态结构,而是在各色各样不同性质及规模之团体单位分子间,由部分或全部的沟通所产生的高度错综复杂的团体。这些组织,可以小到一对情侣、一个家庭,大到国际团体,以及要靠新闻媒体才能接触到的越来越多的人类社会。""社会行为中的任一行动,文化中的每一个模式,无论就其明显的意义或不明显的意义而言,皆涉及传播。""社会是各种关系的整体,在其中某种信息必为众人共享。"[2] 综上所述,传播的含义,可以概括为"共享说"、"交流说"、"劝服说"、"反映说"、"互动说"等。

"共享说"来源于传播拉丁文原义。施拉姆指出,我们在传播的时候,是努力想同谁确立'共同'的东西,即我们努力想'共享'信息、思想或态度。对于传播者而言,信息的共享不仅是主观愿望,在多数情况下,也是客观结果。也就是说,它既是传播的出发点,又是传播的归宿。传播不是单向的,其中既包含了传播者发出的信息,又包含了接受者发出的信息。对于传播者而言,他是传播者也是接受者;对于接受者而言,他既是接受者同时也是传播者。传、受双方的传播交流构成了传播活动的全部。

"交流说"以美国学者J. 霍本(J. B. Hobben)为代表,他认为"传播即是用言语交流思想"。这一定义突出了传播的双向性,主要是针对单向传播的观念而言的,同时也是communication一词的本意——传与受的互动。沃兹拉维克(P. Watzlawick)、比文(J. H. Beavin)和杰克逊(D. D. Jackson)认为,"在交互作用的情境中,有讯息价值的所有活动就是传播"。这些学者都强调了交流作为传播特征在人类活动中的作用。

"劝服说"以美国学者J. 露西(J. Lucy)和G. 安德森(G. Anderson)为代表,他们认为,传播这一概念包含了人与人相互影响的全部过程。哈罗德·凯利认为,某个人传递刺激信息以影响另一些人的行为过程。美国密西根大学教授、著名的传播学家戴维·伯罗(David Berlo)赞同凯利的观点。他认为,所有的传

---

[1] Richart A. Johnson etc, System Theory and Management, see Management Science, (Jan. 1964) p.380.
[2] W. L. Schramm, Men, Women, Message and Media:Understandling Human Communication, New York,Harper & Row, 1973, p.45.

播行为都旨在以特定人物引出特定的反应。在这一定义中,突出的是传播者的主观活动,可以看出,这是典型的以传播者为中心的定义。如果传播者只考虑到自己而忽视受传者一方,则传播有可能会失败。因此,将传播仅仅看成是影响他人的过程是不符合传播的实际的。

传播是人类的社会本能,是人的一种基本的社会行为,如刚出生的婴儿,会通过哭声表达他的本能欲望,聋哑人可以通过其体态语言进行表情达意。可见,传播的行为发生在任何形态的社会。人们传递信息、表达思想感情、进行各种精神交往都离不开传播。不过,传播是个复杂的动态结构,很难具体地界定它,但有一点可以肯定,即"传播是信息的共享"。这里所说的信息是指消息、资料、知识等的总称。一般说来,信息可以用来减少或消灭某些不确定性。当我们进行传播时,我们是在试图与他人建立共同的意识,也就是试图共享信息。十字街头的红绿灯所传达出的信号是要求人们遵守交通规则;教师授课,是在传播人类共同的精神财富——知识技能;广播、电视传播的是世界各地的各种信息,让人们及时地了解世界。传播为人们提供了据以思考、决策、行动的信息资料、价值观念和知识技能,使传播者与受传者为共享信息而协调一致。

传播可以是以下诸种行为中的一种或全部:对别人的行为,与别人之间的相互作用,以及对别人行为的反应。但是,这些因素不能杂乱无章地堆在一起,传播是一个有结构的过程。基于此,戴维·伯罗在他所著的《传播的过程》一书中,对传播下了一个比较完善的定义,他说:"传播是传达人的意念,促进人与人之间了解的一种工具,它牵涉到社会心理学、文化人类学、哲学及语言学。任何生活在这个社会的人,都有必要了解传播的知识。"[1]戴维·伯罗的观点有助于我们对传播作出全面的认识。传播的内涵,包括以下几个方面:

第一,传播是人类最主要的精神活动。在人类的天性中,有着浓厚的好奇心理,这是求生本能的外在表现,为了满足好奇心理而互相询问,于是在不断的传讯活动中,不但增进了感情,缩短了彼此的距离,消弭了人们对陌生事物的恐惧感,而且更因外来经验的累积,改善了生活,这有着其发生学的依据。

第二,传播是由传播关系组成的动态的、有结构的信息传递过程。

第三,传播学的产生之所以如此缓慢,是因为这是一门综合的学问,如果没有心理学、社会学、文化人类学及语言学等学科知识的加入,传播学发展的程度将是可想而知的。

---

[1] David K. Berlo, The Process of Communication, New York, Holt, Rinehart and Winston Inc., 1960, p.72.

第四,传播是社会性活动,传播关系反映社会关系的特点,传播活动是构成社会群体的要素。人们彼此交流而增进了感情,巩固了群体,继之而来的则是对外的排斥。

第五,群体与群体之间的差别,主要是因为地理因素,如山川河流等阻挡了群体间的信息传递,于是各民族内部逐步形成了自己的传播系统,而思想与表意符号的差异产生了各种各样的文化。

## 二、传播与社会规范

任何社会,都要有社会组织利用社会规范对其成员的社会行为施行约束,以保证社会按照客观规律发展。所谓社会规范,是指社会中占统治地位的为社会上绝大多数人共同遵循的行为规则之总和。社会行为则是个人之间互有影响的行为。它不同于个人行为,但就每个人生活在同一社会而言,有社会影响作用的个人行为已是社会行为。使社会行为按照社会规范成为规范行为,就会有利于社会的发展。因为社会规范只有通过人的言行才能在实践中发挥作用,而且只有在社会规范变为内心尺度时才有可能表现为自觉的规范行为。这样,传播在社会中的作用就显得至关重要。例如,社会规范对每个社会成员来说,是社会心理中早就形成的约束每个人行为的无形的东西,每个人一出生就会面临它。从无知的婴儿到有理智的成人,这个漫长的过程就是人对社会规范逐步适应的过程。换句话说,每个人从小到大,就是不断接受社会各个方面向他进行传播的过程。要想把社会规范变为人们的内心尺度,使人们真正接受,就需要社会的传播者从不同角度进行传播。

反过来说,传播是形成社会规范的必要途径。传播能够促进社会变化,推动人类社会的发展,并有利于形成新的社会规范。先进的个体思想要转化为社会心理,需要传播发挥作用;而要把社会心理转化为社会规范,使广泛的社会精神现象上升到意识形态,就需要广泛的传播去酝酿、沟通和交换意见,经过传播—反馈、反馈—传播的若干次反复,最后才能形成一种具有广泛影响的、有自身体系的社会规则。

## 三、传播与文化

人类社会的文化建设,人类社会的文明史,更是与人类传播活动有着密切的关系。

传播促成了地区与地区之间文化的融合。传播所导致的社会文化的交融最明显的表现是文化的同化现象。一般说来,先进、文明程度较高的文化对落后、文明程度较低的文化具有较强的同化作用。没有传播,人们认识不到自身存在的问题,也认识不到自己与他人的差距。"夜郎自大"的现象,正是传播不畅所造成的。

传播对文化发生作用的另一种表现是文化的变形。我们常说的"眼睛一眨,老母鸡变成鸭"、"老鼠变大象"等都是强调传播所造成的事实内容的歪曲、变形。而王充《论衡·艺增篇》所说的"誉人不增其美,则听者不快其意;毁人不益其恶,则听者不惬于心。闻一增以为十,见百益以为千,使夫纯朴之事,十剖百判;审然之语,千反万畔。墨子哭于练丝,杨子哭于歧道,盖伤失本,悲离其实也",则是说明了传播所造成的另一种变形——文化增值。在变形过程中,本来的事实被传播放大或变质了,而放大的倾向则要视传播内容的性质和意义而定。传播行为与传播者有很大关系,传播过程中内容之所以变化,传播者的思想掺入是个很重要的因素。社会上小道消息的流传,就是传播的逆反心理在起作用。

另外,文化传播的接受方对文化变形的影响也很重要。《论衡·艺增篇》中所讲的墨子"哭于练丝"乃是墨子见染丝出现的变化,"染于苍则苍,染于黄则黄"。于是,他伤其失去了本来面目并联想到人生哲理而有所感慨。当一种文化传播到另一文化圈时,必然要与其适应并受其影响,从而使原有的文化在一定程度上改变原有的价值和意义,产生变形现象。因此,如何在文化传播过程中进行有效控制,发挥文化传播中的积极面和有利因素,消除或避免文化传播中的消极面和不利因素,这是每个传播研究者所必须认真对待的。

### 四、传播与经济

无论何种形式的传播活动都直接或间接地受制于经济条件。经济基础决定了人们的精神活动。在原始社会,人类生活在极其落后的社会环境中,唯一的传播方式便是口头相传,这种传播方式由于其自身的局限,使得使用共同口语的原始人形成了部落。随着旧石器时代的结束、新石器时代的到来,生产力有了大幅度的提高,人们会使用打制的简陋生产工具,除了口语、声态符号之外,他们开始使用结绳等实物符号参与传播活动。经过漫长的发展,青铜时代取代了石器时代,文字开始产生。文字的出现,作为人类传播史上的一次重大变革,完全是生产力发展的结果。阶级社会取代了原始社会后,生产力不断提高,生产方式也发生了变化,造纸术、印刷术的发明,为传播活动提供了极大的便利。然而"文字传抄"的形式虽说比"口头相传"的传播方式先进得多,但与用电子技术来传信息和处理信息的传播方式相比较还是落后得多。今天,人们远隔千里,一个电话、一份 E-mail 就可以把个人所要表达的思想传递给对方,比起古人靠驿马传送信件的方式来不知要先进多少倍。经济发展使人们有可能改善传播的条件。广播、电视、程控电话、传真机、多媒体电脑等,大大地丰富了人们传播的手段。在西方经济发达国家,传播媒介向着高科技方向发展,各种不同的新媒介以其崭新的传播形态,不仅使整个传播世界显得更加丰富多彩,而且使人们的生活方式都在发生着种种改变。

传播反过来也能促进经济的发展。传播的发达,能够迅速、有效地将先进地区的生产方式、思想观念、生产经验等传播到落后地区去,促使落后地区人们的观念更新。例如,我国的东部沿海地区与西部地区存在着经济、文化上的差距,随着传播作用的不断加强,东部沿海地区先进的生产方式、管理经验,必然有益于西部地区的经济改革。传播越深入、持久,越有利于人们从落后、僵化的思想体系中解放出来,朝着有利于改革开放、有利于繁荣稳定的方向发展。

在日常的经济生活中,传播也占据着举足轻重的地位。市场营销、股票、期货、证券投资等各项经济活动都离不开传播。在现代社会中,传播媒介几乎无一不与经济广告有着千丝万缕的联系,这些广告传递着工商企业的经济信息,从而促进了经济的发展。

## 第二节　传播与语义学、符号学研究

### 一、传播与语义学研究

传播在一定程度上取决于语义、符号所发挥的效果,因此,传播与语义学、符号学有着密切的关系。看过《三国演义》的人都记得第 43 回中,诸葛亮为说服孙权东吴合拒曹操、舌战群儒的一幕,十分精彩,令人过目难忘。在那段精彩的辩驳文字中,诸葛亮展示了自己的语言才华,他用语言的力量征服了对手。《三国演义》这段描写,确实令人叹为观止。我们从传播学角度来看,诸葛亮与张昭之间进行的正是一次面对面的传播活动,传播者和受传者分别为诸葛亮和张昭等人。针对张昭的讽刺和诘难,怎样进行反驳呢?这就取决于传播者诸葛亮使用语言制作符码的能力了。首先他作了一个很有意义的比喻,把刘备"兵败汝南"、"寄迹刘表"之时的处境比喻成"病势尪羸已极"。"病势危急",这一比喻的语义内涵是在座的饱学之士都能理解的。这一符码由于通俗易懂,容易引起对方的注意。为了使对方继续接受自己的观点,诸葛亮先从策略上阐明放弃新野不是一种逃跑行为,而是一种军事上的选择,继而又从道义上阐述走樊城、败当阳、奔夏口的原因。从道义这一最具说服力的角度进行阐释,说明刘备不是无能之辈,而恰恰是体恤民情、关心手足、大仁大义的谦谦君子。诸葛亮所摆之事实均是通俗易懂的符码,张昭等人从他所列事实中必然能悟出其中道理,从而真正了解刘备的为人,真正对诸葛亮口服心服。

由此可见,传播者运用语言的能力影响到他把音讯制成符码的能力。传播者在发出信息时,必须选择有意义的语言、文字以吸引受传者注意,并使他继续保持注意。传播者在使用语言文字时不能只顾自己了解某些语言和文字的意义,而要注意受传者是否能接受传播者所使用的符码,换句话说,要注意传播者与传播对象对所使用的语言文字是否有共识。假定受传者不熟悉发讯人所使用的声波和符号,或者某种声波和符号对传播者而言是代表某一些事物,对受传者却是代表另一些事物,传播就会发生困难。

心理学上古典制约理论的创始人巴甫洛夫说过:"人类接受语言的影响,比他们接受现实环境中真正事实的影响为大。"这一观点广为流传,为世界各阶层人士所认同。语言在我们生活里有着重要的作用。我国的语言文字悠久,但是语言在人类生活中的作用,很少有人加以注意。孔子曾经特别称赞宰我和子贡在"言语"上的成就,但是只能说他们是擅长于辞令,而不是专门研究语言作用的学者。孟子自命为"知言"之人,他在讨论《诗经》时曾说过:"故说诗者,不以文害辞,不以辞害志。以意逆志,是为得之。"即说诗者不可过于拘泥于字面的解释,而失掉了作者真正要表达的意义。但可惜这种说法,未能进一步发挥。此外,像《后汉书》作者范晔对于语言的认识,比起其他人,不能不说是特别深刻,但此后千余年,文章、诗词、训诂、音韵吸引和消耗了无数人的思想和精力,始终都只是在中国语言文字里翻筋斗,再没有人能超出这个范围,去对语言与行为的关系这类问题加以注意。

西方人比较早地注意到语言的逻辑使用,从亚里士多德开始,演化成逻辑的三大定律:① 同一律,即我们说一个东西是什么,它就是什么,如 A 等于 A;② 矛盾律,即天下没有一样又是黑又不是黑的东西,如 A 不可能等于 A 又不等于 A;③ 排中律,即天下的东西,不是黑,就是不黑,如 A 非真即假。

虽然西方人较早注意到语言的符号作用,且在中古及近代的哲学里,许多大思想家常常获得了极深刻的语义洞察力,然而他们只是用以改良和加强他们的思考,却很少把这些规则向大众说出来,也未有人作大规模的系统性研究。

语义学(Semantics)的兴起,可以说是19世纪末"科玄之战"中科学暂时领先的结果。20世纪是科学昌明的时代,一些科学派的科学家持"唯科学主义"观点,当时的维也纳学派经常聚集在一起探讨一些诸如"怎样免除传统哲学上的歧义和含混"的学术问题,他们发表宣言,要废除哲学而代之以"统一的科学",认为"一切形而上学均是胡说"。在这样激进的学术背景下,现代语义学呼之欲出。现代语义学与传统语义学有所不同。传统语义学是从哲学角度研究"意义"的一门学科;而现代语义学则是关于符号和行为关系的学说。这里我们讨论的不是整个语义学内容,而是讨论语义学的"编码"部分,考察其在传播活动中的作用。

把语义思考从哲学的圈子里独立出来,是英国两位文学批评家的功劳。奥格登(C. K. Ogden)和里察兹(I. A. Richards)于1922年合著的《意义的意义》一书,是专门讨论语义问题的杰作,它第一次对语义问题作出精密和系统的分析与说明。

将语义思考真正大众化的是美国的一位波兰裔学者科尔西布斯基(Alfred Korzybski),他把语义学称为"一般语义学"。他著有《科学和精神健康》(Science and Sanity)。在这部著作中,他认为只有当人类能够充分利用他们的能力时,才有可能实现明达与成功的生活。就语义学家的理论来说,这种"能力"是指人类研究发展与运用语言的能力。我们应当让心里所知道的和嘴巴说出来的尽量与事实相吻合。

根据科尔西布斯基的理论,科学家和工程师所使用的语言是数学的语言。数学的语言是一种非常肯定且界限分明的语言,它的最大优点是把眼见的事实说得一分不多,一分不少,恰如其分。换句话说,数学语言所表示的意思都是具体可考的,事实俱在而不容争论。数学语言是纯理智的表达,没有丝毫的情绪因素存在。可是一般人使用的语言,都是日常生活中用以传播意念的工具,如传教士、议员、教师以及诗人、宣传员等所使用的都不是"说什么就是什么的数学语言"。因此,其效果也就大大不同了。日常使用的语言,不论是本国语还是外国语,都是非常复杂的传播工具。这种工具所表达的内容,并非界限明确的事实真相。换句话说,这种语言的意义,与所指的事实颇有出入,造成了若干严重的问题。他说人类用语言说明事物的作用,如同一张地图代表实际土地一样,所以我们要注意:(1)地图只是土地的说明,而不是土地本身;(2)地图所表达的,只是土地的一部分,而不能包含该土地的一切;(3)一般人的习惯,过分拘泥于亚里士多德的形式逻辑。

约翰逊(Wendel Johnson)和早川雪(S. I. Hayakawa)是科尔西布斯基的

两位弟子。约翰逊对语义学的兴趣起源于他对自己口吃症的矫治。他一直为自己的口吃而痛苦不堪,他在爱荷华大学所学专业即是临床心理学和语言病理学,并在此专业获得了博士学位,他尝试了多种方法均未奏效,后在一次偶然的机会里读到了科尔西布斯基的《科学和精神健康》,从此不再口吃。这一带有传奇色彩的故事,说明了约翰逊对科氏学术思想的兴趣。他对大众传播也很有兴趣,并且成为电视的早期批评者之一。他的儿子尼可拉斯·约翰逊继续这项批评工作,并写了《如何与电视机顶嘴》(How to Talk Back to Your Television Set)一书。早川雪是美籍日裔学者,他著有《在行动中的语言》(Language in Action)、《在思维和行动中的语言》(Language in Thought and Action)及《语言、意义和成熟》(Language, Meaning and Maturity)等。这些著作都将科氏的观点加以发扬光大,并使之成为学院派的知识门类。赛弗林和坦卡特对他们师徒的学术思想曾有过这样的评价:"这些学者已开始关心到语言是如何与我们成功地在每天日常生活当中与精神健康之间的关系。他们认为如果我们能使用语言像科学家使用它一样,则会更减少我们误用语言的机会——所以语言能代表它真正代表的东西。"[1]赛弗林和坦卡特认为,一般语义学的贡献在于它指出了几个语言上很难解决的特性问题,而这些问题是造成编码和传播困难的障碍。

一般语义学所提到的语言特性是:

(1)语言是静态的,事实是动态的——语言本身在一段时间内是不变的,而我们的世界则时刻充满变化。借用古希腊哲学家赫拉克利特的话说就是"一个人不能两次踏进同一条河流"。

(2)语言是有限的,事实是无限的——人类语言的词汇是有限的,而需要语言表达的事实和经验则是无穷无尽的。约翰逊就曾指出,英文大约有50万到60万字,而这些字所代表的个别事实、经验和关系等显然要数以百万计。所以,用有限的语言来描述无限的事实,往往很受局限。一个最简单的例子是,当一起凶杀案发生后,人们在排查嫌疑人时常常只能借助于有限的语言来进行描述,这往往很难直接找到真正的凶手。

(3)语言是抽象的,事实是具体的——按照赛弗林和坦卡特的解释是:"抽象是一个选择某些细节和丢掉其余细节的过程。任何语言的使用都含有一些抽象。而且事实上,抽象是最有用的语言形式之一。它能使我们去想到它的范畴,并且使我们有能力去归纳它。"[2]

---

[1] [美]赛弗林,坦卡特.传播理论:起源、方法与应用.台北:台湾五南图书出版公司,1995:126.
[2] [美]赛弗林,坦卡特.传播理论:起源、方法与应用.台北:台湾五南图书出版公司,1995:338.

许多学问的研究都牵涉到语言的问题,语言学家致力于语言结构的正式描述,包括发音(语音学)、意义(语义学)及造句法(语法),心理学家则着重在如何获得语言能力方面进行探讨,而传播学者主要探讨语言的功能、语言特性及语言如何在传播中发生作用。

## 二、语言的类型

### (一) 按照表达层次分类

美国学者查尔斯·莫利斯(Charles Morris)于1946年出版了他的《符号、语言和行为》一书,在该书中他认为,人类以语言表达事物,分有四个层次:

一是标示性的表达,即对事物的属性进行揭示。如一个人看到一头鹿说"前面树林里有一头鹿"。

二是评价性的表达,即对事物外在特征进行揭示。如那个人接着说"好漂亮的一头梅花鹿呀"。

三是惯例性的表达,即依据一贯对事物所产生的心理反应作出的语言表达。如那个人的一般反应是"赶快拿枪对它瞄准"。

四是发展性的表达,即对事物所造成的各种心理反应作出取舍的语言表达。如那个准备拿枪射鹿的人思考了一下问:"打死一头鹿好?还是活捉一头鹿好?"莫利斯认为,凡是一种语言行为,必定是一个人对他的环境首先具有一种认识,其次对于环境如何影响到他个人的需要有一种评鉴,然后他对于适应环境有一个惯例性的反应或就这个环境的状况在他头脑里加以组织和思考,从而作出一种发展性的反应。

当然,上述的例子是就语言的表达法来分的。不是说所有的语言表达都要经过这四个步骤。有时我们只使用标示性的语言,有时只使用惯例性的语言而不使用发展性的语言,这要视表达上的需要而定。

### (二) 按照叙述方式分类

在大众传播中,新闻报道的一个重要论题,即是所谓报道的"客观性"。很多人对它的好坏,或它能否实现真正的"客观"一直有所争议。有人认为所谓"客观"只是一种神话,有人却认为客观性是新闻报道的关键。

早川雪所介绍的一些理论,可以帮助我们从"客观性"的争论中,分辨出一些意义来。早川雪谈到人们的语言叙述有三种形式:报告(reports)、推论

(inferences)和判断(judgments)(含相关的问题——偏向)。

**1. 报告**

报告是一种可以查证的叙述,它不包括推论和判断的成分。例如,昨天北京的最低气温是摄氏14度,最高气温是摄氏28度。这是可以查证的,你可以去气象台查气象记录或询问那里的工作人员。

**2. 推论**

推论则是从已知推测未知的一种叙述。有关他人的可能想法或感情方面的叙述,即是推论的例子。例如,在冯小刚的贺岁片《天下无贼》里,主人公说:"黎叔很生气,后果很严重。"为什么很严重,因为根据过去的经验,黎叔生气,必然会给某人以严厉的惩罚,这就是推论。但是并不是只有生气才会做出这些动作,也许这些行为正是他得意的表现呢!在很多情况下,最好的办法是抓住已知的现象并加以报道。例如,你尽可以说"他提高了嗓子说话"、"他把拳头砸在桌子上"、"他面红耳赤",这些则是将所看到的事实加以叙述,因此是一种报道。

然而,如果是对将来情况进行叙述则是推论了。例如,"国家教育部部长将在星期四来我校视察"就是一种推论。但是,在这种情况下较周全的说法是:"校长办公室的负责人说,国家教育部部长将在星期四来我校视察。"这就变得可以查证了,因而属于另一种报道。

**3. 判断**

判断是对人、事或物表示赞成或不赞成。例如,我们有时用"很棒"、"可怕"等词语来描述一个人,就是一种评论。读者就某项报道写信给报纸的编辑,往往也包含着评论的内容。新闻来源或新闻人物有时也会说一些评论的话。但是,一位有警觉性的记者则有必要提出进一步的询问并确切地加以核对。

新闻工作者要尽量去除主观的推论和判断,而坚持报告性的报道,以达到新闻写作的客观性。我们平常所说的中性报道,实际上就是指叙述语言的报告性。当然,只注意到这点还是不够的。另外一个因素是偏向的问题。偏向现象的发生是在对所要描绘的事物选择有利或不利的细节时所发生的。例如,在描述一次示威游行时,报道人往往可能听到几种对示威人数的不同统计。美国新闻学家里昂·曼恩(Leon Mann)研究了1967年10月华盛顿反越战示威的新闻报道,结果发现反对越战的报纸倾向于登载较大的伤亡估计数,而赞成越战的报纸则倾向于登载较小的伤亡估计数。可见,绝对的客观是不存在的,但是必须使之接近客观则是报道人努力的目标。新闻不同于消息与谣言,如报道人本身不是评论记者、专栏作家、主笔,则他的报道必须"客观"。即使是"深度报道"的解释性新闻,仍需要依据事实说明其背景与影响,不管其好或坏,也不要掺入主观的意见。《纽约时报》的马凯(L. Markel)指出,事实是看到的,解释是知道的,而意见则是感受到的。

### (三) 按照语言功能分类

近代西方学术界,也有一些学者依据语言的功能加以分类。著名语言学家维特根斯坦在其《哲学的调查》一书中强调了语言的效用如下:命令,描述一个客观对象,报道或预测一个事件,解说图表,编造一个故事,演戏,唱歌,猜谜,讲笑话,讲解实用算术,翻译两种不同语言,询问,道谢,等等。

归纳起来,可以把语言的功能分为三大类。

**1. 传播消息**

我们常用语言就肯定某一命题或否定某一命题进行判断和推理,语言在传播活动中的这一功能被称为报道性的功能(informative function)。报道性的语言通常是描述客观存在的事物,并加以推论。被报道的事实是重要的或者是不重要的,是一般性的或者是特殊性的,都无关紧要,只要语言是用来描述或报道这些事物,我们就称之为报道性语言。例如,地球是圆的,这样的桌子不是方的,冰是冷的,鲜花是香的,李家儿媳妇生了一个儿子,他死了,等等。

**2. 表达感情**

文学上所使用的语言是表情性的,尤以诗词为甚。所谓诗言志,诗人告诉我们的往往不是这个世界的一些事实与理论,因为诗人所关切的并不是知识,而是感情的发泄和态度的表达,且其表达的多为其个人的感触。其写作目的也不是要报道任何消息,只是表达诗人个人的感情并希望读者能发生共鸣。所有表情性的语言当然不一定都用诗来表达,一个词语、一句话都可以表达感情。例如,我们表达忧伤的情绪时会说"糟糕","天哪,我该怎么办";表达惊讶时会大叫"哎哟"、"乖乖"等。所有这些语言的用法,其目的都不是在传播消息,而是在表达情绪、感情与态度。一个学生很喜欢李白的诗,但是如果他用其地理知识来解释李白的"黄河之水天上来"的诗句是错误的,便为难了诗仙李白。这不是说诗不能照字面上的意义解释,有些诗也具有报道性的内容,而且在其整个作品中占着很大的比例。更有一些伟大的诗人,在他们的作品里,不少内容是对"人生的批判"。不过这些诗已不完全是我们这里所讲的表情式的语言了。有些诗可以说是一种语言的混合用法,即具有多重功能。

**3. 指导行动**

当语言被用来想激起对方一个明显的行动,或欲阻止对方一个明显的行动时,这时的语言所发挥的就是指导性的功能。当一位母亲在吃饭前让她的孩子先去洗手,是希望她的孩子讲究卫生。当一位老师要求他的学生第二天将家庭作业交上来时,他所使用的语言也是指导性的,目的是希望对方采取某一特定的行动。

上述三种语言的基本类型,在具体使用过程中并不那么机械,因为平常讲话在内容上可能会牵涉到这三种类型。例如,一首诗,本是表达感情的语言,但有时也可含有道德的教条,或者变成一种命令,引导读者或听众作某种生活上的改变,它甚至也可算是某种报道性质的分析。又如,一篇科学论文,当然主要是报道性的,但至少也可以隐含一点指导性内容,如要读者独立判断作者的论点。有时为了加强语言的效果,传达命令与要求,倒宁可加上一些含有其他功能的语句。人与人相处,应使用一种间接及巧妙的方法,以激起对方的欲念与反应。故平常所使用的语言,多半是混合性的,并含有多种功能。

在传播活动中,受传者同样要了解传播者方面所使用的语言性质,亦即要探明传播者使用语言的具体所指,再进一步去分辨他的话所具有的含义。如果传播者的话语是传播消息的,那么受传者就需要查证他所描述的内容是正确或是错误、重要或是不重要、一般性的还是特殊性的等。如果他的话语是表达情感的,则要注意他是否在对某件事物表示个人的主观看法。像"你看上去真漂亮"、"你讲的话最动听了"这样的话你就不能完全相信,更不能视为真理。因为每个人的观点标准不同,所以需要再进行客观地评估。如果他的话是指导行动的,则你可能要采取某一特定行动,或告诉他你不能照着他的意思行动的原因,否则会破坏彼此的传播关系。

### (四)按照句子类型分类

在英语语法中,句子往往被分为四种类型,即陈述句、疑问句、祈使句和感叹句。这也是划分语言种类的一种方法。这四种语句与前述的语言功能相对照,陈述句和报道性的语言相近,感叹句和表情性的语言相近,疑问句和祈使句则与指导性的语言相近。但这些语句的形式分类是不是可以与语言功能的分类这样简单比照呢?事实上,我们如果从形式上去判断他人语言的用法,往往会误解说话人的意思,因为说话人言语的形式并不与其意义一致。例如,"你烧的菜味道真不错"是一个陈述性的句子,但常常不具有报道性功能,而是一句客套应酬话,只能算是表情性的。很多的诗句或颂词,其形式是陈述的,而事实上都不是报道性的。此外,很多要求和命令也常是以比较礼貌的间接陈述句法说出来的。例如,你走进某家咖啡馆对服务员说"我想来杯咖啡",这个陈述句绝不只是表达你内心的想法而已,实则这句话乃是一种命令或请求,其意思是要服务员送杯咖啡过来。总之,传播过程中的语态往往不外乎是表情性的、报道性的和指导性的三种形式。

## 三、传播与符号

什么是符号呢?《辞海》"符号"条这样解释:信息的携带者。例如,利用电流(电压)、无线电波及光等传送信息时,带有信息的电流(电压)、无线电波、携带信息的光等。《韦氏大字典》这样解释:一种代表思想的通用的记号或标志,例如字母、字或标记……而《现代汉语词典》的解释则是记号、标记。符号的解释千差万别,但有一点是共同的,即符号不仅仅表示某事、某物、某条件的存在与否,它还使人能够引出指说对象的概念。

海德格尔认为:"人是说话的动物。"卡西尔更强调符号与人类活动的关系。现实生活中人们无时无刻不借助着符号进行交流,人的思考就是一种自身传播。人是最会运用符号的动物,而大众传播媒介使符号的运用有效化和规模化是众所周知的。在商品社会里,工商企业往往利用符号来推销他们的产品,他们十分注重企业形象,往往不惜重金用于企业形象的设计,一些很精美的品牌凭借一个个美好的符号通过大众传媒传播出去,成为消费者所向往的事物。符号与传播的关系十分密切,符号是传播最重要的工具,符号化的思维和符号化的行为是人类生活中最富有代表性的特征,并且人类文化的全部发展都依赖于这些条件。这一点是毋庸置疑的,在现代化社会里,符号是最重要和最现实的需要。

符号是传播的基础,也是破解媒介文化的基础,因此,我们有必要探讨一下人类生活的意义以及符号使用的种种具体形式。

### (一) 现代符号学理论创始人

**1. 索绪尔的符号观**

索绪尔是瑞士著名语言学家,欧洲符号学派的创始人。作为哲学家、逻辑学家的皮尔斯,关心的是人对他自己的经验,以及周围世界的理解,因此,他的符号学重心置于符号、人和对象之间的结构性关系;而作为语言学家的索绪尔,则更关心符号自身,以及符号间的联系。

符号学原本是探讨符号系统及其社会使用的科学,主要焦点放在具体表意实践的规则上,并且超越个人使用的符号面向。索绪尔的符号概念有别于传统语言学者所理解的语言,前者只是代表概念,而非现实。索绪尔发现,符号本身是一个自足的微型结构,它由两部分构成:能指(signifier)和所指(signified)。

能指是符号的形式,表现为一种文字、声音或图像,这特定的文字、声音、图像能够引发某种概念的联想;所指则是那个被联想到的具体事物。例如,"狗"这一文字符号,其能指是"狗"的发音和书写形式,所指是狗这一具体事物:四条腿,汪汪叫,讨主人喜欢的动物,等等。语言符号连接的不是事物和名称,而是概念和音响形象。索绪尔另一个更具破坏性的发现是,能指与所指的关系是任意确立、约定俗成的。中国人说"狗",英美人说"dog",无论是"狗"或是"dog",都与狗的概念无必然的关系。索绪尔的语言理论最具有价值的地方是视语言为符号系统。他认为,符号必须组合成系统,才具有意义。符号系统的结构,决定了系统内每一个符号的位置和意义。符号的意义源自它在结构中的位置,好比父亲的意义源自他在家族中的地位。符号的身上并没有一个与生俱来的意义的胎记,符号的意义是结构"恩赐"的。符号系统必须有两个以上的符号,二元对立是符号系统最基本的结构形式,所以,符号至少要有一个对立的"他者",才有存在的价值和意义。就"父亲"而言,至少要有两个以上的"他者","父亲"才会成为有意义的符号,"父亲"的意义在于,他既不是"母亲",也不是"儿女"。

### 2. 皮尔斯的符号观

皮尔斯是19世纪末、20世纪初美国著名的哲学家和逻辑学家,也是美国符号学的创始人。皮尔斯的符号学理论,对当代许多著名的符号学家,如莫利斯、艾柯(Eco)、索姆(Thom)、班文尼斯蒂(Benvenisite)等,都产生过很大影响。

皮尔斯是从逻辑学"切入"符号学的。他的符号学理论,也是以逻辑学的形式出现的。因为他认为:"就一般意义而言,逻辑学只是符号的一个别名,是关于符号带必然性的或形式的学说。"[1]而他的逻辑学,则被理解为关于"'再现'的一般理论",也就是关于人的"精神产品"怎样真实地"反映"世界的方式的理论。

从这样一个基本立场出发,皮尔斯把符号看作是对象的"再现":

> 一个符号(sign),或再现体(representament),是某种对某人来说,从某个方面或能力上代表了某种东西的东西。它能告知某个人,也就是说,在那个人的头脑中制造出一个同等的符号,或是一个更为发展了的符号。我把这个创造出来的符号称为第一个符号的阐释(interpretant)。这个符号代表某种东西,即它的对象(object)。[2]

---

[1] [美]皮尔斯.论文集.见:周晓鸣.人类交流与传播.上海:上海文艺出版社,1990:138.
[2] 同上。

如果将皮尔斯关于符号、阐释和对象三者间的关系模式化,我们可以得出如右图所示的一个三角模式(图1-1)。

图1-1 皮尔斯的"符号-阐释-对象"模式

模式中的双向箭头强调:每一要素,只有在与其相联系的其他要素的关系中,才能被理解。具体地说,一个"符号"指涉它自身以外的另一个东西——即"对象"。这对象可以是现实事物,也可以是另一再现符号,或另一符号的阐释。符号又在与对象的联系中,在符号使用者头脑中产生某种"精神效果"或"思想"——它便是所谓的"阐释"。就符号与阐释的关系而言,皮尔斯的阐释与索绪尔的"符指"(所指)相近。但是,就阐释在符号化过程中的"位置"和意义而言,皮尔斯的阐释又与索绪尔的"符指"概念构成重大区别。在皮尔斯看来,阐释作为符号与对象的中介,具有无止境符号化的可能性。换言之,阐释,作为一个"人的头脑中制造出的同等的符号,或是一个更为发展了的符号",可以产生"新的阐释"。同理,该新的阐释,作为"新的符号",又可以产生新的阐释,以至于无穷。

皮尔斯对于"阐释"的看法,当然与他的基本符号学立场是密切相关的。他说:再现(representation)的意义不是任何别的什么,而只是一种再现。实际上,不是别的什么,而是再现自身被设想为如同一件剥离的不相干的衣裳。但是,这一衣裳从来也不能被完全剥离,它只是变得更透明一些。所以,这里存在着一个无穷的复归。最后,阐释不是任何别的什么,而是另一个再现,真理的火炬借此而被传递;而且,像再现一样,阐释又可以有它自己的阐释。瞧!这又是一个无止境的系列。这样,"符号(再现)-阐释-对象"这种"三合一"的联动关系,便可以无止境地进行下去。艾柯把这种以阐释作为中介的联动过程,称为"无限的符号化"过程。皮尔斯这一"符号化"思想,对后世许多理论家、符号学家产生了很大影响。它的重大意义之一,是强调了索绪尔所未曾重视的符号使用者主体地位,以及意指问题。[1]

皮尔斯的符号观,特别是他关于阐释和符号化过程的思想,对传播研究的启示是多方面的。

首先,从中我们可以得到这样的认识:就同一对象而言,可以有不同的再现符号。如同样作为对象物"树"的再现,就可以有中文的"树",英文的"tree"等。此外,就同一符号而言,因使用者而异,也可以有不同的阐释——因为每个人对

---

[1] 周晓鸣.人类交流与传播.上海:上海文艺出版社,1990:139.

同一对象和符号的体验,不会绝对一致。一个只看见过低矮灌木,或只是在电影、电视上看见过森林的孩子,同一个长年生活在林区的工人相比,他们在看到同一符号"树"之后,各人头脑中关于"树"的"精神效果"或体验,绝不会重合。同理,一个专业画家或艺术评论家,与一个普通市民在看过同一幅绘画作品后,各人所形成的"阐释"或"阐释系列",也绝不会一样。或许正是在这种意义上,皮尔斯说,我们有着关于现实的"直接经验",却不具有关于现实的直接知识。"我们对于事物的知识完全是相对的。"

于是,在皮尔斯的符号论中,意义不仅不是被"传递"的,而且也没有必然性的决定关系;即使就同一符号、同一语规的使用者而言,不同的人会因各种不同的原因,形成对同一符号不同的"阐释",并进而形成对符号理解意义上的差异——尽管这种差异通常是被限制在一定的范围之内。

其次,我们可以把这一观点与英国文化研究学派的观点进行一下比较,就可以看出,文化研究所说的"再现理论"与符号学再现观点有相似之处。再现是"真实"世界里一些事物的一种映像、类似物或复制品。它可以是以一定方式被再现或改编成媒介代码的物、人、集团或事件。再现一些东西就是挑出一个原始的东西,传递它以及"处理它还原",但是这个过程几乎必须要修改原始的实体(真实)。再现都是取事件某一片刻、某一瞬间的信息来代替整体的,此外,再现还是经过转述的,这就戴上了一层意识形态的面纱。符号的真实表象并不一定是事实真相。这也是同一符号的不同阐释。

最后,在皮尔斯的符号论中,编码者与解码者的区别,变得毫无意义。或者说,解码变得像编码一样具有活力和创造性。无论是发送者还是接收者,他们都离不开符号的使用,离不开"阐释"这一中介要素,离不开符号化过程。

从上述的介绍中我们可以知道,索绪尔对传播理论最大的贡献就在于:划分了能指和所指,并认为二者的连接是任意的、不自然的、可变的。能指和所指之间存在着不确定的张力空间。在文本中寻觅符号意义才成为了一件有趣,同时也是问题丛生的智力活动。这里,我们有必要首先对索绪尔语言学中的关键词"任意性"、"肖像性"、"动机"和"限制"作一番了解。对于索绪尔而言,符号的"任意"特性是人类语言的核心。他认为,符号能指与所指之间不存在必然关系:它们之间的关系由社会惯例、规范或约定而来。换句话说,索绪尔所谓的"任意"和皮尔斯的记号,意思不谋而合。如同皮氏的想法,索绪尔认为这类符号是最重要的,而且是高度发展的。关于"肖像性"一词,我们并不陌生,索绪尔派的学者对此的看法与皮尔斯相近,认为肖像性的符号是指能指在某种程度上受制于所指。"动机"与"限制"则用于能指受制于所指的程度,这两个词几乎可以交换使用。一个受高度动机驱动的符号,其肖像性也很高:一张照片比一个交通标志所受的驱动性高。而一个任意的符号则是完全不受驱动的。或者我们可以用"限制"一词来形容所指对能指的影响力。符号所受的驱动力越强,符号能指受符号所指的限制就越大。

人类的沟通和意义传达需要建立惯例,惯例在日常生活中扮演着十分重要的角色。在最正式的层次,它指的是使任意性符号能运作的规则。正式的惯例使符号"猫"(cat)指的是一只四腿的猫科动物而不是其他什么东西,依据其文法形式及其前后次序,"猫捉老鼠"(cats hunt rats)这三个符号的意义受正式的惯例所局限:我们都同意是第一个词(cats)追第三个词(rats)。同时,字尾的 S 表示复数也是惯例。约翰·费斯克认为还存在较不明显的惯例。在他看来,电视上的慢镜头表示两种情况:对技巧或错误的分析,或是对美的欣赏,有时,如女子体操节目,则两者皆是。我们对类似符号的经验,也就是我们对惯例的经验,使我们作出恰当的反应——我们知道慢动作并不表示有人突然开始"慢跑",而对节目内容的经验也使我们能判断——我们是要欣赏美,或是要分析某个动作的技巧。

索绪尔坚持认为,符号的意义主要由该符号与其他符号的关系之间的关系来决定。这一点强烈地显示出他在语言学方面的兴趣,同时也使他有别于皮尔斯。一个符号与其他符号所可能有的两种关系,也就是所谓的系谱轴和毗邻轴。在这个关系系统中,任何一个符号都处于某条系谱轴和毗邻轴的交汇点上。在系谱轴线上,每一特定的符号都与同类型的其他符号(例如其他文学和宗教作品中的父亲形象)相连,构成系谱轴上的符号系统("父亲"符号的系谱轴系统)。在毗邻轴线上每一符号也与其他相邻的符号(如红萝卜、白萝卜、胡萝卜等)相连,构成毗邻轴上的符号系统("家族"符号的毗邻轴系统)。符号的意义因此是双重决定的,既决定于它在其系谱轴系统中的地位,也决定于他在毗邻轴系统中的地位。索绪尔符号学中最基础的一组概念是语言与言语,这组概念是打开符号学批评的钥匙。

在人类社会中,人们不能随便选择和组合符号,即如人们不能选择和组合语言。在每一时期的文化符号系统中,总有一套成文的规则规定了什么符号可以指代什么符号,什么符号可以搭配什么符号。例如,在过去英语世界的符号系统中,"男性"一词与"人类"(human)的意义相近,在很多情况下可以互用。只是到了当代,在日益发展的女权主义运动的影响下,"男性"已不宜再指代一般"人"了。chairman 也已被一个中性词 chairperson 所取代。索绪尔由此划分语言(language)和言语(parole)。语言是社会机构,由规则和传统构成,并且已经系统化。言语则是我们的日常话语,它是上述符号和规则的具体应用。言语不能离开语言,虽然我们都以自己的方式(说话),但只有在使用同一语言和规则的时候,我们的话才有意义。对于那些不满足于将媒介文本看作是作者个人话语的学者来说,索绪尔的观点是很有启发性的。文本也属于言语,也不能离开其他文化的符号系统。用罗伯特·艾伦(Robert C. Allen)的话来说,文本不过是"一些已经存在的密码、成规和资料的再排列组合"。[1]只有置于其文化符号和规则的复杂网络中,文本意义的脉搏才得以清晰地呈现出来。在大众传播中,我们把叙事体称为说话(speech),观众之所以可以理解,是因为观众通晓该语言。那就是说,我们了解符号及其表述的意思,我们了解该节目类型的惯例,或者了解什么可以接受,什么不可以接受,因为我们了解符码。有时候情况混淆不清,节目制作者使用的符码并非观众所了解的,这种情况造成沟通不良。更复杂的是,一般来说,人们并不明白规则与符码,虽然对其有所反应,但是不能表达。在节目中,某些内容本是表达悲伤的意思,却引来观众的笑声。在我国20世纪80年代初的探索电影中,导演所使用的符码、所追求的美学境界是观众难以理解的,导演们所使用的语言与观众所理解的语言在规则上不相通,也就是说,导演偏离了大众所共同建构的语言去言语了。索绪尔说,言语永远暗示一种既定的体系,虽然这种体系也在不断地演变着。

任何一种约定俗成的符号,都是符号本身的形式和符号形式所"指说"的对象,即表现内容的统一体。在语言学和符号学中,符号的形式被称为"能指",符号的内容被称为"所指"。根据符号形式和符号内容,或者说根据"能指"与"所指"的关系,美国的符号学创始人皮尔斯把符号分为图像符号、标志符号和指征符号三种类型。[2]

所谓图像符号是某种借助自身和指说对象相似的特征作为符号发生作用的一类符号。在图像符号中,能指和所指因为所处的共同特征而发生对应关系。例如,我们从雷锋的画像想到雷锋的相貌特征,由讽刺漫画我们会联想到生活中的一类人以及他们的行为。显然,图像是一种模拟性的肖像性符号。

标志符号是某种根据自身和对象之间有着某种事实的或因果的关系而作为符号起作用的一类符号。在这一类符号中,能指与所指具有一定的内在联系。例如,打喷嚏是感冒的标志,门铃响是有客人来的标志,地动山摇是地震的标志。

指征符号与前二者有着根本的不同。能指符号与所指事物之间不存在某种

---

[1] [美]罗伯特·艾伦.电视与当代批评理论.台北:台湾远流图书出版公司,1993:15.
[2] [美]霍克斯.结构主义和符号学.上海:上海译文出版社,1987:130-133.

必然的联系,能指符号之所以具有指说功能,完全是由约定俗成的因素在起作用。它超越了具体事物的特征,而具有概括性、暗示性。因此,它需要使用者进行创造性的阐释,才能理解其意指作用。在我们的日常语言中,绝大部分的词汇、字母、数字相对其对象而言,通常都是约定俗成的。人们不能很清晰地说出为什么"这样"或为什么"那样"来指说某事物。

皮尔斯的划分并不十分严谨,他是仅仅根据符号和对象的三种关系模式而作出的大而化之的分类。而传播学界比较认可的是语言学家索绪尔的分类法,他把人类所创造和运用的符号分为语言符号和非语言符号两大类。

索绪尔认为,语言符号是人类传播最重要的符号系统。而语言符号又可分为口头语言符号和书面语言符号两种形式。语言符号是语音和它所表达的含义即语义的结合物。语音是符号的形式,语义则是符号的内容,但语义内容是附着在语音形式之上的,因而从其基本形态来看,语音符号其实就是一种有意义的声音符号。

文字符号是语音符号的记录,是在口语基础上产生的,因此,文字符号是形、音、义的统一。

所谓非语言符号,是指语言符号以外的在信息交流活动中能够发挥指说作用的其他符号形式。例如,姿态、动作、表情、手势等。

### (二) 符号的意指形式

符号是信息的载体,表现为有意义的代码及代码系统。符号所代表的意义非常广泛。从传播效果看,当甲头脑中的符号到了乙头脑中,乙会产生与甲相同的含义。这是人们在日常社会交往中共同参与符号系统的建造的缘故。符号的意指形式主要表现为以下几种。

**1. 声音形式**

我们的生活中时时处处都有声音,我们说的话,唱的歌,物体撞击物质所发出的声响,自然界中的风声、雨声、雷电声,音响中播出的动听的音乐等都属于声音范围。与声音相关的三个要素为振动体、媒介和听觉,这三个要素缺一不可。人的嗓音与自然界的声音都有"振速"和"振幅"。每种物体的音频振数是有规律及特性的,音频振数相同的声音,却有不同的音质,声音性质的构成有三个方面,即音色、音调、音强。"音色"是由物体的振动所产生不同的特性而来,因此声音的变化就显得很复杂。男性的声音不同于女性的声音,婴儿的声音不同于儿童的声音,甚至同一个人不同时期的声音也不一样。"音调"主要由声音的频率大小而定,频率就是每秒时间内音波振动的次数,振动的频率愈大,产生的声音愈高,反之则低。"音强"指的是声音的强弱,声音的强弱主要与声波的振幅平方大小成正比,换言之,振幅愈大,声音愈强,反之则弱。声音的强弱在感觉上因人而异,不同的人对声音强度的感觉也不相同,即使是同一个人,在不同的时间、环境中,所发出的声音强度也不会相同。

声音作为符号形式传播早在原始人类群体中就已经存在了。原始人在没有文字等媒体形式的情况下,是靠发出各种各样的声音来传递信息、表达喜怒哀乐的情感的。随着人们对声音的认识和利用不断深入,声音的符号意义越来越丰富。

**2. 形象形式**

在文字产生之前,人类的传播方式除了声音之外就是形象了。原始人常把他们劳动的场景、所见所闻用图像的方式刻在石壁上。这些图像与后来刻在洞壁、器皿上的图腾和结绳等成为早期的形象表意符号。从广义来说,任何人的表情、动作、姿态,任何事物的外形、图案、绘画、线条等都应属于形象符号这一范围。形象与声音不同,声音靠听觉感受,形象靠视觉感受。听觉与视觉把接受到的信息传递给大脑中枢神经,大脑对这些声像符号进行"解码"然后作出反应。因此,离开了听觉和视觉,声音和形象符号就无从谈起。

形象符号的优势在于,它能够比较直观地把具体的经验、具体的事物传达给人们。李白在《蜀道难》中说"蜀道难,难于上青天",这种文字上的描述往往还免不了有些抽象,但如果用绘画或照片加以直观地表现,就更能使人认同。

形象符号能弥补声音、文字等符号在传播过程中的不足,电视就是声频和视频的结合,电视离开视觉画面,就不成其为电视了。对于报纸、杂志而言,文字描述如果配上照片作补充说明,产生的阅读效果会更好。例如,一份介绍某经济开发区的材料,因为插入了许多图片,就使人一目了然,心驰神往。当然,形象符号不是万能的,对于一些比较抽象的概念、推理,它就显得无能为力了。

**3. 文字形式**

从原始的结绳到洞壁刻画,这些表意符号形式在表达思想的功能上明显是不完备的。文字产生后,表意的灵活性大大增强了,任何事物不论具体抽象皆可由文字表达。世界文明发展既有时间上的差别,也有地域上的差别,因此各个地域创造出来的文字也不相同。古埃及的原始文字是象形文字,两河流域的苏美尔人创造的文字是楔形文字,中国古老的文字是甲骨文。文字系统各有不同,但其发展演变及其功能的进化是相似的。由象形符号开始,逐渐转入抽象的符号化的表意系统,造字方法越来越灵活,文字数量也逐渐增多,意义由简而繁。文字符号的产生和运用,摆脱了声音符号传播在时间和空间上的局限,实现异时异地传播。换句话说,语言可以通过文字符号和一定媒介的负载而做到传于异地、留于异时。

即使在电子化传媒时代,文字符号仍然未失去其存在价值。它有着声音和图像符号不能取代的功能,文字符号比其他符号更容易使人明白,更解释得清楚,更便于保存。它可以传达其他符号形式所难以传达的内容。在诗歌创作中,文字符号所创造的所谓"象外之象、景外之景"、"羚羊挂角,无迹可求"之类的境界,往往只可意会不可言传,其他符号形式如图像、声响就难以把这些意境的内容加以具体化,一旦具体化了也就失去了其原有的意味。

在我们平常的工作中,对于文字符号的驾驭能力直接影响到对其他符号形式的运用,声像符号如果没有精当的文字符号参与表情达意,其效果将会受到影响。例如,一部画面优美的电视专题片,如果没有文字解说,就不是一部完整的作品。一部电视剧如果其剧本质量不高,那么用它拍出来的声像作品的艺术价值也不会很高。广播电台中所播的广播剧,着重的是口语传播,如果有优美的文字脚本,就能产生令人激动的听觉效果。因此,在传播活动中,充分发挥文字、声音、形象符号的功能并综合加以运用,使传播内容更加丰富多彩,传播的效果进一步提高,是大众传播业者努力的方向。

符号是不断发展变化的。一方面,人们每天都在创造新的符号,作为意义解释的语言、非语言一旦进入社会传播领域,就成为新的知识被广泛使用;另一方面,旧有的符号也在慢慢地被改造和淘汰,有的则被赋予新的意义。人类创造新的符号主要是依靠语言进行的,是对层出不穷的事物的描绘,其目的主要还是为了相互区别,同时也不断发现新的社会现象,从而发展人类文化。

## 四、符号的意义理论与社会互动

皮尔斯把符号学定义为符号、客体和意义之间的关系。符号代表客体或解释者头脑中的所指事物。皮尔斯的符号与意义模式中,图像符号、标志符号和指征符号之间,符号、符号指涉与符号使用者之间都存在一个意义三角。他认为只有三者相提并论,才能创造意义。

### (一)意义理论研究

关于意义理论的研究,学术界有多种研究取向,其中最具有代表性的取向是符号互动论(symbolic interactionism)。约翰·杜威是这一取向的代表,他认为"意义"研究包含了三个层面:即意义的参照面(the referential aspect of meaning)、意义的经验取向(the experiential approach)、意义的语言使用取向(the language usage approach)。意义研究根据对这三个层面的不同侧重,形成三个主要学派。这三个学派是:

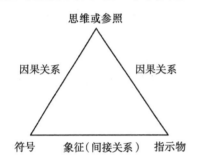

图1-2 符号意义三要素三角关系图

### 1. 象征性理论学派(representational theories of meaning)

象征性理论学派认为,符号意义就是阐释人如何用符号来描述事物。里查兹和奥格登认为与意义有关的三个要素是:符号、指示物和人的思维或参照。这三者之间存在一个三角关系,如图1-2所示。

这个语义模式强调了"意义"的三个层面的含义:符号的意义(字词本身的意义)、指示物的意义(事物本来所具有的意义)、个人心中的理解意义(个人所具有对事物的印象)。符号与指示物和思维之间有直接的因果关系,而符号与指示物之间则是间接的转嫁关系。举例来说,"恐龙",它的符号是这一词文字构成,它作为指示物就是这个远古动物本身,而当我们想到这个动物时以及想到"恐龙"这个词时,个人在心中会产生印象或相关的思维。只有通过在个人心中所引起的这个动物印象,符号与指示物之间的连接才会发生。因此,"恐龙"这个词与实际事物之间的关系是间接的。里查兹认为,当语言被用来传播对指示物的实际描述时,这种描述是科学性的。但当它被用来传播人的某种感情时,这种语言对感情的表达是情感性的。而在科学性与情感性之间,则是一种不同混合的叙述。里查兹指出,传播是想从他人那里诱出意义的一种尝试。换言之,传播的目的是要在他人心中创建一个与传播者相似的思维经验。传播者与受传者之间只有拥有某种程度的共同经验,传播的目的才能实现。里查兹的独创之处在于他认为重要的意义来自"个人自身",因此传播在他看来不是给予意义而是引出意义。这一派的另一个代表人物是苏珊·朗格(S. Langer),她将记号(sign)与符号(symbol)进行了区分,认为记号是用以指示某种事物所出现的刺激。它与所指示的物质客体有高度的相像。但符号就比较复杂了,它可以让人对某些事物加以思考,或脱离具体的事物来想象。因此,苏珊·朗格把符号称为"思想的工具",符号的意义包括逻辑和心理两层含义。逻辑的含义是指符号与指示物之间的关系,而心理意义是指符号与个人之间的关系。

## 2. 经验性理论学派(experiential theories of meaning)

经验性理论学派理论认为,意义的最重要的层面是在语言和经验之间的关系。语言强烈地影响个人正在进行的生活和经验。意义就是个人通过语言对事物进行的认识。卡西尔(E. Carssirer)认为人类通过符号来构造对这个世界的经验,其感知过程的主要部分是对符号的加工处理。语言和其他形式的符号在为我们建构事实。然而我们并没有被卡在一个不能变通的位置上,人们在社会实践中学会了适应现实。因此卡西尔认为,人与自然、社会之间存在一个互动关系。语言和其他形式的符号会影响我们的感知,但反过来,我们的感知活动也会影响符号形式。另外,沙皮尔与沃尔夫的理论(Sapir-Whorf Hypothesis)也证实,语言造就了人的本质。一种文化的语言结构,决定了个人在那种文化中的行为和思维习惯。我们处理思维和观看世界的方式,是由语言的语法结构所造就的。

## 3. 使用过程学派(meaning in use)

使用过程学派理论认为,语言的实际使用,提供了关于什么是意义的答案,以著名语言学家维特根斯坦(L. Wittgenstem)和奥斯汀(J. L. Austin)为代表。他们反对以往的语言结构分析法,强调语言是丰富而复杂多变的,要想搞清楚语言复杂多变的情形,必须看看这种语言是如何被使用的,对说话内容的分析可能比对语言形式的分析来得重要。因此,不能仅仅满足于对语言的固有意义的探讨,而应当从说话人的意向以及说话过程的互动中发现语言的意义。在这派语言学家看来,只有在传播活动中,语言才真正具有意义。语言和意义就是一般传播过程中的一个有机组成部分。

## (二)互动理论研究

语言是一种社会过程,它是人们彼此互动的产物。语言所承载的意义,部分是社会成员大家所共有的。语言的社会意义也是由经验所产生的结果。因此,意义是社会成员对事物潜在影响力的共同认知。杜威指出,由于社会互动,符号才具有意义;人们用符号来完成各种目的。人固然是受语言和其他形式的符号所影响,但符号互动论者认为人也是主动的。这一点皮尔斯已经指出来了。美国学者杰罗米·玛尼斯(Jerome Manis)与伯纳德·梅尔策(Bernard Meltzer)的研究都验证了上述的意义理论。他们从符号互动理论中分离出七条基本的方法论命题,其中就有这样的结论:"人们通过给他们的经历赋予意义来理解事物。人类的知觉总是受到一个符号过滤器的调控。""意义是在人们之间相互作用的过程中获得的。意义产生于社会团体间符号的交换之中。"[1]

符号互动理论的创始人是20世纪初美国哲学家、社会心理学家米德(G. H. Mead)。米德一生未出版过著作,在他离世后的1934年,他的学生出版了他的课堂讲义《心灵、自我和社会》(Mind, Self and Society)。该书一问世,即引起了学术界的广泛关注,对符号互动理论的研究在美国形成了一股潮流。

符号互动理论研究往往被分为两大学派:一个是由米德的学生布鲁默领导的芝加哥学派;另一个是由库恩和寇奇(M. Kuhn & C. Couch)领导的衣阿华学派。

**1. 芝加哥学派**

米德的著作毫无疑问成为芝加哥学派的核心。米德理论中有三个关键词:心灵、自我和社会,它们是社会行动的不同侧面。社会行动是一个伞形概念,几乎其他所有心理的和社会的过程都置于其下。意义是社会行动的产物。米德以动态的观点看待社会现实。他在研究个人如何成为社会一员这一社会学重要课题时,十分重视传播过程的作用。他强调指出,"自我"是从社会行动中产生,而所有的社会行动都牵涉传播。他认为,自我是由主体的我(I)和客体的我(Me)组成,主体的我体现个人本能的、独特的"自然"特性,是具有独创性的"自我",而客体的我则体现"自我"的社会方面,是社会环境要求的内在化,它的形成需要经过一个长时期的社会化过程。米德认为,传播是基本的社会过程,人是通过与他人互动,了解别人对他的反应和态度,进而认识自己的。符号互动是使用社会所共享的语言符号。

布鲁默等一批学者进一步发展了米德的观点,他们把符号互动看作是积极的、创造性的过程。对于布鲁默来说,有三种客体——物质的(物)、社会的(人)和抽象的(思想)——它们都需要通过符号的相互作用获得意义。客体可以对不同的人有不同的意义。布鲁默认为,符号互动理论的关键是考察以符号为中介的人与人之间的关系。它有三个基本命题:① 人根据意义来行动;② 意义是在社会群体互动中产生的;③ 意义是由人来界定的,也是由人来解释的。

**2. 衣阿华学派**

库恩和他的弟子将实证方法引入符号互动研究中,从而在方法论上与芝加哥学派分道扬镳。衣阿华学派将米德学说中的自我概念进一步具体化。布鲁默强烈批评他们这种做法,但这却是衣阿华学派的特色。库恩认为,在所有的工作中"命名"是最重要的一步工作,也是第一个概念,因为命名是传递客体信息的一种方式。与米德和布鲁默相似,库恩也关注客体在行动者世界中的重要性。

---

[1] [美]斯蒂文·小约翰.传播理论.北京:中国社会科学出版社,1999:283.

客体可以成为一个人的现实世界的任何一个侧面：一件事、一个特点、一个事物等都需要通过命名来实现社会化。

库恩的第二个概念是行动计划。它是一个人对某个客体的全部行为类型。人生活在一个又一个这样的计划中，如上大学就涉及一个计划，人可以从这一计划中得到对待金钱、事业和个人成功的积极态度的指导。库恩的第三个重要概念是"方向性他人"，这是说，一个人是通过与对他有影响的特别的人的相互作用来看这个世界的。与芝加哥学派学者相同，库恩也注重"自我"这一概念，他的理论与方法都是围绕"自我"展开的。自我概念是一个人针对自我的行动计划，它构成了一个人的个性、兴趣、反感、目标、思想和自我评价。这样的自我概念都是支点式的态度，因为它们是一个人判断其他客体的最常用的参照框架。所有后来产生的行动计划主要都源自"自我"概念。[1]库恩的研究已远离了符号互动理论的主流，因而不断受到学术圈内外的诟病。以寇奇为代表的新衣阿华学派摆出兼容并蓄的开放姿态，既接受米德等的符号互动理论的核心思想，同时也认为有必要对社会行动采取实证的方法来加以研究以避免空谈。寇奇还采用录像中的顺序来研究协调行为的结构。他们探讨符号是怎样开始的又是怎样结束的，怎样协商不同意见以及解释阻碍实现相互作用目标的不可预见的结果，他们试图通过这些研究来总结出符号互动理论的一般原则。

无论是芝加哥学派还是衣阿华学派，他们都特别强调社会互动中精神内容的交流，无论是米德所说的自我本能、心灵，还是库恩提出的行动计划、"方向性他人"等都没有把社会实践放在合理的位置，没有人的生产劳动，没有社会实践的各个层面的丰富内容，符号互动也不可能产生社会成员共同接受的意义。符号意义是在社会实践中产生的，又反过来规范人们的社会行为。可见，传播活动在社会关系中起着至关重要的作用。

# 第三节　传播的基本要素

传播活动是一个十分复杂的过程，它涉及许多方面。例如，甲向乙打招呼，乙点头答复。这一过程也许只有几秒钟，但它至少涉及三个要素：信息源、音讯

---

〔1〕[美]斯蒂文·小约翰.传播理论.北京：中国社会科学出版社，1999：284-292.

和目的地。而实际大多数情况下传播活动不可能是从源头到目的地的直线型的简单过程。由于传播过程中常有各种客观因素的影响,因此传播不一定能够顺利实现。总体看来传播过程由这样几个因素构成:传播的情境(context)、传播者(communicator)与受传者(audience)、讯息(message)与通道(channel)、编码(encoding)与解码(decoding)、噪音(noise)、经验范围(experience)、能力(competence)和行动(performance)、反馈(feedback)、传播效果(effect)等。这里,我们不妨以马三立的单口相声《逗你玩》为例作一分析:

有一个小偷准备偷人家的东西。一次他来到一个门口晒了衣服的人家门外,正准备动手偷衣服。突然,他发现这户人家的门口站着一个三四岁的小孩。小孩问:"你是谁?"小偷答道:"逗你玩,我姓逗,叫逗你玩。"小孩对他妈妈喊道:"妈妈,来人了。""谁呀?"他妈妈问道。"逗你玩。""这孩子,调皮!"他妈认为孩子逗她玩,没有在意。过了一会儿,小偷偷走了外面晒的衣服,小孩又对他妈妈喊道:"妈妈,拿衣服了。""谁呀?""逗你玩。"他妈妈听了不高兴了:"这孩子,我揍你啊!"又过了一会儿,小偷取走了晾杆上的被单。小孩又对他妈妈喊道:"妈妈,还拿被窝单子。""谁呀?""逗你玩。""这孩子,再恼我,揍你!"小孩的妈妈过了一阵出来了,一看衣服、被单全不见了,她问孩子,是谁拿的,孩子说:"逗你玩。"

在这一单口相声中,传播活动是在小偷、小孩及其母亲(除此而外,没有他人)所构成的传播情境中进行的。传播的来源起初是小偷,后来是小孩。传播的目的地即受传者起初是小孩后来是小孩的妈妈。所发出的信息内容是"逗你玩",小孩和妈妈都是在自己的经验范围内去理解传播的信息内容,小孩在三四岁时不可能对小偷传递的信息作出分析判断,而小孩的妈妈则从她的经验范围接受"逗你玩"这一信息,造成了误解,她认为是小孩淘气,没有引起注意,因此她的反馈就是对孩子的责骂。在这一传播过程中,小孩因为受自身能力与行动的限制,不能有效地把信息传播出去,因而传播的效果是很差的。这当中还有其他因素如噪音的干扰,小孩的妈妈正忙着干手中的活,这就是一种干扰,这种干扰使得她忽视了对小孩的语音、语调的分析。

由此我们不难理解传播过程的复杂。美国的传播学学者约瑟夫·A.戴韦托在他的《传播学》一书中对传播的复杂过程进行了描述,他认为传播是"在一定的传播情境中,由一个人或更多的人,发出信息,并由一个人或更多的人收到噪音阻扰(或曲解、误读)的信息,产生一些效果,并在其中包含了反馈内容的活动"。[1]

## 一、传播的情境

传播活动总离不开一定的传播情境。情境对于传播的影响很大,在不同的情境中传播的效果也不相同。传播的情境有时是不明显的。在曹禺改编的话剧《家》中有这样一个传播实例:主人公觉新被逼与新娘子瑞珏成亲,十分痛苦。随着时间的推移,觉新终于打破了沉默,乐意去接近新娘子了,而原先还想母亲、想回去的瑞珏终于也愿意接近新郎。此时,两人交流的情境发生了变化,我们注意到剧本有这样的舞台提示和对白——

觉新:(忽然去把妆台上油灯吹熄,像是征问她的赞同)吹了灯?

瑞珏:(没有惊讶,自然而宁贴地)嗯,吹了灯好看月亮。

这一面对面传播的情境是隐而不彰的,觉新和瑞珏在原先的那种情境中难以进行传播,而当觉新与瑞珏之间彼此有所了解时,气氛变得融洽了,显然这种情境下是有利于传播活动进行的。这种隐而不彰的传播情境往往为人们所忽视。更多的情况是,传播活动会明白地显现出来,并限制或刺激我们传播的方式。

传播的情境有四种基本类型。

一是物理环境的。例如传播进行时所处的空间、气候、温度等。这些物理环境对我们传播活动的方式以及传播的信息内容都有影响。比如两个人在舒适、豪华的房间里谈话与在寒冷、肮脏的房间里谈话,其态度、内容都会大不相同。

二是社会关系的。一个人要与别人交流,社会规范和文化习俗等都会对他的传播构成影响。例如,上级与下级、长辈与晚辈之间的传播往往比较严肃,而朋友之间、兄弟之间的交流则相对轻松自由得多。在丧事活动中不能用比较欢快的语言交流,而在很轻松活泼的场合则没有必要用很庄重的语言进行交流。

三是心理因素的,即在什么样的心理情境下进行传播。心理情境直接影响人们的传播行为,它表现在传播行为上是喜欢不喜欢、高兴不高兴等特征。曹禺的剧作《雷雨》第二幕,有这么一段戏,鲁侍萍阴差阳错地来到了周朴园的家。一开始,周朴园错把她当成了家里新来的仆人,很不高兴,责备她为什么又把窗户打开了……似乎周朴园对昔日的侍萍,充满了无限的怀念,他继而又命她向太太去要衣服。当侍萍接口回答:"是不是那件烧了一个小洞又织补上,并在上面

---

[1] Joseph A. Devito, Communicology, New York, Harper & Row, 1978, p.8.

绣了一个'萍'字的旧绸衣?"这时他感到诧异,突然逼问:"你是谁?"而当他最终确认,站在他面前的就是他一直标榜着念念不忘的侍萍时,态度发生了180度的转弯,"忽然严厉地"问:"你来干什么?""谁指使你来的?"在这里,周朴园心理因素的变化直接决定着他的传播内容和传播态度。

四是时间因素的。时间情境最不易为人们所重视,它通常是指传播活动具有特别意义的时刻。例如,一对恋人交流时的时间情境是十分宝贵的,在这一时刻,其传播的效果是最佳的。再如,一个会议安排在午餐前召开,当会议临近午餐时其传播效果与刚进完早餐时的传播效果是大不相同的。总之,如果我们不知道某一信息的传播时间,我们将很难评估其冲击力及其重要性。例如,党的十一届三中全会后发表的《关于建国以来党的若干历史问题的决议》,发表在当时与发表在今天其意义是不一样的,在那样一个特定的时间传播情境中,这一决议无疑是震撼人心的。

传播情境的四种基本类型都不是孤立存在的,它们总是相互作用、相互依存,每个类型都影响其他几个类型,并为其他几个类型所影响。例如,在一个噪音很大的环境里交流,即使社会关系的情境与心理的情境再好,它们也会受到影响,并会因此而发生改变。物理环境的、社会的、心理的、时间的诸种情境类型共同发生作用,构成了传播的整体背景。

## 二、传播者与受传者

传播过程的两端连接着传播者和受传者。离开了传播者或离开了受传者,传播活动都是不完整的。传播者可以是一个人,也可以是多个人;受传者可以是一个人,也可以是一群人。前者如面对面传播,后者如大众传播。传播者和受传者所具有的特性,都会对传播过程产生很大的影响。他们是什么样个性的人,有什么样的素质,他们的信仰、他们的需要、他们的态度等都会影响他们说什么以及怎么说,影响他们接受什么信息以及他们的接受方式。例如,一位资深教授与一位没有学识的人,他们不会谈论各自职业内的话题,也不会有相同的讲话方式,当然,他们也不会以相同的方式或方法接受内容相同的信息。

## 三、讯息与通道

信息(information)是传播的内容。实际上,我们在传播活动中的一颦一笑、一举一动都参与了传播,成为传播的信息。这里所说的信息,实际是指讯息(message),编码后的讯号。例如,在俄国现代戏剧大师契诃夫的剧作《樱桃园》中,剧作家很善于运用体态语言来传达作品的寓意。一块粘在加耶夫嘴上的硬糖果可以立即说明他的性格,同时又巧妙地说明他所讲的都是假话。而雅沙鲁莽地摆弄一支巴黎雪茄,含蓄而又生动地表明他有向上爬的打算。诸如此类的体态语言、小道具都极自然地向观众传播作品的思想。由此表明,除了语言符号外,其他非语言符号也能够构成传播的信息。所以,传播时人们讲的话是信息,写在纸上的文字是信息,电影、电视屏幕上的图像是信息,音响中传出的美妙的音乐也是信息。

讯息总要借助于一定的工具才能传播出去,用来传递信息的工具,我们称之为通道。无论是人际传播、组织传播还是公众传播、大众传播,都有其各不同的传播通道,如发送讯息的人的器官,载送信息的声、光、电波以及杂志、报纸、广播、电影、电视、电话、计算机以及教学教具等。各种传播通道有其不同的特点,有的通道适宜传播这类信息,有的通道适宜传播那类信息;有的适宜传播某类信息,有的不适宜传播某类信息;等等。在使用之前都要对其作充分的了解,作出利弊取舍。

### 四、编码与解码

我们把传播过程中产生信息的过程和行为称为编码也称为制码。这一过程包括把思想变成语言,把概念变成某种显像,或者把意图用相应的体态语传达,等等。而当我们把传播者传送出的语言、显像、体姿等符号再转变为思想、概念、理念时,这个过程就是解码过程,也称为译码过程。解码的过程实质上是理解信息的过程。我们把信息的发出者称为编码者(encoder),而把信息的接受者称为解码者(decoder)。对于传播者来说,符码(信息)的产生实际上经历了两个阶段。第一阶段是概念产生阶段,这主要指大脑活动产生出的东西;第二阶段是符号和信息产生的阶段,也就是传播的主体将概念性、思维性的内容转换成符码、信息的过程。产生概念的组成部分指的是来源,即说话者的大脑;而产生符码和信息的部分即是指编码者。例如,在人际传播过程中,如果传播的双方是借助电话进行交流的话,那么来源就是谈话者双方的大脑,而发声器官及电话发话筒就是编码者。而作为听话者的双方,各自的大脑就是接受者,而听觉器官及电话听筒就是解码者。

在一般的人际传播中,每个传播者和受传者都扮演来源和编码者及接受者和解码者的双重角色。来源就是传播者或接受者本身的大脑,而编码者、解码者则指传播者或接受者产生声音、文字、图画、姿势以及表情等的各种生理器官。但有些传播活动情况往往比较复杂,在公众传播或大众传播中,来源与编码者各属于不同的个人或团体。如电视台的记者、编辑、制作人为来源,而节目的主持人则为编码者,主持人将记者、编辑、制作人的理念表现为观众所需的音讯、图像。

## 五、噪音

传播过程中不可能没有干扰,西方传播学界把阻碍、歪曲或干涉信息顺利传播的任何事物都称为"噪音"。噪音在传播活动中达到一定程度,会使传送出去的信息与接受到的信息发生差异。例如,工厂里发出的机器噪音、电影院里放映电影时未关闭的灯光、说话者用对方不懂的方言讲话、两个人交流时有一方戴上了墨镜等,诸如此类均可视为噪音。因为它们阻扰、歪曲或误导从传播者到受传者之间有效及充分的传播。噪音也出现在书写类的传播中,如模糊不清的字体、从书页背面透出的印刷字体、皱折的纸张、不通的语句及各种使读者不能获得书写信息的因素等。

推而广之,噪音的范围也可包括来自心理因素的干扰,如传播者的某种思维定式,受传者的偏见、成见,所以,在传播活动中,大部分的噪音不仅来自通道,也来自信息源或受传人本身。实际上,在传播活动中个人的喜怒哀乐、好恶取舍等因素有时也会转变为噪音。噪音的存在从某种角度讲是对传播有害的,而换个角度看,噪音又对传播起着某种制衡作用,这种制衡作用对于传播活动是十分重要的,离开了这种制衡作用,传播将成为来源(传播者)的一种独裁行为。

## 六、能力和行动

我们在说话时,大多数情况下都能脱口而出,听别人说话时,也大多没有什么理解上的困难,这是因为我们具备了所谓的语言能力,因为知道语言的使用方法、语法规则等,所以我们就具备了一些传播的能力,而传播行动则使这些能力表现出来。但由于受兴趣、爱好、耐心等因素的作用,这也会对传播行动产生直接的影响。

## 七、经验范围

当来源(传播者)发出信息,接受者靠什么去接受这一信息呢?靠的是经验范围的重叠。经验范围指的是人的政治立场、文化背景、民族心理、宗教信仰、生活习惯、知识结构、兴趣爱好等。一个正常人如果不懂哑语,那么当聋哑者向他作哑语手势时,他只会茫然无知,因为他与聋哑人之间没有共同的经验范围。这种情况与无线电广播中的发射频率与接受波段频率必须相同的原理有点相似。这里有个前提条件,即只有参与的人在共同享有的经验范围内,传播的行为才能够发生。如果参与传播活动的人没有相同的经验,传播则难以实现。假如,一个人从未见过飞机,那么当另一个人在传播信息中涉及了"飞机"这一概念时,他就会感到费解。当再次向他指出空中的飞行器是飞机时,他会恍然大悟,在他的经验范围内飞机就是一只巨大的飞鸟。所以只有当信息符码落实在双方经验范围的重叠部位时,一项传播活动才能实现。经验范围的重叠对于传播十分重要。很多传播的困难实际上都与经验范围的重叠有很大的关系。例如,父母与子女之间有代沟,实际上是父母与子女的经验范围存在很大的差异。子女们所接受的知识、价值观念等与父辈们所接受的有很大的不同。父母们忘了今天的小孩的知识结构和时代特点,子女也忽视了父辈们可能具有的传统的价值观念。如果双方不注意建立彼此共同的经验范围,那么,这样的代沟就会越来越大。所以,不论何种传播形式,传播者如果不注意在共同的经验范围内制作信息符码,那么,他就不可能获得最佳的传播效果,甚至会导致传播的失败。

## 八、反馈

反馈是控制论中的一个重要概念。在控制论中,反馈是指把给定信息作用于被控对象后所产生的结果再输送回来,并对信息的再输出产生一定影响的过程。控制论创始人维纳曾经说过,所谓反馈就是"一种能用过去的操作来调节未来行为的性能"。

当我们在与别人讲话时,发现自己的嗓音不正,就会很自然地清清嗓子;发现自己嗓音小了就会提高音量,嗓音大了就会降低音量。当老师给学生上课时,黑板上的字写得不整齐就会擦掉重写;领导在给下级作报告时讲错了一句话,就会进行纠正或者重新表达。这是一种自身反馈。然而,大多数情况下,反馈是从他人那里获得的。我们在与他人讲话时,常常要从他人的眼神、表情里寻找到有关信息,以调整自己的语言表达方式,我们不断地发出信息,也不停地接收反馈信息。

反馈的形式多种多样:听觉的、触觉的、视觉的、味觉的和嗅觉的。例如,听人讲话时皱一下眉头可能表示不耐烦、厌恶或者有困难等;点一下头则表示赞同;微笑一下则表明对方讲得在理;敛声静气地听,则表明他很感兴趣;等等。反馈可能是正面的,也可能是负面的。正面的反馈告诉来源(传播者),传播的效果很好,可以继续下去;负面的反馈告诉来源(传播者),传播的效果不好,传播进行得不太顺利,有必要对传播内容与传播方式进行调整。再如,在教学过程中,如果教师讲的内容不能激发学生的听讲兴趣,那么,学生就有可能在下面交头接耳、做小动作或干其他事情,课堂秩序就不会太好,这时候,教师应考虑对所讲的内容作一下调整,增加知识的信息量和提高讲课的艺术性,这样才能收到较好的教学效果。有经验的教师通常在上课之前对他所讲的内容作预先的估计,即根据以往的课堂情况,对可能出现的各种反应进行预测,从而回避不利的传播效果,选择最佳的教学形式,以创造最佳的教学效果。大众传播的反馈情形比较复杂,我们将在后面章节再作讲解。

## 九、传播效果

信息从传播者发出以后,总要对受传者产生一定的影响。如果受传者没有接受到传播者发出的信息,那么传播是不成功的,也就谈不上传播效果。只要传播的信息从来源到受传者之间能顺利实现,它就会有效果。这里所说的效果有程度上的差异,有的传播只要对方有反应,得到了信息就行,有的传播却能改变受传者的思想、观念、态度等,甚至于有的传播能够影响一代人的价值观念、世界观、人生观等。例如,某甲与某乙碰面时互相打招呼,某甲叫了一声"你好",某乙点了一下头。某乙这一举动就是一种传播效果。一个演讲者站在讲台上慷慨陈词,而听众在听他的演讲时也情绪激动,这一场面就是一种传播效果。中央电视台播放了电视连续剧《天下粮仓》《风雨乾坤》,观众反响很大,他们中有许多人打电话或写信给电视台,谈自己的观感,希望电视台今后多拍这样优秀的电视艺术作品,这也是一种传播效果。

如何利用大众传播媒介来引导人们向着真善美方向发展,这是我们今天所要重视的问题。因此,传播效果的研究、分析就显得十分重要。为什么有些作品会流行,而有些作品却在受众中反应不强烈?哪些作品是受众最欢迎的,哪些作品受众最不喜欢?这些效果分析的课题有助于大众传播的工作人员作出选择和决策。总之,传播效果作为传播要素之一,在传播学研究领域有着较高的地位。

以上我们列出了传播的九个要素,实际上传播活动中的每个环节、每个阶段都有许多重要的因素,而且都起着十分重要的作用。美国的政治学家拉斯韦尔(H. Lasswell)于1932年提出了传播过程的四个要素,即四个W:谁(Who)、说什么(Says What)、对谁说(to Whom)、具有什么效果(with What Effect)。

1948年,他在此基础上又增加了一个"通过什么渠道"(in Which Channel),这样,他就揭示了传播活动最核心的要素。九要素实际上是在拉氏五要素基础上的进一步扩展。

传播过程是复杂的,各要素在传播过程中的位置却是十分明确的,我们不妨将它们通过图1-3反映出来。

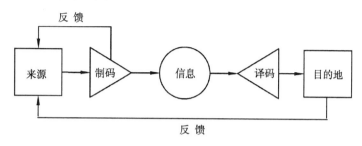

图1-3　传播过程图

# 第二章

# 人类传播的主要类型

## 内容提要

1. 内在传播的主要内涵及其特点
2. 人际传播的主要内涵及其特点
3. 组织传播的主要内涵及其特点
4. 公众传播的过程和特点
5. 大众传播的特点以及大众传播与其他传播类型的区别

## 要点提示

在这一章里,我们需要了解以下内容:

1. 内在传播的过程与特点:认知、分析、推理、判断的循环往复过程,传播者与受传者是同一个人。

2. 人际传播的模式:奥斯古德-施拉姆模式是典型的循环模式。影响人际传播的因素。

3. 组织与组织传播的关系、组织传播的形式。

4. 公众传播的流程。

5. 大众传播的特点,大众传播的功能,大众传播的商业性的体现。

我们生活在传播的世界里,每时每刻都在进行着传播活动。传播是人的基本活动之一,是人类意识的延伸。人有两种行为表现,一种是内向型行为,一种是外向型行为。所谓内向型行为,是人个体内部所进行的思维活动,这一思维活动只有自身最为清楚,往往不易为外人所洞察。所谓外向型行为,是指可以被他人觉察出来的活动,人的一言一行都是外向型活动。人的这两种行为特征决定了人的传播类型,这就是人的内在传播和人与人之间的外向传播,这通常也是我们所说的"二分法"。其实对传播类型的划分,关键在于我们依据什么标准。美国学者莫利斯等认为:"我们可以从一个广泛意义上认定许多传播的种类,传播可以被分为有效/无效传播,焦点/非焦点传播,主体/客体传播,事实信息/话语观点的传播,直截了当/偏题的传播,表达清晰的/表达不清晰的传播,等等。然而对我们来说,没有必要对其进行广泛的讨论。"[1]其实,传播类型划分的关键是从什么角度。例如,根据传播的规模,我国学术界比较流行所谓的"四分法",即将人类的传播活动分为自身的内在传播、人际传播、组织传播和大众传播。而按西方传播学的观点则分为人际传播、小团体传播和大众传播。按传播的性质,可以划分为非社会传播和社会传播。按传播的参与形式,可以分为直接参与的传播和非直接参与的传播,如大众传播。按传播媒介的有无,则可以划分为有媒介的传播和无媒介的传播,例如,美国学者德志曼就曾做过类似的划分。笔者认为,西方传播界对小团体传播的界定是宽泛的,其中将三人以上的传播与组织传播、公众传播放在一起,显然很难说清楚。

# 第一节 个人自身的传播——内在传播

## 一、内在传播的主要内涵

人的内在传播(intrapersonal communication)也叫亲身传播,这种传播形式既是人的自我需要,也是人的社会需要,是人为了适应周围环境而进行的自我调节。通过人的视觉、听觉、味觉、触觉的协调,对客体进行回顾、记忆、推理、判断。例如,当一个生物学家发现了一种罕见的植物,他必然要根据他过去的经

---

[1] J. C. Morrill, John Lee & E. J. Friedlander, Modern Mass Media, Harper & Row Publishers, Inc. p.3.

验,判断它属于哪一科、哪一目,最后再确认它的属性。这一系列传播步骤都是在这个生物学家一个人身上发生的。再如,当一个人下象棋走到关键之处时,他不得不慎重起来,于是瞻前顾后,左思右想,考虑再三,最后走出决定性的一步。在走出这步棋的过程中,他不断从大脑信息库中提取信息(每种走法的利与弊)给大脑,供选择。传播者是"他"(he 下棋人),受传者是"他"(him 仍是下棋人自己),而信息是"棋的走法及其结果"。内在传播的图式如图 2-1 所示。

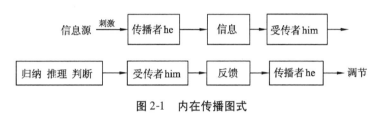

图 2-1 内在传播图式

## 二、内在传播的过程与特点

人的内在传播很明显具有心理学特性。内在传播过程的实质就是人的思维过程。人是会思维的动物。人的思维以自身的实践为基础,又在全人类知识的总和上进行。人通过思维活动对客观世界作出由此及彼、由表及里、由浅入深的认识,由目前事物的表层进而认识到客观世界的本质,从而对客体采取符合目的的措施和行动。

思维是以感觉、知觉获得的表象和概念为基本材料,经过脑的分析、综合、比较、抽象、概括等基本过程完成的。思维无疑要经历上述各过程,但我们观察一下人类的思维活动,就会发现,人类的思维具有异常的灵活性和迅速性。例如,人们在思考问题时能够触类旁通,从一个思想内容迅速转移指向其他思想内容,直至获得本质的结论。人的思维内容的指向及其过渡,必须经过分析,带有十分严密的逻辑性、推理性,而思维本身就是想象过程,必须有第二信号系统的参与。思维又是创造,几乎每个人对同一对象进行思维,都会获得程度不同甚至性质不同的结果,因而思维是带有个体性的创造反应。从这些角度看,思维就带有如下的基本特征:感应、分析、逻辑、推理性、言语、想象、创造。人的内在传播时时刻刻都离不开这些特征。

思维的感应性是在内在传播的开始阶段表现出来的。没有现实世界,就没有人的思维对象,也就没有思维这一心理现象。人的思维常常指向于一定的客观事物。也就是说,客观存在物先作用于人的感觉器官,使人产生感觉,引起中枢皮层机制发生变化,从而引起思维活动。人的感觉器官将信息传递给大脑,大脑对各种感觉器官所获得的信息进行分析、处理,这样就产生了思维活动的其他特性。分析性是内在传播行为发生后最初表现出来的特性。人脑须将思维对象分解成各个部分,通过对对象各部分属性的认识,才能认识思维对象的全貌,把握思维对象的整体。而推理性则是在分析的基础上进行的,推理是传播作用于受传者——大脑后所作的处理,人依据大脑内已积累的经验,从一个或几个判断推出一个新的结论。推理是获得新知识、产生新思想的必要方式。

思维是人脑借助语言所实现的对客观事实的概括的反映。正是由于语言的产生,才使人的思维能真正迅速地展开。脱离了语言,思维就不能完整深刻地存在。亚里士多德认为,思维是通过语言而实现并存在下去的,言语代表心灵的经验。笛卡尔认为,只有人类才具有理性,而人类理性就表现于只有人类才有语言这一点。正是思维与语言存在着的这种关系,决定了人的内在传播是以语言为媒介的。同时,语言能力也制约着人的内在传播,决定了这一传播的效果。

对内在传播产生影响的还有人的想象力、注意力、记忆力。

人的思维过程就是想象的过程。有人把想象局限于新形象的创造,认为只有形象思维才属于想象,抽象思维不属于想象,这是错误的。人进行形象思维,脑中也产生着有关的言语,形象和言语协同作用,才能保证形象思维的顺利进行。抽象思维的过程同样是想象过程,即人脑按思维规律在脑中想象出言语的组合改变,而获得思维结果。思维内容的指向和过渡,都预先在人脑中以形象和言语的形式被创造出来,然后通过对产生出的言语和形象作修改,才获得思维的结果。因此,想象贯穿于思维全过程。也就是说,想象活动自始至终参与了人的内在传播,并在这一传播活动中发挥重要的作用。

注意力在内在传播过程中占据着十分重要的地位。"注意在观察、回忆、思维等认识过程中都起着引导的作用。"[1]巴甫洛夫以优势兴奋灶的学说,解释了注意的生理机制,认为注意的中枢机制是客观事物作用于主体,在主体的大脑皮层相应区域便产生了优势兴奋中心,而大脑皮层其他区域的兴奋却被抑制了。注意受制于大脑皮层兴奋与抑制的相互诱导作用。当主体受到信息刺激时,传播活动就开始了,大脑在接受传播后产生了优势兴奋中心,根据刺激对象的不同,大脑皮层相应区域即形成一个反应的"兴奋灶"。如果是听觉刺激,兴奋灶便在大脑皮层听觉中枢形成;如果是视觉刺激,兴奋灶便在大脑皮层视觉中枢形成。例如,当一个盲人用拐杖探测到前方有一个陷阱时,触觉刺激向他的大脑发出警告,注意力使他的内在传播得以实现,并使他及时地作出调整,采取相应的

---

[1] 伍棠棣等.心理学.北京:人民教育出版社,1980:144.

措施。在人的内在传播过程中存在的干扰因素很多,注意力使传播活动免受干扰或排斥干扰,使传播指向更为集中,更有规则、有顺序地进行。

记忆力在受传者(传播者自身)接受信息过程中起着十分重要的作用。记忆是大脑皮层神经细胞的功能。人认识事物或进行活动,由大脑皮层相应中枢的神经细胞作主要支配。例如,人进行躯体活动,就由大脑皮层的躯体运动中枢的神经细胞作主要支配;人谛听音响,则由大脑皮层的听觉中枢的神经细胞作主要支配。按照大脑皮层的综合反应性与互为影响性规律,当大脑皮层某一中枢支配相应活动时,大脑皮层所有的神经细胞都会作出联系与影响,反应其所获得的印象,以痕迹形式刻印在作为重点支配的大脑皮层相应中枢的神经细胞上,同时也一定程度地刻印在大脑皮层所有神经细胞上。在受到新的信息刺激后,相应的记忆内容就被"唤醒"、"激活"了,受传者主体根据需要对一般记忆贮存的信息作抽取、整合、改变,经过再造想象,才能认识信息的本质,最后才能作出反馈。记忆力的强弱直接影响到内在传播的效果。

人的内在传播,由于个体的差异性,其情形往往十分复杂,探讨人的内在传播行为有助于我们更好地研究人的其他传播行为。

# 第二节 个体与个体之间的传播——人际传播

## 一、人际传播的主要内涵和特点

### (一) 人际传播的内涵

人际传播(interpersonal communication)有广义和狭义之分。广义的人际传播是指内在传播以外的一切人类传播;狭义的人际传播是指发生在两个人之间的传播行为,所以有人称之为面对面传播、人对人传播。施拉姆认为,两个人(或两个以上的人)由一些他们共同感兴趣的信息符号聚集在一起,就叫人际传播。广义的人际传播的形式有两种:一种是不依赖传播媒体的传播;另一种是依赖媒体的传播。前者为直接传播,如谈话、演讲、上课等;后者是间接传播,如人们通过电报、电话、信件、电视来进行交流。随着科技的发展,有些间接传播的行为也开始成为直接传播行为,如运用电脑终端技术设计的可视电话,就是一种新型的"面对面"的传播,远隔千里的两个人,可以面对面地交流感情和信息。

面对面传播行为通常无固定的进行方式。在传播过程中,任何一个参与者均有充分的反馈机会,传播者能立即从反馈中修改他的传播态度与内容。因此,这种传播在所有的传播类型中最具说服力。

### (二) 人际传播的特点

#### 1. 传播的直接性

在人与人传播的过程中,人的全部感官包括眼、耳、鼻、舌都可能受到刺激,这些感官把接收的信息汇总给大脑,而双方在全身活动中建立起的传播关系,要求传播者与受传者双方在相互交流时全神贯注,任何分散精力、心不在焉的表情行为都有可能影响传播者的情绪和传播的效果。传播者与被传播者之间的直接传播比大众传播、组织传播等更能完整有效地传递信息。在面对面的交流中,传播者可以运用非语言符号如手势、姿态、表情参与传播,使所要传递的信息更加丰富、明了。

#### 2. 获得反馈的机会多

人际传播分无媒介的人际传播和有媒介的人际传播。

无媒介的人际传播获得反馈的机会最多。传播者在与对方交谈过程中,通过察言观色往往可以了解对方的心理。一个信息传递过去,甚至不需等到对方作出回答,就可从对方一颦一笑中先一步获取反馈信息。受传者的非语言符号的使用和语音、语调以及各种语言符号的使用等线索都能帮助传播者了解信息是怎样被接受的或是为什么没有被接受。传播者发出信息之后,不断有机会根据对方反应,或修正自身发出的信息,或详加说明,或改变话题。这种灵活性,是人际传播所特有的。

在有媒介的人际传播中,媒介的运用可能会增加阻抗,减少传播的反馈机会,如在电话里,传播者只有在对方决定说点什么或至少发出一个声音时才能得到反馈。(当然,有时沉默本身也说明问题。)但是,有媒介的人际传播与大众传播、组织传播等相比,获得反馈的机会仍然很多,报纸、广播、电视在传播过程中,传播者与受众缺乏接触的机会。因为大众传播是一种单向活动,很少有直接的反馈。虽然,传播者可能在后来从一部分受众中得到反应,但这种反馈不能作为传送信息时发挥作用的依据。因此,传播者所能得到的无非是间接的、迟到的反馈,如读者、听众或观众来信,民意测验和对节目受欢迎程度的调查,影评和票房收入、上座率多少,等等。这些信息来源可能为将来的传播制作提供有用的信息,可是对信息输送时所发挥的作用来说却提供不了任何依据。

### 3. 传播的规模较小

传播过程中参加人数的多少，决定了他们相互作用的样式。面对面的传播，如谈话，偶发机会较多，信息传受的方式并不固定。接受信息的人，转眼间就可能成为信息的传播者，角色交替随时进行，所以双方交流很容易成立。因此，这也决定了这一传播活动只在少数人之间展开。它的最小规模，就是两人之间的传播。无论如何，规模不能超过互相看得见面容或听得到声音的范围。

传播规模的大小，对信息的性质也有影响。在人际传播中交换信息，只要少数人之间理解就行，不一定非得具有一般性。特别是如果参加者们关系亲密、互知脾性的话，信息的性质就会极不正规。

### 4. 传播的范围容易控制

由于人际传播的规模较小，因此传播的范围可以控制，传播的对象可以有一定的限制，这样，传播的内容容易保密，不至于失控。凡是不适合或不能对外传播的内容，如党和行政的首脑所讨论的问题，中央保密文件的内部传达，两个人或少数人之间的隐私、密谋等，都是用人际传播的方式进行的。显然，传播范围的可控制性，是人们选择人际传播形式的一个重要依据。

## 二、人际传播的互动分析

人际传播的双边互动，实际上就是符号的互动。符号是人际传播的基本要素。具有某种意义的信息，必须首先化为符号才能被传递出来。个人的想法、意见，别人无法知晓，这样就迫使人们去建立一个共同认可的符号系统。因为只有在共同认可的符号系统内，人与人之间的传播才能达成。例如，一个不懂哑语的人，他不可能与聋哑人进行交流，因为交流双方未建立起共同的符号系统，正常人所使用的语言和非语言符号系统与聋哑人使用的非语言符号系统不同（姿态、表情等非语言符号除外）。只有当正常人看懂聋哑人的手势语后，这种交流才能进行。符号是信息的载体，借助符号人们才能表情达意。电报正是根据符号载体的原理工作的。人们把电文用一串嘀嘀嗒嗒的摩尔斯电码通过无线电流发送出去，不经过编码，不把电文内容变为电码信号，信息就不能通过电波传出。至于解码，其工作程序正好相反，把电波信号重新还原成信息，把摩尔斯电码译解成收报人能看懂的电文。不经过解码，不把电码译成接受者能看得懂的电文，信息的传播就不能实现。这就是信息论所讲的编码和解码。当然，电码符号应是编码者和解码者所能共同认知的符号系统。

在现实生活中，人们之间的交流就是在自己的民族、国家内若干年所形成的共同认知的符号系统中进行的,语言符号是这样,非语言符号也是这样。一个不懂英语的人在讲英语的国家里与人交谈就很麻烦;同样,一个不懂汉语的外国人在中国想与人交流也很困难。在中国,点头表示同意,而摇头则表示不同意。在有些国家则刚好相反,点头表示不同意,摇头表示同意。在人际传播中,符号系统的形成有十分复杂的原因,有社会学的、政治学的、人类学的原因,更有历史学、文化地理学方面的原因。

那么,人际传播过程符号的运用情况是怎样的呢?

我们知道,人际传播的模式,主要分为有反馈的面对面传播和无反馈的直线性/单向传播两种。而有反馈的面对面传播在共同的符号系统中交流,就存在一个符号转换的问题。传播者与接受者就好比发报员与译电员,当然,在具体的交流过程中,符号的转换与解读要复杂得多。美国数学家申农及其合作者韦弗1949年提出了直线性传播模式,这一传播模式被称为"申农-韦弗模式",它明确地固定与区分了传播者与接受者的地位与作用,但却忽视了传播者与接受者在人际传播中的角色转换。于是,后起者则对其进行改造,1954年美国的奥斯古德和施拉姆提出了著名的"奥斯古德-施拉姆模式",这一传播模式意味着它与传播的直线性/单向传播模式的决裂。在奥斯古德和施拉姆看来,传播活动中的传播者与接受者是对等的,双方行使着相同的功能,即编码、释码和解码。所谓编码,指传播活动中的双方各自将传递的内容符号化,编成语言、文字或表情、动作等非语言的形式。所要传递的内容被编成符码(code),这一过程信息论称之为encode,而对符码的译解过程则是decode,也就是将收到的信息符号还原为"含义",对这种含义的理解或解释就是解码。例如,甲要把对某一事件的见闻告诉乙,他首先要把实际发生的事件变成语言和非语言符号,传递给乙,乙根据甲的描绘,在头脑中加以想象,把甲传递的语言或非语言符号还原为可以想象的含义,即某一事件的场景。人际传播过程是双向的,没有单纯的传播者和接受者,传播者在发出信息符号后,必须接受对方的反馈信息,成为接受者;接受者在发出反馈信息后,同样也成为发送者。因此,"奥斯古德-施拉姆模式是一个高度循环性的模式"[1]。这一模式揭示出了面对

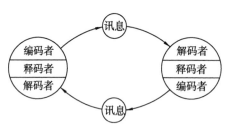

图2-2 奥斯古德-施拉姆模式

---

[1] [美]丹尼斯·麦奎尔,斯文·温德尔. 大众传播模式论. 祝建华,武伟译. 上海:上海译文出版社,1987:22.

面人际传播的实质,如图 2-2 所示：

我们不难看出,人际传播的过程实际上就是对信息交替往复地进行编码与解码的过程。而编码与解码归根结底就是在人的大脑中进行的一种主观活动。编码是在传播者的大脑中进行的,而解码则是在接受者的大脑中进行。正因为如此,编码和解码就会带有强烈的主观色彩,而主观因素的干扰便难免会导致信息的失真与变形。也就是说,由于受到主观意愿的左右,传播者会自觉不自觉地变动信息,而受传者也会从主观角度去理解信息。

### 三、影响人际传播的因素

前面我们讲过,人际传播涉及三个要素即传播者、信息和受传者,在信息的两端都是富有创造性和主观能动性的人,毫无疑问,所谓影响人际传播的因素,主要来自传播者和受传者自身。

#### (一) 情感因素

在人际交往中,情感因素往往会起到很大的作用。一般来说,传播者与受传者关系比较融洽、亲密,传播比较容易实现。如母女之间、恋人之间可以互相倾吐真情;而陌生人之间往往会有交流障碍,由于彼此并不了解,因而讲话都十分谨慎,这种态度很显然影响了许多信息的传递。喜好、厌恶等不同的情感形式也制约着传播的进行。例如,一个人与他的恋人或亲人在一起交流时,他的谈兴很浓,话也特别多;而当他与他不喜欢的人交流时,他就有可能很不耐烦或者在交谈时言不由衷。情感因素在接受过程中也起着十分重要的作用,如果受传者对传播者十分崇拜或较有好感,那么,他在面对面传播过程中,会积极配合,作出各种强烈的信息反馈,他的注意力集中在对方一言一行、一举一动上,因而对方传递的信息符号就会比较有效地被接受。相反,如果他比较讨厌对方的言行,他就会在接受时心不在焉,甚至根本没有把对方的话听进去,从而导致人际传播的失败。

#### (二) 个体差异

影响人际传播的个体差异因素很多,它包括性别、年龄、兴趣爱好、文化素养、性格气质等,总体上可归为两类：个体客观差异和个体主观差异。

**1. 个体客观差异**

个体客观差异主要是指性别、年龄上的不同。这些因素是客观存在,人为力量是难以改变的。在年龄上,年轻人喜欢与年轻人交流,儿童喜欢与儿童交流。而不同年龄段的人要跨越年龄差异进行交流则往往比较困难,我们通常所说的"代沟",就是指这一人际传播中的障碍。这些现象存在于我们的现实生活中,并影响着人与人之间的沟通。

性别差异也影响人们的传播行为。女性与男性在生理和心理上都有着很大的差别。日本学者白石洁一在其《两性心理学》一书中认为,男性在两性交往中趋于主动,极易兴奋,死不认错,喜欢吹牛,自作聪明,故作神气,等等;而女性则趋于被动,容易流泪,喜欢笑,特别敏感,虚荣心强,爱贪便宜,容易陶醉,等等。男女间的这些差别,直接影响到传播行为,男性可以主动和女性交谈,而女性就很少主动和男性交谈。男性传播交流的话题,多半是有关工作、事业、理想、体育运动等方面,而女性则主要关心衣着、化妆、家庭琐事、家长里短等话题。

**2. 个体主观差异**

个体主观差异主要指个人心理、气质、兴趣爱好等方面的差异。性格、气质是人的心理特征中比较稳定的部分。人的性格受到生理因素和社会因素的双重影响。每个人的生理特点、个人生活阅历的不同可引起性格的巨大差异。性格差异对人际传播的影响,主要表现在活泼、外向、开朗的人有说有笑,喜欢和别人交往,易于传播沟通;内向、严肃、不苟言笑的人则不容易沟通。不拘小节的人无话不谈;慢条斯理的人一句话说半天;性急如火的人讲话快,别人来不及反应。性格因素在传播活动中的这些差异,实在不容我们忽视。

气质是人的高级神经活动类型在人的行为和活动中的表现。巴甫洛夫认为高级神经活动的四种基本类型与人的气质相符合,由此,可以把人的气质分为四种:胆汁质(不可压制型)、多血质(活泼型)、黏液质(安静型)、抑郁质(弱型)。不同气质的人在传播过程中有不同的表现。胆汁质的人情感发生迅速,表现强烈但消退也快,在传播过程中需要注意方式方法,不要态度粗暴,也不宜传播刺激性的信息。多血质的人则表现为机敏、灵活、兴奋、外露和不稳定,这类人一般都善于与人传播交往,但往往不善保守机密,因此,与之交往要注意保密性内容的传播。黏液质的人情绪安静,能克制冲动,情感发生迟缓,表现不明显,内倾性强,与这种人交往特别要注意方式,不能粗鲁,说话注意分寸,不要伤了对方自尊心,对于重要的信息,要用和风细雨的方式反复强调。抑郁质的人情感发生迟缓,处事谨慎,优柔寡断,行动呆板,经常表现出悲观的情绪。与这种人传播交流,则要注意一定的传播环境,用强烈的情感去带动他,传播的信息要明确、清楚。总之,不同气质的人其传播行为的表现不同,在传播内容、方式、通道以及频率等方面也要区别地加以对待。

兴趣、爱好也直接影响传播活动。兴趣是人对事物的一种特殊认识倾向。由于每个人的教育、修养以及环境的不同,兴趣因而也有很大差别。有的人喜欢运动,有的人喜欢学习;有的人兴趣广泛,有的人兴趣专一。兴趣差异在传播中表现出来,兴趣相近或相同的人有共同语言,容易沟通;兴趣爱好不同的人不容易沟通,所谓"话不投机半句多"即是这个道理。

能力因素也是个体主观差异的一个重要方面。人的能力是在社会实践中形成和发展的。每个人的能力在类型上有差异,主要表现在语言表达能力、理解能力、形象思维能力、逻辑思维能力、抽象思维能力、记忆能力、问题的分析综合概括能力等方面。那么,能力差异是如何影响人际传播的呢?前面我们说过,传播过程是一个编码和解码的过程,编码和解码都与上述能力密不可分,能力大小直接影响传播效果。

个体主观差异还应包括世界观、人生观、理解、抱负、信仰等构成的价值体系。个体价值观决定于世界观和人生观。世界观是人们对客观世界的基本观点,人生观是人们对人生意义和价值的看法和态度。理想、抱负、信仰等是在价值观的基础上形成的,它们在个体价值体系中表现得更为具体。在传播过程中,如果信仰、抱负不同,传播所涉及的双方往往难以沟通,一方很难说服另一方接受自己的观点,从而引起争议,干扰传播活动。

### (三) 时空因素

空间和时间都能对传播产生一定影响。生活在同一空间里的人由于空间距离的接近,彼此交往的机会很多,传播的频率也相应高些。如同一个班的同学之间容易接近,传播比较频繁,而这一个班与另外一个班或外校的同学之间交流就比较少,彼此之间的传播相对比较困难。传播时,坐在传播者对面与坐在传播者侧面或背面,其传播效果是大不相同的,同时,传播时所处的位置也常常显示出双方的关系。如恋人之间常常保持非常亲密的传播距离,他们不但可以用语句来沟通,也可用触觉、嗅觉等来沟通。这种传播距离就不宜用于政府间的外交谈判。反过来,外交谈判中所保持的传播距离也不适宜于亲密朋友之间的交往。传播过程中传播者和被传播者常用这种"空间效应"来作传播反馈,传播者常用缩短距离的方式来达到有效传播的目的,而被传播者也往往用缩短距离来表示其传播的积极态度,用拉长距离来表示其消极态度。

在传播活动中,时间是人可以控制的,传播时间的长短取决于传播双方对传播内容的感兴趣程度、传播信息量的大小、传播双方时间的充裕或匆忙程度等方面。传播时间的绝对长短可能具有一定意义,但真正衡量传播效果的是单位时间内所传播的有效信息量,而此时,时间的传播意义体现在说话速度、手势快慢、理解速度等几个变量上。另外,传播在什么时间内效果最好也是传播学应当研究的问题,在传播时间上选择不当往往直接影响传播的效果。当然,传播的时空因素中还包括传播环境,不同的传播环境会带来不同的传播效果。噪音的大小、光亮的程度等都是传播环境的具体表现。在噪音很大的地方交谈,效果肯定要比在安静的地方差;光线较暗的地方适宜谈私事,而光线很亮的地方则宜谈公事。传播的环境显然制约着人们的传播活动,因此,它也在某种程度上影响着人际传播。

## 第三节 群体内的传播——组织传播

严格意义上说,群体内的传播应当包括组织传播和小群体传播,本书此处重点谈一下组织传播(organizational communication)。现代社会是一个高度组织化的社会,现代社会的文化成就也是组织活动的结果。社会的大多数成员都隶属于某个组织,有些甚至同时属于几个组织。例如,一个人在某个研究机构工作,同时还是某协会的负责人,又是某街道居委会的委员。一个人为几个组织所共有,他要把大部分的时间都花在组织生活中。

### 一、组织与组织传播的主要内涵

什么是组织?组织是由许多相互联系、彼此合作的成员,为了达到一定的目标,在一起共同努力工作而形成的一个整体。

在现实生活中,一般的组织类型可分为政府的及民间的两种。政府方面,除了中央、省、市、县、乡镇等各级组织以外,还包括政府所成立的各种政治、经济、文化等政府机构。至于民间社团,大体可分为"职业团体"与"社会团体"两大类。职业团体有农会、工会、商业联合会、个体协会等;社会团体则有学术文化团体、宗教慈善团体、青年会等。有些民间团体虽然规模庞大,但常常具有正式的机构和组织程序。如作家协会、文联等就有着很严密的审查、批准手续,但它们均非政府职能部门,所以它们所发挥的只能是非正式团体的功能。

组织由来已久,在社会发展的历史长河中,组织是源远流长的。组织是在生产活动中产生的,人类社会有了生产活动,组织就存在了。在人类的原始时期,人们为了共同的生存目标,会自觉组成群体。随着生产规模的不断扩大,出现了分工和协作,组织规模与层次越来越大、越来越多,组织的稳定性也越来越高。

组织生活离不开传播,组织成员之间由于工作关系或出于私人感情需要,不断地和其他组织成员发生传播关系,构成组织生活的一个重要部分。可以说,组织形成的过程就是传播的过程。组织传播是组织内部成员间、组织与群体间的信息交流活动,是有组织有领导地进行的有一定规模的信息传播。组织传播的目的在于稳定组织成员,应付外部环境,维持组织生命。美国学者 G. M. 戈哈堡和 D. P. 罗杰斯强调指出,没有传播就没有组织。戈氏认为,组织传播是组织活力的源泉,是组织关系的黏合剂,是组织功能的润滑油,是组织机体的防腐剂。

## 二、组织传播的特性

### (一)很强的组织性

组织传播与一般的人际传播和大众传播不同。一般的人际传播具有很强的自发性,人与人之间的交流随意、自由。大众传播在受传者方面往往是广泛的、陌生的。大众传播的读者、听众和观众往往数以万计,难以统计和约束,受传者处在主动的位置上,可以根据他的需要进行选择。组织传播与大众传播相比,其传播者与受传者都受到组织的约束,他们都是组织中人,他们之间的距离更为接近,传播者更容易从受传者那里获得反馈的信息,组织性还使得这一传播形式变得秩序化和条理化,由于组织传播的重点在于加强组织内的联系与协调,对建立起组织成员之间的合作关系以及组织的信心是十分有意义的。

### (二)联系着管理科学

组织传播在某种意义上说是一种组织行为,属于管理科学中的一个很重要的内容。管理就是传播。组织管理的任何方面都离不开传播,传播是管理的最重要的职能之一。组织的计划和决策要以有效的信息传播为基础,控制、指挥、协调本身就是传播活动。可以说,没有传播就没有管理。传播对于管理者来说,具有特别意义。管理者的成功不在于他本人出色的工作成绩,而在于他能推动、激励其他人取得工作效果,以实现组织的目标。管理者能够这样做的唯一保证就是看他能否进行有效的传播。在现代组织中,传播成为一个成功的管理者必备的素质。一个管理者只有熟练掌握传播技巧,培养传播能力,才能更为有效地开展自己的工作。传播与组织管理的这种特殊关系,是一般人际传播和大众传播中所没有的。

### (三) 联系着公共关系学

组织传播与人际传播以及大众传播的不同在于,它与公共关系学有着密切的关系。公共关系活动常常通过发展组织内部人际关系来协调组织内部活动,通过发展组织与外部的公共关系,来树立组织形象,使组织适应外部环境的变化。传播在公共关系活动中扮演了重要的角色。从事公共关系活动的人,其工作方向不仅指向组织,也指向组织内部。公共关系学研究的直接目标是发展人际关系,使组织及其内外部公众之间达成相互的了解、沟通、信任和相互支持。在这一点上,组织传播与公共关系彼此相互依赖,目标一致,组织传播过程中就已暗含了公共关系的内容,而公共关系活动无时无刻不体现为一种组织传播的方式。

## 三、组织传播的形式与技巧

### (一) 会谈

会谈是组织内部最常见的人际交流方式之一,是一种有目的的面对面传播。会谈在此意义上也被称为约见、约谈。约谈的人数可以是两人,也可以是两人以上。例如,我国外交部人员约见某国驻中国大使,就某些具体事宜进行交谈。再如,一个大学教授为了了解学生的学习情况,而与他的学生们举行一次会谈,学生各自汇报自己的学习进展情况,老师则提出要求,对今后的学习作出安排。这里,我们可以看出,会谈的目的一般是比较明确的。前面我们讲过,组织传播是一种秩序化、条理化的传播形式,因此,它的传播方法必然要体现出这一特征。与一般的人际传播不同,组织传播中的会谈,往往不是随便、无目标的交流。一般说来,在会谈之前,传播双方要商定会谈进行的时间和地点,并且双方都会在赴约之前做好充分的准备,至少在心理上有所准备。例如,一个公司员工工作不努力,被公司解雇,公司负责人要最后约见一次,那么作为当事人双方心里都明白,这意味着,对约谈中可能涉及的问题,彼此都已有了思想准备。很显然,他们之间的约谈是很有针对性的。会谈既可以是人与人之间的,也可以是个体或团体之间的,但形式都是面对面的,靠说和听等语言行为来完成,间或也运用些非语言的方式,如手势或其他体态语来辅助传播的完成。

## （二）会议

组织内部的思想、意见要被组织内部的大多数人知道，召开会议是一种行之有效的方法。按照会议的级别划分，政府、国家一级的组织有国家组织的会议，如人民代表大会、政协会议等；地方上的组织有地方组织会议，如省市级领导的工作会议；基层组织也有自己的会议形式，如公司里生产动员大会、年终总结大会、领导就某些问题的碰头会等。按照涉及组织成员的面来划分，则可分为全体会议和局部会议；按时间划分，可分为定期会议和不定期会议；按会议的机密程度划分，可分为秘密会议和公开会议。在现代生活中，电话会议也成为会议的一个新形式。

会议能够把组织上层的决策和各种新思想及时地传达给组织成员。如果某单位要实行改革，那么领导层就要把他们研究出的改革思路、改革措施告知单位每个职工，往往通过会议的方式来进行。会议还能够集思广益、解决问题，如各种形式的讨论会。对于每个组织成员来说，会议使他们具有参与机会；同时，参与会议共同协商以改进工作，也可增强组织成员的责任感，提高其工作责任心。这样，既实现了交流、交际的需要，又减少了组织计划实施的阻力。因此，会议对于组织工作的开展和目标的实现，意义十分重大。

## （三）文件

文件是组织内部常见的文字媒体传播形式。它是国家机关、人民团体、企事业单位办理各种公务时所使用的书面材料。这里的"办理各种公务"指的是1987年2月18日国务院办公厅在《国家行政机关公文处理办法》中所指出的"传达贯彻党和国家的方针、政策，发布行政法规和规章，请示和答复问题，指导和商洽工作，报告情况，交流经验"六个方面。

文件在组织传播中的特性主要为：

**1. 指导性和实用性**

文件总是根据实际的需要，为解决实际问题，为达到某个具体的目的而被写作的。上级组织为了传达新的决策、方针、指示、决议，往往要印发文件给下级组织。如中央为端正党风，提高党员素质，印发了《关于向孔繁森同志学习的决定》的文件。下级组织要通过贯彻执行这些文件，来解决本地区、本部门和本单位的实际问题。如十一届三中全会通过的《关于建国以来党的若干历史问题的决议》正是各级组织拨乱反正、正本清源，纠正冤、假、错案的依据和出发点。另外，下级组织从本单位实际出发制定的计划、总结、调查报告、情况汇报、请求等文件,也常常是上级组织制定政策、作出决定的依据,是各级组织领导指导工作的依据。

**2. 有序性**

作为组织传播的一种常见媒体,文件传播由于是组织内部的传播,因而它的传播方式常常表现出有序性,即文件传达的对象有所限制、有所规定,如中央下达的文件就有保密级和传达级别的规定。有些文件不宜或暂时不能传达给每个组织成员,而只能限于某一级别以上的组织成员;有些文件则必须传达给组织内的每个成员,必须让每个组织成员知道,如国家关于调整工资的文件,某市政府关于节假日安排的文件等。文件从组织到组织、从组织到个人都有一定的程序和规范,没有丝毫的随意性。这也是组织传播与人际传播、大众传播的区别所在。

## 第四节 个体向群体的传播——公众传播

### 一、公众传播的含义

#### (一) 公众的含义和特点

公众(public)一词是由法国社会学家 G. 达尔德创造的。它是指有着共同感兴趣的目标,为着某些共同的目的而自然聚集的人群。美国哲学家杜威主张我们可以有很多的"公众",每个"公众"里,包括受某种行动或思想共同影响的人。[1] 日本传播学研究者西村胜彦指出:"……公众能够冷静去思考事物,它是一群能够合理判断事物的诸个人的集合体。""公众可以说是一群被置于某种状态而且对某论争点采取某种态度之自然形成的集群。"[2] 不论采取哪种观点,公众总具有以下几个特点:

(1) 公众与各种机关、团体不同,后者组织较严密,而前者没有组织性,基本上是自发性的,因而从组织角度看,它是松散的。

(2) 有共同的目标,即共同需要、共同关心的事件与问题,这是人们走到一

---

[1] 曾虚白. 民意原理. 台北:台湾华岗出版公司,1979:58.
[2] 西村胜彦. 大众传播学导引. 刘秋岳译. 台北:台湾水牛出版社,1980:28-29.

起来的关键;反之,如果没有共同的问题要解决,虽然有很多人聚在一起,却没有什么核心去团结他们,那么仍然不能称之为公众。比如在火车站、码头等公共场所,来来往往有很多人,他们都不能称为公众,但如果有人在火车站广场演讲,很多人都围过来听他演讲,那么这些人就是公众。

(3)公众具有不断演变的特性,其存在期较短暂。经过一段时期后,不是消散就是演变成某种组织或团体。

(4)公众由多数人构成,三三两两不能成为公众。任何多数人的集合,都可转变为公众。正如火车站广场上的人群去听人演讲,那么他们就转变成了公众。当然,公众的类型很广泛,报告厅的听众、运动会的观众、各种群众集会中的人群等都是公众。

## (二)公众传播的含义

所谓公众传播(public communication),指的是一种个体对群体的传播活动。受传者常常是在一定目标下,时时聚合在一定的场所。但偶然会聚的人群也可以转化为公众,成为公众传播的对象。在公众传播中,其受传播者所聚集的状态,可导致彼此刺激情绪的变化。公众传播比较偏向于单向的传播,像个人在群众大会上的演说,即是典型的方式,其他诸如学校里以班级、年级为单位的教学,音乐会、戏剧、舞蹈表演等。在通常的情况下,公众传播使用的媒介为声音、体态或手势,在一些学术报告中有时也使用幻灯、背景音乐,戏剧中唱词往往也用字幕打出。公众传播的反馈则大都通过声音和行动来体现。具体形式有喝彩、鼓掌、嘘声等,这种反馈表达往往是很简单的情感、态度,诸如好、坏、喜欢、厌恶、钦佩、鄙视等,至于更为丰富的反馈,在公众传播里便难以进行。

在公众传播活动中,最具传播特色的传播方式就是演讲,所以在西方的传播学界,也有把公众传播即指定为演讲。这里,有必要对演讲的历史有一个简单的了解。西方演讲学萌芽于古希腊时期。公元前400多年,雅典击败入侵的波斯海军后,成为希腊各邦的领袖。国力增强后的雅典政治经济日渐繁荣,"演讲学"在这样的背景下开始勃兴。究其原因,有以下几个方面:

第一,雅典是一个注重口才与言辞表达的社会。由于百姓之间经常会产生诉讼与权益纠纷,为了公正地处理各类案件,每个公民都有权利为自己的权益辩护。证据在此时固然重要,但演讲辩论的技巧也是胜诉的重要原因。

第二,雅典的从政代表是以抽签的方式,从4万名普通公民中产生的。担任政府官员的代表除了需对政策了解外,还要练就相当好的口才,方能为民做主。

第三,雅典当时采取的教育制度以训练通才为主要目的,"演讲学"是其基础教育中的重要一课。

第四，古希腊时期人们讲究完美，对演讲技巧的要求也是如此。他们认为一个好的演讲家必须具备高尚的人格、诚实的秉性、杰出的智慧。

另外，公元前465年，希腊属地西瑞求斯人民推翻了专制暴政后，许多房地产无法认定所属业主。这时有一个来自西西里岛叫考拉斯的人教导人们如何申诉，如何安排论据，阐述论点，索回自己的财产。他写了第一部《修辞学》。在他的倡导下，演讲术在当时的希腊流行开来。演讲也成了当时最受欢迎的学问，当然古希腊时期最受欢迎的演讲理论家当推柏拉图与亚里士多德。

演讲这一公众传播形式在古希腊、罗马时期应用范围很广，常用于法庭辩论、评议性演讲、表演性演讲等，重点是突出"说服"的能力。所以也是一种典型的劝服性传播类型。亚里士多德在他的《修辞学》一书中讨论了演讲的三大要素：① 说服的方法；② 布局；③ 格调与表达。到了古罗马时期，西塞罗与昆帝连对理论又作了进一步的研究，将演讲的要素分为五种：① 说服的方法；② 讲稿的结构；③ 用词格调；④ 讲稿的记忆；⑤ 表达。文艺复兴时期，演讲学再度受到英美学者的注意，但这一时期在理论上却少有创见。文艺复兴后在演讲学领域有巨大贡献的理所当然应推培根，他从方法学的角度针对论点与论据提出了若干创见。培根对演讲学的贡献在于他在突出论证中引入实证方法，并强调感官感觉对推理的重要性。此后，18世纪的坎贝尔(G. Campbell)强调，演讲的架构、用例、举证及语言的运用都应考虑到受众的知识水平。这一时期在英国还出现了一批专门研究演讲表达和姿态的学者，最具代表性的是英国哲学家杜门(Toulmin)，他将逻辑与科学研究方法引入演讲研究，为演讲修辞学开辟了新的研究方向。到了20世纪，奥格登与里查兹从语言学角度研究演讲，富有新意。当代美国著名演讲修辞学家肯尼斯·博克(K. Burke)在分析演讲方面较有特色，他将演讲分析归纳成五个方面：事、人、地、方法、目的。从这些要点审视演讲的全过程，就能了解演讲的全部内容和意义。

在一般情况下，公众传播不是偶然发生的，受众也不是偶然聚集的(当然，有时偶然聚集的人群，也会转化为"公众")。但在受众数量上它是有限的，比大众传播的受众数量要小。在公众传播中，传播者负责演或说，受众只管观和听，传播者与受传者之间的互动相对于人际间的面对面传播和组织传播要小得多。受传者只能给传播者提供相当少的反馈信息。老练的讲演者可以明白听众所发出的细微反馈信息，并在自己的演讲中调整和改进演讲方式和演讲内容。从这一角度看，公众传播与组织传播、大众传播是不同的，它有着自身的特点与个性。

## 二、公众传播的过程分析

传播的成功与否,要由传播者和受传者双方来决定,在公众传播中,传播者的责任是传播内容的适当和有效的发表,受传者的责任则是正确和有效的接受。这里,我们不妨以公众传播最常见的形式——演讲来加以具体的讨论。

### (一) 演讲的传播方式

总体上说来,演讲有四种类型:即席演讲、自由演讲、脱稿演讲、看稿演讲。

**1. 即席演讲**

即席演讲,也叫即兴演讲,是指没有任何预先的准备,在偶然或临时的场合,演讲者根据当时需要,简单构思而进行的演说。演讲者对于演说的组织、确定的用词或风格,往往来不及细加考虑,因而其语言的周密性就略显不够。即席演讲对演讲者的语言组织能力、思维反应能力要求都很高。

**2. 自由演讲**

自由演讲,是指那些长期从事某个领域、某个方向的研究,对其领域的问题已烂熟于心,并且对演讲方式也很熟悉的人,在演讲前只需把演讲内容在头脑中稍加整理,即能滔滔不绝演讲的演讲方式。演讲者并不把固定的字词句加以背诵,演讲时全凭他的临时发挥。

**3. 脱稿演讲**

脱稿演讲,是指演讲者专心对稿件进行记忆,在演讲时放弃稿件的演讲方式。这种演讲的最大特色是完全把演说的确切内容背诵下来,记忆力好的人,往往一字不漏地加以背诵。

**4. 看稿演讲**

看稿演讲,是指演讲者以读稿的方式发表的演讲。演讲者所读的稿子是事先由其本人写作或由他人代写的。

在以上四种讲演方式中,后两种以背诵和照本宣科为演讲方式,相对来说效果要差一点。这是人所共知的。美国的传播学学者H. T. 莫尔曾做过一个实验,他选了可供五分钟演讲的一段传记,用朗读原稿的方式讲给甲班学生听,另外用不看稿的演讲方式讲给能力相仿的乙班学生听,朗读或演讲时的速度和音调,事前都经过训练,以使二者都一样,观察两班学生所产生的印象有什么不同。结果发现,乙班学生的记忆成绩较甲班学生的成绩高出36%。这一实验结果表明,在公众传播中,传播方式会导致受众的注意情形、程度不同。

上述四种演讲方式在声情并茂方面所达到的程度不同,因而有着不同的效果。但是,重要的是,这些不同的演讲方式对于不同的演讲目的来说,它们的作用是不同的,优势发挥也受到演讲目的的制约。一位演讲家,或一位对演讲很有经验的人,通常都是"即席演说"的能手。他们的演讲往往能够引起轰动,受到听众的欢迎。马丁·路德·金以《我有一个梦想》为题所作的演讲曾经感召了数以万计的听众,成为演讲界的典范。但在日常生活中并非每个人都能成为马丁·路德·金,因而在演说前,先写好演说稿作背诵式演说或自由式演说,对一般人来说是比较适当的方式。在演讲时,演讲者偶尔参阅一下讲稿大纲,也可使说话确定而连贯。在某种比较正规和严肃的场合,看稿演讲比较适宜。比如一位国家首脑代表政府发言,他的言辞必须很严谨,因为自由式的发言往往会有漏洞,如果被别人抓住把柄,就会给国家、政府带来不必要的麻烦。而在课堂教学或学术讲座中,自由演讲方式无疑是最受欢迎的。教师既有备而来,又有声情并茂的发挥,不会像"看稿演讲"的照本宣科那样古板,当然也不会像"即席演说",因事先缺乏充分的准备而往往离题太远,不利于课堂教学或学术讲座。

### (二) 受众对传播者的影响

我们知道,在公众传播场合,受众的数量、受众的秩序、受众反应的强弱、掌声或嘘声、噪音的大小都会对传播者产生影响。传播者面对受众所产生的行为反应很多。有的人在人多的场合,天生会心慌意乱、手足无措。有些性格外向的人,只注意他的讲演和他的听众,而无暇顾及其他一切;有些性格内向的人则不然,在与听众接触之后,就局促不安,对讲演能否成功缺乏信心,于是原本很流利的话语到了演讲时,则往往变得结结巴巴、颠三倒四。这就是受众对传播者的影响。

受众的态度是决定演讲者反应的一种有力的因素。这也是很常见的一种因素。受众态度对不同的演讲者的影响都不一样。例如,善意热情的听众,可能使某个演讲者欣然乐意进行演讲;有敌意的听众可能使某些演讲者心存畏惧,但也许会激起另一些演讲者采取高压应付的姿态;淡漠而镇定的听众,使某些演讲者兴趣大减,也许会使某些演讲者产生热情,想在演讲结束之前务必使听众有反应行动。不管哪种类型,演讲者对听众的嘘声、抗议都是惧怕的,听众的这些反应往往会使演讲难以进行下去,对于演讲者可算是一个沉重的打击。

针对传播中不利因素的干扰,通常可以采取一些措施加以防范。消除怯场心理的最好办法是多做准备。比如选择一些有趣的题材,以活跃演讲气氛。有些人怯场所真正害怕的不是听众,而是演讲的材料。因为他们所使用的材料,不是缺少新鲜感,就是材料古板不够生动。有的演讲者拿到题目不知道要讲些什么,或者他对那个题目知道得并不多,这才是让他真正感到害怕的。这种情形并不是真的怯场,而是心虚。所以对这类演讲者来说,拟写演讲稿一定要下些苦功夫。英国前首相丘吉尔是举世闻名的政治家,也是一位鼎鼎大名的演讲家。他在演讲前,通常需要两位秘书,随时记录他演讲的主要概念并加以整理。内容大致组织完成之后,他就对着镜子练习讲演的体态和手姿,然后用录音机把演讲词录下来,再试听几遍,修改词句、声调,等一切都准备妥当了,才登台正式演讲。在正式的演讲中,对会场可能出现的不满情绪或干扰噪声,要事先做好充分的心理准备,并努力在内容和演讲方式上作适当的调整,同时在态度上要表现得谦虚、诚恳,这样才能得到听众的原谅。总之,好的演讲要做多方面的准备。

## 三、公众传播的效果

### (一) 公众传播的效果流程

公众传播过程与其他传播形式一样可简单地理解为传播内容对受传者所发生的作用和影响的过程。而根据美国学者 H. L. 豪林沃斯的研究,这一过程可以分解为吸引注意、保持兴趣、加强印象、建立信仰和指挥行动五个步骤。当然,不是每次传播活动都要从第一个步骤开始工作。不同类型的受众具有不同的心理状况,起始点各不相同,尤其是场合的不同,所需要作用、影响受众的程度也不一样,因而其终止点也不一样。作用、影响过程的五个步骤如下:

**1. 吸引注意**

传播者引起听众的注意从他登台时就开始了,他的仪表、举止动作为"第一印象",相当重要。不过真正吸引听众注意的,显然是他演讲的内容,如果他讲的内容是人们所关心的话题,或者虽然论题陈旧,但他讲出了新的见解,都能吸引听众的注意,正所谓"出口不凡"。反之,则难以引起听众的注意。

**2. 保持兴趣**

能否保持听众的兴趣,是演讲成败的关键之一。亚里士多德在他的《修辞学》一书中指出,演讲继续下去时,听众的注意力就会渐渐地松懈下来。所以演讲者在做完了第一步吸引注意的工作后,还需要注意如何保持听众的注意力。实际上,吸引注意和保持注意是连续性的工作,彼此不能分开,在传播过程中它们还相互重复和重叠。就整个演讲的情境来说,虽然可以把演讲的全过程分解为五个步骤,但是在实际进行演讲时,往往五个步骤并不是那样截然地分开,相反却常常是交叉在一起的。例如,在保持兴趣阶段,仍然不断地吸引注意;进入加强印象的工作层时,仍然要使听众的兴趣得以维持。

保持兴趣,到底是采取单向传播还是双向传播呢?所谓单向传播,就是从传播者发出信息开始到受传者接收信息为止,不要求反馈。所谓双向传播,是指传播过程中传播者与受传者双方之间有互动关系:传播者面向受传者,除了用声音通道外,还可以采用其他的通道。他能看见受众的各种反应,受传者可以随时提出任何问题,要求传播者解答。那么,单向传播与双向传播有什么差异呢?从速度来说,单向传播比双向传播快。从外表秩序来看,单向传播比较安静,而双向传播则较吵闹而无秩序。从传播者角度看,双向传播者所受到的心理压力要比单向传播大,因为他随时会受到受传者的批评或挑剔。从受传者角度看,他们在双向传播中,较能知道谁正确、谁错误,对自己的行为较有把握。双向传播对传播者的随机应变能力、判断能力的要求要比单向传播高些。

**3. 加强印象**

演讲者的目的最终都是要使演讲的内容为听众所接受,使自己的观点深入人心。在吸引注意和保持兴趣的基础上,演讲者还需作进一步的努力,采取种种措施以加深听众对所讲内容的印象。在所采取的措施中,常见的主要有运用挂图、实物展览、模型以及幻灯、电视等电子传媒手段。有时演讲人幽默风趣的语言也能达到加深印象的目的。

**4. 建立信仰**

建立信仰就是取得观点的一致。传播过程中要取得观点的一致,必须对听众的心理有所认识,针对听众的心理状态来展开自己的论述。一些政治家往往在他们的演讲中建构自己的思想体系,运用合乎逻辑的、理性的方法来阐述自己的观点,这样他的演讲就很有说服力,而在演说时煽动听众情绪的做法,往往更能激起听众的认同感。

**5. 指挥行动**

关于指挥听众行动的原则,要看听众态度受冲击的程度、行动的时机以及演讲者的实际号召力而定。为了说服听众采取一致的行动,最有效的办法,就是运用前文所述的重复暗示方式。但是,不管是想将某项问题立即交付表决,需要受众表示赞成或反对意见,或是一项政治运动需要听众参与,其语气暗示的性质、地点和方式等都必须明确,而且简单的口号、符号,比长篇累牍地讲大道理更容易为听众所接受。在西方国家的党派领袖、总统、地方首脑的竞选中,竞选人总是提出一些鼓舞人心、简单的政治理念,如扩大社会就业面、提高社会保障功能等,其意义就在这里。

## (二) 受众类型与公众传播效果

从上述五个效果流程来看,传播者的第一步重要的工作是唤起受众的注意,如不能唤起受众的注意,那么传播就谈不上效果。街头艺人靠"卖关子"吸引过客,说书人靠制造悬念吸引听众,教师靠生动活泼的讲课方式吸引学生的注意……但是引起注意后,还要能够保持他们的兴趣,才能使他们继续接受传播的讯息。而当受众能够保持兴趣时,还得继续加强他们的印象,因为他们有了深刻的感受之后,才能对传播的论题建立信仰,最后引导他们采取行动,从而实现公众传播的目标。

当然,并不是说公众传播必须都按部就班从第一步做起,实际上因为受众类型和素质的不同,传播的目标不同,起始和终止的层次都有所区别。受众的类型有以下几种:

**1. 流动性的受众**

流动性的受众在心理特征上,具有随意性和散漫性,他们在接受传播信息时,没有明确的目标。所以,对这一类受众的传播活动,应在吸引注意力上下工夫,必须先吸引他们的注意力或转移他们的注意力,才能实施保持他们兴趣的措施。街头卖艺人之所以能引来过客的围观,正是善于吸引观众注意的缘故。如果传播者要进行商品营销或要受众参与游行示威,那么他必须在其他几个步骤上再下一些工夫。

**2. 相对稳定的受众**

这一类受众在进入固定的公众场所如礼堂、音乐厅、教室之后,我们可以看到受众会对传播者发出某种"向心"的表情,大家的目光自觉不自觉地集中到主席台、表演区上,所以传播者可以跳过第一步骤而从"保持兴趣"开始。这一类型的受众往往具有被动的心理特点,他们带着不同的目的来参与集会、看戏、听辩论、听演讲,对于传播者来说,工作应进行到哪一步为止,是增强印象、建立信仰还是指挥行动,同样须视传播者的目的而定。

**3. 选择性受众**

这类受众参与公众传播的目的明确,他们的心理意图早已具备了选择性,如拍卖会、法庭审判、职工代表大会等,受众对某项可能的传播内容都具有积极的态度,所以其场所气氛和公众传播的程序已具备了吸引注意力和保持兴趣的功效,传播者只需注重增强印象、建立信仰和指挥行动等工作。

**4. 协同性受众**

顾名思义,这类受众有着共同的目的、共同的兴趣,他们参与传播活动的态度也是积极的,参与者对传播者所要表达的主题思想已有一定的了解,所需做的是作深入的了解。因此,传播者所要努力的地方是突出所要表达的内容的深度和新颖的观点所在。学术会议、辩论会等都是典型的代表。

**5. 组织性受众**

这一类受众没有选择传播者和传播内容的自由,他们只有服从指令,无论兴趣有无均要接受传播者所传达的信息。传播者如同指挥官一样,往往不必做引起注意、保持兴趣、加强印象、建立信仰等工作,只要直接指挥行动就可以了。

公众传播对于上述 5 种类型的受众而言,其效果层次可以用图表显示,见表 2-1。

表 2-1　公众传播效果层次表

| 流动性受众 | 相对稳定性受众 | 选择性受众 | 协同性受众 | 组织性受众 |
| --- | --- | --- | --- | --- |
| 吸引注意 | | | | |
| 保持兴趣 | 保持兴趣 | | | |
| 加强印象 | 加强印象 | 加强印象 | | |
| 建立信仰 | 建立信仰 | 建立信仰 | 建立信仰 | |
| 指挥行动 | 指挥行动 | 指挥行动 | 指挥行动 | 指挥行动 |

传播者只有搞清楚受众的类型特点,针对具体的情况,采取切合实际的步骤,调整讲演、表达、表演的方式,才能取得较好的传播效果。

## 四、公众传播中受众接受行为分析

### (一) 收听过程

美国学者韦弗在分析了受众接受的全过程后,提出了收听过程模式,如图 2-3 所示。

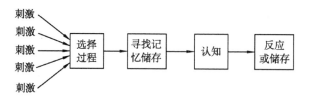

图 2-3　韦弗的收听模式

对于受传者来说,他同时受到多种刺激,这些刺激实际上都是些潜在的信息,受传者随时都处在选择听哪一个潜在信息的过程,往往有时演讲人某些问题讲得比较精彩,受传者被吸引并产生浓厚的兴趣,而其他问题往往因缺乏兴趣而被淡忘。另外,刺激对于各人来说,反应也不一样,你选择要听的与我选择要听的不同。虽然我们都已听到相同的传播内容,但我们各自的重视程度却不一样。当我们收听到一种传播的信息之后,我们再从经验中回想一些相互关联的信息,来评定或分析其中的某种关系,然后把信息储存起来或用它来形成一种反应。

### (二) 有效收听的障碍

有效收听的障碍总体来说有以下五种:

**1. 对传播内容的心理预设**

当一场演讲开始之前,听众就有可能对演讲内容进行猜测,这个演讲是否符合我们的兴趣,是否与我们的工作有关?特别是在一些政治教育的报告会上,有些人对于政治说教有本能的反感,因而当他参加这样的演讲报告会时,就会有一种逆反心理在起作用。这样,就会把演讲者的声音放在可有可无的位置上,甚至充耳不闻。反过来,如果受传者出于对演讲者十分的崇拜或对演讲的题目十分的推崇而去听演讲,接收时就会对传播内容放弃判断、不加选择。

**2. 抓小放大**

反复地推敲、咀嚼演讲者的某一句话、某一个措辞,以致其他内容、信息被忽视了,这样会影响对整个演讲内容的接收。

**3. 放弃有关信息**

在收听过程中,有些内容难免一时不好理解,因为演讲的内容难以理解,就放弃接受,从而影响了整个接受活动,这也是收听过程中较为常见的障碍。

**4. 不知利用思维与表达在时间上的快慢差异**

很显然,思维的速度要比说话快得多,所以人们在听他人说话时,可以利用思维的剩余时间考虑其他问题。如果不善于利用这一时间差,往往就会使接受活动支离破碎。

**5. 把注意力浪费在语言本身或演说的发表方式上**

有些听众在听他人说话时,往往把注意力放在说话者的表达形式上,听到一个巧妙的比喻或因其精彩、幽默语言就十分满足、兴奋不已,而对演讲的主要内容却缺乏必要的注意。这并不是说表达方式不很重要,而是说这种接受行为把整个接受活动导向了一种误区,造成了本末倒置的局面,这也是有效接受中的最大障碍之一。

## 第五节 社会总体的传播——大众传播

### 一、大众传播的含义

什么是"大众"?"大众"一词译自英文中的 mass,原意是"黑压压的一片",显然指的是数目众多、难以统计的人群。美国社会学家刘易斯·沃兹认为"大众"包括了七个方面的内涵:① 由大量的人所构成;② 广泛地分布在地球上;③ 由文化、阶层、地位、职业等异质的成员所构成;④ 是大多数匿名者的集合;⑤ 是无组织的;⑥ 无支配个人行动的共同规范;⑦ 由彼此间毫无接触的个人构成的。

什么是大众传播呢?简单地说,大众传播(mass communication)就是利用传播工具,借助传播媒介,把某种具体的思想、观点、信息传播给大众的一种传播行为。"大众传播是一个过程,在这个过程中,职业传播者利用机械媒介广泛、迅速、连续不断地发出讯息,目的是使人数众多、成分复杂的受众分享传播者要表达的含义,并试图以各种方式影响他们。"[1]德福勒和丹尼斯在这里所说的职业传播者指的是某些特定的社会集团,即各种官方或非官方的传播机构,而传播的目的则来自各个社会团体、各个部门的政治、经济、文化等方面宣传的需要。

大众传播的受传者是混杂而陌生并且千差万别的人群。目前,大众传播是所有传播类型中发展最快的,这是由科技革命和信息革命所带来的必然结果。世界各国的大众传播已进入了太空时代,卫星通讯传播已成为国际新闻界最为普遍运用的手段。随着经济和科技的不断发展,大众传播的手段将日新月异,新的媒介、新的方法也将层出不穷。

### 二、大众传播的特点

#### (一) 有媒介

大众传播是有媒介的传播,这是大众传播区别于其他传播形式的主要特征之一。大众传播的传播者与受传者之间的关系,并不像面对面传播中的传播者

---

[1] [美]德福勒,丹尼斯.大众传播通论.颜建军等译.北京:华夏出版社,1989:12.

与受传者之间的关系。而是采取点对面的关系,这一关系是建立在特定的媒介之上的。大众传播可以使用声音、文字、图像等媒介来进行。无论是广播、电视还是报纸、杂志,都有一整套的设备和管理系统,都可以大量地制作、复制和发送信息,并能有效地保存信息。

### (二)受众多而无组织性

受众多而无组织性是大众传播的第二个特性。大众传播与组织传播相比,一个最大的差别就是受传者是无组织的,他们人数众多,难以精确统计。在中国,《南方都市报》、《新民晚报》、《扬子晚报》的发行量都超过了100万份,这仅仅是从发行量上来统计的,实际的读者要远远超过这个数字。中央电视台的观众达到10亿多,这只是一个大概的数字,实际人数无法精确统计。特别是该台的电视节目经过卫星传播后,覆盖面大为扩展,已由本国扩大到东南亚乃至世界各地,这样其观众人数更是难以统计,几乎可以与世界上的大的传播机构如美国哥伦比亚广播公司、英国广播公司的电视网相媲美。像这样的大众传播,其受众的年龄、文化素养、种族、职业、兴趣爱好均不相同,他们在接受传播时全凭个人兴趣、好恶进行取舍。他们不受任何人指导,完全处于自由、主动的位置。

### (三)不易获得反馈

大众传播的第三个特性是不容易获得反馈。大众传播是一种单向传播,因而与人际传播、组织传播、公众传播相比,它不可能很快获得或者说难以获得观众的反馈信息。大众传播中的传播者要想了解受众的反应,往往只有通过调查,而要对数以万计的受众进行全面的调查,至少在目前的条件下是不可能的。

### (四)传播速度快,时效性强

大众传播的第四个特性是传播速度快、时效性很强。现代传播媒介,无论是电子还是文字媒介,都能在很短的时间内将信息传给受传者。例如,某地发生了重大政治事件、火灾、交通事故或其他重大事件,只要传播人一接到信息,马上就可以发送到每个可能接收的角落,让每个受传者及时收到信息。现代电视、广播等电子媒介还能及时地把此时此刻发生的事传播给远方的受传者。

### (五)传播者有组织机构

大众传播还有一个很重要的特点,即传播者往往是一个有组织的或组织化的机构。这些机构包括报社、电台、电视台、出版社、音像公司、广告传播公司等,它们必须用很大的经费开支来维持传播机构的运转,同时它必须雇用记者、编辑、校对和其他管理人员进行一系列的采、编、制作活动。这与人际传播、组织传播、公众传播相比,无疑是其独特性所在。

### 三、大众传播的功能

大众传播的功能是大众传播作用于社会后产生的,这些功能主要表现在认识功能、宣传功能、教育功能、娱乐功能、商业化功能等方面。

#### (一) 认识功能

大众传播媒介将各种信息传播给受众,而受众也从这些传播的内容中增长了见识、获取了知识。从广播、电视、报纸、杂志等传媒上,人们了解到了世界各地的情况,了解到政治、经济、科技、文化等方面的知识,从而形成了自己的世界观,并不断丰富自己的思想。

#### (二) 宣传功能

大众传播的宣传功能是从传播者角度来看的。任何一个组织、政党、团体都可以借助大众传播媒体来宣传自己的政治见解、思想观点、理论主张,以达到影响、争取公众的目的。西方国家的政治人物十分看中这一点,在他们的种种竞选活动中,往往要借电视、报纸等媒体来达到宣传自己施政设想、击败竞争对手的目的。大众传播的力量是巨大的,美国前总统尼克松,就是因为大众传播媒介连连曝光"水门事件"这一丑闻之后被迫辞职的。在我国,广播、电视、报纸、杂志是党和国家的政策、方针的宣传者,是党和人民的"喉舌",传播媒介宣讲党的各项方针政策、法规法纪,传达人民群众的呼声和意愿,都是责无旁贷的。总之,大众传播的宣传功能在政治生活中有着十分重要的地位。

#### (三) 教育功能

传播文化知识,是大众传播的一个重要功能,这一功能也就是教育功能。人类获得知识的途径有两个,一个是亲身参加实践,一个是从书本上获得。大众传播媒介所传播的正是书本知识,是关于自然界、社会各个领域的知识。人们每天都可以从报纸、电视、广播等媒体上获取各种信息、各种经验以丰富自己的头脑,开阔视野,从而增强了认识世界和改造世界的能力。在我国,大众传播媒介还被专门用来进行教育活动,例如,中国教育电视台、地方省级的教育电视台,它们传播中央广播电视大学的教学节目,成了人们学习各种专业知识的空中课堂。随着大众传播技术的发展,人们不出家门就可以上大学,获得各方面的知识。现今教育与科研计算机网正式开通,为大众传媒参与教学活动进行了有益的尝试,学生只需通过联网的电脑,就可以收看到各种教学节目。大众传播不仅传播科学文化知识,还向人们展示良好的社会风尚、社会准则和公认的道德标准,引导人们向真善美的方向发展。这样,文化遗产、价值观念、道德规范等便可一代一代相传,形成一个民族的文化传统。由此可知,大众传播在物质文明和精神文明建设中所发挥的教育功能是巨大的。

### (四) 娱乐功能

大众传播与大众文化密不可分,大众传播的一个很重要的功能就是传播大众文化,这也就是大众传播的娱乐功能。在现代社会里人们越来越多地利用大众传播媒介来进行娱乐,人们可以从电视中收看到电视剧、电影、文艺演出及各类体育节目,如足球比赛、奥运会等;可以从广播里收听到各种音乐节目、戏剧、曲艺节目;可以从报刊上阅读到小说、散文等各种文学作品。总之,大众传播解决了大多数人八小时工作之外的闲余时间,据有关部门的调查统计显示,中央电视台"春节联欢晚会"节目的收视率为89.3%,而"综艺大观"节目的收视率也达85%。人们通过收看、收听、阅读大众媒介所传播的内容,得到某种精神享受,从而可以消除一天工作的劳累。同时,在接受富有教育意义的娱乐节目时,也可以使接受者的思想觉悟、道德情操得到净化与提高。在某种程度上,大众传播为人们提供足够的精神食粮,是大众的精神寄托。

### (五) 商业化功能

随着大众传播媒介的进一步普及,大众传播的娱乐功能得到了加强,大众传播的内容已逐步成为人们日常生活中不可缺少的元素,因而随之伴生了大众传播的商业化功能。许多大众传播媒体都有着很强的商业化成分。在西方,报纸、电视、广播等都通过广告收入来维持运转,有些干脆就是商业性的传播公司。如英国的超级电视台(Super Channel),这家电视台每天通过欧洲空间机构的ECSI通信卫星连续24小时播出。1987年其开播时在欧洲的付费用户就已达到860万户。在我国,有线电视实行有偿服务,而其他媒体则靠为客户提供广告宣传、传播经济信息来获取广告收入,以支付庞大的经费开支。商业广告也成为人们了解市场行情、选择所要商品的重要途径。

当然,从总体上来看,大众传播的最基本的功能是传递信息。电视、广播、报纸等媒介每天都在向社会传递各类信息,如政治、文化、艺术、经济、气象、生态、科技、健康等方面的信息和动态,使接受者及时地了解到政治、经济、科学、文化等方面的信息,作出适当的反应。总之,传播各种信息都应是以维持人的生存和发展的需要为出发点的。

# 第三章 传播与信息

## 内容提要

1. 信息的含义及其与传播的关系
2. 信息的传递
3. 信息源与信息量
4. 信息与新闻

## 要点提示

在这一章里,我们需要了解以下内容:

1. 信息是客观的,信息不是物质也不是能量。我们把在一种情况下能够减少或降低不确定因素的任何事物称为信息。

2. 信息传播中的信号与符号,编码与解码,信息的提取。

3. 信码的集合在信息论中被称为信息源。测量信息大小的量称为信息量。

4. 信息与新闻的异同:新闻是公开发表的,信息有些是不公开的;确定了的事实不能算信息,但可以是新闻;新闻要求让一般人能看懂,信息有时则具有很强的专业性;新闻传递必须依靠大众传媒,而信息可以通过任何途径传递。

信息量大的事件往往具有新闻价值。信息量小的事件往往不具备新闻价值。

# 第一节 信息的内涵

在我们的日常生活中,信息是不可缺少的。以我们每天的生活为例:我们每天早晨听到时钟的铃声响就准时起床,起床后听新闻吃早餐,然后去上班,在单位里接电话、看文件、参加会议,下班回来看报纸、读书、听音乐、看电视。这些活动可以说都是在利用信息。我们生活中可利用的信息很多。维护生命的最基本的信息是通过感觉器官获得的,这一点连最微小的蚊虫都能做到。许多小昆虫有识别光、温度、酸、碱等的传感器,通过传感器而获得的信息,对它们捕捉食物、保护自身安全起着十分重要的作用。信息随着生命的诞生而开始,对维持生命至关重要。

人类运用信息的过程是:将体外发生的信息通过感觉器官传进体内,再通过神经传达给大脑。传达到大脑的信息同已蓄积于大脑的信息相对照,然后对认识作出判断。人们根据这个判断来决定行动,把必要的信息再存储于大脑。其中,从信息的发生到感觉器官这段身体外的信息系统被称为环境信息系统,身体内的信息系统则被称为身体信息系统。

人类发展到今天,在环境信息方面的技术已取得很大进步。语言的运用,使人们传达复杂信息成为可能;文字的发明,使信息在人脑以外储存成为现实;印刷术的发明,使大量信息广为流通;广播、电视等传播媒介以及电报、电话等个人间信息传播手段的发达,缩短了信息流通的时间和距离。信息技术的发达,不仅提高了人们认识和评价外部环境的能力,而且使人们可以利用别人已采用的优越的生产方法,扩大消费行为的选择范围。信息在经济建设、社会发展中的重要性已越来越为人们所清醒地认识,信息与材料、能源一样是现代人类社会不可缺少的要素。随着信息时代的到来,信息的巨大作用正日益显示出来。关于信息的科学理论——信息论、系统论、控制论更使信息观念深入人心,这些新观念、新方法大大地开阔了人们的视野。

## 一、信息的含义

什么是信息?信息的本质是什么?对于这些问题的研究由来已久。控制论创始人之一维纳认为,信息是我们用于适应外部世界,并且在使这种适应为外部世界所感知的过程中,同外部世界进行交流的内容的名称。信息论创始人申农则更早对信息下过定义,他认为,凡是在一种情况下能减少不确定因素的任何事物都叫信息。传播学家施拉姆对此颇为赞同,并且试图把它运用到传播学研究中去。

我国学者多从哲学角度对此加以研究,认为它与物质有着密切的关联。有人认为,信息是一切物质的属性。任何物质都可以产生信息,任何物质的运动过程都离不开信息的运动过程。无论是无机界还是有机界,大至宏观的宇宙天体,小至微观的基本粒子;从单细胞的生物,到结构复杂的人体;从自然界到人类社会都可以成为信息源。信息离不开物质,没有物质作为信息源和载体,信息就不会产生,也无处存身。

另一种观点则把维纳的观点作为依据,维纳在《控制论》一书中说:"信息就是信息,不是物质也不是能量。"信息是主客体之间,精神和物质之间的联系和中介,它是物质载体和含义内容的统一体,离开了主体或信宿,传递信息的过程就成了物质的相互作用和能量的传输转变,而不能算做是信息过程了。

还有一种较为典型的观点是,信息的定义有多层含义,它应包括这样几个内容:一是消除不确定性;二是事物的有序性、组织性形式;三是事物的表征性、反映性。

我们认为信息应分为广义信息和狭义信息。广义信息包括了所有与信息有关的内容。我国哲学界有很多人都持广义的信息论。在他们看来,信息就是事物发出的,对于接受者来说是预先不知道的消息、情报、指令、资料、密码等。广义的信息论对信息与信息的载体不作区分,它涉及心理学、语言学、神经生理学等学科。而狭义的信息论主要研究信息量、信息源的统计结构以及信息的编码问题。因此,狭义信息是脱离载体或依附物质的内容,它能够使人们在对事物的认知过程中减少或降低不确定状态。申农对信息的定义就属于这种狭义的信息定义。在他看来,消息、资料、密码等都是信息的载体,真正的信息还需要一个提取过程。

## 二、信息与传播的关系

传播尤其是媒介传播中的信息是狭义的信息。我们在前面讲过,传播系统由信源、传播者、信道、接收者、噪声等组成。以电话系统为例,信源是言语的声音。话筒起发信机的作用,它将声音(空气的振动)转换成电流强弱的变化。这种电流信号通过电话线传到听筒,听筒起接收器的作用,把电流信号还原成声音。这样,由声音携带的信息就从通信系统的信源传递到受传者那里。当然,实际的传播过程要复杂得多。电话系统中就包括许多起中转作用的交换台和电话局,它们都可以包括在信道中。在许多现代传播与通信系统中,需要不止一次地变换信息的形式,使用多种不同媒介作信息的信道。卫星通信系统中,话筒将声音变为电流信号,在电话局载波机上它又变成高频电信号,通过微波或电缆送到卫星地面站,由地面发射站变成极高频电磁波通过天线发送到卫星上。卫星接到信号后转发给另一个地面站,再经相反的程序变换回声音。信道包括电话线、电缆和空间。光纤通信也有类似情况。声音或图像先被转换成电信号传送,然后再被转换成光信号通过光纤传输。接收系统将光信号转换成电信号送到用户,再被复原为接收者能理解的消息。那么,在整个传播系统中,信息是怎样由一个地方通过信道传递到另一个地方去的呢?这一问题很复杂,它涉及符号、编码与解码以及信息的提取等问题。下面我们逐一讲解。

## 第二节　信息的传递

申农于1948年发表了《通讯的数理理论》,第一次提出了信息的计量方法——信息量等于可能性选择的概率的对数的负数($I = -\log_2 P$)。这一结论对发展信息科学的作用是无法估量的。大众传播的信息研究就是在众多学科试图运用申农的信息计量方法对各种信息形态进行计量这样的背景下出现的。其特点就是立足于符号、文字角度来对传播内容进行深入研究。要了解信息的传递过程,必须先了解信号、符号以及编码、解码等问题。

### 一、信息传播中的信号和符号

#### (一) 信号活动

巴甫洛夫做过一个有趣的实验:从狗的食道导出一条管子,以观察狗吃食时分泌唾液的反应。一般来说,狗看见肉时,马上就会引起唾液反应,而听见铃声时却无动于衷。但是,给狗喂食之前,先让它听见铃声,如此反复多次之后,即使不给狗喂食而只让它听见铃声,狗同样会产生唾液反应。这就是说,狗听懂了铃声的意义,铃声不知不觉地代替了食物。铃声一响,对狗来说就是"有东西吃了"。这铃声就是一个信号。用颜色、声音、动作、物像等去代替某种条件刺激,这种颜色、声音、动作、物像就称为信号。巴甫洛夫把高等生物所具有的信号活动叫作条件反射活动。

在人们的日常经验里,生物的信号活动不胜枚举。小孩子想捉一只猫来玩一玩,但不知猫溜到哪儿躲起来了,便敲动猫的食盆,猫一听到自己食盆的响动,便以为有食了,急忙窜到跟前,被他捉住了。在猫的神经网络里,食盆的响动与食物的出现本是毫无关系的两件事,因为多次重复出现终于形成牢固的意义联系。人利用这一点,猫便不免要上当。甚至连我们人类也离不开类似的信号活动。即使我们有比信号活动更高级一层的语言符号活动,但信号在我们的生活中还是扮演了重要的角色。十字路口的红灯表示停止,绿灯表示通行;学校里的铃声代表上课时间到了或该下课了;剧毒农药包装外面印上一个骷髅头像,表示有毒请使用时小心;见到朋友或同事熟人时,用微笑来表示友谊和问候……我们不妨设想一下,假如生活里没有这些信号,我们的生活将会多么混乱。虽然我们能够把这些信号所表示的意义转换成语言符号,但是不如信号简洁明白和有效。如果十字路口不采用红绿灯而改用喇叭叫喊,那不但交警累得受不了,我们城市的噪音也是可想而知的。

信号活动的生理基础是高等神经生物的第一信号系统,这无论在于人还是在于进化程度高的生物都是一样的。有了信号,当某个刺激 S 出现时转化为信号 N,并使之传播出去,产生一致的行动 R。这比起单细胞的低等原生动物仅有刺激-反应(S-R)而没有信号活动要优越得多。因为只有等到信号的出现才能实现物种的群居生活。在躲避天敌、寻找食物的场合,信号活动的实现带来无穷嘉惠。在语言符号出现以前,即人所独具的第二信号系统能力成熟以前,人只会使用信号,上古文献所记的"结绳记事"就只是一些信号,而不是语言符号。

## (二)信号与符号的区别

符号和信号有某种共同点,即都具有"指说性",都是指出事物而不是事物本身。例如,用笔写字,是指用圆的、长的、具体的、物质的"笔"去写字。同样,踢足球是踢具体可感的球,而不是"球"这个字。把符号与信号混为一谈显然是错误的。

从通讯的角度看,信号是通讯,符号也是通讯,但二者有明显的不同。如第一章所述,它们的差别是很大的,甚至是人和动物最本质的区别。所以德国哲学家卡西尔说,人是进行符号活动的动物。在用一件事物代表另一件事物的意义上,信号和符号都是一样的。所以,有人把二者统称为记号(sign),记号再分为信号(signal)和符号(symbol)。信号和符号相比,有很明显的不足。信号活动只能局限在固定的时空场合,离开了此情此境,信号就变得毫无意义。例如,我心中有个意念:明天想去看电影。这用信号怎么表示呢?超越此时此地哪怕一瞬间的意念,信号是无法表示的。正因为这样,不管多么聪明的动物,除了种的遗传本能外,它最多通过信号活动积累起一些后天获得的习性,而这些获得的习性除非能转化为遗传基因,否则它是不能传递给同种动物的。没有符号,就没有历史。过去、现在、未来的历史联系,全靠符号使它脱离现实时空,获得超时空的意义。人类文明进步越来越快,很重要的一点就在于我们在生活中获得的知识。先人虽已作古,过去也早就烟消云散,但我们脑海里,还不时浮现出仰韶时代的人首蛇身壶,周朝一饭三吐哺的周公,横扫六合的秦始皇,从和尚到皇帝的朱元璋等形象。这种人类独有的历史感或历史意识,是靠历史记载建立起来的。很难想象,如果没有符号的帮助,人类怎么能实现不依赖个人存亡而实现的种族记忆——历史。而没有种族记忆,人类很可能像那只不断掰苞米又不断扔掉的猴子,掰到最后只剩下刚掰的那一个——孤零零的现在。

信号和符号的一个最明显的区别是,信号以通过生物遗传的方法所掌握,而符号却只能在社会实践中才能掌握和运用。信号与符号的另一个区别还在于符号是人类所独有的,也就是说,只有人类才能理解符号的意义。有些动物虽然能辨别各种复杂的信号,但它们的反应不是对符号和人类语言的理解,仅仅是一种条件反射。另外,符号可以表达信号所无法表示的各种抽象概念,可以用来表示事物表象掩盖下的性质、特征和范畴。在生活中,符号具有信号无法具备的抽象能力。人类用来表示各种思想、概念的文字符号和其他符号是不可能出现在信号之中的。

信号和符号还有一个质的不同,信号所处理的是个别的、不关联的、零星的表象或感觉,而符号所处理的是成系统的彼此相关的表象、感觉和概念。因此,符号的抽象程度远比信号高得多。表示事物与事物间抽象关系或性质的记号,如"山"、"水"、"牛"、"马"等类的记号,不可能在信号中出现。也就是说,信号不能跳过表象或感觉,而人的语言符号却可以。这一点很重要。只有或多或少地跳过表象和感觉,运用在一定语法规则支配下的符号系统才能对某种刺激或对象进行推理和判断,从而构成知识或科学理论。只靠个别杂散的信号,永远纠缠在表象和感觉当中,所得到的只是一些生物习性。这些生物习性在应付环境的时候,可以得到一些成功,但只有知识和科学理论才能穿透现象。例如,人的视觉对光的感受能力,远逊于狗、猫,也逊于猫头鹰,它们能对人视力范围以外的光现象作出反应,人则不能。但人能够说光这个词,这表明人有能力把光线刺激而形成的表象和感觉进行抽象,用"光"这个符号去指称这一现象。虽然猫对光线更为敏感,但猫关于光的信号活动永远不能离开表象,所以光的刺激便只能转化为后天习性。人却能运用光这个符号,把光作为一种现象,进行归纳和推理,从而积累起关于光的知识,并在现代发展为光学。这一切,如果没有符号的参与,是不可想象的。从生物进化和人进化的角度来理解,完全可以说,信号和符号的区别是本能和文化的区别。自然界一分为二,人不再附属于自然界,其中一个最重要的标志就是语言符号的出现。

诉诸语言符号的是人的语言符号系统能力(即巴甫洛夫所称的第二信号系统能力)。人使用语言符号不仅与生理现象有关,而且更重要的是与心理现象相关,心理、心灵的活动有多复杂,它就有多复杂。现代心理学的研究结果表明,人的心理过程存在着认知过程、情感过程和意志过程,整个心理结构分为知、情、意三级,而符号的功能恰好和它对应。

信号和符号的分别不全在形貌或外观。对人类而言,信号一般出现于比较特殊的情境,各个信号之间缺乏联系,使用的时候不遵循什么固定的规则。但符号却不同,它是一个完整的系统,各个符号之间存在着密切的联系,它们的组合遵循固定的文法规则。靠有限的文法规则进行着无限的组合,因而它可以传达或表示无限的意思,这正是语言符号最令人不可思议的地方之一。

## 二、信息传播中的编码和解码

传播系统是把信息从一个系统传播到另一个系统的一种复杂设施,所以人们往往把它称为通信、传播手段。在人类社会发展的历史过程中,人们发展了语言、文字、印刷品、电报、电话、广播、电视、传真、卫星通信等传播手段。从一定意义上讲,人类的历史也是发展和利用传播技术的历史。

一个很简单明了的事实是,我们可以把人或物装在火车、汽车、飞机等交通工具上,从一个地方运到另一个地方;我们也可以用输电网络把电能从一个地方输送到另一个地方。但是怎样才能把信息"装载"在传播工具上并把它传送出去呢?

前面我们说过,信息是通过符号、信号来运载、显示和储存的,符号本身不是信息,只有把符号组合起来才能表达某种意思。例如,元代剧作家马致远的一首小令《天净沙·秋思》:"枯藤老树昏鸦,小桥流水人家,古道西风瘦马。夕阳西下,断肠人在天涯。"它抒发了一种人在旅途、漂泊他乡的感伤情绪。枯藤、老树、小桥、流水等意象符号本来与这种感伤情绪并无关系,但是经过作家的组合后,作品的特殊含义和韵味便产生了。我们把用语言或非语言符号进行有机地组合以表达一定的思想、意思的工作叫作编码。通过编码,可以建立表达思想内容的语言与音素之间的确定联系,即把思想内容用一段话或文字表现出来。声音可以以空气为信道来传递,而文字则可以借助报刊和书籍来传递。在音乐作品创作中,音符的不同组合构成了不同旋律。作曲家对于音符的编排过程实际上就是一种编码。

### (一) 编码

在电子媒介的大众传播中,编码最初是指把文字变换成由点、画和间隔的空位组成的电码。例如,著名的摩尔斯编码就是其中的一种。点、画及它们之间的间隔很容易通过收发报机系统传递。以后人们把编码的概念加以推广,摩尔斯电报代码就是一种数字式的符码(Code)。如果我们把信号理解为对于时间的物理变量,那么编码实际上就是把一种形式的信号变换成另一种形式的信号。电话话筒把声音变成电子信号,电视摄像机把图像转变成电子信号都是进行编码。其目的是把信号变换成为便于在信道中传递的形式。

### (二) 解码

与编码相反的过程,即把信道传来的信号变换成编码前的形式,这个过程就称为译码或解码。在大众传播中,记者、编辑、翻译、导演、编剧等都是编码者,同时也是解码者,即符号反映的内容含义的阐明者。不过有时编码者的意向、动机和他的传播符号制品所得到的社会效果(反馈信息)并不一致,当然这一问题要专门讨论。

一般说来,传播与接受两个系统必须具有共同的编码和解码机制与程序,有共同使用的符码系统才能进行传播。在描写间谍和反间谍活动的电影或小说中,使用密码的花样真是层出不穷。如使用的接头暗号、一首诗、钢琴弹奏的音符、一个固定动作、一种独特的穿着,以及密码本等等都可以成为编码的手段。间谍双方对他们所使用的密码必须都很了解。编制符码进行传播在大众传播中还可以用来进行有偿服务,如中央电视台数字节目就是使用的加密频道,只有使用电视台特制的解码器才能收看。

## 三、信息的提取

解码使我们能够从一组符号中提取所需要的信息。我们把一句话、一段文字、一份电报或一张资料图表称为一份讯息(message),而把它们所要表达的内容称为信息(information)。信息与讯息是内容与形式的关系,内容不能脱离形式而存在,但是在研究信息系统时,起决定性作用的是内容而不是形式,就是说信息是我们主要的考虑对象。

解码使信息从一份讯息中被"提炼"出来。例如,日本《每日新闻》1986年3月16日消息说:"苏联代表团进入北京。以苏联第一副总理阿尔希波夫为团长的苏联政府代表团1986年3月15日上午乘飞机进入北京。据北京外交人士透露,与中国相比,苏联方面对这次会议(指中苏经济、贸易、科技合作委员会第一次会议)抱有更大期待。据说,苏联希望尽可能地使这次接触带上政治色彩,这同中国方面打算只谈经济问题的立场恰成对照。到机场迎接苏联代表团的,除李鹏副总理外,只有经委和外贸部的负责人,外交部负责人则一个也未到场。由此可见,中国方面已经打算不让这次会议有政治方面的含义。"日本记者是如何得出中国不打算使这次中苏会议带上政治色彩的结论呢?显然,是从中方机场迎接人员的规格和构成上加以判断的。在提炼信息方面,文学批评家、考古学家、情报分析家等各行各业的人都有自己感兴趣的专题。因为在这些领域中,编码和解码的机制往往很隐蔽,因而常常有这样的情况,即人们看到一条很有价值的消息却往往因没有引起重视而坐失良机。

提取信息的过程可以分为三个层次,即:

首先是要判断你所得到的是一份包含什么内容的讯息。这在很大程度上取决于人的专业"嗅觉"。文学批评家可以从一首看似平常的诗歌中发现其不同寻常之处;考古学家发现某些织物的残片上有一些图样,他根据自己已掌握的知识,判断它不同于一般的织物残片;反间谍人员苦苦思索某些信号的含义,是因为这些信号有些反常或是因为他所追踪的对象千方百计掩蔽这些信号。

在确定这是一份讯息后,便进入第二层次,即找出解译这份讯息的密码。例如,文学批评家通过对那首诗的象征、隐喻等手法作出阐释;考古学家对织物图案加以考证;反间谍人员通过破译密码,发现间谍采用了什么密码。

最后一个层次是信息还原。文学批评家完全理解了那首诗的真正内涵;考古学家判断出那块织物残片属于的朝代;反间谍人员把间谍使用的密码信号翻译了出来。

在社会传播中,编码符号或信号的含义既然是人赋予的,那么,传播者就可以根据需要进行规定性赋予。接受者可根据预知的规定性而得知信息的含义,也可以根据相类似的知识、经验、智能推测得知信息的含义,若因此而造成失误,就是不称职或失职。这个原理对传播者和受传者都提出了较高的要求。

## 第三节　信息源与信息量

人的认识过程是一个从无知到有知、从知之甚少到知之较多的不断获得信息的过程。我们可以把认识的对象看成一个系统,所谓获得有关这个系统的知识就是了解该系统的状态。如果我们具有关于它的完备知识,那么我们就能完全肯定它处于什么状态。反之,如果我们没有任何有关它的知识,那么对于它处在什么状态就一无所知。如果我们只有关于一个系统的部分知识,那就只知道它可能处于某一部分的状态。每当我们获得新的知识,这个系统的新的状态对于我们来讲就更加确定了。因此,我们可以把这种确定性作为我们关于该系统知识多少的量度,也就是作为我们具有关于该系统信息多少的量度。从这种意义上讲,我们获得有关系统的信息越多我们所认识的系统就会变得更加确定。

举例来说,一个电影院有 30 排座椅,每排有 30 个座位。如果想知道一个人在什么座位上就需要获得一定的信息。这里我们把一个人视为一个系统,而把他在什么座位上看成是该系统所处的状态。也就是说,这个系统有 900 种可能出现的状态。并非所有的讯息都包含我们所需的信息。例如,"他和他老师坐在一块",在帮助我们找到他这一点上并没有提供进一步的信息,因为找到他老师和找到他一样困难。但"他坐在他老师的左边"就提供了一些信息,因为这些信息排除了一些不确定性,即排除了他坐在最右边一行座位的可能性。也就是说,这个系统的可能状态从 900 种减少到 870 种。如果再有一条讯息告诉我们"他坐在单号",那么系统的可能性状态就减少到 435 种。随着信息的不断增加,不确定因素就会越来越少。

### 一、信息源

毫无疑问,编码需要符码。这些符码是构成讯息的建筑材料,是传递信息的工具。用文字构造讯息,字母、词素就是符号信码;用音符作曲,音符就是符号信码。信息的元素——信码的集合在信息论中被称为信息源。以 26 个英语字母构成的信息源产生了拜伦和雪莱热情澎湃的诗篇,产生了莎士比亚的不朽名著。

用概率来描述一个信息源中各个信码出现的可能性以及这些信码组合的可能性,称为该信息源的统计结构。这种结构可以根据大量的统计结果来发现。

它是由语法、内容、作者风格等因素决定的。用电子计算机可以分析出莎士比亚所用英语的统计结构特点。它体现了莎士比亚本人的"风格"。这种风格虽然不如他那风趣隽永的语言风格容易为人们所接受,然而对于我们研究语言、历史都有不可估量的价值。

齐普夫发现了一条有趣的定律。如果把单词按照出现频率的次序排列,那么词序和出现频率的对数就构成线性关系,用公式表示即第 r 个词出现的频率为 $P(r) = 0.1/r$。认识信息源的统计结构对于传播技术有着重要意义。人们可以根据这种结构采用合理的编码来节省传递信息所需要的时间。例如,在编制英文电码时就采用一点的符号来代表常用的字母 E,而不常用字母 Q、X、Z 则用较长的点划来表示。人们还进一步把最常用的单词、短语,甚至标准化的问候语和节日贺电都以固定的编码序列来表示。这样就大大节省了通信的时间,提高了传播的效率。

## 二、信息量

信息量的大小是排除不确定性的关键。那么信息量的大小能否测量呢?回答是肯定的。测量信息大小的量就是信息量。这个概念的提出对于信息论的发展有着决定性的作用。对于温度,我们已经非常熟悉了,我们可以通过自己的皮肤感觉知道或通过温度计直接读出。对于信息量的理解就没有这样直观,因为和信息量相联系的是抽象的概率。如果我们事先知道某一事件出现的概率是 P,有一个讯息使我们知道这一事件的确发生了,那么就可以说,我们获得了一定量的信息。显然这个信息量的大小与概率的大小有着密切的关系。概率越大,我们获得的信息量就越小。用公式表示,就是 $I = -\log_2 P$。在我们生活中经常会遇到这样的情况,例如,某某邻居家的媳妇就要生产了,通过医院的检查得知她将生一个男孩,到了生产的那天如果没有意外事故的话,她生养一个男孩的概率(可能性)是很大的。当她生下男孩时,我们获得的信息量并不大。但是,如果生产那天她生养了一个女孩,由此带来的信息量就要大得多,亲朋好友、左邻右舍对此将要作重新的认识和新的准备。由于这种情况出现的概率并不大,因此,越是意外的讯息所产生的量就越大。如果概率 P=1,就是说事先知道这件事肯定会百分之百地发生,那么告诉我们这件事的确发生了的消息所产生的信息量为 0。如果有人郑重其事地报告你一个消息:世界上又有人出生了。你一定会认为他所说的是废话。按照公式计算的情形也是如此,如果 P=1,则 $I = -\log_2 1 = 0$。

无论是信息量的定义还是信息源的统计结构都离不开概率,而概率描述的是一种可能性,一种不确定性。这充分说明,信息与事物的不确定性有着密切的联系。

通信工程学中所讲的信息量、信息源的熵以及信码的平均信息量等内容涉及许多复杂的数理计算,本书因只作一般的了解,故在此不再阐述。

## 第四节　信息与新闻

一般说来,新闻是新近发生或发现的具有传播价值的事实,而信息则是消除不确定因素的内容。新闻与信息有何异同呢？新闻和信息都具有新鲜性、时效性、真实性、指导性、客观性。这些是二者的相同之处。

二者的不同之处也很明显:

第一,新闻是公开发表的,信息有些是不公开的,有许多还属于绝密,如军事指挥信息、科学研究资料、经济情报等。

第二,确定了的事实不能算信息,但可以是新闻。例如,某月某日我国要发射一颗人造卫星,到了发射的那天,这件事就不能算信息了,因为它是确定的,一定会发生的。但对于新闻来说,作为重大事件,发射卫星仍然值得报道。

第三,有些信息专业性强,只有经过专家解释后,一般人才能看懂。例如,化学实验得出的资料,通信工程中的符码,间谍使用的密码,等等。而新闻则是对新近发生的某一事实的描述,它要求使一般人都能看懂。

第四,从传递媒介上说,新闻的传递主要靠报刊、广播、电视等大众媒介。而信息的传播媒介则无处不在,它可以通过大众媒介,也可以不通过大众媒介。例如,计算机统计表、公文即是常见的信息媒介。

信息与新闻也有相一致的地方。信息量大的事件,通常发生的可能性比较小。而越是不常发生的事越具有新闻的新鲜性。这正应了19世纪美国《纽约太阳报》编辑约翰·博加特的观点,"狗咬人不是新闻,人咬狗才是新闻"。有人甚至把新闻定义为"新闻就是你昨天所不知道的事情"。"昨天所不知道的事"正是信息定义中的"不确定性",所以说信息量越大,越具有新闻报道的可能。从传播者与受传者的关系来说,新闻传播中所含的信息量越大,消除受传者的不确定性越多,就越能得到受传者的欢迎,这正是中央电视台《焦点访谈》节目受观众欢迎的原因。信息量原理提醒传播者对于新闻要作深度报道,以扩大信息面。同时还应对受众头脑中的不确定性因素即受众最关心的问题进行调查,从而不断调整传播含义的信息量,以达到传播者的预期目的。

# 第四章

# 职业传播者与传播伦理

## 内容提要

1. 职业传播者的任务和作用
2. 传播者的权利与责任
3. 职业传播者的素质
4. "守门人"理论
5. 传播者的职业道德与职业伦理

## 要点提示

本章着重阐述以下几个方面的内容:

1. 传播者的任务和作用。搜集信息、对信息进行筛选取舍、加工制作信息、对传播活动进行控制、搜集和处理反馈信息。

2. 传播者的素质。要有对传播事业的敬业精神;具备较高的思想素质;要有渊博的基础知识和很强的业务能力;要有信息敏感性。

3. 传播者的职业道德。真实、客观、全面、公正地进行新闻报道、制作节目、传递信息;走群众路线,深入细致地调查研究;倡导良好的社会风尚;尊重别人的劳动成果和保护信息所有者;不利用媒介谋取私利。

# 第一节 大众传播中职业传播者的特点

我们知道,传播的一般程序是:信息来源→编码→讯息→解码→目的地。在这一传播流程中,担任"编码"工作的就是传播者。传播者是传播过程中最为重要、最为活跃的一个因素。在人际传播、组织传播、公众传播、大众传播中,传播者的内涵与外延是不尽相同的。在人际传播(面对面传播)中,传播者既是发讯的主体又是讯息的接受者;在组织传播中,传播者常常是政府首脑、团体负责人、文件的起草者等;在公众传播中,传播者常常是演讲者、报告人、教师等;而对大众传播来说,传播者就比较复杂了。人们往往对它的含义只作狭义的理解,认为传播者仅仅是那些讯息的制作人员,如记者、编辑、播音员等,其实,传播者的外延非常宽泛。在大众传播过程中,讯息的制作者、传递者不仅仅限于记者、编辑、播音员等,还应包括导演、录音师、摄像者、校对者、出版商、发行人、制片人和其他工程技术人员。从编码者、发讯主体这一角度看,传播者还应包括由讯息制作、传递人员所组成的社会组织和团体,也就是说,传播机构如杂志社、报社、出版社、电台、电视台等都应算做是传播者。总之,传播者是组织机构中的人,是组织化的个人,从这个意义上,我们把大众传播的传播者称为职业传播者。

大众传播过程中的传播者有以下一些特点。

## 一、对于讯息有制作上的自主权

从传播过程的一般模式,我们可以知道,编码在传播过程中的作用十分重要。编码者即传播者,是活生生的人或由活生生的人构成的机构,它不是机械地发布讯息的机器,而是具有能动性和自主性的主体,从这一意义上说,传播者这一角色带有很强的主观能动色彩。制作什么样的讯息,选择什么样的信息传播给受众,哪些信息可以传播给受众,哪些信息不可以传播给受众,以什么样的方式传播等,都取决于传播者。传播者可以客观地、实事求是地进行新闻报道,也可以歪曲事实,进行错误的报道,新闻传播中"新闻导向"的存在就说明了这一点。

## 二、在传播过程中需要合作

大众传播过程的讯息不是一个人一次性独立完成的,它需要经过多次的集体加工。例如,电视台播放的电视剧,其制作过程就是很复杂的,需要编剧、导演、演员、摄像等各种演职人员和制作人员的密切配合。电台里播送的新闻需要经过记者的采访、写作,编辑的审阅、修改,播音员的播音,电台工程技术人员对节目的操作、控制等。报纸上发表的新闻,一般要经过记者采访、写作,编辑审稿,主编定稿,值班编辑划版、排校等步骤。可见,大众传播活动中的传播者不是独立的个人,而通常是需要相互合作的集体。在信息处理、讯息的制作过程中,有直接的参与者和间接的参与者之分。直接的参与者是直接参与讯息制作的编辑、记者、播音员等,而间接的参与者则是媒介机构的管理人员以及从事辅助性工作的技术人员、工人等,只有他们彼此间互相合作,媒介才能正常运转。

## 三、传播活动常常受到来自媒介组织等的控制

传播者所从事的传播活动并不是绝对自由的,任何国家的大众传播事业都不可能无拘无束,都必然要受到来自各方面的制约。例如,当传播活动触犯国家、民族利益时,政府就会出面干涉。在我国,任何违反宪法的行为都会遭到禁止和追究,对于传播污染社会风气、有损精神文明内容的个人和集体,行政和法律都会给予严厉的处罚。在西方,传播媒介的所有者——公司、集团也会从自身利益出发,对媒介进行直接的控制。美国学者赫希(J. Hirsch)等就曾指出,传播机构是由专业人员组成的一种特殊机关。虽然就表面来看,搜集和处理信息是个人行为,但实际上每一个媒介的从业人员都不是独立的个体,他们的工作必须符合组织、职业、广告客户以及广大受众的需要。吉伯(W. Gieber)在一次调查中发现,个人的价值判断或新闻本身的价值并非是最重要的因素,最重要的是新闻组织的压力。他认为,编辑部就是一个职业的文化环境,其中有着截稿时间、采访路线、写稿方式等所构成的专业限制。

另一个很重要的因素是受众的控制。报纸发行量的大小直接影响到传播者对信息的选择。通过调整版面,增加读者感兴趣的内容,报纸的发行量才有可能上升。电台、电视台的收听率、收视率也影响到节目制作人员对信息的选择。任何传播媒介的工作人员都不可能置其传播的经济效益和社会效益于不顾,否则将会对其存在产生影响,直至失去生存基础。

## 四、必须有较强的专业素养

人际传播在人与人之间每时每刻都可以进行,因此我们可以说,人际传播活动对于传播者没有什么特别的要求。对于组织传播来说,其传播者往往是组织

或部门领导,他们除了掌握一定的机关事务知识外,无须进行专门知识的培训,发布公文和召开会议,其专业性要求都不是很强。大众传播则不同,它的传播者一般都要有较强的专业知识,无论是记者、编辑还是其他制作人员都要有一定的专业知识。新闻、出版业的记者、编辑要有新闻出版专业的基础知识和技能,摄录制作人员一般有广播、电视专业的基础知识和技能,播音员则要经过播音技能、技巧的训练。总之,大众传播的传播者不是随随便便凑合起来的乌合之众,而是具有较强的是非辨别能力、新闻敏感性以及较高的创作能力者。时代的发展对传播者提出了更高的要求。特别是大量的高科技手段被运用到传播领域以后,对于传播者的要求就更高了,因而传播者就更是一支特别的队伍了。

## 第二节　职业传播者的任务

传播学研究先驱、美国传播学家卢因最早把传播者比喻成"守门人"(Gate Keeper)。他说,"在新闻的孔道之内,有某些地方设有关卡,为守门人所把守,能否成为新闻,甚至以何种方式出现,均决定于守门人"。守门人有把关、筛选作用,在这一比喻中传播者创造性的一面并未得到体现。传播者的作用和任务从某种程度上讲是合二为一的,具体表现在以下几个方面:搜集信息;对信息进行筛选、取舍;加工、制作信息;对整个传播的内容和方式加以控制;收集和处理反馈信息。

### 一、搜集信息

我们生活的这个社会,千姿百态,瞬息万变,新的事物不断涌现,新的信息不断产生。然而,由于时空等因素的限制,人们不能及时地了解到外界正在发生什么事情。通过大众传播,人们可以知道外界正在发生的事件,以及它的原因和结果。从共时性上看,人们需要知道此时此刻外面所发生的情况。例如,足球爱好者想知道此时此刻在英国首都伦敦进行的德国队和意大利队之间一场足球赛的情况,借助于卫星电视的实况转播,我们可以观看到这场球赛的全过程。从历时性上看,人们需要了解若干年以前发生的事情,通过阅读有关书籍、资料,我们可以使这一要求得到满足。近在咫尺、远在天边的信息都需要有人去搜集。这项工作就由传播者来承担,在报社、电台、电视台等大众传播机构中,记者、编辑通常的任务之一就是搜集信息,记者到生活中去采访,编辑从史书、典籍中选一段内容编入节目等一类活动都是搜集信息。

信息搜集工作是很艰苦的。特别是在新闻采访工作中,由于新闻具有时效性和价值要求,往往需要记者不辞辛苦、不分昼夜地去"抢"新闻。为了能采集到有价值的新闻,有些记者甚至还需冒生命危险。在中外新闻史上,就曾有许多记者为新闻事业献出了生命。

搜集信息不是件平凡的工作,它需要胆识和勇气,要求传播者敢于拼搏、敢于闯禁区。20 世纪 70 年代,《华盛顿邮报》的两名青年记者卡尔·伯恩斯坦和鲍勃·伍德沃德,对涉及尼克松当局的"水门事件"进行深入的调查报道,他们顶住各种威胁和压力,搜集到了大量的证据,使这一事件得以曝光。

## 二、对信息进行筛选、取舍

现实生活中的信息很多,大到改朝换代,小到衣食住行,如果要把地球上所发生的事情全搜集起来报道给受众,则不仅是不可能的,而且也是没有必要的。在传播过程中,对信息的取舍与筛选显然是一项很重要的工作。受众对哪些信息感兴趣,受众最关心什么,以及哪些信息应该让公众知道,哪些不应该让公众知道,这些都决定着传播者对信息的选择。实际上,对于信息的筛选、取舍在信息搜集阶段就已经开始了,而到了编辑部门审查时已是第二次筛选了。所以施拉姆指出,在信息传播网上布满了把关人,"其中包括记者,他们确定一场法庭审判、一件事故或者一次政治示威中究竟有哪些事实应该加以报道;包括编辑,他们确定通讯社发布的新闻中有哪些应该刊登,哪些应该抛弃;包括作家,他们确定有哪些类型的人物和事件值得书写,什么样的人生观值得反映……"[1]经过筛选和取舍,信息才能与公众见面。

在信息的筛选过程中,不同的社会制度、不同的阶段、不同的国家决定信息取舍的标准是不相同的。选择什么样的内容传播给受众,怎样引导大众文化朝着积极、健康向上的方向发展,是广大传播工作者所经常思考的问题。由此可见,信息的选择是传播者一项神圣的工作。

## 三、加工、制作信息

搜集、选择好的信息并不能立即传播给公众,因为传播者搜集来的信息还只

---

[1] [美]施拉姆,波特.传播学概论.北京:新华出版社,1984:161-162.

是一个毛坯,哪些地方需要着重介绍,哪些地方要作简要介绍,用什么样的方式介绍等都需逐步解决。例如,魏巍所写反映抗美援朝战争期间志愿军战士生活的长篇通讯报道《谁是最可爱的人》,先后几易其稿,开始在这篇报道中,他用了二十多个事例,到第二稿时改为五个,对其他一些事例采取了简写或删除的办法,到最后定稿时他将事例确定为三个,对这三个事例进行详写。事实证明,那三个感人事件个个都打动人心。修改后的通讯稿有详有略,通篇显得张弛有度。另外,不同的媒介对信息的加工要求也不相同,报纸媒介要求用精炼标准的书面语言来传达信息,而电台则要求用通俗易懂的口语。同样的信息内容,电视记者常常用新闻报道或专题片的方式进行加工制作,而电影编导则把它编写成一部情节片。例如,发生在东北的一件儿子告发亲生母亲十年前谋杀了他的亲生父亲的案件,中央电视台《焦点访谈》的记者把它制作成了一则专题新闻;而长春电影制片厂的编导们则将它改编成一部故事片《天国逆子》。传播者所要面对的是千百万大众,传播的信息必须是大众所喜闻乐见的,因此,传播者所面临的任务之一就是要把采集到的信息加工、制作成大众所欢迎的样式。一件事,根据其影响和价值的大小,可以制作成一篇短讯,也可以制作成长篇通讯。同时,信息是针对什么而制作的,侧重点在哪里,这些都是传播者在信息加工、制作过程中所必须认真考虑的。所以,信息加工、制作这项工作是对传播者思想修养、知识水平的一个考验。

### 四、对传播内容和方式加以控制

大众传播能产生巨大的社会影响是毋庸置疑的。社会影响有积极的也有消极的,有有利的一面也有有弊的一面。传播的效果有大有小。这些都需要控制,而最直接的控制来自传播者。对于什么内容适合传播,什么内容不适合传播;传播信息量的多少;传播时间的长短;传播技巧的选择等,传播者是第一把关人。传播者的决定直接影响到传播效果。有责任心的传播者总是把民族利益、国家利益和社会效果放在传播工作的首要位置,自觉地把反动的、不健康的内容剔除在媒介以外。同时,有责任心的传播者还充分发挥媒介在社会生活中的舆论导向作用,使社会大众对某些问题的看法朝着有利于国家、有利于社会的方向发展。可见,传播控制是传播者最为直接的任务。

### 五、收集和处理反馈信息

传播者为了不断了解自己的传播效果,修正自己的传播方式,不断提高自己的传播水平,必须收集、处理反馈信息。处理受众来信、来电,进行受众调查是传播者的一项重要任务。受众调查的常见方法有个别访问、开座谈会、设计问卷等。个别访问是指传播人员走出去,直接与受众进行交流,听取他们对传播内容的反应;所谓开座谈会就是传播者定期从社会上邀请部分听众来听取他们对传播内容的反应和对传播工作的意见;所谓设计问卷,就是将传播效果涉及的各个方面,以选择或问答的方式,制作成问卷,发给受众,请他们填写,最后收集答卷进行统计分析。从给受众回信、回电到进行受众调查,传播者所从事的收集和反馈信息工作是非常繁琐的,它要求传播者富有耐心,在处理反馈信息中要认真、细致。只有这样才能取得相对精确的反馈信息。

通过上述分析,我们不难看出传播者在传播过程中的地位是多么重要,作用是多么大,其任务又是多么的艰巨。传播者如何能胜任这项工作,这就涉及传播者的素质问题了。

## 第三节 职业传播者的权利和责任

1735年,美国历史上发生了著名的"曾格案"。这一年的8月4号,安德鲁·汉密尔顿律师在法庭上为纽约的报纸发行人约翰·彼得·曾格辩护,他说,新闻是"最重要的事,它是自由的事……大自然和我们国家的法律赋予我们应有的权利:自由——就是把事实真相说出来和写下来,用以揭露和反抗专断权力的自由"。[1]汉密尔顿也许没有想到,自己的呼吁不仅吹响了北美殖民地争取新闻自由的号角,而且让美国新闻界与法律结下了不解之缘。近三个世纪以来,为美国新闻媒介提供安全避风港的是法律,给新闻媒介套上枷锁镣铐的也是法律。通过美国法院作出的一个个判例,新闻界对自己的权利和义务有了更清晰的了解。古罗马人说过,"有救济才有权利"。职业传播者的权利与社会大众对信息的知晓权与信息使用的安全保护权是同行的。在大众传播这一职业合法的基础上,首先是传播者作为公民应当享有公民自身所应享有的权利,同时,职业传播者还被赋予了一些与其职业相关联的权利,职业传播者在被赋予相关权利的同时也还被赋予了相关的责任和义务。因此权利和义务、权利和责任在传

---

[1] [美]埃德温·埃默里等.美国新闻史.北京:中国人民大学出版社,2004:48.

播职业中是相辅相成的。探讨职业传播者的权利与义务,对于培养合格的职业传播者,实现在法制管理下的新闻自由是非常重要的。那么,作为职业的传播者应享有哪些权利呢?

## 一、职业传播者的权利

### (一) 采访权

采访权,或称知闻权。采访权来源于知晓权思想,是第二次世界大战后首先由西方新闻界提出来的。其背景是,人们在反思法西斯主义得以猖獗的原因时认识到,由于新闻业和受众被剥夺了知悉政治情况的权利,才使一小撮独裁者得以欺骗人民、为所欲为,因而呼吁,要让新闻业和民众享有获知国家政治信息的权利,"知晓权"思想由此提出。第一个提出"知晓权"概念的是美国著名新闻记者,时任美国合众社总经理的肯特·库珀(Kent Cooper),1945年,他率先使用了"知晓权"(the right to know)的概念。8年后,他又出版了《人民的知晓权》一书。肯特·库珀的知晓权思想,成为激励和引领大众传媒争取公众知情权运动的指南。在西方国家,知晓权被理解为一种广泛的社会权利,是公民行使言论、出版等其他自由权利的基本前提,也是公民行使参政、议政权利的基本保障。在现代社会中,随着政治多元化和社会信息化,公民知晓权的有无和多少成为衡量一个国家民主自由程度和信息化程度的重要标志之一。采访权指的是职业传播者作为信息报道者,可以不受阻挠地搜集、核对消息、情报,并安全、有效地传递信息。2001年,广西南丹发生矿井透水事故造成严重的矿工死亡事件后,事故单位及当地政府隐瞒不报,向上级机关和新闻媒体封锁消息,并对前往采访的记者跟踪、盯梢,威胁知情者。这种不许向记者提供情况的做法就是一个典型的事例。这种情况虽属于个别现象,但它说明,在我国,对新闻传媒及新闻工作者的自由采访权利的保护依然是一件十分重要的事情,需要下大力气解决。

采访权可有两种形式:一是完全由传播者掌握的,传播者在法律许可的范围内,可以采访任何他认为重要的、感兴趣的事件,可以按照新闻采访与报道的一般规律去自由寻找信息;另一种则是由传媒机构或国家行政管理部门委任传播者,在许可的范围内,为媒介采集其所感兴趣的信息。这一权利不应受到阻挠。当然,这一权利也并非丝毫不受约束的,事实上,它受国家安全法、保密法、隐私权保护等法律的限制。

## (二) 编辑权

编辑权的有无是衡量媒体性质的关键。编辑权是传播者加工制作信息的权利,具体有:决定和实施编辑方针,行使一切必要的业务权,稿件的发布、稿件的修改、制作形式,等等。编辑权与社会制度性质有密切的关系。通常表现在以下几方面:

### 1. 私营媒体

私营媒体,即个人通过合法手续经营某种媒体,因此,媒体的编辑权由其自己掌握,一切都体现自己的经营理念、编辑方针,这在西方国家较为多见。例如,19世纪赫斯特报系的编辑思想就是由赫斯特自己制定的。

### 2. 同人式媒体

同人式媒体,指志趣相同的人组合成一个群体,共同决定编辑方针,商量编辑工作。我国近代历史上的《新青年》、新记公司的《大公报》即为这一类型。

### 3. 官方式媒体

官方式媒体,指的是政府或财团控制的媒体,其总编乃至主要编辑人员都由政府来任命,编辑思想必须保持与政府的步调一致。其整体的编辑方针不得与政府政策相违背。例如,2001年"美国之音"违背美国白宫的对外政策,擅自播放了其记者采访的塔利班领袖奥马尔的专访录像。白宫撤销了"美国之音"总裁的职务,同时还免去"美国之音"的主管新闻局长的职务。

### 4. 半官方式媒体

半官方式媒体在编辑名义上是同人性质,但实际上与政府或财团保持着密切的联系。编辑方针受其影响很大。在重大事件的报道上,编辑取向常常与政府或财团的主张保持一致。例如,日本的NHK作为战后半官方媒体,就常常主动与日本政府的编辑思想靠得很近。在中日关系的相关事件的报道上常常扮演政府喉舌的角色。

当然,绝对独立、自由的编辑权是不存在的,正如绝对的新闻自由不存在一样。因为不同的政权形式、阶级、集团都希望媒体为自己服务,站在有利于自己的立场上说话,而不希望有不利于自己的舆论产生,所以,编辑权只有相对大小之分。

## (三) 知识产权

知识产权,也称智慧产权、版权、著作权。大众传播活动是一种个性化的创造活动,这一创造活动的产品属于劳动者自己。大众传播从业人员的知识产品产生后,其复制权由传播者自己控制,未经本人同意,擅自进行大量复制、销售其知识产品,属于侵权行为。在传媒文化市场化的今天,传播者的作品如文艺作品、学术著作、电视剧、电影等都受法律保护。其他媒体如报纸、杂志转载、摘编或作为资料使用传播者作品的,必须征得作品所有人许可。对转载、摘编权的特殊限制是著作权人的"声明"。作品刊登后,如著作权人声明不得转载、摘编的,其他报刊不得转载、摘编。反之,著作权人没有这样的声明,就视为是将转载、摘编的权利授予给报社和杂志社行使。目前,难以规范的是网络媒体的行为,网络上绝大多数内容是转载使用他人成果的,门户网站尚能尊重他人的劳动成果,依法使用他人作品。但在许多私人网络空间似乎不是那样严格,侵权现象时有发生,成为知识产权管理的盲区。

### (四)消息来源保密权

消息来源保密权,也称"取材秘密权",即传播者有权对采访的对象、采访过程进行保密。在西方国家许多新闻记者不愿意透露消息来源,因为他们认为随便透露消息来源是不道德的,或者会损害他们将来利用消息来源的能力;另一个理由则是 1971 年美国"五角大楼文件泄露案",在该案审理中,美国最高法院判《纽约时报》和《华盛顿邮报》胜诉,使记者发现了保护消息来源的理由,即如果他们违背保密承诺,他们可能会被起诉。2003 年,英国 BBC 向公众报道英国政府以伊拉克生产大规模杀伤性武器为由,决定与美国一起攻打伊拉克,而英国政府的情报是不准确的。相关记者将消息来源暴露给了公众,使当事人核查科学家凯利处于被动和蒙羞的地位,最终导致凯利自杀事件。这一事件成为放弃保密权的典型案例。

### (五)安全保护权

安全保护权,指保护职业传播者的人身安全,这是传播活动中最直接、最重要的问题。职业传播者活跃在各种矛盾尖锐交锋的领域,必然有一定的危险性。对传播者的威胁主要来自不同的利益集团、专制政府。最早对传播者进行迫害的大概要算中国秦朝的"焚书坑儒",秦始皇用这种方法,消除不利于专制统治的言论。此后,历代封建王朝都采用不同的手段来对付传播者的传播活动。在西方国家,英国的"星法院"曾判处 3 个书报商死刑。中国近代史上所发生的"苏报案"、"沈荩案"、"邵飘萍案"、"林白水案"、"史量才案"等都是新闻传播职业的从业人员人身安全得不到保障的典型案例。1978 年,联合国教科文组织通过了《大众传媒宣言》,第 2 条第 4 款规定:"保证从事大众传播事业的新闻从业人员和其他人员在本国或国外能得到保护,保证他们有进行本职工作的最好条件,是十分重要的。"近三十多年来,新闻传播职业的从业者的人身安全状况并没有得到根本的改善。在伊拉克有多名记者被恐怖分子杀害,在一些独裁、专制国家,一些记者因为发表不同政见而身陷囹圄。

新闻传播从业人员的安全保护权能否实现,取决于执政者如何看待新闻传播业,一个民主的国家、一个开明的政府对新闻传播职业的从业者往往会提供必要的安全保障。

## 二、职业传播者的社会义务和责任

在不同的国度,社会责任的内涵也不一样。纵观中西方国家的不同的社会制度对大众传播从业者社会责任的要求,大体有以下一些内容。

### (一)对公众知情权的满足

大众传播的职业传播者的首要使命,就是不遗余力地告诉公众所发生事件的真相。一个社会是否健康、和谐,首先要看这个社会的信息是否畅通。职业传播者就是要使社会的信息传播保持畅通,使社会信息公开、透明。2003年三四月间,中国发生了"非典"疫情,由于在事件的开始阶段,大众媒体未能及时向公众传递事态的进展情况以及相关预防、控制的信息,造成谣言漫天飞,引发了社会恐慌。而当公开了有关情况后,社会很快从骚乱趋于平静,因为受众了解了事实真相。因此,受众因为不知道社会真相而处于混乱境地,就是新闻传播者的失职。

### (二)维护国家利益、民族利益、政党利益

东西方国家社会制度不同,对传播者的责任要求也不同。在西方国家,社会责任往往是粗线条的,主要处理好国家利益与个人利益之间的关系。而在中国,社会责任往往非常具体,它涉及处理人民利益、政党利益等方面的问题。强调政党利益、人民利益高于一切是我国职业传播者最大、最重要的责任。在社会主义国家,传播者的责任和义务还涉及维护民族团结、维护国际和平等重大议题。传播者是代表国家说话的,其言行涉及内政外交、民生大计,所以,传播者的思想观点的表达必须慎重而又慎重。另外,保守国家机密,不从事有损国家形象的传播活动等也是大众传播从业者最基本的责任和义务。

### (三) 维护社会和谐发展

大众传播的从业人员作为社会大众心智的启迪者,应当肩负起纯净社会环境的职责,努力生产基调健康向上、群众喜闻乐见的文化产品,不传播诲淫诲盗的内容,特别是不传播有害青少年身心健康的内容。

## 第四节 职业传播者的素养

在一切社会生产劳动中,人是最基本、最核心的因素,从事生产劳动的人的从业素质直接决定着工作的成绩。大众传播业也不例外。既然传播者在传播过程中的地位如此重要,其肩负的任务和责任又如此重大,那么传播者(大众传播从业人员)素质的好或差,将直接决定该传播媒介的覆盖率、阅读或收听、收视率以及该传播媒介的声誉和对舆论的影响能力。简而言之,也就是传播者的素质将直接影响到该传播媒介的传播效果。

我们所处的时代可以说是信息的时代,为了适应当前形势的需要,为了提高大众传播的质量,为了满足公众的不同需求,广大传播工作者必须加快提高自己的思想理论素养和专业素质,这不但是大众传播事业的要求,也是时代和社会的要求。传播者的从业素质包括很多方面,有思想方面的、理论方面的、专业技能方面的。这里我们只能根据目前我国大众传播业的特点和情况来简略地谈谈。职业传播者的素质包括以下几个方面。

### 一、对传播事业的敬业精神

传播事业,特别是新闻传播事业是一项严肃而又艰苦的工作,职业传播者站在时代的前哨,他们用手中的笔和肩上扛的摄像机把每时每刻世界上发生的重大事件传播给人民大众。所以他们要不分昼夜地"抢新闻",不停地采访、编辑。新闻传播工作是十分艰辛的,在和平时期甚至也会面临生命危险。例如,1994年在阿尔及利亚采访的几个国家的新闻记者就惨遭该国恐怖组织枪手的杀害。此外,自然灾害发生时,采访记者也随时有可能遇到生命危险。1996年年初,云南丽江地区发生强烈地震,新闻记者冒着余震的危险,深入灾区第一线,把灾情及时向全国的读者、听众、观众报道。采访中有可能遇到的各种困难都是对每个新闻工作者的考验。2001年,在国际"反恐"战争中,有多位欧美记者深入战场前线,报道战争动态,不幸惨遭恐怖分子杀害,正是他们无所畏惧的报道活动使世界各地的人们及时了解到阿富汗国内的真实情况。

一个没有吃苦耐劳精神、只图安逸享受的人是不能胜任大众传播这项工作的。同样,一个不爱本职工作、没有为之献身的决心和信心的人也是干不好这项工作的。

## 二、较高的思想素质

大众传播的从业人员是时代的"晴雨表",当社会上发生任何重大事件时,首先遇到的问题是"怎么看"。"怎么看"就牵涉到大众传播从业人员的思想水平——判断和明辨是非的能力。这就要求大众媒介的传播者能够运用辩证唯物主义和历史唯物主义的思想和方法去看待世界上发生的人和事。秉着实事求是的态度,客观、真实地加以处理。

我国大众传播工作者作为社会活动家,还应有高度的党性修养。具体表现在:有鲜明的政治立场,在原则问题上态度明朗,对受众有极大的热忱,自愿和乐意为公众服务,不为个人私利而丧失原则。无论在何种情况下都坚持讲真话、写真事,坚持走群众路线,反对"假、大、空"、闭门造车。

## 三、渊博的基础知识和很强的业务能力

大众传播是一项富有创造性的工作。这就需要大众传播工作者具有扎实的专业基础知识和很强的业务能力。知识面越广,就越能发掘各种题材,如果一个记者连基本的法律程序都不懂,又怎么能把法院的诉讼报道搞好呢?如果连基本的科学常识都不懂,又怎么能把科学领域的重大发明报道好呢?而对于一个图书编辑来说,如果没有渊博的知识面,要想编好、出好图书同样是十分困难的。

所以,大众传播工作者应当像哲学家培根所说的一样,把一切知识都作为自己研究的领域,培养自己对文史哲、数理化、天文、地理、宗教、艺术等的广泛兴趣。同时还要掌握本专业的知识,具备本专业的技能。这些技能涉及许多方面,诸如了解信息线索,调查研究,采访新闻事件,拍摄新闻照片,制作各种节目,组织广告,编发稿件,联络通讯员,沟通信息渠道,与社会组织的公关部门打交道,等等。由此可见,大众传播工作者不应只是个记者、编辑,更应是一个作家、社会活动家、研究工作者。所以,也有人说大众传播工作者应当是一个"杂家"。

业务知识方面的要求,具体地说,大众传播从业人员,记者、编辑必须有落笔

成章的写作能力和灵活驾驭文字的能力。电子媒介的记者和编辑人员,除了有好的文字水平以外,还必须能够熟练地操作录音、摄像、剪辑、制作等设备;对于播音员来说,必须语音纯正,口齿清楚,讲话标准;对于电视节目主持人来说,除了具备播音员的素质外,还必须具有演讲和辩论的才能;对媒介或媒体内部门领导来说,还要具备预见能力和谋划能力。知识总在不断地更新,有才干的传播工作者总是不断地调整自己的知识结构,增加新的知识以提高自身的工作能力。

图 4-1 大众传播从业人员知识结构

总体上看,大众传播从业人员的知识结构应包含三层,即内层的大众传播专业知识,中间层的最相关的知识,外层的各学科的综合基础知识,如图 4-1 所示。

总之,知识广博、扎实,有助于记者和编辑等大众传播从业人员开阔视野,更多地发现传播素材和掌握信息线索,新闻写作得心应手,写出和编就的稿子深入浅出,通俗易懂,生动活泼,引人入胜,使内行叫好,外行称赞。

## 四、对信息的强烈敏感

一个记者新闻敏感性强就能从错综复杂、千变万化的客观现实中迅速发现真正有新闻价值的事物,及时写出新闻报道。电台或电视台的领导信息敏感性强,就能从当前发生的重大事件中敏锐觉察到什么,也就能组织策划出富有新意的节目。一个出版社的编辑嗅觉灵敏,他就能从有关的信息分析中发现哪种类型、什么内容的书籍受读者欢迎。任何一种图书的畅销,可以说,都是编辑敏锐的图书市场判断起了关键作用。

信息敏感性不是天生的,主要来自对生活的热情和强烈的政治敏感,来自较高的理论水平,来自对实际生活的调查和了解,来自对政策的掌握和思想的解放。因此可以说,信息敏感性是大众传播从业人员的政治思想水平、业务水平和政策水平的集中表现。

# 第五节 "守门人"理论

## 一、"守门人"理论的产生

"守门人"一词是心理学家卢因(Kurt Lewin)提出的。卢因曾对美国家庭主妇选购家用食品(动物内脏)的决定作研究,他发现信息总是顺着一些有"门"(gate areas)的通道而流通,在这些门的地方,或根据公正的规则,或由"守门人"个人作出决定,决定信息或财货是否可以被允许进入通道或继续由通道流通。卢因的这个想法被怀特(D. M. White)取来运用在他对传播者的研究上,因此,日后即称怀特的研究及许多模仿怀特的研究为"守门人研究"。怀特从报社电讯编辑入手,探寻"守门"的过程及其相关因素。编辑们必须"去芜存菁",在包罗万象的通讯电稿中,选择一小部分予以刊载,其取舍究竟是诉诸外在的客观标准还是编辑的主观意志?怀特以美国中西部某报电讯编辑作为研究对象,他将其命名为"守门先生"(Mr. Gate),要求他把报社接收到通讯社(美联社、合众国际社)的稿件保存一星期,然后加以收集分类,以比较通讯社稿件各种类的分类比例,并检查各类稿件被报社选用的比例,最后发现:只有十分之一的电讯稿件被报社采纳;电讯稿内容比例失衡,国际性政治新闻、全国性政治新闻和人情味新闻等类的稿件高达三分之二;对照收进来和发出去的稿件类目,发现二者在比例上十分接近。根据研究,编辑部"枪毙"稿件不外乎两大理由:一是不值得刊登(占被弃稿件的40%),而且理由相当主观。例如,没意思、宣传等。二是已选登同一事件的另一则稿件(占被弃稿件的60%)。如果把不值得刊登的理由浏览一遍,一些"颇为主观的理由"显得非常突出。这似乎暗示:编辑心理上直觉不该发表,就不发表。怀特说,"守门人"选择新闻时,是以他本人(或他所代表的文化)所认为的"真伪"为标准的。这一解释比较符合个人心理学原则:凡是不合乎自己判断的事件,都没有报道价值。

## 二、"守门人"理论的核心内容

影响"守门"行为的因素很多,有媒介组织对从业人员的影响,新闻编辑部内部的社会控制,新闻传播职业所长期形成的新闻价值判断,以及新闻从业人员的专业主义等。

如果说"守门人"理论的核心内容是强调守门、把关行为的主观性,那么对一个社会来说,"守门人"的把关工作对于媒介的社会效果将起到决定性的作用。以新闻报道为例,新闻事件发生后将会以三种形态出现:客观真实(objective reality)、符号真实(symbolic reality)和主观真实(subjective reality)。主观真实是个人"脑中图像",而这脑中图像来源于媒介的真实建构,媒介所提供的符号真实,即借助于图像和语言符号来对事件进行的"转述"。这种转述的符号真实在多大程度上逼近事实本身——真相,完全取决于"守门人"的职业操守和专业精神。

## 第六节 传播者的职业道德与职业伦理

道德是人们自觉地用来控制社会生活的行为准则。它属于上层建筑范畴,有阶级性,并和一定的经济基础和社会制度相联系。人类的职业关系作为人的社会关系的一个重要方面,对人的道德意识和道德行为,对整个社会的道德习俗和道德传统,产生着重大影响。不同的阶段有不同的道德意识和不同的道德行为。传播业的职业道德也是如此。西方自由主义传播理论就曾认为,"凡是上帝允许发生的就都可以报道"。为吸引受众、刺激受众以提高收视率、订阅数,他们往往把社会效益置于脑后。例如,1985 年 6 月 18 日,日本东京的观众收看到了某电视台播放的一个新闻专题节目,一名日本黄金投机商在有 30 多名记者和摄影师在场的情况下,被两名凶手残酷杀害。电视向观众展示了凶手行凶的全过程,事实很显然,记者并没有向社会提供警觉以维护社会法制,相反对受众的心灵构成了伤害,产生了很坏的社会影响,因而自然受到受众的指责。而在当今美国的大街上,到处都可以买到《Playboy》(《花花公子》)、《Penthouse》(《阁楼》)一类公开出版发行的黄色刊物。很显然,资本主义社会的传播业职业道德不可避免地受到私有制的局限,尽管在 1914 年瑞士就提出了关于新闻工作者道德的决议,1923 年美国报纸编辑协会颁布了《新闻工作准则》,1949 年日本制定了《新闻伦理纲领》,但是,这些条文上规定的道德规范根本无法约束传播机构和传播从业人员。美国名记者史加斯曾经毫不隐讳地向人透露,在他的记者生涯中写过不少欺骗世界的"大新闻",他竟然大言不惭地说,想愚弄世界不是件很难的事。向来以"作风严谨"闻名的原联邦德国《明星》周刊,曾在 20 世纪 80 年代初演出了一幕荒唐丑剧,他们伪造了一份《希特勒日记》,以 300 万美元的价格向西欧一些国家的报刊出售了版权,这些都表明,在一个金钱至上的社会里,传播者要想坚守好职业道德,是很困难的。

那么,从职业道德与伦理角度来看,传播者要坚持哪些职业伦理准则呢?

## 一、新闻真实原则的维护

对于新闻报道真实性的关注是新闻批评的一个重要内容。新闻报道活动经常招致批评,批评的焦点往往都出在报道的真实性的处理上。我们考察新闻报道真实程度时,关键是看什么内容,是真实画面还是事件的真相。我们有时很容易把二者混同在一起。其实,就新闻报道而言,瞬间的真实情形往往通过我们的摄像机记录下来,这些被记录的内容,没有人会怀疑其真实性,可是,这一事件的本来面目也许是截然相反的,但是记者采访的这些内容经过报道后,它总是影响人们对事件本质是与非的判断,由此引发很多伦理问题。

人类的认知能力相对变化多端的大千世界来说是非常有限的,事实的表象背后所蕴含的复杂性,我们往往不太容易看透,甚至很容易被表象所迷惑。所以记者不能轻言"了解真相",对于真相的掌握往往要付出很大的代价。维特根斯坦和科尔西布斯基有关语言学、语义学的相关结论已经证明,人类在认知现实方面存在弱点。科尔西布斯基语义学提到语言的特性是:

(1)语言是静态的,真实是动态的——语言本身在一段时间内是不变的,而我们的世界则时刻充满变化。现代科学也已证明,物质是由细小的分子组成的,并且在飞速地变化。借用古希腊哲学家赫拉克利特的话说,就是"人不能两次踏进同一条河流"。

(2)语言是有限的,事实是无限的——人类语言的词汇是有限的,而需要语言表达的事实和经验则是无穷无尽的。当一起凶杀案发生后,人们在排查嫌疑人时常常只能借助于有限的语言来描述。这往往很难直接找到凶手。

2003年6月28日,在中国发生了一起媒体背叛真实原则的典型案例:歌星周某在成都出席自传签售仪式,在接受记者现场采访时,她"哭诉"了自己被一位演"皇阿玛"的著名演员要求进行"性交易"一事的经过。随后四川、广东等地的媒体开始沿着各种可能的线索开始了猜测性的你来我往的一通"热炒",一时间相关报道铺天盖地,其间还夹杂着不少像杂志记者要告当事人这种"支线故事"的发生,直到7月5日周某"紧急约见"《天府早报》记者,说"我从来都没有说过张某对我有性要求""都是媒体炒作,我和张老师都是受害者"……至此,喧嚣了一个星期的"性交易"事件终于有了偃旗息鼓的迹象。然而,事件中的主角张某不同意就此了结,他一怒之下将周某和相关媒体告上法庭,法庭判周某和四川某媒体败诉,并承担相应的法律责任。在整个事件中,媒体扮演的角色很值得人们反思。媒体在得到相关消息后,完全没有对此事加以调查,就立即加以报道。在这一事件中,涉及了一个公众人物,从保障公众知情权角度说,有必要对该公众人物的相关情况加以报道,但这并不是说不要真实、准确。一些参与报道、炒作的媒体更是违背新闻的客观性,连起码的调查也没有了。媒体见风就是雨,欠缺审慎态度和调查研究精神,自然要承担法律的惩罚。然而,由于媒体所犯的错误,扭曲了整个事件的来龙去脉,混淆了视听,更为重要的是,受众长期为媒体的这种不负责任态度所困扰,久而久之,媒体在公众心目中的公信力就会受到影响。

我国著名记者、新闻学家艾丰在他的《新闻采访方法论》一书中强调指出,新闻"材料"不等于"事实"。从新闻学的角度来看,事实是客观的、现实的、第一性的东西,材料则是事物和事实的各种形态、各种来源的表征、外观、表现和记载的总称,它既包括事物的表象、表现这类第一性的材料,如物证材料,也包括事实的叙述、转述、记载等这类第二性材料,如各类文字材料。在这些材料中,不仅第二性的材料常常不能准确反映事实,就是那些第一性的表象材料中,有的也可能是假象。所以,了解"事实真相"离不开"素材",但把"素材"与"事实真相"完全等同,显然是违背真实性原则的本意的。美国女记者库克因的《吉米的世界》这一特写赢得了普利策新闻奖,但事后被证实,《吉米的世界》是一篇虚构的报道,其人和事均不存在。这是国际新闻界最典型的"新闻造假"案例。可见,没有经过记者的采访的、缺少第一手材料的报道往往容易出现偏差。通讯员稿件或其他媒体的报道,充其量是给记者、编辑提供了新闻材料,而非事实。因此,记者和编辑首先要有一个明确的态度,即稿件只是材料而不一定是事实。材料只有经过了核实,才能减少误差,纠正偏差,如果材料的真实性尚不能确定,那么在此基础上建起再高的大楼都是毫无价值的。

新闻报道的客观性、公正性在一个多世纪前就已成为新闻业的专业操守和优良传统。20世纪的大部分记者都坚信自己的工作便是尽可能客观——至少是公正地提供真相。20世纪上半叶,记者们为客观性作了非常严格的定义。对我们来说,真实地报道意味着准确无误地报道事实。在实践中,这往往意味着如果要报道一位名人,那么就必须尽可能精确地转述他所说的原话,如果采访对象出了错,便应当有其他人向记者指出错误,然后这位记者再写一篇报道。这种倾向导致了新闻报道走向了另一个极端——对客观性盲目崇拜和服从。这种观念似乎在今天很有市场:只要是一位权威说的,或者是某个当事人说的——即消息有出处,就可以报道。这也就是历史上有名的"麦卡锡主义"新闻。麦卡锡之所以能在国内掀起一场运动,是因为得力于媒体的帮助,特别是这种真实与真相不分的新闻报道观念助长了麦卡锡主义的盛行。麦卡锡确实说过美国高层中有共产党人,他的话也确实具有轰动效应。这是真实的,但媒体记者不能因为他的话具有新闻效应就不作思考和调查就加以报道。当时记者的观念里有这样的逻辑:麦卡锡所说的话具有轰动效应,因此报道他所讲的话没有错,只要是他说的话,就没有问题了。记者只负责实录,至于他的话真实与否就与记者没有关系了,记者对此不承担任何责任。联系上述绯闻事件不难看出,媒体正是持这样一种观念,才产生那样严重的后果。2006年1月14日,美国有线新闻网(CNN)在报道伊朗总统艾哈迈迪·内贾德讲话时出现了严重的翻译错误,将内贾德所说的"伊朗拥有和平利用核能的权利,这样的权利是不可剥夺的"和"我们的国家不需要核武器"两句话误译成"拥有核武器是伊朗不可剥夺的权利",在国际上引起了轩然大波。假如该电视台对报道内容细致审查后再行播出,可能这样的重大纰漏就可以避免。

  2012年7月,震惊中外的"天津蓟县大火案"中的新闻报道,也颇有值得探讨之处,国内各媒体对火灾事件的报道,不能说没有反映事实,但是,受众仍然不相信媒体官方口径的报道,对伤亡人数始终抱怀疑态度。人们宁可相信网络谣言,也不相信官方主渠道的信息,这是因为在火灾事件发生后,政府主导的电视台、电台、报纸没有将事件的前因后果作全面的介绍,没有提供足够的信息以满足公众的知情权。如果对新闻真实性仅仅理解为不做虚假报道,不虚构细节,认为有了具体客观事实,新闻就是合理的、可信的,那么这样的理解必然暗含一定的危险性,这样的新闻真实性也是片面的真实性。"天津蓟县大火案"的新闻报道始终回避对火灾事件中伤亡人数的准确报道,缺乏令人信服的解释,也就是说,新闻媒体仅向公众展示了这一新闻事件部分的真实情况,而对事件的整体过程、前因后果没有提供足够的信息。新闻传播学术界所提的"本质真实"也好、"整体真实"也好,在这里都没有体现出来。

  新闻报道的客观真实性程度到底该如何评估?很显然,没有人能在一个情绪的真空状态下工作。一般来说,记者能够做到不使自己的偏见影响新闻报道。但是,记者不是机器,他们不可能像机器那样精确地工作。在新闻采访、编辑的各个部分都有产生误差的机会。因此,衡量新闻报道值得注意的是,尽管"公正"和"客观"这两个概念之间存在着意义的重叠,但二者在性质上并不完全相同。公正地报道新闻,是指以平衡手法处理新闻,尽量不故意或在无意中扭曲报道的方向。客观则是指记者在工作时,不让自己的意见影响到新闻事件中的事实部分。在现实生活中要完完全全实现新闻报道的客观真实确实不太容易,因为新闻采访中预算的限制、时效性与发稿时间、读者的期望、编辑惯例以及经济社会收益的考虑等因素的存在,新闻常常被说成"匆忙中的真实"。在这样的情况下,提供一个精确的、具有代表性的解释实在很难。同时,复杂的技术使新闻可以不间断地播放,所以新闻把关人必须从成堆的选择中加以挑选,常常没有时间从道德上分辨报道内容上可能出现的问题。

## 二、公平与公正报道

在现实生活中,媒体要做到完全保持公平、公正是非常困难的。西方学术界对此也存在很大的争议,有人认为,媒体的责任是"准确报道、掌握时效、敏感、中肯,而不在乎公平报道的问题",但随着社会的发展,那种简单化处理新闻的做法已经不能适应时代的要求。有些报道不注意公平、公正地处理,往往会引发法律纷争。从公正、公平性看问题,是新闻批评开展的出发点,也是新闻批评工作者衡量媒介内容的重要尺度。有许多因素会影响我们对公平的认知,小到遣词造句,大到对新闻素材的选择,这许多因素也会使记者在工作时采用某些观点,或是隐藏个人的观点,同时这些因素对新闻采访的技术问题也有影响。

我们平常在阅读新闻时会忽视新闻中某些细节部分的功能,比如,负面报道中出现的人物、地点、单位等,可能因为这样负面的报道会产生一些意想不到的结果。虽然记者主观上并不存在任何恶意,但是内容见诸媒体后,往往违背了当事人或相关人士、单位的意志,甚至还可能引起民事纠纷。例如,在对一起恶性刑事案件的报道中,一个家庭中的父亲、母亲可能因为贩毒被判刑了,可是这一家庭中的孩子是无辜的,所以从保护未成年人角度出发,镜头中应当尽量不出现这一家庭中孩子的正面形象,也不使用其真实姓名。但是,如果媒体无视这一点,就是违背了公正、公平原则。媒体使用了特权,伤害了无辜者。2003 年 6 月,中央电视台新闻频道播放了一部新闻专题片,内容是北京某监狱狱警将重庆籍的犯人押解回重庆。电视记者对这一押解过程进行了全程跟踪。电视镜头对车上的犯人面孔进行了毫不遮掩地"展示",特别是记者将镜头对准了犯人中碰巧相遇的一对夫妻,详细地介绍丈夫因盗窃罪、妻子因卖淫罪被判刑的经过。这显然是不公平的,有违新闻伦理。报道对象处于劣势地位,无申诉的权利,或者说申诉权利被剥夺了,换句话说,就是不管当事人同不同意,媒体是在施展其强权,这就形成了一种报道中的不公平的局面。表面上看,报道是正面宣传,但实际上从人道主义的角度来说,它严重伤害当事人作为主体的人格和尊严。这也往往成为导致侵权的重要原因之一。

记者有时对事件当事人的报道是负面的,西方新闻媒体在处理这一问题时,通常为了做到公平报道,往往要引述当事人反驳的言论,以维持报道角度的平衡。《纽约时报》在报道不同意见的事件时通常给意见的正反双方都安排对等的版面,将评判的权利交给读者。

作为理想状态的公正、公平报道体现如下特点:简明、有趣、不具党派色彩。讲究平实的风格、采访突出的事件、采用官方的消息来源、避免记者本人意见,报道实在的和有限的事实,不追求主观华丽的标题,等等。关于客观公正性的论述,最具有权威性的当推美国学者博耶(H. Boyer),他在调查了美国50家报社编辑后,归纳出6项公正、公平报道的要素:

(1) 平衡与公正地呈现一个议题中各方面看法;
(2) 正确与真实地报道;
(3) 呈现所有主要的相关要点;
(4) 将事实与意见分开,但是将意见视为相关内容;
(5) 将记者本身态度、意见或涉入的影响减至最低;
(6) 避免偏颇、怨恨以及迂回的言论。

除了上述博耶所说的要素以外,早期学者也有采取更广义的解释的,诸如综合的、科学的、物质的而非心智的以及用物理的衡量标准等要素。晚期的新闻传播研究者则趋向于更加务实的解说。例如,在客观报道中,记者应是新闻事件的公正见证人,平衡报道一己所见、所知、所闻之客观事件。不把个人的情感、观点、意见在报道内容中体现出来。特别是在争议性问题上,提供各方意见,但禁止记者涉入事件,或在论题上有立场,所报道事件的内容,均是有出处、有依据、可以查证的真实内容。

美国研究人员利昂·西格尔在研究《纽约时报》、《华盛顿邮报》的头版报道时发现,20世纪50年代的记者只用一个消息来源,其中包括一些不同意官方说法或是提供相反信息的人。让反方发言成为说真话的定义。如果一位民主党参议员发表了什么言论,记者便会联系一位民主党领导人,了解其对该言论的反应。之后,记者会在报道中同时引用双方的观点,让公众去决定该相信哪一方。尽管这种报道比单一消息来源的新闻报道深刻,但在实践中也可能产生与客观公正意愿相反的情况。这一理想化的做法只能说针对理性受众是有效的,但对于那些非理性的受众来说,就容易产生麻烦,因为发表、刊载不同意见,容易造成"公说公有理,婆说婆有理"的局面,在受众心目中也许双方冲突的印象比较深,同时,由于记者、编辑为了让不同意见的人都有发言的机会,而精心选择对象构成不同意见,似乎解决了公平性的问题,但实际上,有时看似公平,但意见却不具有代表性,即正方或反方意见不具有代表性。新闻伦理学家罗恩·史密斯举了一个典型的例子,1998年在美国特别检察官肯尼恩·斯塔尔调查克林顿总统和白宫实习生莱温斯基的性丑闻期间,《华盛顿邮报》和《华尔街日报》的记者分别采访了不同时期的前任检察官。《华盛顿邮报》给其报道冠以这样的标题:《前任检察官对斯塔尔的策略感到不快》。同一天,《华尔街日报》的标题则是《前任检察官为斯塔尔调查克林顿的处理手法辩护》。观点差异很大,媒体对内容的选择成了关键。由此可以看出,平衡报道中正反双方的代表性,有记者、编辑的主观成分在起作用。采访谁不采访谁,发表、刊登谁的观点,不发表、刊登谁的观点,其结果差异很大。尽管表面上有着平衡的旗号。当有些群体意见得到重视,为媒体所关注,而其他同样有见地、有思想的群体却不被媒体所知晓时,问题就更加严重了。

记者完全根据自己的喜好,喜欢的人就找来采访,特别是有些人是记者所崇拜的人——专家或名人,于是在媒体发表声音的始终是那几个老面孔,仿佛除了他们整个国家就没别人了。而另一个极端则是,凡是反对记者的意见或与记者、编辑意见相左的往往就回避,一个也不采访。这一做法的结果是:造成了一些人的意见过于突出,而其余人的声音得不到反映。比如,每年北京开两会,有2000多名代表出席,但是,某些记者每天跟踪采访报道的就是那几位北京的专家。为什么会出现这种严重不平衡的新闻报道现象?因为这几位专家是记者所崇拜的,反映的也正是记者、编辑或报纸总编的个人意见。

这些现象说明,我们虽然在理论上可以对"平衡报道"作出明确界定,但在实践中还是较难把握的,因为一方面绝对的客观、公正是不存在的;另一方面是因为媒体从业人员往往将自身的感情、好恶带入新闻报道中,出现了平衡中的失衡现象。那么,实践中究竟该如何正确地进行"平衡报道"呢?公平报道、平衡报道虽然在现实中很难把握,然而,关键一点就是在媒介活动中,传播者应当心中有当事人利益存在的意识,有了这样的意识,也就知道在媒介活动中注意有关新闻报道的操作分寸,使报道活动对当事人的伤害降到最低限度。

新闻批评所要做的工作就是努力使传播者对公平、平衡报道伦理价值的认识得到提高,使公平报道走出种种对当事人隐性伤害的怪圈,揭示其中的失误,探讨更为合理、科学的公正报道方式。

## 三、媒介活动的社会责任伦理

媒介的社会责任是一个新闻伦理的老话题。20世纪40年代,美国学者率先提出了大众传媒的社会责任理论。社会责任理论强调大众传媒要履行社会责任,要对社会与公众负责,而当其不能履行这一责任的时候,其他社会机构可以加以干预,必要时,政府也可以借助法律法规等手段对其进行干预。社会责任理论是对西方自由主义新闻理论的修正。它不再把新闻自由看作是一种与生俱来的、人人都可享有的,并且不受剥夺的、绝对的权利。哈钦斯委员会的报告提到对媒介社会责任的衡量,主要看媒介内容对新闻报道的事实负有义务。应当说,媒介的社会责任其实不仅仅是新闻领域要注意的问题,而是整个大众传播都必须要考虑的问题,尤其在媒介娱乐文化领域,在尽享新闻自由的社会里,特别要注意如何处理好自由与责任的关系。

新闻批评对媒介社会责任的监督主要应着眼于以下几个方面的考察。

## (一) 新闻报道内容取向的量和质

媒介报道在今天已大幅度地扩展了自己的内容范围,过去那种简单化的内容结构已经发生了很大的变化。经济、健康、娱乐、重大事件和生活方式的变化都已成为报纸和电视内容的重要部分。媒介从业人员在新闻报道活动中显示出前所未有的灵活性。对许多现象和问题的报道也具备了相当的深度。在多数情况下,媒介代表社会大众讲话,鞭笞社会丑行,弘扬社会正气。但是,媒介生存于市场经济时代,对经济效益的追求成为其重要任务。因此,在多数情况下,新闻都无法作出符合哈钦斯委员会所订立的标准化的新闻作品。我们不难发现,在新闻报道中,负面内容成为西方新闻的主体,犯罪、灾难事故、娱乐圈中的八卦消息、绯闻都是最具有收视率和读报率的题材,能够极大地吸引受众的关注。对这些负面报道如果孤立地看,它们或许都是真实的,似乎没有违背新闻道德和规范,但是大量的犯罪报道可能会让公众对自己所处的环境安全状况产生不正确和不全面的印象。著名传播学家赛弗林和坦卡特在阐述议题设置理论时,曾经提到这样的案例,美国记者林克隆·史蒂芬在他的自传中有一章叫作"我掀起一场犯罪潮"讲到一段特别的经历:当时他在纽约《晚邮报》工作,一段时间警察机构犯罪方面的报道没有在报纸上得到反映。有一天,他决定报道一则这类犯罪新闻,因为这一新闻涉及一个非常有名望的家族。当这一新闻被刊发出来后,《太阳晚报》的总编询问其记者为什么没有捕捉到这样的新闻,逼得该报记者不得不找另外的犯罪新闻来弥补。很快,纽约的其他报纸为了争抢读者,纷纷效法,甚至重新改写彼此的新闻,进而添油加醋。这种较劲的结果是造成报纸上犯罪新闻激增,从而形成所谓的犯罪潮。当时的纽约市民普遍觉得自己的身边充满了不安全的因素,终日生活在惶恐之中。显然,新闻报道内容对受众产生了影响。

由于媒介具有议题设定功能,所以,报道什么、报道多少就不是一件简单的事。长期以来媒体挟新闻自由之名,行新闻炒作之实。因而在提供受众快速而丰富的信息之余,同时也对受众的认知形式形成误导,使他们产生迷惘,进而引发社会的动荡和不安。媒体报道什么,受广告利润指标的引导很大,在经济这一指挥棒下,吸引受众眼球的内容被强化了。哪些内容能吸引受众眼球呢?暴力、犯罪、隐私等等。从心理学角度看,人的心理需求有多方面,马斯洛"需求层次论"认为,人的需求可分为五个层次:第一层次是生理需求,第二层次是安全需求,第三层次是归属与爱,第四层次是被尊重,第五层次是自我实现。在所有心理需求中,生理层次的需求是最普遍的,因此,也是与受众兴趣容易重合的部分,构成信息接受生理满足的内容往往是满足窥视欲的名人隐私、绯闻,暴力、色情内容和其他刺激性内容。第二层次安全需求是犯罪新闻与灾难新闻产生的依据,可以看出,媒介负面倾向的内容是适应受众第一和第二层次的心理需求而产生的。在自由市场竞争的环境下,负面内容会出现失控、泛滥的局面,所以,各国都强调媒介的自律,要求媒体自觉地承担起社会责任。

媒介对内容的取舍,直接影响到受众对社会的认知,影响到他们的行动,因此媒介内容具有社会引导作用。媒介过多的负面内容会导致社会不稳定。新闻批评对媒介内容负面信息的考察,可以及时发现媒介的发展走向。其基础的工作是对媒介内容进行质与量的分析,当发现媒介不良内容所占的比重上升时应及时给予警示,适时地展开批评,将媒介负面内容的比重控制在极小的范围内。同时,在强调媒介社会责任的同时,还应鼓励和提倡媒介多生产一些群众喜闻乐见的、积极向上的内容,以引导社会向文明方向发展。美国西南大学广播新闻学教授帕特里夏·迪安在研究地方电视新闻时,对未得到报道的事实深感吃惊。她在研究中发现,在新闻节目中,教育新闻占2%,种族关系——这可能是美国最为复杂的社会问题——只占1.2%。如果没有教师罢工或种族冲突,就根本看不到这类新闻。而媒介对犯罪新闻的过多报道,导致对其他社会问题的忽视,如果观众看到犯罪等负面新闻比反映其他行业领域的问题多得多,就会影响人们对社会情形的判断,他们会认为,政府应当加强治安,对公共安全多加投入,政府应当重视灾害的防御,增加投入。而与此同时,人们会忘记同样需要重视的其他问题。

对媒介过多负面报道以及过多暴力、色情内容的批评,使得新闻批评真正起到"他律"的作用。市场化时代,媒介以经济效益为指针,很少顾及媒介传播的社会效果,媒介为了商业利益的最大化,往往渴望报道的自由,而不计报道后的责任。在"自律"成为空话、"他律"缺乏力度的情形下,新闻批评营造批评监督的舆论环境,可能产生一定的效力。

### (二) 媒体的"为"与"不为"

"守门"(gate-keeping)这一概念,一直被广泛用于描述传媒工作中,媒介内容的选择过程,尤其被用来描述,是否准许某一特殊新闻报道,通过某一新闻媒介之门进入新闻管道的决定。守门行为在传媒活动中,地位十分重要。守门人的"为"和"不为"都关系到社会大众的利益。从"为"的方面来说,媒体守门人要坚持新闻职业本位、坚守职业操守,如坚持客观、平衡报道,反对偏袒一方;抢抓新闻时效,及时为公众提供最新信息等。从"不为"方面来说,就是把考虑媒介内容的社会效益放在首位,在社会利益和社会责任得到保障的前提下,放弃对新闻职业本位的坚守,如涉及公共安全的重大事件,虽然具有新闻价值,但在考虑其机密性、社会稳定性等问题后,媒体应当慎重报道,这种"不为"是对社会的负责。只有在社会整体利益得到最大限度保障的基础上对经济效益的考虑才是合乎道德的。媒体"抢"新闻、"抢"市场的行为,对社会来说是一种只讲权利、不讲义务的行为。某种意义上,守门人对媒介内容的放任自流就是对社会的不负责任。近年来,新闻大众化倾向使得一些新闻从业人员"个人英雄主义"冒进情绪抬头,采取不严肃、不慎重的做法来处理一些可能出现的涉法问题,出现了一些"不该为"的问题,其集中表现为职业定位的混乱,即:新闻媒体超越自己的职业许可,而充当其他社会执法人员的角色。近几年来,我们常常看到新闻媒体热衷于帮助民工讨薪、解救被超期羁押者、替个人利益受到侵害的普通百姓讨回公道,公众在信息接收中对媒体感到非常满意。媒体从业人员为维护公民权益所做的不懈努力值得尊重,然而,这种"越位"很容易给社会的舆论平衡带来混乱,对全社会的法制化建设产生不利的影响。例如,记者过于关注事件过程,可能会成为所报道事件的参与者而不是中立的观察者。2001年9月17日,某著名媒体曾播出暗访的深度报道节目《亲历盗墓》。两名记者乔装成文物贩子,跟随盗墓贼偷拍了偷盗西汉古墓的全过程,然后,记者以1.4万元的价格买下了这次盗墓挖出的13件西汉时期的文物,献给了省文物局,结果盗墓贼却闻风而逃。在此次事件中,记者实际上已经触及到法律的边线。类似隐性采访触犯法律的现象在我国新闻界还比较普遍。秘密调查获取新闻第一手材料固然使新闻富有新鲜性和刺激性,但它极易培养受众的"窥视欲",并且易导致争论甚至会引起诉讼。[1]

1998年,轰动台湾地区的"白晓燕绑架案"是媒体行为失范的典型个案。由于媒体的直播,引起全台湾观众的关注。媒体对该案倾注极大的热情,一度曾出现三四家电视公司竞相直播该案主犯陈进兴讲话的尴尬场面,而罪犯陈进兴利用媒体,发表冠冕堂皇的说辞,演技极佳,居然得到不少人的同情。媒体为什么对此感兴趣,大炒特炒?究竟谁得利、谁受害?媒体在这种新闻事件上"有所

---

[1] [美]罗恩·史密斯.新闻道德评价.北京:新华出版社,2001:292.

为"与在其他事件的"不作为"形成了鲜明的对比。社会中还有许多阶层的人,如弱势群体需要关注,还有许多行业领域需要反映,作为社会整体应当都得到应有的发言机会,而媒体报道在收视率的指挥棒下,一味满足受众的感官需要,刊载发布某些具有感官刺激的内容,造成信息比重的失调。媒体应当有所为、有所不为。该报道的应当大力报道,不该报道就应当有所节制。媒体利用自己手中的权力,不顾报道对象的利益,肆意暴露当事人的信息,就是完全不考虑社会效应,甚至是践踏他人利益,说到底是一种"乱为",为所欲为。

还有一种"不作为"的情形是,媒体无视公众利益,片面强调负面影响,片面理解信息公开与社会稳定的关系,对所发生事件的真实情况加以隐瞒,造成受众处在不知真相的状态下而不知不觉受到伤害和遭受损失,这也是严重的对社会不负责任。隐瞒信息就是对公众利益的漠视,这种媒介不作为的社会责任也是很大的。新闻批评从"为"与"不为"两方面比较容易看到媒介失误所在。

### (三) 对受众反应的关注

媒体要尊重受众的意见,这是媒体能否成功的关键。媒介内容的好坏,受众最有发言权,在很多情况下,受众会直接对媒介内容作出反应。有什么样的受众,往往就有什么样的媒介。受众在媒介产业化的发展过程中将是一支重要的决定力量,受众的内容选择和喜好倾向就是媒体的指挥棒,受众应当学会行使自己手中的选择权,学会用脚投票,学会拒绝一些垃圾信息。香港演艺人对《东周刊》的"用脚投票"就显示了这种力量。近年来,许多媒体出于市场竞争的需要,动辄以打色情等低级趣味的"擦边球"为应对竞争的手段,不少报刊封面和内页中都以刊登大幅美女照片为卖点,还不时鼓噪着各种花样来招徕读者,形成了乱花迷人眼的局面。这种低俗化趋势已经蔓延到新闻报道中。更可怕的是,还有一些媒体把这当成了一种思想解放、观念前卫的标志,受众对此也很有怨言,一些家长对这些内容表示忧虑,他们担心这些内容会对儿童产生不良影响,担心自己的孩子接触了这些内容后会学坏。受众可以抱怨,但是法律却无法直接干涉媒体的这种"擦边球",因此,只有通过新闻批评才能对媒体的行为起到干预作用。媒体一贯地以演艺圈明星的绯闻、逸事为赚钱法宝,疯狂程度有增无减。但这种局面终于遭到了抵触,这就是《东周刊》的裸照风波。该刊因刊登一演艺明星的裸照而遭到全港演艺人员的一致谴责,被迫关闭。此事给众多以此为乐事的媒体当头棒喝,使媒体操作者们终于意识到行业的底线。

# 第五章

# 大众传播的媒介

## 内容提要

1. 大众传播的发展历程
2. 大众传播旧媒介的特点、新媒介的特点
3. 大众传播媒介的五大功能
4. 大众文化与大众传播的关系
5. 几种主要的媒介理论

## 要点提示

在这一章里,我们需要了解以下内容:

1. 大众传播的发展历程:印刷媒介的发展;电子媒介的发展。
2. 大众传播旧媒介的特点、新媒介的特点。
3. 大众传播媒介的五大功能:"守门人"功能、决策功能、教师功能、娱乐功能和商业功能。
4. 大众文化与大众传播的关系。
5. 几种主要的媒介理论。麦克卢汉与他的媒介"讯息论"、"冷热论"、"人体延伸论";英尼斯的媒介"偏向说";梅罗维茨的媒介"情境论"。

# 第一节 大众传播媒介的发展历程

传播媒介的发展是人类传播能力发展变化的表现。从原始的结绳记事到现代的卫星通信，人类的传播媒介经历了一个漫长的发展历程。

从某种意义上说，传播的发展历史实际上就是传播媒介的发展史。传播媒介的发展受制于两个基本因素：一是思想文化的发展；二是科学技术水平。毋庸置疑，传播媒介是适应思想文化传播的需要而产生和发展的。历史上每一个时期都有适应本时期特点的大众传播媒介。如在中国古代的上古时期，人们的思想还不很发达，还没有十分详尽、周密的长篇大论产生，只有一些只言片语可以流传。因此，甲骨成了人们记载事件和传播思想的主要媒介。而到了春秋战国时期，百家争鸣，甲骨已不能适应言论传播的需要，因此，竹简取代了甲骨，成为人们记录思想的主要载体。人类的思想文化愈发达，参与传播活动的人就愈多，引起传播速度和时空的变化也就愈大。这就必然促进人们不断改革传播的媒介来适应日益发展的思想文化的需要。传播媒介的发展又受制于科学技术的发展水平，没有造纸术、印刷术的发明，就不可能有印刷媒介如报纸、杂志、书籍的产生；没有光电技术的发明创造，就不可能有电影、广播、电视等的问世。人类每次传播技术的提高，都会带来传播的重大变革。

从传播技术分类角度看，传播媒介可分为印刷媒介和电子媒介两大类。印刷媒介在人类历史上出现较早，历史最为悠久。而电子媒介则是近代的产物，其发展历史相对而言要短得多。这里，我们将分别研究这两种传媒的发展轨迹，介绍每种媒介在传播历史上的重大变革。

## 一、印刷媒介的发展

据考古学家的发现，早在公元前 27 000 年时，人类的祖先就开始用图画来表达思想了。距今几千年以前，人们把图画作为符号连在一起，用来讲述某一个具体事件，文字开始产生。例如，人们描述一个捕鱼过程，往往是画上河流、鱼、捕鱼工具等。但随着生产力的不断提高，人们就会发现这种图画象形文字在传播活动中很不方便。于是，公元前 4000 年左右，古埃及人创造了一种雕刻文字，他们把这种文字刻在石头上，用以装饰坟墓或公共建筑物。古埃及王国法老胡夫的金字塔中就有这样的文字。古埃及人不仅用这种文字来做装饰品,更经常用它来做传递复杂信息的媒介,他们用它来记载战事、宗教教义和法老、英雄们的事迹。公元前3000年左右,西亚两河流域的苏美尔人创造了楔形文字,这种文字多刻在石头和泥砖上,笔画呈楔形。苏美尔人创造的这种文字也属于象形文字系统,后来巴比伦人、亚述人、赫梯人、波斯人等都用它来记录自己的思想、言论。在长期使用过程中,楔形文字逐渐由表形、表意演变为表音。中国汉字的"六书"中也有一种构字法叫象形,如"山"、"日"、"月"等,它在使用时不仅代表声音,而且还代表一个具体意义。

当然,象形文字由于在传播活动中很不方便,后来逐步为表意文字所取代。表意文字经过若干世纪不断简化和规范化,出现了一种用独特的字母来代表语言中声音的书写式样,这种字母极大地简化了讲话的记录。与表意文字相比,字母文字通过不同的组合就可以产生很多的词汇。

如果说语言的形成和使用是人类传播史上的第一次革命的话,那么文字的发明和运用是人类传播史上的第二次革命。文字能把语言永久记录下来,传统、法典和教义,这些过去保存在记忆中的知识和伟大的文学作品,都能够用文字真实地记载下来并长期保存下去。用文字传递的信息,比用口头语言传递的信息更准确,传递范围更广。当人们发现了可以取代石壁的书写材料时,传播手段又向前迈进了一大步。例如,中美洲的玛雅部落就曾使用薄树皮作为书写材料。中国古人为世界传播技术做出两项重大贡献,这就是造纸术和印刷术的发明。东汉时期桂阳(今湖南耒阳)人蔡伦总结民间造纸经验,采用树皮、麻头、破布、旧渔网等为原料,对造纸技术的发展和纸张质量的提高做出了重大贡献。也是在这一时期,墨作为书写颜料,也开始被人们广泛使用。到了宋代,发明家毕昇经过多年的试验,于庆历年间(1041—1048)发明了活字印刷术。他把泥刻活字用火烧硬,然后排版印刷。活字可多次使用,比整版木刻经济方便。活字印刷术发明后,人类改进印刷技术的努力一直没有停止。1403年,朝鲜发明了铸造金属活字;1445年,中国又研制出了铜质活字。印刷革命的产生,取决于两个因素,即造纸技术的普及和印刷技术的普及。大约在公元8世纪,中国的造纸术传到了西亚,到了950年,埃及人用新型的纸浆纸取代了纸莎草纸。12世纪初,纸在摩洛哥得到了应用。几年以后,摩尔人把纸带到了西班牙。到了14世纪,纸在欧洲得到广泛使用。

在印刷技术方面,15世纪中叶,德国人戈登堡把金属活字铸造方法引入欧洲,并发明了印刷机。他用新型的印刷机印出了他的42行的《圣经》,这本《圣经》被后人称为西方世界第一部用活版印刷的书。15世纪末,在欧洲所有的大都市中,印刷工人们都成立了行会。在英格兰,第一家开工的印刷所是威廉·卡克思顿印刷所,该所1476年印出了第一本英语著作《特洛伊历史故事》。卡克思顿出版了几十部书,包括文学经典和译本。其他印刷者迅速效仿。到了哥伦布发现新大陆时,欧洲各地都有印刷机在运转,当时几乎所有的书都得以出版。1539年,胡安·巴布洛在墨西哥城建立了印刷所,印出了美洲的第一本书。这是一本宗教著作,叫《基督教简明教义》。这样,清教徒在普利茅斯登陆之前约100年,美洲就已有了印刷业。

印刷业的发展,极大地推动了大众传播业的发展进程,它使文字媒介得以大量印刷而大规模传播,成为最重要的大众传播媒介之一,其社会意义更为深广,它使文化、科学、哲学、宗教思想得以广泛传播,从而大大地推动了人类文明的进程。

历史上的印刷媒介主要指报纸、书籍、杂志三种。

西方早期的报纸、杂志得益于印刷术的普及。虽然西方报业的历史可以追溯到很早以前的古埃及"纸草故事"、古罗马的"新闻信"等,但这些新闻报刊的雏形均为"手抄本",还算不上是大众传播媒介。只有当印刷技术发生质的变革后,人类才进入大众传播时代。

在人类大众传播史上,最古老的印刷品有中国汉代传达朝廷政令、皇帝手谕、地方政事的"邸报",公元前50年左右由罗马凯撒大帝创办的《记事公报》等,它们都带有组织传播的色彩。西罗马崩溃后,整个中世纪的报纸传播处在停滞状态,直到中世纪末,才出现为王公贵族、商人提供信息的新闻报纸。例如,1482年奥格斯堡发行的"土耳其侵犯欧洲新闻",1485年巴黎发行的"喀尔五世侵犯卢昂记",1493年西班牙发行的"哥伦布发现新大陆记",等等。

### (一) 报纸的发展历史

报纸在大众媒介中出现较早,并且一直在大众传播中担任着重要的角色。埃德温·埃默里认为,真正的报纸具有以下基本特征:① 至少每周出版;② 机器印刷;③(价格上)为各阶层的人都能买得起;④ 刊登大众普遍感兴趣的新闻而不是宗教或商业信息;⑤ 一般文化水平的人能读懂;⑥ 及时;⑦ 具有长期稳定性。据此,在戈登堡发明印刷机后不到一个世纪,即1536年前后,意大利的威尼斯就发行了世界上最早具有现代意义的报纸"Gazetta"(《公报》)。德国在1609年发行了该国最早的定期周刊报纸。英国在1622年也有了定期周刊报"The Weekly News"(《每周新闻》)。而法国却在1631年才首次发行相似的定期周刊报"Gazette de France"(《法国公报》)。美国在1690年首次出现日报,它是一份4页的报纸,叫《国内外公共事务》。英国的第一份日报《每日新闻》在1702年3月创刊于伦敦。这是一份质量高而又公正的报纸,有较高的文学水平,主要读者是知识分子。

我们知道,报纸除了能够作为形成舆论的手段之外,它也与政治权力发生密切的关系。欧洲君主立宪时代的报纸由政府的权力直接去支配,因此无言论自由可言。不过这种情况却促成了市民阶层的抬头。市民阶层要求言论自由的呼声日益高涨,促成了欧洲的一场运动。英国在受了市民阶层势力的影响之后,有一位叫约翰·弥尔顿的作家,在1644年发表了其言论自由的主张,其代表作是《出版自由请愿书》。到了18世纪,英国社会里的大部分人都主张言论自由,于是报纸才好不容易脱离了官方报纸的意味,但言论自由在法制上还谈不上被确立起来。表面上的官方新闻是结束了,然而批评时政仍为法律所不容。直到1843年英国颁布《奇贝尔修正诽毁法》以后,才允许报纸去批评、指责政府。

美国的报业发展一直与时势保持着密切的关系。美国独立后,报业立即进入党报时期(1783—1860),报纸通常成为各党派、政体互相攻讦、论战的工具和阵地。工业革命后,美国报纸的政治色彩渐渐退去,转而走上企业化道路。1791年,美国颁布了《联邦宪法》与《修正案第一条》,其中就把言论自由列入法律保护的范围之内。

法国则迟至1881年的第三共和国成立后,才开始从法律上保护言论自由。而德国的言论自由首次在法律上确立是第一次世界大战结束,即《魏玛宪法》颁布以后。《魏玛宪法》第118条规定了公民有自由发表言论的权利。因而在第一次世界大战后,德国报业在经济非常困难的情况下仍然呈现出一片繁荣景象。在希特勒统治期间,德国报业受到了严格的控制,人们的言论自由受到了限制。真正迎来新闻出版的春天是在盟军消灭了希特勒法西斯政权以后。1949年5月,联邦德国政府颁布法律,为人们的言论自由提供了有力的保障。在专制政权盛行的时代,报纸作为一种媒介总摆脱不了官方新闻的特征,即使在民主化时代,大众文化消费占主导地位的时代,报业仍不免沾上官方色彩、政党色彩。20世纪前半叶,风行于世界报业的"自由"浪潮,虽然推进了大众传播的民主化进程,但整体看,其实质并没有多大的改观。

产业革命时期,资本主义经济有了很大的发展,这时报纸才真正开始发挥其本身的功能。在此以前已有过一个准备阶段,这一阶段实质上就是人们的言论自由意识的觉醒过程。同时,这一准备阶段还包括18世纪后半期的周报、日报出版的活跃过程。在当时欧美国家内,人们意识到舆论的重要性,认识到作为舆论工具的报纸、杂志应当受到应有的重视。产业革命首先是一种技术革命,机械技术的革新改变了报纸印刷的旧格局。1827年,美国第一架动力印刷机在波士顿投入使用,它的功效比原来的手摇式印刷机提高两倍。1846年,"呼式轮转印刷机"问世,它能在1小时内印成1万份报纸,开始确立了报纸大量生产的基础。另一项值得一提的技术是1823年发明的"银板法照相术",这一技术在1839年以后被各种报纸印刷所使用,把照片印上报纸的这一技术是报纸媒介发展史上的一个大的转折,它标志着真正意义上的报纸诞生了。

印刷技术的进步意味着报纸的发行量可以大大增加。19世纪初,办报者都试图通过发行报纸来获取利润,所以报纸定价很高。报纸价格影响了报纸的发行量,而要提高报纸的发行量,只有降低售价,于是,失去的利润只能从广告上捞回。第一份采用这一办法的报纸是美国人本杰明·戴创办的《纽约太阳报》,当时的售价为1美分,所以他的报纸被称为"便士报"。三年后,它创下了每天销售3万份的记录。这一做法后来为欧洲乃至世界各地的报纸所效仿。此外,为了提高发行数量,近代的报人在编辑内容上也动了一番脑筋。他们所选择的内容主要是犯罪、趣闻、事故和幽默轶事,这样,报纸赢得了大量的读者。随着时间的推移,报纸行业的竞争越来越激烈。19世纪末对读者的争夺,导致了耸人听闻的报纸内容的产生。这一倾向,表现为侧重对犯罪消息、趣闻、暴力、性内容的报道上,当约·普利策在这一时期成功地把纽约的《世界报》星期日版的发行量提高到30万份的时候,这种趋势更加明显。普利策注重适应市民阶层的口味,同时还不断抨击时弊,并首开报纸刊登彩色连环画的先河,这些做法使他成为美国近代报业的巨子。另一位报业大王W.L.赫斯特参照普利策的做法,使《纽约日报》的发行量直线上升。这些发行量极大的报纸,在写作风格上为了能引起读者注意而进行大肆的夸张、渲染,用这种方法编排的报纸,在美国被称为"黄色新闻"(yellow journalism),其极端之处在于不择手段地打探别人的隐私,并且报道无根据的事情。这些做法最终遭到了人们的非议。

20世纪初,报纸已成为世界各地的主要传播媒介,报纸的版式外观已经定型。不过,报纸在其他方面已有了很大的变化,突出表现在发行量、所有权、竞争和报道风格等方面。报纸作为"传媒企业"在世界各地如雨后春笋般地涌现。在西方,报业的一个显著特征是报纸企业的所有权日趋集中,大多数报纸都归属于若干个报业集团。这一阶段由于广播、电视媒介尚不发达,故而报纸发行量达到了顶峰,出现了一些著名的大报,如美国的《华盛顿邮报》、《纽约时报》、《洛杉矶时报》,英国的《泰晤士报》,法国的《世界报》,苏联的《真理报》,日本的《朝日新闻》,等等。随着报纸这一传播媒介的成熟,新闻报道的风格也开始发生变化,黄色新闻之后,一种调查性的报道方式在各国兴起,这期间世界各地的重大事件的真相被报道、揭秘,如"水门事件与美国尼克松总统下台"、"朝鲜战争"、"赫鲁晓夫下台"等的公之于众,都是这一报道方式下的产物,它使现代报纸日益走向职业化。随着计算机技术的采用,报纸又以其最新的面貌展现在当代人面前。不少国家的报纸在采、编、排、印过程中都已采用新的光电技术,如用计算机修改稿件、划版,用激光照排系统取代传统的手工排字,卫星技术则提高了采访内容的传递速度。

尽管广播、电影、电视以及各种新媒介的兴起,使读者及其读报时间有所下降,但报纸以其独特的个性仍然是大众传播的主要媒介。

### (二) 图书等印刷媒介的发展历程

图书媒介也是印刷革命的产物。与其他媒介一样,图书也具有提供信息、教育和娱乐等功能。图书与报纸媒介相比,有一个特点就是它必须装订成册。书籍一直被认为是传播文化遗产的主要渠道。世界上较早出版的书籍常常是用来传播统治者的言论、宗教教义、法律规章等内容的,但在历史上,书籍也宣传了各种与统治阶级思想相违背的思想,导致了人们生活和社会制度的变化,甚至导致了革命。近代的出版公司大多是私人企业,图书除了提供信息、教育和娱乐等功能外还有一个十分重要的功能——盈利。

19世纪,西方出版业者所出版的书籍以优质印刷和皮革装订为特色,主要面向受过教育的高层次读者,因此其发行量往往受到限制。在19世纪末、20世纪初以及第二次世界大战之前的年代里,书籍出版更加商业化了,图书的出版与否取决于是否盈利。"二战"后,畅销书出版成为西方出版界的一股潮流。

教育的发展促进了教科书、参考书以及文学和学术著作的出版,于是这类书籍的市场繁荣起来。技术革新使书籍生产更加迅速。今天,高科技介入了书籍出版业,书籍累积之多、传播速度之快,都是以往任何一个时期所无法比拟的。据西方图书出版界的统计,人类自创造文字开始到1450年戈登堡以金属活字排版印刷书籍为止,5000年间存在过300万种书籍。而1450年到1950年,500年间出版的书籍约3000万种,平均累积速度增加了1万倍。自1950年到1970年,短短20年间,出版的书籍已超过了3000万种。1970年到1990年20年间,全世界共出版了6000余万种图书,不仅发达国家出版业有了很大的发展,发展中国家的图书出版业也有了很大的发展。到2011年,我国出版图书已达37万种、总印数已达 77.1 亿册,位居全世界首位。[1] 今天,随着现代科技在图书出版业中的广泛运用,教育水平的不断提高,世界图书在出版速度、发行数量上是历史上任何一个时期都无法比拟的。

概言之,报纸、图书等印刷媒介在人类文明发展史上曾发挥过巨大作用,特别是在思想教育、知识传播等领域占有十分重要的位置。在现代传播时代,印刷媒介仍然产生着巨大的效能。

## 二、电子媒介的发展

电子技术的产生和运用是人类信息传播史上的第三次革命。电子技术在传播方面的应用,包括电报、电话、广播、电影、电视、传真等,而计算机、电信、控制技术的使用,又把传播史上的第三次革命推向新的阶段。

1873 年,马克斯威尔发表了《电磁论》,在理论上确立了电磁学。他还用数学论证电波向外传播的速度和光速相同,每秒钟约 30 万公里。德国科学家海尼·赫兹用实验方法进一步证明了马氏的理论,发现了产生、发射与接收无线电波的方法,发明了测量光波及电磁波波长的科学方法。赫兹的研究成果为《电磁波及其反应》,这是有关电磁波特性分析的最早著作。

赫兹的电磁波理论震动了当时的科学界,也为当时的传播界所重视。在此之前,传播工具仅局限在有线电阶段。1844 年,美国人莫尔斯发明了有线电报,开了电信新闻的先河。1857 年,大西洋海底电线架设成功,欧美间的信息传递有了很大改观。1875 年,贝尔发明电话,使语言传播摆脱了空间阻隔。但真正给大众传播带来质的飞跃的是赫兹理论产生之后无线电的广泛运用。1896 年,意大利人马可尼完成了无线电报和无线电话的实验,利用无线电波传递信息。然而,无线电报和无线电话还不能完全标志无线电进入大众传播的领域,真正的标志是无线电的有声传播。

### (一) 广播的诞生与发展

1906 年,美国科学家德法雷斯发明电子三极管,这一电子器件能产生电波,使微弱的电信号得到放大并传到远方。同一时期,美国的电机工程学家范斯顿发明了外差式线路,使通过无线电收音机传播出来的声音真切度大为提高。1906 年的圣诞夜,范氏从美国马萨诸塞州他的实验电台首次作实验性的广播,

---

[1] 我国图书出版品种和日报发行量已居世界首位. Http://news.xinhuanet.com/politics/2012－10/24/c－1134 84750.htm.

至此，大众传播中的早期电子媒体——广播宣告诞生了。1920年8月31日，美国底特律8MK实验电台广播了这个州初选的新闻，这条新闻被认为是最早的广播新闻。1920年11月，美国匹兹堡KDKA电台向当地政府领取了营业执照，成为世界上第一个正式的广播电台。KDKA电台的播音掀开了世界新闻事业新的一页。

在KDKA电台出现后不久，其他城市里也出现了类似的电台。随着时间的推移，人们开始对广播内容的单调乏味感到厌倦，他们需要娱乐。电台办节目的主要困难在于资金的匮乏。广告在广播中的出现解决了这一问题。广播电台由于有了广告收入而得到稳定发展，并在20世纪中期开设了定期广播，人们每周都能收听到他们喜欢的节目。广播节目包括喜剧、音乐会、体育、戏剧、讲座和新闻评论。1926年，美国较大的广播公司全国广播公司(NBC)率先成立。接着，1927年，哥伦比亚广播公司(CBS)成立。越来越多的广播电台和收音机的普及带来一个新问题，即频率分配问题。由于无人调节，电台与电台之间经常互相干扰，空中电波几乎混乱不堪。于是，1934年美国颁布了《联邦通信条例》，确定由政府给各种发射台分配频率并颁发许可证，以便控制频率的使用。这样，当时美国的600多座商业性无线电广播电台进入有序化的时代。英国也是较早开发和利用无线电广播的国家之一。1922年年初，英国政府在下院宣布批准设立广播电台。同年年底，商业性的英国广播公司宣告成立，它由6家大无线电广播公司和电器制造公司联合组成。1927年，英国政府根据当时颁布的皇家约章将其收归国有，正式改名为英国广播公司，简称BBC。在20年代末，BBC已覆盖英国80%以上的人口居住地区。今天，BBC广播已传播到世界各个角落。

标志广播事业重大变革的事件还有许多。俄国"十月革命"后，由于苏维埃政权的提倡和关怀，1918年在下新城设立了无线电实验所，同年年底研制成无线电发射机。1920年1月，无线电实验所用无线电传送口语节目。1922年5月，列宁在给斯大林的信中说，发展无线电广播，无论就宣传而言还是就举办讲座而言，这个发展计划都是绝对必要的。在这一年的夏天，无线广播电台在莫斯科建成，功率达到12千瓦，是当时世界上功率最强的电台。11月，这座电台以"莫斯科中央无线电话台"为名开始播音，此台当时又称"共产国际"广播电台。

法国的广播传媒开始于1921年，当时由法国邮电部经手建立了第一座广播电台，它以巴黎的埃菲尔铁塔为发射塔开始定时播音。1922年，该国的国家广播电台宣告成立。1924年开始，商业性的广播电台在法国陆续出现。长期以来，特别是在戴高乐时代，广播是政府严加控制的国家垄断事业，直到1974年，单一的机构划分为7个不同的组织，以后政治控制有所放松，但是其主要负责人

仍由总统任命。

在此之后，意大利、德国、日本、加拿大、比利时、荷兰等国相继开始了正式广播。到了20世纪30年代，无线电广播几乎遍及全世界。

新中国的广播事业虽然起步较晚，但发展较为迅猛，经过短短几十年的发展，如今从中央到地方，每一级行政区域都建有广播台(站)，甚至在同一城市就有十多家电台。广播已成为中国大众传播的主要媒介之一，发挥着巨大的作用。

### (二) 电影的诞生与发展

电影作为传播媒介，是近代声、光、电子机械技术发展的产物。举世公认的现代电影诞生的日期是1895年12月28日。这一天，法国的卢米埃尔兄弟在巴黎卡普辛路的一家咖啡馆地下室首次售票公映电影。电影作为"第七种艺术"诞生了，但电影作为传媒技术却是多少年集体智能的结晶。1832年，比利时科学家普拉多对人眼的"视觉暂留"现象进行了5年研究，最后制成"旋盘"，从而奠定了电影发明的基础。1834年，英国人霍纳对旋盘作了改进，制成"活动视盘"。但由于旋盘和活动视盘都不能解决多人观看的问题，其局限十分明显。1845年，奥地利人乌却梯沃第一次把旋盘和幻灯结合起来，发明了"活动幻灯"，它有很大的银幕，可以供许多人同时观看，但幻灯片是手工画的，动作太简单。尽管如此，它为电影放映机的运动原理提供了思路。1878年，美国摄影师梅勃配奇利用刚发明不久的摄影术，用12架照相机拍摄奔马，初次进行连续拍摄的实验，以后又增加到40多架照相机，但拍下的影片只能放映一两秒钟。显然，用增加照相机的办法是无济于事的。

1888年，法国人玛莱制成了第一架电影摄影机——连续摄影机。机内使用的已不是感光板，而是感光纸带，后来人们试着把感光药剂涂在赛璐玢片上制成透明的感光胶片，即电影胶片。1894年，美国著名科学家爱迪生经过5年的试制，用伊斯曼胶卷拍摄影片并制成"电影视镜"，这种"电影视镜"曾传入我国，被称为"西洋镜"。它的缺点仍然是只能供一人观看。1895年，卢米埃尔兄弟从缝纫机上得到启发，巧妙地解决了胶片间歇通过片门的难题，从而在爱迪生电影视镜基础上，成功地制作了"活动电影机"，以每秒16个画格的速度拍摄和放映电影，图像显示在银幕上，清晰稳定。新技术不断涌现，使电影摄影机得以改进和完善的是爱迪生的助手威廉·迪克森。与此同时，爱迪生和托马斯·阿麦特研究出一种实用而可靠的放映系统——维太放映机(vitascope)。

电影诞生后，迅速得到推广，不到一年时间，除法国巴黎以外，世界各个城市都开始建立电影院，放映电影。当时的许多影片还没有声音，只有画面，处于无声电影的时代。随着电影技术的不断发展,1927 年出现了有声电影,1930 年前后出现了彩色电影,以后又出现了宽银幕电影、立体电影。20 世纪 80 年代以来又出现了环幕电影、球形电影、全息电影等。

作为大众传播媒介,电影有着很高的价值和地位。爱迪生曾经说过:"谁支配了电影,谁就将一项影响民众最伟大的权威操在手里。"早在 20 世纪三四十年代,西方一些国家就十分重视电影这一媒介,认识到它在教育思想、影响民意方面所存在的巨大潜力。许多国家都致力于对这一潜力的发掘,经过短短几十年的发展,形成了空前繁荣的局面。如今纪录片、新闻电影、故事片都发挥着娱乐、增长见识、陶冶情操的作用,特别是故事片,由于它具有大众文化的种种特性,正越来越受到人们的欢迎。

### (三) 电视的诞生与发展

电视媒介与广播、电影媒介一样,其发展历史也不算太长。19 世纪末,世界各地的科学家们着手对电视进行研究。1884 年,德国科学家保罗·尼普柯发明了电视扫描盘,这是电视机荧光屏的雏形。20 世纪初,电视的研究进入了一个紧锣密鼓的阶段,一些关键技术不断有新的突破。1923 年,美籍俄国人左端金发明了光电管,用电子束的自动扫描组合电视画面,取代了机械式的圆盘旋转扫描,为电视摄像机的设计做出了贡献。若干年后,科学家们又发明了电子图像分解摄像机,对电视摄像机作了进一步的改良;而阴极射线管的发明,在电视接收机的显像技术方面又向前迈进了一步。到了 1926 年,英国科学家贝尔德利用电视扫描盘,完成了电视画面的完整组合及播送。1928 年,他又将电视画面由伦敦发射到格拉斯哥和纽约,从而解决了电视画面的远距离传播。两年后,英国广播公司(BBC)与贝尔德合作解决了电视传播中的另一大难题——声频信号的同步传播。1936 年是世界传播史上具有划时代意义的一年,英国广播公司在伦敦亚历山大宫建立了全世界第一座公众电视发射台。

电视发射台的建立,使得电视媒介进入了大众传播领域。20 世纪三四十年代,电视机的生产已形成规模,电视信号差转技术也有显著的改进。电视在当时已成为与报纸、广播相比肩的大众传播媒介。

第二次世界大战结束后,电视得到了长足的发展。1946 年,英国广播公司恢复电视传播活动。美国在第二次世界大战中本土未受到影响,所以战时没有停止电视节目的播出。其他国家在 20 世纪 50 年代也纷纷创办自己的电视台。中国的第一座电视台于 1958 年建成,当时叫北京电视台。虽然此时电视作为传媒在世界各地被广泛使用,电视已拥有最多的受众,但电视技术的发展并未停止。早在 1940 年,电视技术就有了重大突破,美国无线电公司在当时试制成功了彩色电视。不过这一技术所使用的是"点描法彩色电视技术标准",其特点是彩色的录像内容可以在黑白电视机上以黑白图像出现。而美国哥伦比亚广播公司又发明了自己的彩色电视系统,所使用的是"场描法彩色电视技术标准",这种系统的特征是色彩的传真比点描法更为逼真,其缺点是在一般的黑白电视机上无法显像。因此,美国联邦通信委员会于 1953 年宣布采用"点描法"为彩色电视技术标准,通称 NTSC 制式。与此同时,其他国家也相继研制出了各自的电视制式,开办了彩色电视节目。目前,世界通用的主要电视制式有三种,除了美国的 NTSC 制式外,还有德国的 PAL 制式、法国的 SECAM 制式。

20 世纪 70 年代以来,电视在空间技术上有了突飞猛进的发展,卫星电视在商业化竞争中应运而生。通过卫星,美国最大的电视频道 HBO、CNN 国际新闻网、美国体育专业频道 ESPN、英国的 BBC 电视网、卫星电视公司把它们的节目送到千家万户。

随着自由市场经济越来越激烈的竞争,电视机开始转入有线化阶段,电视变成有偿服务,这一改革解决了电视制作、卫星传播等巨额费用的来源问题,同时也改变了经费支出由广告费单独承担的局面。有线电视的频道更加丰富,增加了信息量,拓宽了人们的视野。

有线电视的问世,最初旨在解决收视难的问题。其主要传播形态及功能是将本地区能接收到的电视电波经过中继站的有线电视电缆再传送到不能接收或难以接收无线电视信号的山间腹地,故而被称为"区域内再传播"。随着电视技术和电视传播事业的发展,有线电视的传播形态和功能都发生了变化,并不断迈向更高层次的、令人刮目相看的新阶段。第二阶段的有线电视旨在进行"区域外再传播",即利用空的电视频道,将本地区有线电视台所能接收到的其他地区电视台的无线电视信号接收后,经过自己的有线电视网络再传送给本地区的有线电视用户。同时,还设置独立制作、播送与地方密切相关情况信息的自办节目频道,实现多频道化。其主要优点不仅在于电视信号不太受地形、建筑物或其他电波等的干扰,还在于"多频道化"能提供比无线电视台更多频道的节目内容。到 80 年代末 90 年代初,有线电视不仅提供再传播服务和自办节目频道,而且从专门的节目供给公司购买电影、音乐、新闻、体育等各类节目,再分门别类开设不同频道传播,如"文艺频道"、"电影频道"、"体育频道"、"MTV 频道"等,使"多频道化"进一步向专门频道化发展。

有线电视是利用同轴电缆或光纤电缆将电视台与用户直接连接在一起的,电缆的容量很大,光纤电缆还能承担图像及声音的完全双方向通信。即使是同轴电缆,也可以作为从用户终端到电视台的上行回线的反馈信道,传输数据信号。因此,有线电视在技术手段上比无线电视更具有强大优势。它的双向交流功能使它能够在生活服务方面提供更多的服务,如家庭购物、收费、订票等,方便人们的生活。

有线电视作为电视媒介的一个种类,可以归入传统大众传播媒介的范围之内。但是,由于有线电视通常与卫星通信、计算机系统等高新技术连在一起,因而它往往被视做新媒介的一种。如今在一些发达国家,有线电视开始走向互动化,卫星传播电视信号经过有线电视网络的传播,使得电视节目越来越精彩。在西方,电视频道节目随着商业化的推广,也变得越来越丰富,数字化与网络技术的介入,使得互动电视开始在美国、德国、日本等国家普及。

目前,在美国、日本等国,随着卫星电视的流行,有线电视被迫作出改革以迎合受众的需要,有线电视经营商开始注重在原有服务内容的基础上增加新的项目,如互动电视节目、点播节目等。卫星电视与有线电视的融合又使数字电视在这些发达国家迅速普及。美国、日本、德国、法国等国数字电视普及率在全球领先。我国近几年在深圳、广州、上海等城市开始尝试有线电视加机顶盒的办法,逐步开通了数字电视。

### (四) 新的电子媒介

新媒介(new media)一词是20世纪80年代初由西方传播界提出的。新媒介一是由传统媒介在技术上的发展而生成的;二是由传统媒介的相互联姻或与其他媒介的新型结合而产生的。前者如有线电视、图文电视、电视多重声音广播等,均主要因电视技术自身的发展而生成。后者如Internet信息高速公路、可视电话等,主要为电视、计算机、电话相结合的产物。当有线电视与广播卫星相结合时,则又产生出更高层次上的新媒介——卫星有线电视网络,如香港的亚洲一号卫星传播的"亚洲电视",印尼的PALAPA卫星传送的美国频道HBO、CNN国际新闻网、美国体育专业频道,就属于这种卫星有线电视。中国目前有多家省级电视台,通过卫星传送节目,大大地丰富了大众文化生活。随着媒介融合(media convergence)的出现,互联网与传统媒体实现了传播形态的整合,极大地改变了媒介生态。进入21世纪以来,信息科技的发展产生了新的媒体形态,主要有互联网、数字杂志、数字报纸、数字广播、智能手机、移动电视、桌面视窗、数字电视等,网络博客、微博、网络聊天都是这些新媒介的具体表现形态。相对于报刊、图书、广播、电视四大传统意义上的媒体,新媒体被形象地称为"第五媒体"。

在信息爆炸的现代社会,信息对人的生活和工作起着越来越重要的作用,因此,信息的需求呈现出多方位和多渠道的态势。20世纪70年代,法国总统密特朗就在他提出的"尤利卡计划"中突出强调了发展信息高新技术产业的重要性;1993年,美国提出了"信息高速公路"的全新概念,在全球产生巨大反响。所谓"信息高速公路",就是把信息用计算机网络加以传播,这一网络将每个家庭、每个工作岗位都连接起来。根据设想,"高速公路"将以光纤通信技术、数字及影像压缩技术和多媒体一体化技术为基础,实现任何人在任何地方都可与任何地点的任何人进行双向互动的信息传送和接收。例如,1980年我国就开始开展国际联机情报检索服务,在香港设置了一个终端,通过香港大东电报局,与美国DIALOG系统和ORBIT系统联机,为国内用户提供情报检索服务。1994年,当时的美国总统克林顿将"国家信息高速公路"升格为"全球信息高速公路",从而开辟了全球互联网时代。

在信息时代,许多信息业者都清醒地认识到,今天的生产经营活动早已不是狭小天地中的运筹,而是从国际到国内纵横交错地联系的,所以,对信息的主动把握和引导,具有十分重要的意义和价值。因此,很多信息业者都对新媒介的开发和应用抱有强烈的兴趣,尤其是当很多新媒介的应用确实给生产经营带来巨大的效益时,这种兴趣便更为强烈,自然也就促使新媒介不断向纵深发展。

## 第二节 传统媒介的特点

传统传播媒介指的是传统的印刷媒介和电子媒介,这里我们有必要对其特点做一个了解。

### 一、印刷媒介

#### (一)印刷媒介的种类

印刷媒介的种类主要指报纸、书籍和杂志等。它们都是以文字及空间因素来组织信息的,它们在传递信息上具有信息量大的特点。

**1. 报纸**

报纸作为印刷媒介,在传播信息上具有简洁明了、时效性强等特点。报纸所传播的新闻往往是最短的时间内发生的事件,由于报纸的版面有限,这就决定了它尽可能地用最为简洁的语言传达更多的内容。与其他媒介相比,报纸还具有价格低、携带方便等优点,它目前仍是人们最喜爱的媒介之一。报纸按照所属性质分,可分为机关报、非机关报。前者如中国的《人民日报》,它是中国共产党的机关报,代表党和政府的言论,具有很高的权威性;后者如《新民晚报》,这一类报纸往往较为突出其消遣性和娱乐性。按照报道和发行的区域分,可分为全国性报纸,如《光明日报》、《工人日报》;地方性报纸,如《新华日报》、《苏州日报》。按照内容分,可分为综合性报纸,如《人民日报》、《文汇报》;专业性报纸,如《经济日报》、《人民邮电报》等。

2. 书籍

书籍的信息量最大,字数最少的也有几万字,最厚的书可达几千万字。按照内容性质分,有一般知识读物、专业性知识读物、综合性知识读物;按照读者来分,则可分为普及读物、教材、儿童读物、文艺作品、哲学和社会科学理论书籍、科技书籍等;按照学科性质分,则可以分成各学科类别的书籍,如化学、物理、生物、地质、计算机工程等。专业类的书籍能使人对这一专业的知识有深入的了解,而综合类的书籍则使人对各种学科的知识都有所了解。例如,刊行历史悠久、在世界范围内有很大影响的大型综合性百科全书《不列颠百科全书》就涉及哲学、人文科学、社会科学和自然科学的各个领域。《中国大百科全书》共有 74 卷,选收条目 77 859 个条目,计 12 568 万字,涉及的学科有数学、物理、化学、天文、地理、医学等 66 种。书籍提供信息的丰富性是其他媒介难以比拟的。

3. 杂志

杂志是介于报纸与书籍之间的一种印刷媒体,一方面在出版周期上它快于书籍而慢于报纸,另一方面在提供信息量方面,一般说来它少于书籍而多于报纸。杂志按照内容性质分,可分为一般性杂志、专业性杂志、政论性杂志。一般性杂志主要供人们消遣、娱乐时阅读,通常为通俗读物,如《知音》、《读者》、《女友》、《八小时以外》;专业性杂志,指那些学术性强的专门杂志,如《中国科学》、《化工研究》、《文学遗产》等,因其性质较为特殊,专业性较强,所以读者较少;政论性杂志以时事评论、政府言论为内容,其政治色彩较浓,如《半月谈》、《瞭望》等。

(二) 印刷媒介的特点

总体来说,报纸、书籍和杂志等印刷媒介有以下一些特点。

**1. 读者可自由控制阅读**

读者可依据他的能力和兴趣来调节他的阅读速率，可根据自己的意愿，一目十行地读，跳跃着阅读，字字推敲地精读。他可随自己的意愿任意中止或恢复阅读。

**2. 可重复阅读**

印刷媒介时刻都可由读者重复阅读。一般读者常重读他们已经读过的东西，以校正他们的记忆，重新研究其内容；或者，读者可出于兴趣重复阅读。所以印刷媒介比其他媒介较可能获得重复传播后的积累效果。

**3. 可充分提供某一问题的相关信息**

印刷媒介的信息负载量大，可以充分刊载有关材料，达到你所希望的详尽程度，因此，在讨论复杂问题需要仔细解释时，印刷媒介较之其他媒介具有优越性。

**4. 能满足读者的特殊兴趣和需要**

除了报纸外，印刷媒介的内容不像其他媒介内容那样标准化。读者不同，兴趣爱好也不相同。印刷媒介的品种、类别较多，可以表达社会上各种人的观点，满足他们对各种知识、信息的需求。例如，研究数学的人可以选择阅读《数学学报》，也可选择一些数学方面的书籍。某些人喜欢看集邮方面的书，就可以找一本《集邮》杂志。这种对媒体选择的自由度，是在其他媒介中难以实现的。

**5. 能够形成一定的权威性**

虽然所有的大众媒介都具有一定的权威性，但是印刷媒介在一些特殊领域，如学术研究方面，其影响力比其他媒介要大。不过，印刷媒介并不是教育程度较低的人所常使用的大众媒介，所以，虽然印刷媒介具有较大的影响力，但并不意味着它的效果较大。

## 二、电子媒介

### （一）电子媒介的种类与特点

传统的电子媒介主要指电影、广播、电视。

**1. 电影**

电影是一种运用电影胶片记录信息的传统媒介，它在传播信息过程中表现出的主要特点是视觉性和逼真性。

（1）视觉性。电影运用"视觉暂留"原理，把连续拍摄的照片组合起来放映，这就取得记录运动过程的效果。在电影的早期——无声片时代，一切用语言表达的内容都只能通过运动着的视觉形象来加以表现,这就使得电影创作者努力把人物的心理、情感、思想等设计成具体的运动图像。因此,这些运动着的图像,其象征意义更为突出。这一类的代表作品较多。例如,爱森斯坦在《十月》中用冬宫里象征沙皇皇冠的枝形吊灯从晃动到坠毁来表现沙俄政权的覆灭;美国喜剧大师卓别林在《大独裁者》中用大独裁者玩弄地球仪来象征他统治世界的野心,而用地球仪变为气球炸掉来象征其野心的必然破灭。这两部片子的视觉性都是很强的,它们使得后来的电影创作者们认识到视觉效果对于电影艺术性的重要。无声片末期,电影的画面越来越富有表现力。而当有声片产生后,电影艺术的这一特点一度曾遭到破坏,但随着电影艺术的不断发展,视觉效果得到了人们的重视,并与听觉效果有机地融为一个整体。

(2) 逼真性。从表现生活的角度看,电影最显著的特征在于它的逼真性。电影是由连续拍摄的画面组成的,摄影能够原本原样地反映生活中的真实事物,加上录音效果,在银幕上再现的就是活生生的生活真实。随着科学技术的向前发展,电影逼真性的范围和程度还将不断扩大和提高。电影制作有很大的灵活性,它可以运用特技、替身、模型和巧妙的剪辑,随心所欲地将生活中各种罕见的现象搬上银幕,使剧本规定的情境无论多么离奇艰险,都能够逼真地展现在观众面前。电影的逼真性使电影具备了纪实性的优点,增强了观众的信任感,提高了影片的艺术感染力。2006 年上半年,美国最热门电影《达·芬奇密码》以高科技手段将历史、悬疑、密码学等融为一体,创造了逼真可信的故事情节,以致有人相信看这部电影会动摇人们的信仰,这部电影甚至遭到天主教徒的抵制。真与不真,效果是两样的,于是逼真性成为电影艺术不可缺少的一个特点。

**2. 广播**

广播是以电波传递音讯的一种大众传播工具,这就决定了它传递信息的特点。

(1) 传递速度快、时效性强。无线电波运动的速度与光速一样,每秒钟 30 万公里,相当于绕地球赤道 7.5 圈。无线电广播信号传递如此迅速,以至从广播电台将节目播出,到千万里以外的听众接收到节目,在时间上几乎没有差距,所以,它早已成为最为理想的大众传播工具之一。

尽管报纸和电视的新闻信息传播也注重时效性,但报纸需要划版、校对、印刷,相对而言,传递速度要慢;电视需要制作,它受技术、设备条件的限制,而且电视节目播出时间短、新闻节目次数少,虽然可以实现随到随播,但这种调换节目的机动性、灵活性与广播相比,还是有差距。广播只要有现场音响和广播稿,就能直接播送出去。而电视新闻需要制作,各地电视台中最快的新闻频道,也只能在既定的新闻节目中播出。报纸则更有局限性,当天的消息必须在当晚或到第二天才能见报。又如1981年,美国前总统罗纳德·里根在华盛顿希尔顿饭店的VIP出口处,遭到不明身份者的行刺。面对这一突如其来的事件,美国三大广播公司和各报社、通讯社立即作出反应,其中以广播电台反应最快。事件发生后仅2分钟,美国广播公司(ABC)电台就播出了驻白宫记者唐纳森的首篇报道。合众国际社记者迪安·雷诺兹抢先冲到希尔顿饭店的电话机前,接通电话后就大叫:"总统被刺!"3分钟后,合众国际社发布了这条新闻。4分钟后,电台播出了现场记者塔克的报道。6分钟后,ABC所属的电视台开始播放记者拍摄的现场录像。至于各种报纸上发布这条消息,则是好几个小时以后的事了。

(2)声情并茂。广播喇叭传出的声音包括语言、音乐和音响,这三者被称为广播声音的三要素,其中语言是主体。语言是人们交流思想、传递信息和表情达意的工具。广播使用的是有声语言,有声语言以声音刺激人的听觉器官,作用比书面形式的语言更为直接,具有更强的感染力。"文革"结束后,我国各地广播电台播得最多的一部广播剧是卢新华的《伤痕》,演播者们充满深情、感人肺腑的演播,曾使许多听众为之落泪。听这样的广播,比起阅读卢新华的小说来,感受要深得多。广播电台传播的魅力,由此可见一斑。广播的声情并茂通常还通过音乐和声响来实现。例如,播送一篇录音专访,配上合适的音乐和背景声响,会给人一种身临其境的感觉。

(3)广播拥有广泛的群众基础。广播出现得比较早,在经济欠发达的地区、经济不发达的年代,广播成为大多数人选择的主要媒体。收音机具有经济实惠、便于携带等特点,加上它的受众可以不受文化程度的限制,所以即使在边远地区,人们也可以免受看报难、看电视难之苦,凭着小小收音机就可以知晓天下大事。

当然,广播虽然具有传播广、听众多等优点,但它同时也存在一些不足之处。例如,时间选择性差,广播的声音转瞬即逝,过耳不留,遇上杂音干扰、听不懂的地方,不能停下来仔细琢磨,如果前面的内容听不清,后面的内容就必然会受到影响。因此,广播不能像报纸等印刷媒介那样反复阅读,受众相对而言处于一种被动境地。广播媒介的长处与短处决定了广播的编排,为广播媒介在大众传播时代的竞争提供了扬长避短的可靠依据。

**3. 电视**

电视与广播媒介一样,也是凭借电波传送节目,传送的速度和广播一样快。不同之处是,广播只传送声音,电视既传送声音,又传送图像。那么,电视媒介又具有哪些特点呢?

(1)电视的一个最基本的特点是视听兼备。视与听是人类感知世界的最主要的途径,报纸、杂志等印刷媒体是通过视觉来传递信息的,而广播媒介则是通过听觉来传递信息的。很显然,由于受感觉器官的局限,它们的传播效果都不同程度地受到了影响。例如,在巴塞罗那奥运会上,我国乒乓球选手邓亚萍与韩国选手激烈比赛的场面,仅仅凭报纸所描述的或广播里讲解的都无法得到全面了解,但运动员的动作技巧、表情和观众的反应,通过电视画面和音响则能真实地展现出来。电视的视听效果是报纸和广播无法给予的。

(2)具有很强的真实性和现场感。与其他大众传播媒介一样,电视也是用来传递信息的。作为有媒介传播,通常其过程是:信息源→编码(制成符号)→传递→解码(还原)。在这一过程中,受众对编码符号的理解差别很大,这一方面受文化因素的影响,另一方面编码所产生的歧义也是一个很重要的原因。报纸、杂志、广播等媒介在传播过程中都存在解码的问题,在阅读和听的过程中借助想象来实现对语言文字、声响符号的还原,可以肯定,这种想象决不能等同于传播者所描述的情景。但电视则完全不同,它的编码活动离不开图像,也就是说,它可以逼真地向受众再现信息源的多种情景,这样,人们的解码活动就变得十分的简单,受众通过自己的视觉、听觉器官直接感受电视传递的图像和声音,接受信息。例如,2004年12月,印度洋发生了人类历史上罕见的特大海啸,印度尼西亚、马尔代夫、斯里兰卡、泰国等国家受灾。这一巨大的海啸到底造成什么样的灾难后果?仅仅借助文字形式是很难获得直观印象的,但是,通过各家电视媒体的报道,我们看到了一幕幕受灾的真实惨状:旅游胜地不复存在、房屋汽车等财产被毁、尸体横陈、成千上万的人流离失所……每一幅画面都有现场感,都给人以强烈的视觉震撼。如果人们从报上看到同一题材的文字报道,就很难有这种现场感,因为,那是报社记者到救灾现场采访后写成的"转述",尽管报道里不乏生动的细节描写,但对读者来说毕竟"隔了一层",不如电视所报道的那样直接。至于报道上述同一内容的广播节目,人们除了听到记者或播音员对抗震救灾情况的"转述"以外,还可以听到救灾人员的现场谈话以及有关声响,就是说听众只能部分地(即仅在听觉上)直接接触到新闻现场的真实情况,但还是不如电视所报道得那样真切。

电视专题新闻的现场性更强。中央电视台的《焦点访谈》节目,规避了浮光掠影式的报道,在深度报道上狠下工夫,力争用更为原始的材料来阐述某一观点。有一个反映自行车被盗问题的专题报道,就直接采用了公安部门的资料,把犯罪分子盗窃自行车的全过程播放了一遍,这就把观众"带到"了犯罪分子的作案现场,从而使观众对犯罪分子盗窃自行车的特点有了一个直观的认识。常言说,"耳听为虚,眼见为实","百闻不如一见",人们总是相信自己亲眼看到的事实。电视传播的现场性,使观众不仅可以"耳闻",还可以"目睹",最大限度地满足了人们渴望亲眼见到的心理。

（3）电视媒介更能使观众产生参与感。由于电视取消了编码符号的转化过程,因此,电视使大众传播形式转变为面对面的传播形式,而面对面的传播形式是需要传播者双方共同参与的。在西方,许多政治家们也正是看中这一传播方式的独特性,在竞选总统、议员、州长时,利用电视来鼓吹各自的政治见解、观点以赢得公民（观众）选票。在日常生活中,有各种各样爱好的人都能在电视中找到自己感兴趣的内容,如对政治感兴趣的人可以看新闻节目,儿童可以看儿童节目,妇女可以在家庭生活一类的节目中找到自己的兴奋点。例如,电视台在周末请某位名厨介绍一种特色菜的做法,请某位服装设计师向大家推荐新款的时装,请美容专家谈女性美容要领,请医学专家谈有关疾病的防治,等等。这些节目总有大量的观众参加,并且按照电视中教导的那样去做。中央电视台的"夕阳红"栏目,很受老年观众的欢迎,其中的《书画讲座》、《游乐车》节目吸引了千百万老年观众的参与。同样,中央电视台的少儿节目"大风车"也吸引了全国千百万少年儿童的参与。正是由于电视的参与感强,所以,商家都十分愿意在电视上做广告。据中央电视台所作的受众调查显示,近几年接触（包括主动接触和被动接触）电视广告的观众达65%,而报纸的读者主动或被动接触广告的比例约为30%,广播的听众接触广播播送的广告的比例则占28%。在一些西方国家,精明的广告商在推销日常生活用品时,通常把广告安排在家庭主妇爱看的节目中进行。

电视节目主持人是造成电视参与意识的一个重要角色。他（她）通常要把自己想象成观众中的一员,与他们交流,如同在家中谈心一样,这很容易调动观众的兴趣。在美国的电视节目中,谈话节目、"名人和游戏"节目是很受观众欢迎的。美国哥伦比亚广播公司开办的"名人和游戏"节目以选择电视摄影棚观众（或通过全国性的讨论）参加有奖竞赛为内容,主持人风趣机智地引导,目的是刺激家庭观众,使他们设想自己也是竞赛的参与者。一些栏目如"好莱坞广场"和"旗鼓相当的比赛",利用文艺演员来活跃节目的气氛,吸引了大量的观众。哥伦比亚广播公司的"人物专访——面对面"节目在采访许多知名人士时,各界名流让电视制作者拍摄他们的住宅,带领摄影记者进入他们的房间,展示他们珍藏的纪念品,回答主持人提出的各种问题。"面对面"节目为观众提供了许多精彩的场面,使观众仿佛亲自参加了与各界名流的谈话,真正收到"面对面"交谈的效果。在美国,许多由主持人主持的节目中都带有明显的倾向——吸引观众参加,因而长期以来产生了大量的"脱口秀"——口才很好的主持人。中国中央电视台的综合文艺节目,如"正大综艺"、"幸运52",也是一种由主持人主持、电视台演播厅观众参与的娱乐节目。主持人妙趣横生的主持使这类节目吸引了上亿观众,有时电视里的人们正在进行紧张激烈的比赛,看电视的观众们也在激烈紧张地思考,常有许多观众将电话打进电视台演播现场。可见,电视传播工具已经使大多数人接受了这样的思想:电视就是他们天经地义的表演场所。这一点是报纸、杂志和广播所无法比拟的。

总体说来,电子传播媒介的主要优点,在于其传播速度快,时效性强,具有很强的现场感,较印刷媒介冷冰冰的文字具有更强的亲切感,更容易感动人。

## (二)各种传统媒介的比较

运用适当的大众传播媒介以达到最佳的传播效果是传播工作者永远的追求目标,因此,只有充分掌握各种媒介的特点,并加以利用,才能取得比较理想的传播效果。我们不妨从以下几个方面来比较一下各种传统媒介的特点。

**1. 时间与空间**

任何一种印刷品、图片、画及艺术性的媒体都是由空间因素组成的,而以语言(口语)、声音传播的媒体,如广播及电话是由时间组成的,面谈、电影、电视等则是时空兼备的。

人们对时间、空间因素所构成的信号(声音或形象),都有很强的重组和理解能力。但因为眼睛所能处理的资料比耳朵所能处理的多,将词汇组织成句子的能力也比耳朵强,所以当人们在阅读时,能自如地控制速度或重复阅读,听人演说或与人交谈时,往往不能控制对方说话的缓急。很显然,通过眼睛传播要比通过耳朵传播效果好。

基于上述特点,空间媒介似乎适合传播较抽象的理念,而时间媒介则比较适宜于传播简单易懂、可以记忆的东西。例如,艰深的科学原理靠听广播往往不易理解,只有通过反复地看书并加以推敲、琢磨才能理解。时空兼具的媒体则兼有时间媒介与空间媒介的优点与缺点,这些媒体虽然"不允许"受传者控制速率,但由于听觉和视觉双重作用,因此既适宜于传播抽象的东西,也适宜于传播直观具体的东西。

**2. 参与程度**

传播途径也可以按受众被容许参与的程度来分等级,换句话说,就是传播途径的不同,其内容影响受传者的程度也不相同。传播学界普遍认为,各种传播媒介在对受传者的影响程度上,其大小的次序应该是这样的:① 晤谈;② 小组讨论;③ 非正式的会议;④ 电话;⑤ 正式集会;⑥ 电视;⑦ 广播;⑧ 书籍;⑨ 杂志;⑩ 私人通讯;⑪ 报纸;⑫ 公式化的函件;⑬ 广告;⑭ 电报;⑮ 电影。

受传者参与媒体活动的程度越高,其受媒体的影响就越大。因此在任何社会,人们要交换意见、协调观点、消除疑义、形成决议等,大部分都要通过影响力较大的媒介来进行,而影响力较低的媒介往往用于传播消息或资料性内容。

### 3. 速度

广播、电视能随即传播所发生的消息,时效性最高,自然要充分利用其优点来传播新闻内容;至于时效性不佳的传播工具,可以利用来解释、说明某种思想和观点,传播人类文化,例如,书籍在传播传统文化方面就显示出得天独厚的条件。

### 4. 延续时间的长短

书籍传播延续的时间最长,电影及杂志次之,报纸居第三,广播、电视的延续时间最短。延续时间长的传播工具,用来传播观念性、思想性较强的内容,延续时间短的传播工具则用于新闻报道和作说服宣传。

### 5. 权威性

在绝大多数受传者心目中,无论何种传播媒介都具有或高或低的权威性。所以通常人们喜欢大名见报(丑事例外),机关企事业单位则希望本单位的新闻能在媒体上出现。各种传播媒体的权威性在不同的地区有不同的表现。例如,在英国伦敦,《泰晤士报》的地位就要比《每日邮报》高;在美国,《纽约时报》要比《每日新闻》影响大。在中国,上海地区的《新民晚报》、《文汇报》的权威性要比《羊城晚报》、《扬子晚报》高;而在广州,《羊城晚报》就具有很高的权威性;在南京,《扬子晚报》则具有很高的权威性,而其他几种报纸的影响相对要小些。媒介的权威性是在某一地区范围内形成的,它与受传者的数量有很大的关系,受传者的数量不断增加,它的权威性也在不断增加,如《扬子晚报》的订户以每年 20 万户的速度增长,它的权威性也与日俱增;上海某报的订户每年不断减少,因而它的权威性也不断下降。权威性的高低直接影响到媒体传播内容的价值以及产生的效果,也影响到其广告效益。

## 第三节 新媒介的特点

大众传播的传统媒介较之原始传播媒介是一场革命,它使人类的传播形式由传统的点对点进入到了点对面的阶段;而大众传播新媒介的出现,又使人类传播重新进入了点对点的传播阶段。但这绝不是一种简单的循环,而是进入到了一个新的阶段。新媒介是计算机技术、卫星技术运用于传播事业的结果。从某种角度说,新媒介是传统媒介的发展和提高,因此,新媒介和传统媒介有着不可分割的血缘关系。从新与传统的比较来看,在两个层次上显出它们之间的差异:第一,假如两种媒介都能提供同一种服务,那么,新媒介所提供的服务较之相对应的传统媒介所提供的服务质量高;第二,某种新媒介所提供的服务,是既存的"传统媒介"所不能提供的。

同一种服务,新媒介要比传统媒介提供的质量高。高清晰度电视、数字式高保真广播等就是典型的实例。高清晰度电视所传播的内容、传播的方式、规律等与普通无线电视并无两样,但由于它采用了1125条扫描线技术规格体系,比现存525线或625线的普通无线电视的传播质量(主要是画面质量)大为提高。数字式高保真广播则由于采用了数字脉冲新技术,使普通无线电广播在传播过程中容易出现的杂音、信号衰减等不良情况大为减少,能够提供高品质的信号传送。再者,在以往既存的广播及电视的周波数带域,要想实施数字式高保真广播颇为困难,而利用SHF微波的卫星广播则使数字式高保真广播得以实现。

信息高速公路在自身的核心机构形式、传播形式、服务形式等多种方面,都与现存的电视台、电台等截然不同。在核心机构形式上,它不是一个节目制作、播出中心,而是一个计算机资料中心;在传播形式上,它不是通过电波将传播者与受众联系在一起,而是通过电话回线、同轴电缆,将计算机资料中心与千家万户联结在一起,构成一个计算机的社会网络;在服务形式上,它不像电视台、广播电台那样主要面对广大的、不定的受众提供同一的服务,而是面对并根据个别的、确定的利用者的需要提供不同的服务;在传播形态上,这种交换网络,如Internet网络的传播,实际上就是一种"有媒介"的"面对面"传播,在Internet网络上,每个用户既是受传者又是传播者。作为受传者,他可以从网络不断获取他所需要的信息资料;作为传播者,他可以把信息、资料传播给网络上的任何一个用户。新媒介完全是在人类社会进入了又一个新的阶段、对传播界提出了另一种新的传播形态的需求后产生的,它必然带来人们世界观的变革。

## 一、新媒介的特点

新媒介是一个动态的概念,因为新媒介是建立在技术基础之上的,而技术特别是数字电子科技的迅猛发展,也给新媒体的传播形式带来新的变化。新媒体与传统媒体的区别,不仅在于出现时间的先后,更在于传播方式和内容形态的不同。毫无疑问,如同传统媒介一样,新媒介也都各有其不同的特点。但从大众传播的角度看,它们的特点却是基本相同的。新媒介具有以下一些特点。

## (一) 受众的自主性高

在以往的传播活动中,受众往往是被动地接受大众传媒传播的信息,完全服从传播者的安排,没有任何主动选择的余地。电台、电视台、报纸上传递什么内容,我们就接受什么内容。大众媒体对于公众有着"魔弹"般的效力。但随着数字技术的快速发展和新媒体的不断涌现,信息和"噪音"越来越多,以一个人的接受能力,根本不可能全部进行接收和处理,同时,在技术上对信息进行筛选、复制和传递已经非常容易,因此,信息接收者按照什么样的标准,通过什么途径,如何选择和过滤信息,又如何屏蔽"噪音",在最大程度上决定了信息传送者的传播意图能否实现。这意味着受众在接收信息时的主动性和消费偏好变得日益重要。

新媒介传播者系统可以依照利用者的意图、意志而启动。尽管传统的媒介,如报纸可通过扩大版面,电视可通过增加频道来满足受众不断发展的需要,有线电视甚至还可以用加密频道来满足有特殊爱好的观众在体育、文艺方面的需求,但受众的自主性仍然十分有限。对新媒介而言,受众的自主性则体现为媒介能根据受传者的需要提供各项服务,受传者选择服务的余地也更加广阔这一点是传统的大众传播媒介所不能实现的。比如,报刊登载的照片是静态的,而装有多媒体的计算机用户,则可以把照片内容的全过程像放电影一样,从网络中心调出来。另外,用户还可以自如地放大字体、照片,并可以及时把反馈信息通过网络传给中心。可以说新媒介时代,媒体的主导地位将被受众取代。

## (二) 传播渐趋小众化

传播学研究中曾经有一个"沉默的螺旋"的发现,表明人们为了避免成为异类,陷入孤独,往往在大众媒体或舆论活跃分子发表了意见之后,不再表达自己与之不同的观点。而在数字加网络的新媒体时代,任何一个人通过互联网、手机等,就可以随时进行信息沟通,甚至成为传统媒体的重要信息来源,人际传播的性质得到凸显和强化,传统的、倾向于无差异的普遍的广大受众,开始分割为气味相投的或者利害相关的"小众",如各种各样的网络游戏团体、户外旅游论坛、短信交友俱乐部等。在小众中,人们也许更容易找到声气相投的伙伴,以对抗大众传播所造成的"社会孤立"。

## （三）传递手段更科学

长期以来,书信、电话、传真机等进入家庭的传播媒介是将我们的声音、语言文字等传递给远处他人的手段,而大众传播新媒介则是将专门制作的图像、声音、印刷文字的信息传递给我们的手段。这些信息都具有我们可以直接用眼看、用耳听、容易理解的特质。也可以说,传统媒介是处于我们日常生活交流的延长线上的地位。但是,在现代社会,许多企事业单位里,却是采用着与上述日常交流截然不同的方式处理着种种资料和信息,即运用计算机处理资料和信息,或是计算机与计算机之间进行的通信。这种通信与人们通常的交流不同,是用电信号作为双方交流传递信息的符号;但它与人们日常的交流在实质上是相似的。新媒介中的一部分就是旨在将上述已为企业界、商业界日常应用的以电信号作为双方交流传递信息符号的方式,进一步导入普通家庭。在西方,进入家庭的新媒介正在购物、储蓄、查阅资料等方面发挥巨大的作用。例如选购衣服,人们只需向网络输入尺寸资料、款式、颜色,商家根据这些方面的要求,找出这样的衣服在显示屏上供你选择。当这样的新媒介普及到千家万户的时候,或许可以说,家庭也在事务所化了。美国就有一些公司尝试让职员利用新媒介,如网络计算机在家中工作,有些美国人在家中利用网络化计算机同时为几家公司工作。随着这种媒介的高科技产品不断问世,人们或许会问,家庭生活是什么?工作是什么?什么是家?什么是社会?而在传统媒介的时代,人们是不会有类似的困惑的。

## （四）传播速度更快捷

新媒介与传统媒介相比,传播的速度更快了。传统媒介在传播过程中使用的是"信息源→传播者→传播信息→受传者"的过程,这个过程的各个关节都会影响传播速度。新媒介在传播过程中,每个人都既是传播者又是受传者,特别是随着智能手机的普及,微博成为公民传播信息、表达意见的一种重要手段,在场性保证了信息传播始终是"第一时间",2011年"甬温特大交通事故"发生后,10分钟内,消息已经传遍了世界各地,而传统电视媒体则在事件发生6小时后才付诸报道。在3G时代,新媒介的传播速度在现代传播中将占有绝对优势。

## （五）互动性强

传统媒介的总体倾向是我传播、你接受,传播者占据绝对主动。以网络为代表的新媒介如MSN和QQ等即时通信工具,综合了书信文字、音乐、视频等多种形式,形成了点对点的传播方式。它们建立在个体互动的基础上,而其中数码技术如 DV、非线编系统等都为互动传播创造了充分的条件,为互动交流提供了技术支撑。

### (六) 虚拟性的影响大

新媒介特别是网络媒介的最大特点是它的虚拟性。网络传播使得当代传播形式发生了变革,大众传播形式经由网络传播,其性质由"点对面"的传播变为"点对点"的传播,也就是说网络传播有人际传播的倾向。从接受角度看,网络传播的接受者同时也是传播者,而且因为是隐匿的,所以传播者的传播活动很少受到限制。网络上体现出来的人际传播的亲近感使得网民对其依赖也越来越深。网上提供的信息越来越丰富,网上看新闻、网上购物、网上聊天、网上游戏等等,这些都营造出一个与现实生活相似的情境。新媒介技术为虚拟生活创造了条件,人们在网上的虚拟社区里可以找到各种各样的精神、情感寄托。但也有多起网民因沉迷网络而上当受骗的案件发生。"3D"技术正在缩小真假界限。据报载,世界上第一位虚拟新闻主播叫安娜诺娃(Ananova),2000 年 4 月 19 日在网上亮相。"温和、谦逊、智慧、单身"是安娜的基本设计基础,她的形象是从辣妹维多利亚、澳大利亚性感女星米诺圭和英国著名主持人福德曼三者的形象中提炼而成。最能体现"这不是一台播音机器"的是安娜的交互性。不过,尽管如此,她的一切都是虚拟的,包括其情感、智慧、身体等。虚拟的生活影响着正在成长中的青少年,其造成的负面影响已成为一个非常迫切、亟待解决的社会问题。

## 二、新媒介中的网络媒介分析

当我们以新媒介中的网络媒介为对象作个案分析时,会发现网络媒介的显著特点。

### (一) 从传播的速度来看,网络具有很强的时效性

在互联网上,大量的信息以光速向四面八方流动、传递,信息始终处在动态更新的状态中。报纸由于出版周期长,早已退出了与其他媒体关于新闻时效性的竞争,而广播电视即使能现场直播,往往还要受播出时段的限制。并且,在突发事件面前,能够派出记者采访报道的大多是有较强实力的媒体,即使这样,在很多情况下,传统媒体仍然对许多突发事件猝不及防,延误了新闻的报道。网络的一大好处就在于每个人都可以成为新闻的发布者,职业记者的数量毕竟有限,

而日益扩大的网民这一潜在的通讯员队伍却是不可计数的。美国"9·11"恐怖分子袭击事件、我国台湾华航空难事件等，都是在第一时间通过网络传播的。据说，"9·11"事件发生10分钟后网络就有消息报道。

我们还要提到网络的一大优势，即信息的全天候播报。网络上的新闻信息始终处在动态的、连续的更新中，新闻信息可以随时发布，同时，过去的信息还可以在数据库中保留，这就集中了报纸和广电媒体的优势。更何况大多数广电媒体还不能做到24小时滚动播出新闻，而这恰恰是网络与生俱来的优势。1999年5月8日，中国驻南斯拉夫大使馆遭北约导弹袭击，在对这起突发事件的报道中，网络充分展现了其优势所在。导弹袭击发生在凌晨5点45分，新浪网于6点24分率先发布了这一惊人的消息，人民网也于9点25分发布了报道，11点55分驻南斯拉夫记者吕岩松的现场报道也出现在网上，而在此事件中，传统媒体的表现远远不如网络媒体。

### （二）从传播的范围、覆盖面来看，网络媒介消除了地理疆域的界限

从大众传播发展历史来看，每一种新的媒介的诞生无一不在拓展传播范围上做出了巨大贡献。报纸的出现，第一次使得新闻传播打破时空限制，将人类带到了大众传播时代。随后到来的广播电视因其迅速直接、真实生动、易于理解等特点而得以迅速普及。但是，报纸发行量毕竟有限，并且由于其物理特性及各国政策因素，其覆盖面更有限。例如，中国读者想读到《纽约时报》就很不容易。广播尽管有短波能穿越国境，但真正有影响的国际广播电台，也只有少数几个大国拥有，而且目前广播听众数量也呈逐年下降的趋势。电视在这方面的发展也并不显著，尽管许多国家的电视节目已经通过卫星传输到世界的每一个角落，但是由于收视设备昂贵及各国政策和法律的限制，普通民众家庭收看外国电视节目的并不多。

网络的出现根本突破了地域的限制，在任何一台接入互联网的计算机上都可以自由畅通地与全世界的计算机交换信息。尽管只是一个虚幻的世界，但其传播的信息又是实实在在的。网络的出现将单个人真正推到了全世界媒介面前，实现了人的世界化和世界的个人化，人与人之间的地理距离概念由于信息的自由高速的流通变得模糊，麦克卢汉提出的"地球村"概念正由理想变成现实。尼葛洛庞帝在《数字化生存》中描述道，海关警察在网络时代将变得无能为力。

### （三）从传播形式来看，多媒体传输使得信息量更大，更具有吸引力

网络媒体集中了传统媒介的优点，声音、图像文字，动态的、静态的传播形

式,极大地方便了受众的信息接收。受众在网络上可以从多角度、多层次、最大限度地了解某个具体信息包含的相关内容。

### (四) 网络能够实现传播者与受众之间的互动

人际传播是点对点的传播,传播者与受传者之间可以交流,传播与反馈在同一时间实现,但人际传播只限于极小范围的传播。大众传播是点对面的传播,它可以传递大量信息,但不易获得反馈。网络传播则融合了人际传播与大众传播的优点。网络上,每个人既是信息的接受者又是信息的发布者。用尼葛洛庞帝的话说:"在网络上,每个人都可以是一个没有执照的电视台。"网络的交互性为网民提供了空前的权力和自由空间。网络媒体的交互性已经超越了观看、浏览、使用等层次,达到了控制的层次。用户可以自由地选择发布信息,甚至可以度身预订自己需要的信息。

### (五) 从媒介的使用代价和易得性来看,网络媒介成本较低

互联网的发展实现了话语权由传统媒体转向大众的本体的回归,这不仅是由于网络固有的开放性为公众提供了这种技术上的可能,更重要的是,在互联网上营造个人的言论空间所需的花费是极其低廉的。例如广告,以往广告商往往要在电视等媒体花费大量的资金用于产品宣传,但在网络上宣传产品不仅传播范围广,成本还很低。个人如果想发表言论,只需付很少的上网费,便可在任何一家网站开设的论坛或聊天室里畅所欲言;即便用户需要建立并维护个人的网站,其花费的精力也无需过多。目前,最大的网站有100万个个人主页。

当然,新媒介也不是十全十美的,它的弊端也是十分突出的。随着新媒介的普及,人们对网络化的依赖也越来越强,人们每天可以接受大量的信息,但这些信息的真伪很难辨别,错误的信息往往会给人们的生活带来巨大的损失。例如,计算机病毒的干扰就是如此。新媒介方便了人们的工作、交流,但是,它使人们由于缺乏各种实践,因而各种能力可能下降。在情感方面,由于写信、打电话这些普通交流方式正在逐渐被计算机取代,因此,人们的情感交流越来越少,久而久之,必然带来人与人之间关系的淡漠。另外,方便的传播也给黄色信息、迷信内容等信息垃圾以可乘之机,"黄毒"泛滥将会对社会、家庭,尤其是对青少年的身心健康产生恶劣影响。这一点将在第七章中再作阐述。

总之,新媒介具有很多优点,它给人们的工作、生活带来许多方便。但是,我们在享受新媒介种种便利的同时,必须对它的许多弊端及其负效应予以充分的认识,兴利除弊,真正做到物为人用,使各种新媒介为人们的传播活动服务。

# 第四节 大众传播媒介的社会功能

## 一、大众传播媒介的功能

人们对媒介的选择,实质上是对媒介功能的选择。大众传播媒介究竟有哪些社会功能呢?传播学研究先驱拉斯韦尔从宏观角度探讨了大众传媒对整个社会的功能。他于1949年提出了大众传播媒介的三大功能,即大众传播媒介有监测环境(surveilance of the environment)、协调社会关系(correlation of the parts of society)、传承文化遗产(transmission of social heritage)等作用,它是环境的瞭望者、政策的维护者、知识的传授者,也是精神的调剂者。施拉姆在此基础上又加以发展,他从微观入手,着重考察大众传媒对个人的功能,认为大众传播媒介主要有五种功能:"守门人"功能、决策功能、教师功能、娱乐功能和商业功能。

### (一)"守门人"功能

所谓"守门人"功能,就是说大众传媒如同原始部落中的守门人,一旦发现什么情况就会立即报告。大众传媒负责报道生活中发生的各种事件,把事态的发展情况报告给大众,其目的在于帮助人们认识社会、认识自然,使人们能够及时地、充分地适应社会环境。现代社会瞬息万变,人们能否及时地作出反应,这完全取决于传播的速度。大众传播媒介传播的内容具有很高的时效性,它们能够及时地向人们报道世界各地发生的种种事件,从而不断提高人们的应变能力,如当洪水、地震等自然灾害即将发生时,人们可以作出反应以采取防范措施;当政治事件发生时,人们可以作出自己的选择。总之,大众传媒可以充当社会的晴雨表,让人们及时观测到人世间的阴晴动向。

### (二)决策功能

媒介的决策功能体现在它不断对重要社会问题发表观点、意见,唤醒社会大众的注意。然而如前所述,现代的生活环境异常复杂、变化多端,如果人们只听新闻,而不能充分理解事实,把握其全貌的话,是无法采取行动的。此时,媒体的导向功能发挥着巨大的作用,其任何倾向性的意见都可能促成大众的意见选择。

### (三) 教师功能

施拉姆所谓的媒介的教师功能,是指如同原始部落中的长者负责传授部落的历史、习俗和技术一样,媒介的工作是教导,把以往建立的文化传统传授给社会的每个新参加的分子。特别是文化知识的传授,不能全部依赖正规教育,正规教育之外的部分自然就由大众传媒来承担。

### (四) 娱乐功能

媒介的娱乐功能,是指媒介提供娱乐节目,使受传者身心得到愉悦。今天,大多数市民是把读报、听收音机、看电视作为娱乐和消遣的,广播、电视中的音乐、戏剧、电影等节目的娱乐价值自不待言,即使是新闻、政论节目,在收看后观众也能产生一种愉悦、兴奋感。值得注意的是,在消费主义时代,娱乐活动渐渐成为一种文化消费,从电影、电视到网络游戏,都变成了一种消费行为。

### (五) 商业功能

媒介的商业功能,实际上指的是媒介的广告功能,媒介广告影响力大,是大家所公认的事实。广告可以提高人们对商品的认识,激发人们的购买欲,使产品的销路得以拓宽。电视广告、报纸广告、网络广告,媒介的商业形式无处不在。媒介的广告活动不但使大众传播具备了商业的功能,而且由于经济上的收益,也使得大众传播事业得以迅速发展。

## 二、大众传播媒介的社会功能

以上是传播学的早期学者对于大众传媒的功能所发表的观点,拉斯韦尔是从宏观角度思考的,而施拉姆是从微观角度加以思考的,将二者的观点加以比较和综合就会发现,大众传媒的社会功能主要体现在以下四个方面。

### (一) 促进时代潮流的发展

在现代社会,流行是群集行为的一种,所以,大众传播对于形成、普及和阻碍流行起着很大的作用。首先,大众传媒将有关新行为、新思想的信息提供给社会,而且是大量地、同时地向大众提供同一信息。结果新方式成为人们共同认知的环境世界,迫使人们与之相适应,不得不承认这种新方式的存在。这样,大众传媒为流行奠定了基础。特别是在今天,新政策、新观念、新思想经过大众传媒的反复传播就会自然而然地深入人们的脑海里。

大众传媒往往还以间接的方式促成流行的产生。例如广告,广告的本意并未让人们都去干某种事,但长期的广告宣传就会促成人们的倾向性,造成流行。这一点在儿童食品上表现得最为明显,广告说今天喝"娃哈哈",全国的儿童都要喝"娃哈哈";广告说"我们都喝乐百氏",全国的儿童都时兴喝"乐百氏"。许多媒体所做的公益广告也正是利用了传媒的这一特点。

大众传媒所传播的信息(新闻)强调了一个"新"字,即时效性,因此,人们可依靠大众传媒,获取最新的信息,久而久之,由于人们对大众传播的信赖使得大众传媒具备了一种权威性,而这种权威性更有助于流行的产生。例如,中国的中央电视台在中国所有的电视台中是最具权威性的,它传播的信息,人们很少加以怀疑。从小的方面说,广告说"505,治病强身",于是很多人都去购买"505神功元气袋"。从大的方面说,我国改革开放以来的各项方针政策,如果没有大众传媒的反复宣传,就很难深入人心。总之,大众传媒对于时代潮流、时代风尚的形成都有很大的促进作用。

### (二) 赋予价值和地位

传播效果研究表明,当个人或社会政策主张获得大众媒介的好评时,他们或它们的价值地位就得到了提高。在西方的首脑竞选中,如果哪位候选人的政治主张通过媒介传播出去,并且得到各种媒介的支持,那么他的政治主张就要比那些未经大众媒介宣传的政治主张具有明显的优势。例如,有些人就认为,哥伦比亚广播公司所属的电视台具有悠久的历史,它的观点代表了一批专家们深思熟虑的见解,所以应该得到普通人的尊重。如果某一政治主张通过哥伦比亚广播公司所属的电视台进行宣传的话,必然会赢得大多数观众的信任。拉扎斯菲尔德指出,大众媒介使个人和集体的地位合法化,从而给他们以声望并提高他们的权威性。

一个人得到报纸、广播、电视的宣传,他很快就会成名,具有威望。政治人物如果想要赢得大选,往往选择大众传播媒介来做宣传,这样他们容易被公众了解,从而有利于他们的竞选。一个名不见经传的歌手经过大众传播媒介的"包装"——在各类大型的综艺节目中亮相,一夜之间红遍大江南北。2005年在中国,"超女"被媒体追捧成偶像,随之而来的就是数以亿计的财富产生,"超女"的成功与大众媒介赋予地位的功能是分不开的。2005年另一引人注目的事件是,远在西南小镇上一位网名叫"天仙妹妹"的女孩,被网络好事者凭空制造成了偶像,"天仙妹妹"一夜之间从一个名不见经传的普通女孩成为名扬大江南北的名人。"天仙妹妹"开发成功后,这一偶像给网络公司、经济人、她本人、家乡政府带来了巨大的财富。"天仙妹妹"是被媒介制造出来作为"被看的对象"的,她的美貌换来了数以亿计网民的点击。

大众传播媒介还有为商品赋予价值的功能。一些产品经过大众传媒的宣传,立即就产生影响,为公众所认知、理解和记忆,一些产品成为名牌产品后,销路大增。山东秦池酒厂借助中央电视台黄金时段的广告宣传,产品十分畅销,出现了供不应求的现象。由此我们可以看出大众传媒对产品赋予价值和地位的能力。用名人做广告,强化了媒介推广、宣传产品的能力。商家和媒介选择谁来做广告,实际就是对这个人分量、地位进行掂量。毫无疑问,影响大、名气大的人为产品做广告,产品销路就大。反过来,某一名牌产品选择谁来做广告,往往意味着这个人具有很高的威望或影响力。这就印证了传播学界的一句话:如果你是一个真正重要的人物,那么你就会成为大众注意的中心;如果你处于大众注意的中心,那么你当然一定是一个真正重要的人物。

大众媒介使那些受其支持的观点、见解、个人或团体的地位合法化,这种赋予地位和价值的功能由此成为有组织的社会行动。

### (三) 维护社会规范

大众传媒有两个最为常见的社会作用:提倡和批评。这两个作用在发挥时,通常都有一些共同的标准,这就是民族利益、国家利益、人民利益、公共伦理道德准则,违背了这些,就会被"揭露"、"曝光"。例如,经济犯罪是侵害人民群众利益的事,大众媒介予以揭露,必然会激起民愤,最终使犯罪者受到严惩。在现代社会里,大众传播媒介的这种公开揭露的功能已形成制度。报纸、广播和杂志向大众揭露违背国家利益、人民利益、社会准则的行为,这往往迫使公众采取一定程度的行动来反对这些行为。在某些情况下,揭发运动的重大效果不在于唤醒漠不关心的公民,而在于使犯罪者、作恶者惊恐,使有作恶意向的人引以为戒,收敛作恶行为。因此,媒介的揭露在某种程度上遏制了违反社会准则的行为。

大众媒介对于社会风尚还有一种引导的作用,提倡良好的社会风尚对于社会的健康发展无疑是大有裨益的。我们经常从报纸上、电视上看到"爱心奉献"、"希望工程"等字样,其实就是这些媒介在倡导一种良好的社会风气,大众媒介经常性地宣传就会使真善美的观念深入人心。

揭露也好,曝光也好,大众媒介所发挥的是一种监督作用,而表扬、歌颂则是大众媒介发挥的引导作用。这二者的目的都在于使社会行为沿着正常的轨道展开。

### (四)激励斗志与麻醉精神

社会规范、社会行为准则形成以后,每个社会成员都有追求真善美的潜能,挖掘这种潜能,就能激发人们的斗志,使他们产生克服困难、争取胜利的信心。许多杰出人物之所以成才,与大众媒介传播的英雄事迹、爱国人物的故事等有着很大的关系。

另一方面,大众媒介面向大众,其传播的内容就必然带有大众文化的特征,如娱乐性、商业性等,即使是政治性很强的内容也仍然带有这种特征。在传媒时代,信息从各个角落传来,当人们应接不暇地接受着五光十色、千姿百态的传播内容时,很少再去作更多的思考。各种题材的电视剧、各种专题节目、各种各样的新闻占去人们大量的空余时间,消遣最终成为人们的第一需要。因而,传媒时代,人们用于参加组织活动的时间越来越少,久而久之就会逐步失去参与各种社会活动的激情,思想上的惰性不断滋长,最终导致对社会、国家、他人缺乏责任心。至于传媒所传播内容本身的不健康成分导致的麻醉作用则更是危害甚大,已成为当下重要的社会问题。

大众媒介具有激励斗志的积极功能,也具有麻醉精神的消极功能。前者已是公认的事实,后者却不为人们所重视,并且其起作用的程度如何,尚有待断定。

## 第五节 大众传播媒介与大众文化

### 一、大众文化

#### (一)大众文化的定义

"大众文化"(mass culture)一词最早出现于20世纪的美国,后传至世界各地。关于大众文化的定义,至今众说纷纭。有人将西方学术界对大众文化的定义归纳为三种"具有代表性的观点"。一是以美国著名社会学家罗伯特·威尔逊的定义为代表,认为大众文化是集新旧传播媒介于一身,集中体现通俗化、大众化和流行化的文化样式。第二种观点以德国著名文艺社会学家阿诺德·豪塞为代表,认为大众文化包括通俗艺术和大众艺术两部分,前者包括"通俗小说"、"通俗的美术形式"和"轻音乐"等文化形式,后者是指电影、广播和电视的传播物。第三种观点以英国学者戴维·莱恩（David Leon）为代表，认为大众文化是20世纪较为新型的文化样式，即"文化工业"，具体式样主要是"电视节目、电影、唱片"。[1]这些表述都有一定的合理性，但也存在着很大的偏颇，甚至外延和内涵混淆不清。

### （二）大众文化与通俗文化的差异

大众文化从其诞生之日起，就与通俗文化（popular culture）有着不解之缘，但大众文化却不能简单地等同于通俗文化。因为这两种文化都有着自身独特的质的规定性。通俗文化在所有的文化中产生的历史最为悠久。它是伴随着人类的生产劳动而产生和发展的。鲁迅把这种早期形式称为"杭育派"，常常以各种口传文化形式出现，如民歌、民谣、传说以及其他民间仪式活动，如傩舞、秧歌等。它是人们生产劳动过程中真情实感的自然流露，不带任何矫情、虚伪的色彩，也很少有什么政治或经济功利目的。通俗文化广为流传的原因是它形式简单、质朴，但由于它没有借助大众媒介传播，因此它的流传具有一定的地域性。例如，《走西口》是一首西北民歌，在没有大众传播媒介以前，它在西北地区十分流行，但其他地区却不太了解；同样，东北的"二人转"在东北家喻户晓，深受欢迎，但在南方却鲜为人知。

大众文化虽然其形式是通俗的，但与通俗文化相比却有着很大的差异。

首先，就产生的背景而言，大众文化的背后是很强的商业动机，所有的歌星、影星都不过是媒介经营商获取商业利润的手段；由此而产生的文化具有商品性而不具备"艺术作品"的特性，克林顿性丑闻事件发生后，出版商纷纷找上门，希望莱温斯基将自己的经历写出来，因为出版商看中了这本书的市场价值。可见，文化形式取决于其商业价值。

其次，就情感形态而言，大众文化由于商业利润的驱使，情感必然带有虚假色彩。因此，"伪民歌"比较普遍。例如，尹相杰、于文华唱的《纤夫的爱》就是一首典型的"伪民歌"。在它浪漫化的词曲后面不是人们对纤夫艰辛生活的认知，而是纯粹的娱乐消费。

最后，大众文化是以受众为中心的文化，因而，创造性并不是这一文化的目标，模仿性、模式化是其存在的总的倾向，如美国的西部片、警匪片，我国香港地区的武打片等，都是经久不衰的、高度模式化的大众文化形式。

---

[1] 周建军.西方通俗文化研究概观.百科知识,1990(2).

### (三) 大众文化的特点

大众文化从一般特征上看,是相对于"高雅文化"(high culture,亦译作"高级文化"、"精英文化",在西方它是指为少数有很高文化素养的人所享受的文化样式)而言的。这里的"大众"体现这样几个特点:一是数量庞大;二是传递时间快;三是占据空间大。与此相应,大众文化也体现出三个特点:数量上可以大量复制;能在较短的时间内广泛传播;辐射的范围广,可以跨越年龄、性别、种族、教育程度等多种障碍。我们可以给大众文化下如下的定义,即大众文化是以大众传播为主要传播手段,以社会大众为传播对象,以文化时尚为传播内容的文化样式。文化时尚指大众所喜闻乐见的文化活动,如唱流行歌曲、卡拉 OK,阅读报刊,看电影、电视、时装表演,等等。它的外延十分广阔。这是从传播学角度对大众文化所作的定义,从这里我们也看出了大众文化与传播媒介的关系。

## 二、大众传播与大众文化的关系

大众文化被称为大众传播时代的文化,它与大众传播有着密切的关系。研究大众文化不可能不研究大众传播;同样研究大众传播也不能不研究大众文化。它们之间的关系主要表现在以下三个方面。

### (一) 大众传播是大众文化得以产生的一个必不可少的先决条件

如果没有大众传播媒介对某种潜在的大众文化进行大量的复制和广泛的传播,这种潜在的大众文化就不可能显化成为真正的大众文化。换句话说,大众传播是大众文化得以产生的必经之道。大众传播虽不是大众文化唯一的传播道路,却的确是大众文化所必经的、最重要和最有效的传播渠道。如果没有广播、电视等大众传播媒介的大量复制和广泛传播,今天也就不会有多少人知道麦当娜、杰克逊、马拉多纳、施瓦辛格,同样也就不会有多少人知道《黑客帝国》、《还珠格格》、《哈利·波特》。在今天的地球上,大众媒介的传播已打破了固有疆域,空中的电波、水下的电缆、地下的导线纵横交织,覆盖全球的传播网已经形成。不同国家的人可以欣赏同一部电视剧,可以同时打开收音机、电视机了解奥运会的新纪录。所有世界上发生的重要事件,从美国"9·11事件"到伊拉克战争,从东欧"橙色革命"到巴勒斯坦大选,从韩国前总统受贿丑闻到我国台湾地区的"倒扁运动",各种世界大事都能在最短的时间内为世人所共知。加拿大传播学者麦克卢汉形象地把卫星覆盖下的地球称为"地球村"。大众文化能够在

"地球村"里流传,完全归功于大众传播。没有大众媒介的通道,"村"民们只能"鸡犬之声相闻,老死不相往来",哪里还谈得上大众文化。

### (二) 大众传播媒介对大众文化的复制与传播是主动的、有选择的

大众传播媒介往往参与大众文化酝酿、产生和发展的全过程。它选择哪一种大众文化加以传播、怎样传播都不仅或多或少地影响着这一大众文化的最终命运,同时也影响着该大众文化给社会可能带来的影响。此外,也并非所有以"大众"面目出现的文化都是健康的文化(比如西方大众文化中的色情与暴力内容),所以,大众传播媒介在传播大众文化的时候,还起着"把关人"的作用。

### (三) 大众文化在客观上影响着大众传播的内容和形式

大众传播在大众文化的形成过程中的确扮演了一个重要角色,但这并不是说大众传播掌握着大众文化的生死权利。相反,二者之间存在着一种相互影响、相互依存的互动关系。当某一种充满强大生命力的潜在的大众文化兴起之时,它在客观上对大众传媒构成了强大的压力:大众传播媒介要么迅速顺应潮流,赢得社会大众信任和赞赏以带来经济上的利益;要么视而不见、充耳不闻失去受众,最终坐失良机,陷入被动局面。哪一种选择更为明智,这是不言而喻的。不仅如此,在这样的形势下,大众传播媒介还必须选择或创造与这一传播内容相适应的传播形式。例如,近年来电影、电视中的穿越剧、宫廷剧泛滥成灾,而真正的艺术影片却门庭冷落。有趣的是,许多电视台一方面批评这类题材的危害,另一方面为了赢得较高的广告收入,往往又在自己的节目安排中自觉不自觉地偏向传播这类题材影片。这可以说是大众文化与大众传播之间的对立统一关系的真实写照。

基于这样的认识,我们不妨把大众文化定义为大众社会中大众传播媒介所负载、传递的文化材料。这个定义与"通俗文化"的差异,在于"通俗文化"包含非大众社会时期及不在大众传播媒介上的文化内容,如古代章回小说和现代流行民歌、小调。不过,现代常把"大众文化"和"通俗文化"视为同义语。

## 三、大众文化的正负功能

大众文化在学术领域招致批评、引发争议,是因为它具有下列性质:

其一,大众文化的社会条件是政治民主和平民教育普及。上层阶级的文化垄断一旦中止,文化市场需求激增,生产技术一再翻新,大量廉价的畅销书、报

纸、唱片相继推出以满足市场需求。

其二，大众文化源自传统文化艺术，从中汲取养分，但极少反哺，故与传统的高级文化显得格格不入。

其三，大众文化有通俗文化的一面，它或多或少地承袭了民族艺术，但民族艺术是民间日常生活的产物，由下而上滋长；大众文化却是商业机构由上而下向民间倾泻，以获取利润，消费者是被动的，选择是有限度的。

其四，大众文化产品标准化、规格化，多数为满足感官刺激而设计的肤浅内容，消费者不需耗费心力，这可能一方面伤害高级文化，一方面腐蚀人心。

上述最后一点，最受批评家注意，从托基维利（De Tocqueville）开始，不断有人大声疾呼高级文化正面临威胁。这里面牵涉的问题极广，观点也颇有出入。人文学者重视文化生产，社会科学者重视大众传播媒介及其制度。另外，他们对大众社会和大众文化的基本性质看法不一，也是聚讼纷纭的一个原因。批评者的意见很多，他们有时针对大众传播媒介本身，有时针对媒介上的文化内容。围绕在大众文化这个问题上，1957年美国罗文索（Lowenthal）对各界批评作了如下的归纳：

（1）大众文化取代了民俗艺术或高级艺术。大众文化产品无一具有真正的艺术特色，但媒介上的大众文化，却有如假包换的特征：标准化、固定印象、保守、虚伪粉饰、经过刻意摆布的消费形式。

（2）广告是促使民众接受大众文化的主要力量，大众文化必会带有广告性质。

（3）民众的审美标准，总是低俗不雅，偏爱低级趣味，结果是"劣弊逐良弊"，打击高级文化。

（4）大众传播媒介一味提供娱乐消遣，使人更加愿意逃避现实世界。

这张负功能清单当然还可以继续加长。例如，拉扎斯菲尔德和墨顿（Lazarsfeld & Merton）于1948年曾提出大众媒介"麻醉负功能"（the Narcotizing Dysfunction），认为大众传播媒介大体限于报道社会上无关痛痒的社会问题，没有发挥应有的力量，是一种"肤浅的关怀"。新闻增加，使人误以为"知道了"就是"做了"，原为积极参与，现在却成为消极知悉，久而久之，难免麻木不仁。负面的报道可能还会产生某些对社会的负面认识。不过他们也提到大众媒介的三个正功能：授予地位（conferring status）、加强社会规范（enforcing social norms）和维持现状（affirming the status）而非促成变迁。拉扎斯菲尔德日后继续为大众媒介辩护，认为暴力节目诚然品位不高，但内心有暴力倾向的人，看暴力节目可以得到宣泄而免于实际诉诸暴力行动。这一观点来源于亚里士多德的美学,原指文学接受的功能。德福勒将其引入传播领域,他认为受众接受电视暴力的情况与文学接受基本相似,从社会稳定角度来看,"宣泄作用"或许也算是一种正功能。

除此之外,下面四种作用,甚难分辨是正功能还是负功能,但对大众社会或大众文化却有特殊意义,值得加以注意。

一是"同质化"功能(the homogenizing effects)。在国际上,指各国大众传播媒介——尤其是电视——内容大同小异;在大众文化方面,指媒介为了争取大量消费者,力求内容"家庭共赏",致使年龄界限模糊,成人接触儿童的材料(会不会返老还童变成老小孩?),儿童则越过自然的心智发展阶段接受成人的材料(会不会少年老成变成小大人?)。

二是"炫富心态的消费"功能(conspicuous consumption)。此功能系指精英分子的休闲或其他文化活动,原用以炫耀特殊社会地位,但工人阶层一旦手头宽裕,便会刻意模仿,以炫耀身份。电视刚刚开始作为商品在市场上销售时,只有上层社会能够买得起,人们为了显示财富往往节衣缩食,添置电视机,甚至出现了20世纪50年代在美国还有人买不起电视机怕别人看不起自己而先树电视天线的笑话。罗文索对1901年以后40年间美国通俗杂志传记体文章进行研究,发现前期"英雄人物"多赖自己的才智和努力获得成功,后期人物则靠侥幸行险,分野年代正是1929年经济大萧条,有几份杂志的文章开始教人如何消费而非如何生产。

三是"社会整合"功能(Social Integration)。传统社会透过初级传播通道整合社会,大众社会却必须透过次级传播通道(如大众传播媒介)和次级关系(如职业团体)来整合社会。

四是"动员"功能(Mobilizing)。大众媒介在社会遭遇重大变故时,可直接诉求,要求民众依照传播媒介所建议的方式采取行动。

细看以上这些功能(正功能和负功能),可知大众媒介及其文化内容,具有复杂而且相互冲突的功能,可能不像批评者所指控的那么单纯。从社会学观点,我们还需要知道大众媒介和大众文化对生活在这个特定社会的人有什么功能、如何使用、由谁生产、给谁消费、产生何种效果。换句话说,社会结构和社会关系可能决定大众媒介和大众文化是否具有某种功能,是正功能还是反功能。此外,功能也会随着社会情境变迁而改变,不能忽略。

# 第六节 几种主要的媒介理论

## 一、麦克卢汉与他的媒介"三论"

马歇尔·麦克卢汉（Marshall McLuhan）是西方传播学界著名的媒介理论家，20世纪60年代，他以他的媒介理论享誉西方哲学、文化学、传播学界。作为加拿大学者，他曾是美国校园中极受崇拜的人物，一度在北美乃至整个西方传播学界掀起"麦克卢汉热"。

麦克卢汉是英国剑桥大学的文学博士，他最初所从事的研究领域是英国文学、文学批评。也正是他作为文学批评家所具有的思辨才能，才使他的媒介理论具有了理论深度。麦克卢汉把媒介的发展与人类文明发展史联系起来加以考虑，认为媒介及其变化对人类文明发展史的影响要比其特定的传播内容更加重要。

1951年，麦克卢汉出版了他的第一本专著《机械新娘》，在这本书中他首次分析了报纸、电影和广告产生的社会影响。这也可以说是他的第一部媒介研究著作，其后一发不可收，写下了大量的研究著作，可谓大器晚成。麦克卢汉的媒介理论主要体现在他的三本著作中，这三本著作是：1962年出版的《戈登堡的灿烂群星：印刷文人的诞生》、1964年出版的《理解媒介——论人的延伸》、1967年出版的《媒介即讯息》。在这些著作中，麦克卢汉阐述了他对媒介的性质、特点、作用以及分类的有关见解，综合起来看，突出之处就是他的媒介"三论"，即讯息论、冷热论、延伸论。其中，媒介讯息论是"三论"的核心和出发点。

### （一）媒介即讯息

麦克卢汉认为，传统对媒介与信息所作的区分，是完全没有必要的。传播媒介真正传递的是媒介本身的特性，而同其传递的具体内容无关。他指出，"所谓媒介即讯息只不过是说：任何媒介（即人的任何延伸）对个人和社会的任何影响，都是新的尺度产生的；我们的任何一种延伸（或曰任何一种新的技术）都要在我们的事务中引进一种新的尺度。比如说……机器的意义不是机器本身，而是人们用机器所做的事情"〔1〕。也许有人难以理解,所以麦氏又指出,"但是,如果从机器如何改变人际关系和人与自身的关系来看,无论机器生产的是玉米片还是凯迪拉克轿车,那都是无关紧要的"〔2〕。

如何理解媒介与信息之间的等同这一看起来比较抽象的问题?麦克卢汉在《理解媒介——论人的延伸》一书中,这样阐述道:"一种传播媒介的'内容'(content)都是另一种媒介。文字的内容是言语,正如文字是印刷的内容,印刷又是电报的内容一样。"麦氏的这段话颇令人费解,我们只有把这一观点和他的社会进化"技术决定论"联系起来才能理解。麦克卢汉认为,人类历史是由技术的发展来决定的。他把西方近代史解释为建基于印刷文字传播上的偏颇与知识上的垄断的历史。他认为,真正决定文明历史的是传播科技(形式)本身,不是它的内容。每一种媒介(科技)都是"人的延伸",不仅仅强烈地影响到人类的感觉能力,而且触发社会组织的巨变。"因为对人的组合与行动的尺度和形态,媒介正是发挥着塑造和控制的作用,然而,媒介的内容或用途却是五花八门的,媒介的内容对塑造人际组合的形态也是无能为力的。实际上媒介的'内容'都使我们对媒介的性质熟视无睹,这种情况非常典型。"〔3〕传播媒介决定并限制了人类进行联系与活动的规模和形式,这是麦氏的基本观点。麦克卢汉把媒介影响下的人类历史分为四大时代:口头传播时代、文字产生时代、印刷媒介时代、电子时代。在口头传播时代,人们只能进行面对面的谈话和小范围内的交流,这就决定了当时的人类处在"部落化"阶段。印刷媒介普及后,人们可以脱离"部落"的活动,进行单独的阅读和思考。印刷媒介促成了社会的个人化发展。由于广播、电视等电子媒介的出现,人与人之间的时空距离缩短了,整个世界又紧缩成了一个"部落村"、"地球村"。麦克卢汉把这一阶段称为"重新部落化"阶段。他认为,从口语传播到电子传播的两次"部落化"都是媒介而不是内容带来的,据此,可以认为媒介本身就带来了信息,媒介就是信息。在这里有一个逻辑推理成分蕴涵其中,事实上,媒介内容即信息的广泛流通是推动社会发展的动力,那么,为什么麦氏偏偏强调支配人类文明发展的是传播科技这一属于形式范畴的功能呢?显然,这是麦氏作为人文学者的思维方式造成的。他通过对人类社会文明发展历史的纵向考察,从部落社会到现代社会的文明表征都证明技术尤其是传播技术的发展对社会的重大影响。那么就功能意义来说,传播技术对

---

〔1〕 [加]麦克卢汉.理解媒介——论人的延伸.北京:商务印书馆,2000:33.
〔2〕 同上。
〔3〕 [加]麦克卢汉.理解媒介——论人的延伸.北京:商务印书馆,2000:34.

社会的影响与信息的广泛流通对社会的影响是相等的。所以,媒介在这种情况下也就等同于信息了(The medium is message.)。麦氏的观点,对于人们充分认识媒介革命对人类社会发展的影响是有很大帮助的。学术界对麦氏的观点有许多误解,认为他过于突出了媒介技术的作用,否认讯息的存在。实际上这是断章取义,麦氏是从宏观的历史发展角度来看媒介的作用的,而并不是就微观的事物来讨论的。而且最为重要的,他是从功能角度来看问题的。除此以外,如果孤立地或从某一具体事物上来检验麦氏的观点,显然会认为他的观点是一种谬论。

### (二) 媒介冷热说

麦克卢汉对媒介进行分类,他把媒介分为"冷媒介"(Cold Media)和"热媒介"(Hot Media)两种。所谓"热媒介",麦氏认为是那些提供"高清晰度"(High Definition)信息,不需要人的思维做过多的补充,即受传者参与程度低的媒介;与之相对,"冷媒介"指的是那些提供信息不完备,留有许多供想象、思考、回味空间的媒介,即受传者参与程度高的媒介。那么,哪些是"热媒介"、哪些又是"冷媒介"呢?由于麦氏模糊了讯息与媒介的界限,所以他把所有人类的交流方式都视为媒介。这样,"热媒介"包括广播、电影、书籍、演讲、报纸等;而"冷媒介"则包括电视、电话、交谈、讨论会等。前者都是信息的清晰度高而受众的参与程度低的媒介,后者都是信息的清晰度低而受众的参与程度高的媒介。"热媒介只延伸一种感觉,并使之具有'高清晰度'。高清晰度是充满数据的状态。照片从视觉上说具有高清晰度。卡通画却只有'低清晰度'。原因很简单,因为它提供的信息非常之少。电话是一种冷媒介,或者叫低清晰度的媒介,因为它给耳朵提供的信息相当匮乏。言语是一种低清晰度的冷媒介,因为它提供的信息少得可怜,大量的信息还得由听话人自己去填补。与此相反,热媒介并不留下那么多空白让接受者去填补或完成。因此热媒介要求的参与程度低;冷媒介要求的参与程度高,要求接受者完成的信息多……当代俯拾皆是的例子说明了以下的原则:热媒介有排斥性,冷媒介有包容性。"[1]很显然,将广播、电影划入"热媒介"而将电视划入"冷媒介"是有一定道理的。根据麦氏的这一说法,我们大体可以用表5-1来概括。

---

[1] [加]麦克卢汉.理解媒介——论人的延伸.北京:商务印书馆,2000:51-52.

表 5-1　麦克卢汉的"冷媒介"、"热媒介"分类

| 媒介形式 | 清晰度(信息完整程度) | 受众参与程度 |
| --- | --- | --- |
| 热媒介 | 高 | 低 |
| 冷媒介 | 低 | 高 |

麦克卢汉划分冷、热媒介的核心概念是所谓的"清晰度",清晰度概念在麦氏学说中完全不同于我们今天所理解的光学概念上的清晰度(definition),他解释所谓高清晰度是"充满数据的状态",因此,清晰度概念在这里可以简单理解为信息的完整、丰富程度。实际上,麦氏在强调传递信息的"清晰度"的同时,还特别强调了把媒介参与程度作为衡量"冷"、"热"媒介的标准。电影传递信息的流程是固定的,人们不能中断电影的放映过程而让观众参与剧情,这是一个基本的道理,所以,人们在电影院中的信息接受是被动的。但电视则不同,电视可以让观众参与节目活动,现代技术还允许观众与电视主持人进行互动式交流。电视这一媒介的参与程度显然是电影无法比拟的,因此,说电视是"冷"媒介是合理的。在 20 世纪 60 年代麦克卢汉就能做这样大胆的预言,显然,这是其技术决定论的基本思想在起作用。

### (三) 媒介延伸说

如果说麦克卢汉媒介"三论"的前两论有些仓促上阵、捉襟见肘的话,那么,第三论"媒介是人体的延伸"则是一个富有独创性的见解。

在《理解媒介——论人的延伸》一书的引言中,麦氏开宗明义地指出,面对面的交流是五官的延伸;文字和印刷媒介是人的眼睛的延伸;广播是耳朵的延伸;电视是耳朵和眼睛的同时延伸。每一项新媒介的出现,每一项新的延伸,都会使人的各种感官的平衡状态产生变动,使某一感官凌驾于其他感官之上,造成"心理上和社会上的影响"。他认为,15 世纪戈登堡发明的印刷媒介就把一种"特殊的推理方式"强加到"人的视觉经验的结合方式上"。也就是说,它迫使人们用一种所谓"划一性"(uniformity)、"持续性"(continuity)和"直线性"(linearity)的方法来分析、理解和把握世界,由此而导致统一的民族国家的诞生、近代工业生产的流水线的形成以及千篇一律的生活时尚的风行等。他还认为,印刷的发展还会使方言规范化,改进远距离传播,并使人们对原先音容笑貌听得见、看得着、摸得到的忠诚转化成对抽象的民族的忠诚,促成了以民族国家取代城邦。

那么，电子媒介如何"延伸"人体呢？麦氏认为，电子传播媒介就像人们神经系统的延伸；电子感官使人们重新体验部落化社会中村庄式的接触交流；电子传播媒介的出现打破了旧的时空概念，使人与人之间的时空距离骤然缩短，形成了"地球村"。他还预言电脑这一新事物必将对人们的思维方式产生巨大的影响。另一方面，信息也同时对人的感官产生刺激作用。麦克卢汉做了一个文字游戏，他说"媒介即讯息"可改为"媒介即按摩"（The medium is massage.），信息对人的感觉器官的刺激就是一种"按摩"活动。

正是各种媒介延伸了人的感觉器官，使人们认识世界、感受世界的能力大为增强，人类社会才得以向前发展。正是在这一意义上，麦克卢汉呼吁充分认识媒介延伸人体所产生的重大影响。

### （四）麦克卢汉理论的成功和不足之处

**1. 大胆思考，富有创新意义**

他的"三论"虽然乖误甚多，但强调了媒介的巨大作用，使人们予以重视，以降低或避免媒介的负功能，充分发挥媒介的正面功能。

**2. 开拓了人们的媒介研究思路**

"三论"启发人们从人类认识世界的能力角度去分析媒介，而不仅仅是从传播过程或传播方式上去认识媒介。它还提醒我们尊重媒介的个性，从媒介的个性特征出发研究媒介。例如，不能用电影套路去分析电视等。

**3. 强调了受众在媒介接受中的作用**

根据受众的主观能动性、创造性、参与性来划分媒介的类型，在媒介研究中可以说是独树一帜，其在传播学研究中的意义和影响是深远的。

**4. 积极的思考**

麦氏对社会进化问题的思考不是一种被动的、悲观的描述，而是积极的、富有信心的。美国明尼苏达大学教授李金铨认为，从长远的观点看，麦氏有一点贡献是肯定的，那就是媒介（科技）本身的形式发明，便是社会变革的动力，不假外求，不一定靠"内容"才有作用。以前，人们都认为媒介只是储存信息内容的工具，本身不产生作用，麦氏的观点出来后，对人们的思维将会产生巨大的影响。

**5. 独特的思维方式**

麦氏的思维方式也很独特，他的著作之所以难读，是因为其思维方式的跳跃性，这就是所谓的"马赛克式的思维"。他不愿用直线型的思维方式来表达自己的思想，而用拼盘的方式来表达。麦氏认为这是与我们的时代特征相一致的。这是一个多元化的社会而不是大一统的社会。"个体的、隐私的、分割知识的、应用知识的、'观点的'、专门化目标的时代,已经被一个马赛克世界的全局意识所取代。在这个世界里,空间和时间的差异在电视、喷气飞机和电脑的作用下已经不复存在。这是一个同步的、'瞬息传播'的世界。""电子信息运动的瞬时性质不是放大人类大家庭,而是非集中化,使之进入多样性部落生存的新型状态之中。"[1]这一论述在当今网络时代得到了验证。超文本链接即是用网状思维代替单向线性思维方式,人们重视每一个链接点,因为它意味着下一个思路的开始,突破陈规思维路线的选择。不同领域、不同界面之间一定有相交的场,马赛克网状的研究方法便是借助共同的经验场来进行切换和链接,实现不同领域的整合统一。

**6. 不足之处**

麦氏理论的不足之处也是十分明显的。一是其理论概念缺乏严密的界定和论证,有些观点,如"媒介即讯息"虽说是"片面的深刻",但对于人们的质疑毕竟未能提供令人信服的答案。二是其媒介概念混乱。麦氏把许多传播学界早已辨清的非媒介事物,如演讲、电灯、道路、房屋都划入媒介范围内,这不免荒唐。三是麦克卢汉用文学研究的语言来论述传播学观点,直接影响了他的媒介理论的科学性。所以施拉姆指出,鉴于麦克卢汉的本人的文体,引用解释他学说的人所著的论文往往效果更好一些。其语言的玄妙、晦涩,不利于科学地接受,反而给别人留下故弄玄虚的感觉。

## 二、英尼斯的媒介"偏向说"

哈罗德·英尼斯是加拿大的一名政治经济学家,麦克卢汉的老师。实际上对于媒介的研究,英尼斯早在麦克卢汉之前就已经进行得相当深入了。只是他的理论在当时未被人们所重视,直到麦克卢汉出了名以后,人们追根溯源才发现了英尼斯的学术造诣。

### (一) 媒介的时间偏向性和空间偏向性

作为麦克卢汉的老师,英尼斯自然是一个"技术决定论者"。他认为任何社会中的媒介,都会左右社会组织形态和人际结合方式;传播技术在所有技术中居于核心地位;任何媒介都有它在时间或空间上的偏向。在他的著作《帝国与传播》(1950年)和《传播的偏向性》(1951年)中,他剖析了媒介同权力结构之间的

---

[1] [加]埃力克·麦克卢汉,弗兰克·秦格龙.麦克卢汉精粹.南京:南京大学出版社,2000:389、376.

关系,揭示了传播媒介的偏向性问题。任何媒介在他看来,不是具有远距离运送的倾向性以便于控制空间,便是具有长久保存的倾向性以便于控制时间,二者必居其一。

那么,哪些是"偏向时间"的媒介呢？英尼斯认为,古代社会使用的羊皮纸、黏土、石头等媒介,可以长久保存,但不便于携带。这些媒介体现了在时间方面的优势,因此属于"偏向时间"的媒介。"偏向时间"的媒介有助于人们进行时间上的控制,却不利于空间上的控制。从文化角度看,"偏向时间"的媒介一般来说盛行于传统社会,这种社会的特征是重习俗,重社区,重历史事物、神圣事物和道德,社会稳定且秩序井然,等级分明,压抑个人主义以防止变革,但允许个人以语言充分表达人类各种丰富的感情。

那么,哪些是"偏向空间"的媒介呢？英尼斯认为,纸张轻便,易于运送,但不易于长久保存,这是偏向空间的媒介,可以被统治者用来管理远方,有利于帝国扩张领土。现代报刊等印刷媒介、电话、广播和电视都是属于"偏向空间"的媒介。卫星、计算机和其他精密通信设备,使全球性实时传播成为可能,也使"帝国"向太空扩张。

根据英尼斯的理论,"偏向时间"的媒介存在于具有丰富的口语传统或复杂的、仅为少数特权分子所掌握的书写技术的社会之中。"偏向空间"的媒介面向现在和未来,有利于帝国扩张疆域、加强政治权威、创立世俗的制度、发展科技知识,具有传播速度快和质量高等特点。但偏向空间的传播系统却无法传达口语传统的丰富性、多样性和灵活性。

英尼斯还论述了媒介的时间偏向性与空间偏向性二者之间的平衡对社会稳定的影响。他认为这两种偏向性中的任何一种都会导致社会不稳定,要使社会稳定,只有发展使两种偏向性保持平衡的机制。

英尼斯的理论有许多可取之处。我们今天在传播技术上是相当发达了,然而这些媒介都是偏向空间的,电视的发展、通俗读物的盛行都极大地调动了人们的欲望,人们渐渐地对这些媒介产生了某种偏好,甚至上"瘾"。在这种情况下,媒介的负面效应必然会产生,例如,暴力犯罪、人的堕落等问题渐渐产生并危害社会,造成不稳定。所以,我们在发展那些偏向空间的大众媒介的时候,一定要重视对偏向时间的媒介的研究和发展。例如,我们要重视对传统文化的研究,重视古籍的发掘与利用,以引导人们的文化消费朝着健康的方向发展。

## (二) 英尼斯理论的不足之处

英尼斯的理论也有其不足的地方。现代条件的媒介往往是空间性与时间性兼有,很难作具体的划分。另外他过于强调媒介的决定作用,而对于媒介所传播的内容却很少论及,这显然与他的"技术决定论"思想有很大关系。

英尼斯的媒介理论实际上是唯心主义的产物,是一种形而上的研究,所以在当时未受传播学界重视。他的学生麦克卢汉在他的基础上作了一些形而下的研究,弥补了他的不足,麦氏提出的"感官延伸说",引起了轰动,随之英尼斯才逐渐为人们所重视,他的理论也才开始被重新进行研究。

### 三、梅罗维茨的媒介"情境论"

乔舒亚·梅罗维茨是美国的传播学研究者。他长期致力于现代传播媒介尤其是电子传播媒介的研究,1985年,他出版了《空间感的消失》一书。在这本书里,他提出了一个观点,即:媒介的变化必然导致社会环境的变化,而社会环境又决定了人们的行为。他认为电子传播媒介对社会的影响很大,它削弱了自然场所与社会场所之间素来紧密的联系,重新组织了社会环境。

梅罗维茨分三个步骤来阐述他的理论观点,这三个步骤正是梅氏理论的三个层次。第一个层次是情境论——对情境作传播学的界定;第二个层次是传播情境,这一情境对人行为的产生影响;第三个层次是电子媒介所产生的情境。

#### (一)批判地吸收传统的情境决定论

梅罗维茨对传统的情境决定论进行了批判的吸收。情境决定论的代表人物戈夫曼认为,自然环境、社会环境对人们的行为都会产生一定的影响。当人们进入一种社会环境时,他们就希望并且需要对这一社会环境以及处于这一环境中的其他人有所了解。担任某一社会角色的人,要使自己的行为举止符合社会规范,必然需要这一社会环境的熏陶。

梅罗维茨对戈夫曼的理论作了批判,认为他忽视了人们通过媒介发生相互作用的情况。因此他认为,必须把英尼斯、麦克卢汉的理论与情境决定论融合在一起。

梅氏注意到这样一种情形,即地点、场所对情境来说之所以重要,是因为它们允许某些人听到和看到正在其间发生的活动,却不让别人听到和看到这些活动。他举例说,一间卧室可以成为夫妻间进行交谈的环境,因为它把其他人排斥在外,不让他们听见这对夫妻之间的谈话。梅氏认为,关于情境问题的讨论,应该以人们接触社会信息——自己和别人的消息为焦点,从信息系统方面去考虑情境,拓宽情境的概念。由于信息不但在自然环境中流通,而且也通过媒介流通,因此,在这种拓宽了的社会情境概念的基础上分析人们的行为,就应当把媒介所造成的信息环境放在重要的位置上来考虑。

### (二) 传播情境的影响和制约

梅罗维茨提出了传播情境对人行为的影响和制约的观点,认为不同情境的分离使不同行为的分离成为可能。他在《空间感的消失》一书中指出,真正不同的行为需要真正不同的情境。对于每个社会情境来说,人们都需要一种明确的界限。因为人们需要始终如一地扮演自己的社会角色。随着传播情境的变化,人们要不断地变化自己的角色和态度。例如,一个公司职员在上司面前扮演一种角色,在同事面前他扮演一种角色,回到家里他又扮演另外一种角色,这是三种不同的情境所造成的。当这三种情境合而为一的时候,传播者就会感到困惑,不知所措。梅罗维茨把情境分离和结合看成是一个动态的过程,"制约情境的分离和结合形式的因素包括个人生活决策和社会对媒介的运用"。[1]梅罗维茨还用黑人领袖卡迈克尔在演讲中所遇到的难题来证明媒介传播情境对于人的传播行为的制约。在卡迈克尔的宣传活动中,广播、电视等媒介混合了白人接受情境和黑人接受情境,使卡迈克尔无论使用其中哪一种情境的传播方式,都会产生不良的传播效果,而对他反种族隔离的论题来说,根本找不到一条中性的演讲方式,因为它必须旗帜鲜明。这样,可能出现的结果是要么得罪黑人,要么得罪白人。

### (三) 电子媒介促成情境合并

正是基于对广播、电视能混合传播情境的认识,梅罗维茨进一步提出了电子媒介能促成情境合并的观点。而情境的合并,包含了三个层面的内容:一是知识结构层面所形成的情境合并。与电子媒介相对的是印刷媒介,印刷媒介的传播必须借助文字符号的编码与解码过程,因此文化程度决定了人们的接受水平,也就自然而然地形成了不同的受众群体,这些不同的受众群体自身形成了一个个传播情境。那些文化水平低的受众必须先读简单读物,再慢慢提高,最后才能读复杂读物。但是电子媒介就不存在这样的情况。由于电子媒介所展示的是人们日常生活的视、听形象,几乎"不是一种代码",因此人们不必先看简单的电视节目,然后才能看复杂的电视节目。毫无疑问,电子媒介促成了受众群的合并,原先由印刷媒介造成的多重情境得以合并。二是生活风尚的合并。由于电子媒介逼真地再现生活经验世界的视听形象,造成了不同类型受众群对信息更大程

---

[1] Meyrowitz. J., No Sense of Place, Oxford University Press, Inc., New York, 1985, p.43.

度的分享，从而促成了许多公众活动领域的合并。例如，A地的人不了解B地人的生活情况，B地的人也不了解A地人的生活情况，他们彼此生活在自己封闭的情境中，通过电子媒介，人们结束了"老死不相往来"的局面。A地的人知道B地的人在干什么，B地的人也知道A地的人在干什么。这样彼此互相影响，最后在生活习俗、文化方面的差异越来越小，形成了情境的合并。三是公私情境的合并。通过电影、电视，人们可以观察到别人的私生活。梅罗维茨把这一现象称为私人情境并入公众情境。由于情境的合并，原先生活经验中的神秘因素没有了，它直接导致了民主意识的产生。

梅罗维茨的理论在传播学研究中具有一定的地位和影响，他提出的媒介情境说，可以说是有一定见地的。这一理论摒弃了那种认为媒介在强大的受众面前显得无能为力的观点，突出了媒介在创造情境中的积极作用。其观点具有一定的独创性。

### （四）梅氏理论的不足之处

梅罗维茨理论的缺陷也是很明显的。首先，媒介情境论的出发点是社会情境决定人的行为，即情境决定论。情境决定论忽视了内在因素在接受过程中的作用。梅罗维茨提出媒介影响社会情境最终影响人们的社会行为的观点过于夸大了媒介在人们行为过程中的作用，梅氏甚至还走极端地提出，电子媒介能制约社会变化。这些显然都犯了片面化的错误。

其次，梅罗维茨在他的《空间感的消失》一书中把媒介内容与媒介本身混为一谈，与麦克卢汉如出一辙。虽然电子媒介能将人们的生活情境合并，但没有电子媒介，人们的生活情境仍然会合并，只是时间的问题，可以说真正使情境得以合并的是人类之间的交流。例如，巴黎流行的生活时尚传到东京，于是在东京也开始流行，使得两地生活情境渐趋相同，人们在食品、服饰、化妆等消费观念方面已没有多大差异，此时我们可以说，情境渐趋合并。没有大众媒介的传播，法国的生活时尚仍然能传到日本，并能在日本流行。大众传播媒介只是人类的一种交流方式，但不是唯一方式，因而也不是促成情境合并的唯一因素。

梅罗维茨在20世纪80年代初就对人类的传播媒介进行展望，认为随着现代传播技术的普及，人类又重新回到了"部落社会"，这与麦克卢汉在60年代所作的预测不谋而合。确实，媒介在社会发展中的作用越来越大，它促使人们以科学的态度来研究它。值得注意的是，西方传播学学者的研究虽然有许多值得借鉴的地方，但也存在许多缺陷，特别是这些理论中的唯心主义色彩以及形而上学的研究方法，都是我们所要摒弃的。

# 第六章

# 传播的对象——受众分析

## 内容提要

1. 大众传播的受众内涵
2. 受众在传播过程中的构成特点
3. 几种常见的受众理论
4. 受众在传播活动中的心理机制
5. 什么叫反馈
6. 受众调查
7. 大众传播与民意测验

## 要点提示

受众是信息传播的对象或"目的地",是传播过程得以存在的前提,同时又是传播的反馈信源。同传播者与信息一样,我们把受传者从传播过程中分离出来单独加以讨论。

1. 传播的受众是媒介产品的消费者、传播活动的目的地,是传播内容的归宿,同时又是传播活动的积极参与者,其外延为读者、听众、观众。受众的概念很少用于人际传播。

2. 受众在传播过程中的构成特点。

3. 几种常见的受众理论:个人差异论,社会类别论,社会关系论,文化规范论。

4. 受众在传播活动中的心理机制。
5. 什么叫反馈？反馈的代表性、间接性、延迟性、累积性、机构化、量化等。
6. 受众调查是提高大众传播效果的一个重要途径，其内容主要是了解受众的需要和兴趣，了解各阶层受众对传播内容和形式的反应。受众调查的主要形式有：受众来函、来电，综合调查，专题调查。
7. 民意测验是对人民群众的见解和态度进行调查的活动。民意测验的作用。

# 第一节 大众传播的受众内涵

大众传播学是一门系统化的行为科学，它是研究人类如何以语言或其他符号形式来影响他人行为的一门学问，从本质上说，它属于"人学"范畴。在信源→传播者→编码→传播→解码→受众这一系统中，传播者与受传者的角色都是由社会中的人来扮演的。

但是，决定传播活动效果的主体是谁呢？从现代传播学角度看，传播活动的主体不仅有传播者，还有受传者，是他们双方共同作用，促成了传播的进行。过去的观点认为，传播活动中传播者处于主动或进攻的地位，传播的效果完全取决于传播者的努力，而受传者则是被动地承接。从第二次世界大战时期德国纳粹党的宣传部长戈培尔的"宣传就是一切"，到后来出现的"枪弹论"、"注射说"，无不认为受众在强大的传播攻势面前无能为力。

随着科学的方法，特别是科学的分析方法介入传播学，使得困扰人们的一些问题迎刃而解。人们不再认为传播是一种单向行为，一种具有普遍性的观念已形成——受众不仅是有分析、有选择地接受媒介，而且越来越多地参与信息的采集、编制和传递过程，对传播的质量起到越来越大的作用。

## 一、受众的内涵

现在让我们来看看受众的具体内涵。受众（audience，一译阅听人）是传播对象——受传者的集体概念，它是传播过程中的五要素之一。按照《中国大百科全书·新闻出版卷》（上）的解释是："接受信息传播的群众。原指演讲的听众，引入传播学后泛指报刊、书籍的读者，广播的听众，电影、电视的观众。"这些是最简单的受众形式，直接成为学术研究的对象。其焦点是人数——某一媒介内容接受的总人数,其中包括:① 潜在公众(potential public),指拥有传播工具的人,如家里有电视的人口;② 有效公众(effective public),实际上能够接受到讯息且能理解讯息的人;③ 特定公众(particular public),能够理解且能实际运用的人。

受众这一概念就其发展历史来说,与商业化社会的消费大众的概念有着密切的关系。1456年,德国人戈登堡在羊皮纸上印刷了《圣经》,使受众的意义有了实质性的扩张。信息通过机械几乎无限地复制,受众的数量大大增加了,受众也不再需要和传播者处于同一时空内了。18世纪后期到19世纪中期,英、美、法等西方资本主义国家先后完成工业革命。工业革命使得人口城市化,工商业发达,广告增多;印刷、造纸技术的革新,降低了报纸的发行成本;教育的普及扩大了报纸的读者面,广大市民(无产阶级)和中、小资产阶级成为报纸的读者对象。此外,资本主义的政治民主化,也削弱了对媒介的政治控制。报纸成为商品,媒介成为经济上独立的企业,其直接目的是赚取利润,其收入的主要来源是广告费。从19世纪30年代起,新闻面广、文字通俗的商业报纸(廉价报纸)取代政党报纸成为主流,西方各资本主义国家相继进入报纸大众化时期(商业报刊时期)。受众作为群体概念,也是报业商业化竞争背景下的产物。

可以简单地说,受众是大众传播媒介产品的消费者,它是传播活动的目的地,是传播内容的归宿,同时它又是传播活动的积极参与者,没有受众的参与,传播活动就不完整。所以,受众在传播过程中占据很重要的地位。这些都可以算作是受众概念的内涵。那么,它的外延又有哪些呢?很显然,受众的外延包括报纸、杂志、图书的读者,广播的听众,电影、电视、新传媒的观众(读者)等。一般说来,受众的概念多用于公众传播和大众传播,而很少用于人际传播。例如,在面对面的传播中,谁是传播者,谁是受众,很难分清,而且传播者、受众的地位很不固定。人际传播往往在极有限的人际范围内进行,"众多的接受者"概念无从谈起,所以,只有在大众传播领域使用这一概念才比较贴切。

商业报刊时期,新闻媒介由少数几家大财团所有,自然要代表财团的利益。媒介的主要收入来源是广告费,报刊的版面编排、广播电视的播出时段都要受到广告商的影响。为了让广告被更多的消费者看到,花钱更合算,广告商选择的是能拥有较大受众群的媒介。为了争夺广告收入,媒介就要追求受众数目,"多数法则"是媒介的金科玉律。出于媒介工业的需要,受众研究得到了重视。

## 二、受众观念的发展历程

### (一) 早期的受众认知

受众观念的发展经历了从早期的"靶子论"、"缓冲体论"、"使用与满足论"、"亚文化群体论"到"受众商品论",对受众的认知经历了一个螺旋式上升的过程。

**1. "靶子论"**

"靶子论"是与"魔弹论"相对应的,其基本的观点是受众如同射击场上的靶子,只要被魔弹击中,便会应声而倒。"靶子论"或者"魔弹论"的实质都是过于夸大了大众传播的影响力,认为受众在媒介面前毫无头脑,只能坐以待毙。这也是劝服传播研究的出发点。20世纪40年代,著名传播学家拉扎斯菲尔德等人通过对美国总统选举进行的调查研究发现,大众传播媒介对于公众的投票选择的影响非常小,受到媒介影响的投票人不到5%,并且这些投票人也主要是受中介因素(如"意见领袖")的影响的结果,而不是媒介影响的结果。由此可见,受众并非是毫无主动性与辨别力的传播对象,更谈不上是"中弹即倒的靶子"。

**2. "缓冲体论"**

"缓冲体论"是华裔学者李金铨在总结了20世纪50年代和60年代传播研究的主要活动和成就时提出的。他认为,那些个体差异、组织类型、社会关系、宗教团体等都构成了社会的一个个"缓冲体",这些缓冲体把媒介的信息加以解释、扭曲、压制,信息一旦到达受众身上,已经和原面目不同了。受众受信息的刺激已变得十分微弱,媒介不足以对受众产生多大的影响。

**3. "使用与满足论"**

20世纪70年代,传播心理学研究取得一些突破性进展,随着"使用与满足论"的提出,人们对受众的认识又有了进一步的提高。这一时期,受众的主观能动性被重新认识。随着有线电视、卫星电视的发展,电视频道数目几乎无限增长。受众对电子媒介的接受已经从被动的"有什么看什么"转入主动的"看什么选什么"。遥控器的出现,更使得电视的传播过程取决于受众个人。美国心理学家鲍尔(R. A. Bauer)发表《顽固的受众》(Obstinate Audience)一文,认为受众是顽固的,媒介不可能轻易地影响受众。受众的真实存在状态就如同自助餐厅里的食客,他使用媒介以满足自己的特定需要,这样受众的地位被突出了。这就标志着传播学研究从"以传播者为中心"向"以受众为中心"的转向。

### 4．"亚文化群体论"

"亚文化群体论"是文化研究的发现。研究者发现，从社会角度来考察受众与从文化角度来考察受众有着不同的取向，也会产生不同的影响。因而，把受众视为亚文化群体会有别于前一种视野。处于亚文化中的受众，他们不仅仅区别于大众，也不是单纯的社会类别所能区分，他们有自己的话语、价值观和意识形态，他们构建了自身的文化，而这对大众传播中信息的接受与理解产生了影响。文化研究工作最有成效之处在于它试图把受众理解（解码）的问题与一些决定性指标联系起来。文化研究寻求话语过程、文本过程和社会过程的直接联系，从而把受众和权力问题重新放在有根据的阐释实践的中心位置，即必须把受众构想成是由不同社会地位的个别解读者群体所组成的。个别受众的解读是由存在于个人之前的共享文化形式和实践所构架而成的，即从个人在阶级结构里的客观地位中派生出来的因素决定了这些共同的"取向"。这些客观因素必须被视为个人经验的设定参数，尽管它们不是以机械方式"决定"意识，人们理解自身状况并通过亚文化和意义系统与之对抗。

从表面上看，亚文化的受众研究方法有很突出的优点：它既能从理论上说明决定个人解码的话语因素，又能说明社会结构的决定因素。它把社会文本置于有限的多义性（limited polysemy）观念之中。"优先解读"的模式和译码结构（主导的、协商的、对抗的）构成了调查话语结构、社会地位和由地位决定的阐释实践之间联系的方法。但是，更进一步的观察表明，这样调查受众成员的实践是有局限的，在它的框架内引发了更大的理论难题。文化研究的受众研究传统，显然从属于自阿尔都塞、葛兰西以来的结构主义意识形态研究，是"民主"社会诸范畴讨论的一部分。这种研究类型有其先天不足。决定因素的指标使文化研究中的受众地位并没有它们看起来那样复杂。所调查的阶级话语能力和译码实践只沿着权力这个唯一的轴心：在社会形成过程中占主导地位的表达的再生产（主控意识形态的再生产）。

### 5．"受众商品论"

"受众商品论"是20世纪70年代以来，政治经济学派的观点。政治经济学派关于受众的核心观点是把受众视为商品。该派的代表人物达拉斯·斯迈思（D. Smythe）认为，受众商品是一种被用于广告商销售的不耐用的生产原料。受众商品为买他们的广告商所做的工作就是学会购买商品，并相应地花掉他们的收入。一般来说，大众媒介的商品就是它向广告商出售的广告时间或空间，如电视的广告时段、报纸广告版面等。斯迈思对此提出了质疑，同样大小的广告版面及同样长短的广告时段在价格上为什么会存在着巨大的差异呢？原来是受众的多寡在起作用。也就是收视率、读报率、点击率等因素在起作用,换句话说就是受众的行为起着至关重要的作用。因此,斯迈思认为,这些商业媒介表面上生产的是一些新闻娱乐节目,但事实上媒介不过是用这些节目换取受众的注意力,再把受众注意力出售给广告商,受众的听和看才是真正被出售的商品。这里,媒介与受众有一个未成文的交换契约,即媒介用节目内容交换受众的注意力。斯迈思进一步指出,受众由于花费他们的空闲时间来阅读媒介,事实上他们是在为广告商工作,他们的工作被包装成一种新型的产品卖给了广告商,而全部的商业媒介就建立在这种对受众剩余价值的经济剥削上。

## (二) 受众研究的新观念

对受众的重新认识,使得受众研究的新的范式产生了。美国学者费斯克在《传播符号学理论》中将传播研究划分为"过程学派"和"符号学派"。过程学派注重研究信息传播效果,侧重于传播者"如何使用媒介和管道",它"视传播为某人影响他人行为或心理状态的过程";符号学派则"关注文本的文化角色",注重研究意义的产生和交换。它"不认为'误解'必然是传播失败的证据,因为误解可能来自传送者和接受者的文化差异",也就是说传播的失败可能源自传播者和受众对本文的不同理解。在意义产生的角度上,受众这个名词被"解读者"替代。传播研究的任务就是要回答文本是如何被解读的,解读是积极的而不是消极被动的接受行为。[1]

1990 年,丹麦学者克劳斯·詹森(Klaus Bruhn Jensen)和瑞典学者卡尔·罗森格伦(Karl Eric Rosengreen)在《受众研究的五种传统》一文中指出,现代大众传播的受众研究中存在着五种不同的传统:效果研究、使用和满足研究、文学批评、文化研究和接受分析。[2] "接受分析"来自德国学者尧斯的"接受美学",它强调读者(受众)在文本意义生成中的重要作用,此理论接近于费斯克所说的"符号学派"。该理论把传播符号的译码者——受众看作文本意义的生产者,有所谓"一千个读者一千个哈姆雷特"之说。认为真正的意义生产在读者的阅读阶段,受众主观能动性被突出来了,文本的意义是文本与受众互动的结果。

1994 年,英国学者麦奎尔在《大众传播理论》一书中提出,在受众研究领域,除了结构主义传统、行为主义传统之外还存在着第三种传统即"社会-文化的传

---

[1] [美]约翰·费斯克.传播符号学理论.台北:台湾远流图书出版公司,1997:14-15.
[2] [美]克劳斯·詹森,卡尔·罗森格伦.受众研究的五种传统.见:[英]奥利弗·博伊德-巴雷特等.媒介研究的进路.北京:新华出版社,2004:212.

统"。这一传统包括批判研究、文学批评、文化研究、接受分析。批判研究紧扣统治权力和传播媒介的关系问题,揭露权势集团是怎么操纵和控制传播的。但对受众研究而言,这只不过引起了研究者对受众的重视。文化研究派对受众的关注是其后期社会学研究方法的介入。其受众研究的代表人物是斯图亚特·霍尔(S. Hall)和大卫·莫利(David Morley)。

霍尔于1973年提出传播过程中不同文本解码方式的假说,它区分了三种解码方式:① 优先的解读(preferred reading):文本作者意欲表达的字面意思和言外之意成为理解的框架,解码的运作在文本的"主控符码"(dominant code)之中进行;② 协商的解读(negotiated reading):解码或多或少地是与"主控符码"协商(negotiate)的过程;③ 抵抗式解读(oppositional reading):用替代的参照框架反驳讯息。大卫·莫利1980年在他的著作《全国观众》(Nationwide)中检验了霍尔的模式。莫利对两段《全国观众》节目的研究表明,不同群体对《全国观众》的反应很不一样,这些差异反映了受众在话语和制度中的不同位置。"一般而言,研究结果大多认为符号学和结构主义高估了文本助长主控解读(dominant reading)或优先解读的力量,同时也低估了读者从其所处社会情境来解读文本的能力。"[1]

20世纪80年代,文化研究首倡"民族志的受众研究"。民族志原本是人类学的一种研究方法,主要是通过参与观察法和深度访谈法,在一种比较自然的环境中了解并描述某一种文化或族群中人们的日常生活。代表性的研究有二:一是莫利的"《全国观众》研究";二是霍布森(D. Hobson)的"家庭主妇与大众媒介研究"。特别是后者,被认为是受众研究史上第一次采用了真正意义上的民族志方法。与量化实证传统不同的是,民族志的受众研究强调在一种自然的环境中收集资料,并将所获得的事实资料作为揭示受众行为的依据。例如,莫利在研究家庭观看电视的方式时,发现不仅在中产阶级家庭甚至在都市中下层家庭里,看电视成为家庭性别政治的一部分,看电视助长了男性的权力,电视遥控器几乎毫无例外地放在了丈夫座椅把手上。他的权力施展于三方面:看什么、如何看、如何评价。民族志学者要客观地、科学地成为一个经验主义(实证主义)的观察者,观察受众如何接触媒介、看什么内容、由谁主导、在什么时间接触媒介、接触媒介多长时间、受众和谁一起接触媒介等问题。

---

[1] [美]约翰·费斯克.传播符号学理论.台北:台湾远流图书出版公司,1997:207.

## 第二节 受众在传播过程中的构成特点

在大众传播中，传播者与受传者不能进行直接的面对面的交流，它是一种扩散型传播。传播者的构成比较单纯，而受众的构成则十分复杂，在前面"概论"部分里，我们对此已作了论述。那么，大众传播的受众构成有哪些特点呢？

### 一、受众在数量上难以统计

大众传播是一种由点到面的扩散型传播，大众媒介传播的覆盖面广，受众的数量十分庞大。任何内容只要经过大众传媒的传播，它就可能拥有很多受众。许多大众传播媒介不仅拥有固定的受众，还拥有一定的处于游离状态的受众。有些人天天看电视，有些人则是偶尔看一下；有些人只看报纸或只看电视，有些人则既看报纸、书刊，也要听广播、看电视；有些人订阅报刊、安装有线电视，有些人则想看报纸时就看报纸，想看电视时就看电视。总之，受传者千差万别、形形色色。世界上著名的传播机构，如BBC、哥伦比亚广播公司等在全球所拥有的受众恐怕是无法统计的。在我国，大众传播媒介的受众数量也是十分庞大的。

从广播媒介的受众情况来看，在电视媒介没有普及的情况下，大众传播电子媒介的受众为广播所垄断。随着电视的普及，广播的一些受众有所流失，但仍然有很多人收听广播。在许多不发达国家，广播是主要的传播工具；即使在发达国家，广播仍是主要的、必不可少的传播工具。由于收音机具有携带方便等特点，至今仍是大多数人的"宠物"之一。在中国，许多老年人主要通过收音机欣赏他们所喜爱的戏曲、评书等节目，青年人也喜欢通过收音机欣赏流行歌曲和其他一些他们所感兴趣的节目。

报纸的受众自20世纪以来一直呈上升趋势，全世界目前有十几亿人阅读报纸。在中国，几乎每户城市市民家庭都订阅报纸。中国是一个人口大国，其报纸发行量在世界上名列前茅。根据报业权威机构的统计，报业协会公布了世界日报发行量排名，中国共有25家报纸进入百强。据统计，在中国发行量超过100万的报纸有10多家。在网络时代报纸仍然拥有很多受众群体，美国的《纽约时报》在其他报纸发行量下降的情况下，定位服务高端人群，仍然逆势增长，拥有很大的发行量。在中国，一些都市报为民众所喜闻乐见，如《南方都市报》、《南方周末》《新民晚报》等都是深受广大读者欢迎的报纸。

今天,人们除了从电视、报纸、广播等传统媒介上获取信息外,还可以从互联网上获取信息。到2005年年底,中国网民已突破了一个亿,成为世界上网民最多的国家。网络已成为现代人不可缺少的传播媒介。

随着教育的不断发展、大众传媒的不断普及,大众传播的受众数量还会不断上升,与人际传播、组织传播的受众相比,大众传播具有在传播效果上难以控制和人数上难以统计等特点,这是大众传播的优点,同时也是它的缺点。因此,任何宣传机构或宣传者在运用大众传媒进行宣传时,都必须考虑到受众的这些特点,扬长避短,从而取得最佳宣传效果。

## 二、受众构成成分复杂

形成大众传播的受众成分复杂的原因很多。一方面,大众传播媒介很多,有报刊、图书、广播、电视、网络化传媒等。各种媒体的栏目、内容也不尽相同。媒体和传播内容的复杂决定了受众成分的复杂。有些人喜欢看电视不喜欢看报纸,有些人喜欢看报纸不喜欢听广播,有些人喜欢听广播、看报纸不喜欢看电视,有些人广播、电视、报纸都喜欢。同样看电视,有些人爱看文艺节目,有些人爱看新闻,而有些人所有节目都爱看。媒体与内容的丰富性,造成了受众的多种接受倾向,也自然地使受众形成了不同的阶层。另一方面,受众自身的年龄、兴趣爱好、文化修养、职业习惯等因素的影响,造成了受众队伍的庞杂。从年龄层次上看,老年人大多喜欢听戏曲、看晚报,青少年爱听流行音乐、看足球;从文化层次上看,文化水准较高的人爱看新闻,关心时事动向,文化水准较低的人爱看通俗娱乐性节目;从职业习惯上看,从事研究工作的人往往比较注意本专业的发展情况,对报纸、杂志等所传播的内容往往依据自己的职业需要进行阅读,而从事一般劳动的人,则往往在内容选择上采取无所谓的态度;从兴趣爱好看,爱好体育的人往往注意收听、收看、阅读体育类的节目和消息,而爱好文艺的人则往往爱看文艺节目;从性格差异上看,同样是看电视剧,性格开朗的人常爱看喜剧,而性格内向的人则比较容易选择悲剧。总之,每个受传者都是富有个性的单个人,这就决定了大众传播受众构成的复杂性。

## 三、受众是富有个性的单个人

大众传播的受众的个体特点决定了受众的"无组织性"。大众传播的传播者面对的不是经过组织的、成千上万集结成群的"众",而是分散在各个角落里的一个个"人"——个体,这就意味着,编辑、记者、节目制作人所写的文章、制作的节目实际上是给某"一个人"阅读、观赏的。节目主持人面前的话筒是公众中某"一个人"的耳朵，而摄像机镜头则是观众中某"一个人"的眼睛，只不过现代化的传输手段把个人的感触器官延伸到播音室或新闻现场而已。受传者分散在各个地区、各个角落、各行各业，他们彼此之间没有约束关系和组织关系，对于媒体和内容的选择也是绝对自由的，他们凭着自己的兴趣爱好选择媒体和信息。受众的分散和无组织性也决定了他们的不固定性。大众传播的传播者无法知道究竟有多少人、哪些人使用自己的媒体，也无法知道他们在什么时间使用和不使用自己的媒体，至于了解他们的文化水平、年龄层次、兴趣爱好，更是十分困难。

### 四、受众接受活动的"休闲性"和"家庭化"

人们接受大众传播媒介传递的信息，除了专业或特殊需要外，往往是在工作或劳动之余进行，在这个时间内，人们读报、听广播、看电视。人们在休闲时间内接触大众传播媒介大都带有娱乐和消遣的目的，因此在这种个人需求的潜意识作用下，对传播内容的选择带有相当大的随意性。受众阅读活动的"休闲特征"已引起传媒部门的注意，近年来，许多广播电视台增设的"经济台"、"文艺台"、"体育台"，许多电视台增设的"新闻频道"、"社会频道"、"综艺频道"、"电影频道"，许多报纸不断扩大版面，附设各种"晚报"、"周末报"、"星期特刊"等，都是媒介"休闲化"的产物。而这种休闲化的接受活动通常又是在家庭中进行的，家庭成员共同收看同一台电视机，收听同一台收音机，阅读同一张报纸，家庭是一个自如、舒缓、轻松的环境。现代社会的高楼大厦把人们之间原先存在的交流关系割断了，人们被封闭在"金丝笼"般的家庭里，几乎什么活动都可在家庭中进行，电影可以在家中看，甚至工作也可以在家中进行。人们需要交流就使用电话，不必走出家门。总之，家庭成了大众传媒的一个"终端"。

国外有些传播公司为了准确收集到反馈信息，还专门研究接收设备在各个家庭中的分布情况和置放地点。例如，收音机和电视机放在客厅或书房的家庭占多少，放在卧室的占多少，放在厨房的占多少，等等。这使传播者非常清楚地了解受众所处的语言环境，以便根据不同的时间和不同的对象随时调整自己的播出内容、说话方式和语调等，从而达到最佳的宣传效果。这里所说的"休闲性"和"家庭化"不是绝对现象，有些如在电影院里看电影、在教室里看书等都是受众的常见行为，我们这里主要强调的是一种总体倾向，电脑网络普及以后这一倾向将更为明显。

### 五、受众在接受活动中的积极态度

我们上面讲过,受众具有人多面广、无组织、不固定等特点,其接受行为带有很强的随意性。早期传播学研究者据此提出了受众理论。早期的受众理论认为,受众是一个机械的反应体,只有媒介对他们施加某种信息刺激,他们才会作出相应的反应。"靶子论"错误地认为,媒介传播的内容就像枪里射出的一发发子弹,受众则好比射击场上孤零零的靶子,中弹即倒。事实上,受众并不是完全消极地、被动地接受信息,而是积极地参与阅读、视听活动。例如,订阅报纸的读者,在未拿到报纸之前,总是在想今天又发生了什么事,又有什么新的消息;爱看电视的观众往往要订一份电视节目报,有选择地观看电视。在对某一具体信息的接收上,受众更是表现出一种积极的态度。例如,观看奥运会比赛,爱好体育的受众总是看完今天的实况转播还要接着看明天的转播,一定要看到最后的决赛分晓;从事股市交易的人,每天总要关注报纸、电台、电视台所公布的股市行情;爱看电视剧的观众往往为剧中人物命运所吸引,穷追不舍地一集一集往下看,有许多人为主人公一洒同情之泪,有许多观众还写信给电视台,要求对人物命运结局作重新安排。有些很有现实意义的节目播出后在受众中反响很大,受众往往还要求重播。例如,中央电视台的《百家讲坛》栏目播放了"易中天品三国"、"刘心武揭秘《红楼梦》"等节目后,许多观众纷纷打电话、写信给节目组,要求重播这一节目。从这里我们可以看出,受众的接受活动不是被动的、消极的。受众往往能够对传播内容进行独立的思考,有独立的判断能力,至于受众积极、主动地参与传播的程度则因人而异,传播的效果本身就是很复杂的,它允许差异存在。

## 第三节 几种常见的受众理论

西方早期致力于传播学研究的学者对于受众研究也投入了极大的热情,他们运用实证研究的方法,推翻了"靶子论"的传统观点,认为受众与媒介之间有一个缓冲体,媒介发出的信息,经过受众之间一系列的群体网络的缓冲与消解,最后已是强弩之末,不足以对受众产生多大的影响。特别是在媒介发达的现代社会,人们的社会阅历、文化素质都在不断提高,尽管仍然存在一些"中弹即倒"的受众,但毕竟受众的识别能力、主体意识都在不断提高。受众是一个个有血有肉、有七情六欲的人构成的,这一点造成了受众的复杂性。"靶子论"恰恰忽略了受众的个性差异,认为他们是清一色的、毫无头脑的接收者。这些观点在 20 世纪 40 年代后期就引起了学者们的怀疑,针对"靶子论",后来的西方学者提出一系列新的受众理论观点。美国的传播学研究者德福勒将学术界的主要观点归纳为四种:个人差异论、社会类别论、社会关系论、文化规范论。

## 一、个人差异论

个人差异论是由美国学者霍夫兰于 1946 年率先提出的。这一观点的核心认为,媒介信息包含了特定的刺激性,这些刺激性与受传者的个性特征有着特定的相互作用。世界上根本不存在整齐划一、一成不变的受传者,个人差异的存在,造成受众对同样的信息会产生不同的理解,换句话说,同样的信息对不同的受众会产生不同的影响。在有些人看来大为感动的东西,在另外一些人看来也许就是无所谓的事情。个人在生理、心理方面的(如年龄、性别、性格、兴趣爱好)以及在文化素养、职业习惯等方面都存在差异,德福勒把这些差异归为五种:① 个人心理结构方面的;② 先天禀赋与后天习性的;③ 认知态度价值标准方面的;④ 社会理论所形成的观点或主张方面的;⑤ 文化素质方面的。由于受众存在这些差异,因此,差异论的学者们认为,受众的阅读行为存在"选择注意"和"选择理解"两大特点,这两种带有主体性的行为,是对"靶子论"的有力反驳。

## 二、社会类别论

社会类别论认为,按照性别、年龄、种族、宗教、政党、文化程度、收入、职业等社会要素,可以将受众划分为不同的社会群体类别。同一社会群体的成员对大众传播内容的注意与反应形式、对于传播工具的选择都是大体一致的。社会类别论实质是对个人差异论中的文化素养、职业习惯等因素的放大和扩展。个人差异论强调的是不同的个人对相同的信息所作的不同反应,社会类别论强调的是不同的群体对相同的信息所作的不同反应。例如,中国北方人喜欢听收音机里播放的北方戏或京剧,而南方人则比较喜欢听南方戏,如越剧、昆曲等。美国传播学学者赖利夫妇(Mr. Lyre & Mrs. Lyre)在他们 1959 年发表的论文《大众传播与社会系统》中揭示了基本的社会群体在传播过程中所扮演的角色。他们认为,属于某个社会群体类别的受传者,具有大体相似的社会观和价值观。这一点从以上的例子中已得到证实。因此,大众传播媒介可以针对不同的社会群体类别去制作信息,实行最为有效的传播。

## 三、社会关系论

社会关系论是西方传播学界常见的理论观点之一。早期的受众理论仅仅局限于受众的个人因素,而忽略了受众之间彼此的关系,因而难免把受传者看成挨打的活靶子。西方传播学研究的先驱拉扎斯菲尔德、贝雷尔森的研究成果证实了组织或团体对于受传者在接受信息过程中的影响力的存在。政治、宗教、社团、党派等社会关系对于传播者接受信息有着直接的影响。

社会关系论还认为,当某一组织利用某一媒介来批判、攻击另一组织时,被攻击的组织成员必将会排斥这一媒介。在不甚严重时,被攻击的组织就会对传媒的不同意见作出解释,以消解对方宣传所带来的不良影响。我们党在对待西方国家某些新闻媒介的反动宣传时所采取的某些对策,即印证了这一点。

## 四、文化规范论

文化规范论与麦克卢汉的"媒介讯息说"有着很大的关系。麦克卢汉在他的《理解媒介——论人的延伸》一书中提出了著名的"媒介三论",其中就有一个震惊传播学界的"奇语"——"媒介即讯息"。他认为渠道(媒介)比传播内容(信息)更为重要。

一切传播媒介都在彻底地改造我们,它们在私人生活、政治、经济、美学、心理、道德、伦理和社会各方面的影响是如此普遍深入,以至我们的一切都与之接触,受其影响,为其改变。媒介即讯息。

麦克卢汉的这一论点,直接影响了"文化规范论"的产生。文化规范论也认为,传播媒介能够对受众产生很大的影响,足以使受众产生新的观念,并按照媒介所树立的文化道德规范行事,接受信息,并依此对信息进行是非判断。例如,我国的报纸、广播、电视里经常宣传先进人物的事迹,目的是倡导一种好的社会风气,树立好的社会风范,观众长期受这类宣传的影响,就会自觉不自觉地按照媒介所宣传的是非标准、价值观念进行判断、取舍,久而久之,媒介所宣传的好的社会风尚就会深入人心。

文化规范论,表面上看似应属于传播效果,但实际上,德福勒所讲的文化规范论是侧重于传播效果产生后对于受众接受信息的影响,即受众如何接受信息。在他看来,受众如何处理信息与他所受媒介传播的文化规范有着直接的关系。

## 第四节　受众在传播活动中的心理机制

### 一、施拉姆的"选择或然率公式"

麦克卢汉认为,受众是众多不同媒介给予轰击的焦点。而受众在传播过程中不是消极、被动的"靶子",他们往往是主动的、积极的。那么,哪些因素决定受众使用某一传播媒介,以及使用到何种程度?施拉姆在他1973年出版的《男人、女人、信息、媒介:人类传播概览》一书中提出如下公式:

$$选择或然率 = 预期能获得的报偿/需要付出的努力$$

在分子项"预期能获得的报偿"中,又包括了"立即能获得的报偿"和"迟缓得到的报偿"两种。硬性新闻如政策消息、国内外重大事件,受众于其中获得报偿都很迟缓;软性新闻如足球赛、股市行情、选美消息等,受众于其中则立即可以得到报偿。实际上,报偿的大小就是受众在信息接受过程中的满足程度。一种特定的大众传播媒介之所以引起我们注意,必定是它传播了我们感兴趣的信息,使我们于其中得到某种满足,如我们之所以一天接一天购买晚报,是因为晚报上登载了连载小说。我们之所以每天都很准时地看电视,是因为电视上播放一部很好的电视剧。人们在对报纸、电视这些大众媒介的追逐过程中实现了自身猎奇、求知、追求真善美等心理欲求。

所谓"付出的努力",是指媒介易得性的大小。对于一种媒介的取得,我们所要考虑到的是所要支付经费的多少以及接受信息所要花费时间的多少。如果我能花很少的钱、很少的时间,并且使用媒介较为方便,那么此时我们所需付出的努力就很小,反之则很大。看电视比看电影方便,去电影院看电影比去戏院看戏方便,所以我们很少去看戏,而通常在家里看电视。我们用预期能获得的报偿除以所需付出的努力程度,我们就可以得出选择某一媒介的或然率。有时候在某种特殊情况下,有些信息突然变得特别重要,值得我们付出任何代价去获取,但对这种信息重要程度的评价,因人因时而异。

要详细分析施拉姆"选择或然率公式"在每个受众大脑中如何运作是很困难的。每个人都是社会大家庭中的一员,由于所处的社会环境和社会地位不同,造成了他们在使用大众传播媒介上的复杂性。不同的受传者往往根据自己不同的兴趣爱好选择对自己有利、有用的那部分信息,以满足自己在某些方面的需要。对自己不喜欢、不关心的那部分信息,他们往往不加理会,甚至会产生反感,如对待看电视时播放的大量广告信息即是如此。这是受众在接受信息和处理信息过程中的选择心理。美国学者佛里德曼与席尔斯曾对"选择性接触"作过一番研究,他们的结论是:人们确实有选择地接触一种传播媒介,他们总是选择一些自己所同意的事物。"参加共和党集会的人士主要是一些共和党成员。参加基督教礼拜堂礼拜活动的人大都是基督徒……《医药月刊》的读者主要是医生。"[1]总之,在佛里德曼、席尔斯看来,趋同心理是选择性接触的出发点。

## 二、受众的选择心理特点

美国的另一位学者约·克拉伯则对受众的选择心理作了专门的研究,他认为受众具有三种选择心理特点:选择性注意、选择性理解、选择性记忆。

### (一)选择性注意

所谓选择性注意,指的是受众根据自己的需要对媒介信息进行选择。实际上,克拉伯所说的选择性注意,就是佛里德曼等人所讲的"选择性接触"。克拉伯认为受众的选择性接触受以下几种情况影响:一是受众往往接受与自己固有观念相近的信息,而对不相近者则加以排斥。二是受众往往接受地理位置接近或心理距离接近的信息。比如,在国外,受众往往关心本国的新闻;在国内,受众往往关心自己家乡的新闻。如果信息是关于许多人的,那么,受众首先关心自己的亲人、朋友,等。

### (二)选择性理解

所谓选择性理解,是指受众对信息从自身的立场、利益出发所作的理解,即仁者见仁、智者见智。人的理解是一个复杂的过程,受众除了对传播的内容进行理解外,还要加入某些自己的主观见解。另外,选择性理解还通常表现为对信息内容作出侧重点不同的理解。例如,有这样一则消息:

北京时间7月10日凌晨2点,2006德国世界杯决赛在意大利队与法国队之间展开。双方在90分钟内踢成1∶1平,加时赛进行到19分钟,齐达内头顶马

---

[1] D. O. Sears, J. L. Freedman, Selective Exposure to Information: A Critcal Review, see W. Scbramm & D. F. Roberts, The Process and Effects of Mass Communication, Urbana, University of Iuinois Press, 1971, p. 209 – 234.

特拉齐领红牌！从慢镜头的回放来看,马特拉齐似乎在对齐达内唠叨着什么,齐达内有些不冷静,头顶正朝他走来的马特拉齐的胸口,后者应声倒地。

主裁判在咨询了助理裁判的意见后,向齐达内出示了红牌。一代足球艺术大师就以这样的方式结束了自己在德国世界杯的表演,无缘大力神杯……

对于上面这段文字,不同的人可以作出不同的理解,"齐迷"会作出有利于齐达内的解释,至于齐达内到底有没有过错则不关注；忠实的意大利球迷,则对齐达内的表现表示不满,认为是法国队打急眼了,才会有齐达内的鲁莽行动的；有人则会站在中立立场,对齐达内和马特拉齐的行为各打五十大板。有人则对裁判的行为比较注意,认为裁判是受了什么因素的影响；有人则会对事件的原因产生兴趣,认为是马特拉齐的言语侮辱、刺激了齐达内才造成齐达内的过激反应……之所以会出现上述种种不同的理解,是因为受众的职业习惯、文化素质、个人的兴趣爱好、对外界发生事件的关心程度及其态度等千差万别,这些因素都直接制约和影响着受众对信息的接受和理解。再如,20世纪80年代我国要实施"三峡工程",有人认为利大于弊,有人则认为弊大于利,为什么同样一个信息会在受众中产生不同的反响呢？其原因正在于此。

### (三) 选择性记忆

所谓选择性记忆,是指受众对强烈刺激自己大脑的信息,如赞成的、反对的或感兴趣的信息内容加以记忆,而对自己不感兴趣的、未对自己大脑形成刺激的内容则加以排斥、遗忘。大众传播媒介每天都传播许多信息,但人们不会把所有内容都记住,也没有必要把所有内容都记住,人们只会把自己感兴趣的、对自己大脑形成刺激的信息内容记在脑海里。有些读者读国外的长篇小说,往往记不清其中复杂的人名、地名和情节,却能记住其中某些特别的片段和人物语言。有些观众看"春节联欢晚会"时对众多的节目记不太清楚,却记住了精彩的小品和相声中的俏皮话,并加以模仿和传播。这些都是选择性记忆在日常活动中的表现。

记忆是一种极其主观的、以我为中心的脑活动,所以记忆的结果,常常是对记忆信息的某一部分印象很深,或者只记忆其中对自己有利的部分、感兴趣的部分。这种选择性记忆在记忆信息的倾向性上不仅受受众的需要、对信息的态度、情绪等心理因素的影响,而且也受信息传播的环境、形式、强度等因素的影响。美国学者科勒、琼斯、列文、莫尔菲等人的实验均证实了个人态度、立场、情绪以及传播环境等对记忆的影响。例如,他们发现那些赞成与共产党国家合作的人对有关与共产党国家合作的言论比不赞成与共产党国家合作的人更容易听得进去。又如,日本偷袭珍珠港之后,美国的传播媒介不停地运转,不断传播美国利益受损的新闻,在这样的传播环境中,人们都不能冷静、理智地思考,只有一个意念:尽快向日本开战。认识到受众选择性记忆的这些特点,传播者才能有针对性地展开有效传播。

## 三、受众对媒介选择的心理动机

### (一) 读报动机的研究

受众对媒介进行选择性接触的心理动机有哪些呢？社会学家贝雷尔逊曾对报纸读者的阅读动机加以研究。他曾趁1945年6月底纽约八家主要报纸的排版工人罢工,大部分纽约市民两个多星期无报可读的难得机会,详细调查读者的反应,探究读者读报的动机和目的。经过调查,他发现读者读报的动机主要有以下几种:

第一,要了解公共事务的信息及其解释。
第二,要从报上寻找到有关日常生活的信息。
第三,为了娱乐、消遣。
第四,为了社会声望。
第五,为了作"替代式"的社会接触。
第六,阅读报纸本身被人们视为"一件好事"。
第七,要维护安全感,所以要读报。
第八,读报已成为一种欲罢不能的习惯行为。

### (二) 收听广播剧动机的研究

至于受众接受信息的动机,社会学家赫尔佐格曾作过专门研究,他对白天在家收听广播剧的美国妇女作过充分的调查,发现听众收听广播剧的动机有以下三种:

一是情绪上的解脱。有的听众把剧中人的不幸作为自己不幸的补偿。当她们知道别人也有困难时,心情就会好得多。有的听众把自己的小困难与剧中人的苦难相比拟,因而觉得自己比那些没有深刻情绪经验的人更能欣赏这种戏剧而产生优越感,于是感到满足。

二是"替代式"参与。有些家庭妇女把剧中人的幸福生活,假想成自己的,从而忘却现实生活中不愉快的遭遇。

三是作日常生活的参考。很多听众从剧中获取一些生活经验。受教育程度越低的人，越认为这种广播剧能帮助解决问题。

这些妇女听众收听广播剧的动机，和贝雷尔逊所发现的各种读报动机的一部分不谋而合。由于收音机的普及，再加上它的携带方便这一特点，广播媒介的"易得性"已基本接近报纸。同时由于电视媒介具有声画效果，加之它正走进千家万户，人们越来越离不开电视。我们完全有理由相信，贝雷尔逊、赫尔佐格所研究的结论，在相当程度上可以适用于其他媒介的受众情况，因为受众接触其他大众媒介的目的基本上大同小异。

### （三）受众对媒介和信息的选择动因

概括起来说，受众对媒介与信息选择性接触的原因可归纳为以下几点。

**1．习惯作用**

人们常常按照其日常生活的习惯去接触某些媒介，而不去接触其他媒介；按照其日常生活的习惯去接触某些信息而不去接触其他信息。

**2．易得性**

人们所使用的媒介，必须是身边有的，或是很容易取得的，尤其当个人对一种媒介并无特殊偏好时，比较容易接触较容易获得的媒介。

**3．一致性**

在一般情况下，人们比较喜欢符合自己现存观念的传播内容，以维持内心的平衡，支持自己原来的信念。

**4．遵从心理**

有些受众在传播过程中受团体或群体的影响，服从于群体的真实的或臆想的压力，而产生某些从众心理，不知不觉地选择某些媒介或信息。

**5．实用意图**

每个人或多或少都存有某些实用心理，他对媒介的需求，是因为媒介能够解答或解决他生活上的某些问题，或者说媒介满足了他生活中的某些需求。

综观以上这些因素，我们不难发现，习惯作用、易得性、遵从心理是受众选择性接触中被动的一面，而一致性和实用意图则是受众选择性接触中主动的一面。无论是主动面还是被动面，都存在着利和弊两个方面。对于传播者来说，要善于发挥和利用其有利的一面，回避和减低其不利的一面，使传播活动更为有效。

## 第五节 大众传播中的受众与信息反馈系统

### 一、反馈的含义

"反馈"一词是传播学研究先驱施拉姆最早从工程传播理论中吸收并使用的。施拉姆认为,大众传播的工作在于求其反馈。那么,什么是反馈呢?我们不妨先举一个例子来加以说明:甲乙两个人在一起交谈,甲向乙说了自己的想法,乙不管同意不同意,都会在当时立即将自己的想法用语言、姿态或沉默传播给甲,这种以语言、姿态或沉默来答复传播者的情形,我们就称之为反馈。简言之,反馈是受众对传播的反应。在面对面传播中,反馈就是一种逆向的传播行为;而在大众传播中,受众的反馈往往不易观察到,其具体情形往往十分复杂。分析、研究受众的反馈,对于提高大众传播的效果,具有十分重要的意义。读者给报纸或杂志编辑的信,文学作品的销售量,出现在报刊上的书评文章,人们停阅一种报纸而改订另一种报纸,不收看这家电视台的节目而收看那家电视台的节目等,都显示了大众传播的效果。受众的反馈信息促进了大众传播工作者对传播内容刻意求新,不断改善传播技术,以争取到更多的受众。

### 二、大众传播中反馈的特点

在大众传播中,受众的反馈究竟有哪些特点呢?美国学者希伯特、安克莱和波恩在他们的《大众媒介:现代传播介绍》一书中分析了大众传播中反馈的六个特性。

#### (一)代表性

因为大众传播的受传者很多,而且十分分散,所以传播者不可能从所有的受传者那里获得反馈。我们只能选择那些理论上可以代表全部受传者的受众代表。

#### (二)间接性

在人际传播中,接受者的反馈是直接反应给传播者的,传播者可以当面看到受传者兴奋的表情或困惑的表情。但在大众传播中情况就不同了,传播者与受传者之间的交流是间接的,当报纸上刊载一篇长篇报道之后,读者中有人可能会写信给报社,而编辑常常只能是从众多的来信中挑选一些加以阅读。

### (三) 延迟性

大众传播的受众反馈几乎都是延迟的,可能延迟几天、几星期、几个月甚至几年。抽样调查同样需要花费很多的时间去完成,所以其结果不会是立即的。通过报纸促销新产品或是通过电视做商品广告一两天内往往很难见效,可能要等上几个星期、几个月甚至更长的一段时间才能见到较为明显的效果。

### (四) 累积性

大众传播中的受众反馈可以是累积的,也可以是不累积的。一个受传者对传播内容的反馈叫非累积性反馈。经过一段时间以后从许多受传者那里获得的反馈,称之为累积性反馈。前者如一位电视观众看完某个电视剧之后的反应;后者如电视的收视率上升了,报纸的发行量下降了。一般说来,累积性反馈对传播者的长期决策有很重要的参考价值,而非累积性反馈则对短期决策有一定的参考价值。大众传播的受众反馈通常是累积性的反馈。

### (五) 收集活动机构化

大众传播的受众成千上万,传播者要想获得受众反应方面的情况,往往十分困难,所以需要有专门的机构来从事调查工作,这些组织机构的任务就是定期地采取各种方式对受众进行调查。像美国的 Gallup、Harris 和 Roper 等,都是在受众调查领域最有影响的机构。中国的社科院新闻研究所、各大学的新闻系以及各地新闻学会等机构组织都承担着受众调查的任务。

### (六) 量化

大众传播的反馈涉及许多人,需要搜集的资料很多,要使这些众多而且杂乱的反馈信息成为传播者更为有效的、直观的参考,就必然要使这些内容量化。如1987年中央电视台在全国电视观众中进行的抽样调查,2007年全国电视观众抽样调查,都是通过量化方法研究观众的。《人民日报》读者调查组所作的全国读者调查等,都采用量化显示的方法。

任何一种传播媒介要想取得理想的传播效果,其基本前提之一就是了解受众接受传播信息的基本行为反应,并据此调整和改进传播内容和传播方式。

## 三、大众传播中受众反馈的类型

### (一) 受众反馈的类型

大众传播中的受众反馈分为两种：一是受众主动反馈；二是媒介调查反馈。

受众主动反馈，产生于一个或多个受众试图将他们的观点或建议传达给大众媒介。这种反馈，媒介成为受众信息反馈的接收者。这种反馈已开始被媒介所注意，它的重点在于受众能够主动提出观点意见，而不是媒介接收这些信息的问题。一些受众主动反馈的典型例子是受众写信给报纸或杂志的主编（或是电台、电视台的负责人），写请愿书到媒介组织，打电话到电台、电视台的"脱口秀"节目，取消订阅某报纸或杂志，还有批评家对某电影或节目的评论。

媒介调查反馈，即媒介必须自己采用一定方法去获取受众信息。这一反馈的原动力来自媒介组织本身。媒介和相关的组织期望获知受众的反应，这和他们的利益息息相关。媒介调查反馈的例子有：电视、广播节目的等级，ABC（Audit Bureau of Circulations，报刊发行审记署）所记录的发行数字，Billboard和Casbbox行业出版物所公布的唱片发行量，Variety报道电影的票房收入，广播系统的调查，报纸发起的读者调查，以及畅销书排行榜等。

### (二) 受众主动反馈与媒介调查反馈的区别

受众主动反馈和媒介调查反馈具有一些普遍特征。将这两种反馈区分开是很重要的，因为，它们的特征很不同，并且在通常情况下媒介调查反馈所得的信息更具指导意义。

**1. 受众主动反馈一般不具有代表性**

在一般情况下，一个写信给报纸或杂志编辑的读者通常年龄比较大（大于三十岁），可能是一个专业人员，受过很好的教育，收入较普遍水平要高。写信给电台、电视台的观众也可能年龄较大，有良好的教育背景，关心公共事务，他们可能独居而不是和其他人一样合租房屋。在对一个电台热线节目的调查中发现，那些打进电话的听众年龄都较大，生活较稳固，大多独居，社会经济地位较低。写到广播电台的请愿书典型地代表了某些兴趣相同的人。公开发表的对一些媒介内容的评论只代表一个人的意见（批评家本人）。在很多情况下，一部获得恶评的电影或电视剧可能很受大众欢迎。如果媒介组织只关注受众主动反馈就不能清楚掌握所有受众的总体情况。

相反，媒介调查反馈努力从受众中选取有代表性的样本。从全国范围或从特定范围内随机选取的样本确保电台、电视台等级的准确。报纸杂志发起的读者调查也是基于随机抽取样本。(一个有 1000 人左右的随机抽取的大样本，通常可以比较准确地反映一个人数更多的社区的特征。)测量电影的上座率和唱片的发行量试图检查市场，也可以反映整个市场的电影走势和唱片购买情况。

**2. 受众主动反馈的信息直接被媒介组织接收**

通常受众写给总编的信被报纸杂志社的雇员读到后很少有被选出刊登。剩下的可能被保存，也可能被扔掉。打到电台、电视台的电话录音可能被剪辑掉，而被粗制的唱片所代替(例如当有九个观众对节目反感，只有三个观众称赞时)。而媒介调查反馈则是由第三方，通常是大的组织调查获取数据。电台、电视台以及网络并不自行搜集反馈数据。他们依靠像 A. C. Nielsen 和 Arbitron 这样的公司为他们提供数据。报纸和杂志的发行数量由 ABC 提供。电影票房收入的数据由专业性报纸 Variety 与标准数据公司合作收集，唱片发行数据由出版物 Billboard 制表公布，图书发行量由 Publishers Weekly 公布。

**3. 受众主动反馈更关乎性质而不是数量**

电视和电影批评家表达自己对电视、电影的反应，但是他们并不能代表观众的观点，并不能反映大部分观众的喜恶。一封来自读者或观众的信仅仅反映了写信人个人的观点。此外，媒介组织普遍在性质方面评价受众主动反馈。组织上千封内容相同的信寄到电视台，其影响力可能比不上一百多封显然是有文学修养的观众自发写的信。当然，存在这样的情况：受众主动反馈的数量被考虑到(例如比较赞成和反对的人数)，但在同时，受众反馈的性质也被考虑。举例来说，因为收到影迷的一些来信，电视剧 Designing Women 恢复了新的一季的拍摄计划。并不是信的数量致使 CBS 作出这样的决定，而是因为写信的观众大多是智力较高，有良好教育背景，显然较为富有的人。相反，媒介调查反馈则注重信息的数量。每一种媒介都依靠一种数字形式的反馈信息。报纸杂志看其发行量，即计算有多少人在报刊亭购买或订阅该报纸或杂志。电台、电视台看其节目的收听(视)率，即收听(看)该节目的人占的比例。电影和音像制品以其票房数字和销售数据作为两大反馈信息。

## (三) 信息与渠道

各种反馈系统在反馈的形式和渠道之间都会给受众提供一个不同的选择。

受众主动反馈时，由受众决定以怎样的形式以及怎样的渠道传达反馈信息。例如，如果一个观众对某个电视节目不满意，他或她可以选择：① 写一封投诉信到电视台;② 打电话到电视台;③ 和其他观众一起向电视台负责人请愿。

媒介调查反馈,由媒介决定采用何种更准确的方法获知受众信息。报纸杂志需要详细的发行量数据和读者数据。杂志收集精确的读者信息,区分读者的人口组成,甚至按照一定标准将他们分类。电台、电视台惯以收听(看)该节目的人占所有人或所有家庭的比例衡量他们的节目。受众更是被细分为各种具有一定相似性的团体。他们的相似性正是广告商和媒介计划人所感兴趣的。电影和音像制品产业趋向于收集销售数据,而不是数他们的受众人数。这样,票房收入的数据能够反映观众的整体情况。这一行业注重收入的底线数字,而不是个别行为。在影视媒体行业,他们并不关心是 20 个人每人花 6 美元去看一场电影还是 10 个人花 12 美元在不同的场合看两遍同样的电影,因为两种情况下票房收入是一样的。类似的,音像制品业记录磁带和光盘的销售数量,监测在广播电台播发的频率以估测受欢迎程度。在所有的情况下,媒介都将采用恰当的反馈形式,获得的反馈数据既对媒介本身也对他们的广告客户很有价值。

受众主动反馈和媒介调查反馈有一个共同点:这两种反馈都具有延迟性。就如第一章所写,写信、打电话、请愿或者取消订阅某报刊这些信息到达媒介恰当的部门或媒介组织中的某个人需要花费一定的时间。同样的,媒介调查反馈收集信息也需要花费时间。ABC 公布的发行数据一年也只更新两次。在电影公映或音像制品上市两周后,票房及销售数据才被统计出。电视节目排名通常在节目播出两周或几个月后才能获知。一些大卖场,借助电脑可在一个晚上的时间就计算出排名。但随着技术手段的不断更新,网上销售已逐渐实现排名的"实时更新"。

## 四、大众传播中常见的反馈方式

### (一) 致编辑的信

报纸杂志的读者主动反馈的主要形式是写信给编辑。这可能是我们讨论的最古老的反馈机制。在本·富兰克林的时代,写信给报纸杂志的编辑很普遍。1851 年,《纽约时代》首先将读者来信予以刊登。显然,在报社收到大量读者来信后,这一方式成为和读者交流的流行的反馈方式。那时每年大约有 800 万人写信给他们当地的报社。大部分报社每年至少要收到 100 封信,超过一半的报社每年收到 500 封甚至更多的信,许多报社远远多于这个数字,如 Honolulu Star Bulletin 每年收到大约 3000 封信,The Seattle Times 有 7000 封,New York

Times 大约有 40 000 封。各报刊刊登的读者来信数不同。一些大报,刊登的读者来信少于总来信的 1/10,如 New York Times 只刊登大约 5%。小报通常刊登 70% 的读者来信。但是,读者反馈的信并不能准确反映读者的整体情况,我们已经注意到写信来的读者并不具有典型性。所以,那些刊登的读者来信是否能代表所有的来信并不清楚。电子媒介兴起后,这种写信反馈的方式仍然存在,不过,电话反馈的方式则更常见。电视台播放了某些引起受众反感的内容,或者受众对所发表、播放的内容有意见或建议要说,也常常是打电话与媒体的编辑记者交流。

### (二) ABC

最有名的报纸和杂志的媒介调查反馈系统是与 ABC(Audit Bureau of Circulations,报刊发行审计署)有关的。早在 20 世纪初,广告业获得巨大的发展,一些报纸和杂志社开始虚报他们的读者数以吸引广告商。为了遏止这种欺诈行为,在 1914 年,广告商和发行商联合成立了 ABC 组织。其成立的初衷是制定计算发行量的规则,确保该规则强制执行,提供发行量的检测报告。ABC 审计美国和加拿大四分之三的印刷媒体,包括 2600 份杂志、商业出版物、日报和周报。

ABC 的功能通过以下一些方式体现出来。发行商有详细的发行数据。就报纸来说,发行量包括被报贩投送的数量、报亭销售的数量、邮递的数量。一年两次,发行商和 ABC 将公布的数据归档,ABC 又将数据提供给他们的客户。ABC 每年审计一次以确保数据的准确性。ABC 代表客户不受阻碍地检查印刷数据和文件、新闻用纸的发票、发行记录的副本。平均每年,九成的 ABC 员工出行近 300 000 英里,花费 135 000 小时审计其成员刊物的发行数据。ABC 每年约花费 500 万美元用于审计数据,这部分付出由其成员交纳的服务费和税金所补偿。就服务费来说,每一家由 ABC 审计的报纸杂志社,以每小时 50 美元支付服务费用。大部分审计工作不到 40 工作小时就完成了,所以总费用不到 2000 美元。

和 ABC 使用的方法类似,BPA(Business Publication Audit of Circulations 商业出版物审计)负责审计商业杂志和出版物。

### (三) 总体受众数据

就杂志业来说,除发行数据外,提供受众反馈信息的组织还提供总体受众的数据。总体受众由主要受众、次要受众组成。主要受众指那些定期订阅杂志或在报刊亭购买杂志的读者；次要受众指那些在等候就医或者旅途消遣的时候才看该杂志的读者。对读者进行调查研究的主要有两大公司：SMRB（Simmons Market Research Bureau，西蒙斯市场调研局）和 MRI（Mediamark，媒介调查公司）。因为杂志的读者群存在高度的分化，两家公司都必须随机选择许多样本，才能使每种杂志的读者调查有意义。对当地居民的上门访问，可以获知"暴露频率"。通常做法是上访人向被访者展示 100 至 200 种杂志品牌的卡片，让他们将卡片分三类：他或她读过的，他或她可能读过的，他或她没有读过的。（被访人将这么大数量的卡片分类，其中错误不可避免。他们常常忘记或者混淆他们所读过的杂志的名字。一项调查显示，许多读者反映他们读过一本叫作 *Popular Sport* 的杂志，但事实上根本不存在这样一本杂志。）

## 第六节　受众调查

受众调查的核心问题是了解受众的需要。大众传播媒介要使自己的传播取得效果，就必须努力适应受众的信息需求。受众需要决定于受众对客观世界关注的程度。受众经济活动、生活水平、教育程度、文化素质越高，社会责任感越强，知政、议政、参政的欲望越强，个人和社会生活关系越密切，获取新闻的欲望也越强；受众又因社会地位、职业、年龄、兴趣等不同，需要也有所不同。总的来说，受众需要既有共同性，又有差异性。为了满足受众的需要，就必须经常性地开展受众调查。受众调查是了解受众的最常见的一种方式。它是一种运用各种现代科学手段及数理统计方法收集、整理、统计、报告受众意见，测定传播效果的社会活动。其作用在于准确、真实地反映受众对传播的某一具体内容、某一具体形式或某一具体媒介的意见，作为传播机构调整、修正传播活动的参考。1935 年从事新闻学研究的 G.H. 盖洛普创立了美国舆论研究所，采用抽样方法开展民意调查，定期向新闻界提供社会舆论动向，渐渐地，盖洛普的舆情报告成为美国政府决策的重要参考。受众调查在美国成为一种新的行业，并形成一些职业规范。

受众调查的类型和方法一般有以下三种。

### 一、受众来函、来电、短信、电子邮件

准确地讲，受众来函、来电基本上应属于受众反馈的类型，但是，受众调查活

动有时因受人力、物力的限制而不宜作大规模的调查,还有些传播内容没有必要作大规模的调查,在这样的情况下,听众来信、来电,读者来信、来电,观众来信、来电是各种媒介进行简单的调查,获得反馈信息的最好方式。我国的大众传播界把受众来函、来电当做"一面镜子",视为"送上门的老师"。1984年,《人民日报》社收到的读者来信平均每月为2万封左右,中央人民广播电台收到的听众来信为平均每月2万余封,中央电视台平均每月收到的观众来信也在1万封左右。到了1995年,各大媒介的受众来信数字翻了一番,与此同时,受众来电有了大幅度上升。各大媒体都十分重视分析和研究受众的反馈信息,参考受众的意见,不断提高传播质量。20世纪90年代末以来,随着互联网络和手机的广泛使用,受众来电、手机短信、电子邮件使用频率越来越高,由于电子邮件与手机短信快捷、方便,因而渐渐成为大众信息反馈的首选媒介,如果受众对媒体某种信息有什么意见,编发一条短信或一封邮件即可。

## 二、综合调查

综合调查指的是新闻研究或受众研究机构对某一地区的受众接受各种媒介信息的情况或对某一媒体的受众接受情况进行的全面调查。中国新闻史上开展比较早、影响比较大的一次受众综合调查是1936年年底至1937年年初,由上海民治新闻专科学校师生进行的"上海报纸和上海读者调查"。调查问卷涉及8个方面的问题:① 读者姓名、性别、年龄、职业、籍贯、住址。② 现读何报?何故?③ 何家报纸为最优?优点何在?④ 一张报纸所记载的种类假定分为:国际、国内政治、外交、经济、社会、文艺、特刊、广告、其他,喜爱何种记载新闻?⑤ 文字深否?何种文字最适当?⑥ 报价太贵否?⑦ 对看过之报,作何处置?⑧ 读者对于报纸的批评。这次综合调查对于当时新闻业现状、受众构成情况、阅读行为情况等作了较为深入的反映,对于研究中国新闻事业史有很大的资料价值。

20世纪80年代所开展的几次大规模的受众综合调查影响也很大,1986年5月举行的"全国首届新闻受众研究学术讨论会"对此有如下的评价:"以一市(北京)两省(浙江、江苏)为主的大规模受众调查,第一次将电子计算机运用于新闻受众调查的随机抽样及数据分析,使定量分析与定性分析相结合,将传播学、统计学、社会学、社会心理学的理论和方法引入新闻学研究,是新闻学研究方法上的开拓和创新。它不仅具有现实的应用价值,促进了当前新闻事业的改革,也具有不容忽视的学术价值,将新闻学从经院式研究引向实证研究,对我国新闻学的学科建设具有深远意义。"[1] 由此可见,综合性受众调查不仅调查内容多、涉及面广,而且调查方法、调查手段也具有综合性,是在多种方法、多种手段交替使用下进行的一种受众调查活动。

### 三、专题调查

专题调查是相对综合调查而言的,其调查的目标更为集中,范围也要小得多。它通常针对某一具体的内容展开专项的调查,其种类较多,主要有视听率调查、受众意向调查、某一内容的传播效果调查等。视听率调查是广告兴起后的产物,工商企业利用电子媒介推销自己的产品,他们往往根据视听率情况来决定对媒介的取舍。所谓意向调查,就是对受众希望媒介的内容如何安排,如何提高传播质量的调查。1979 年,美国公共电视公司采用珀西公司(Percy Company)所设计的视测箱进行调查就是典型的一例。他们把视测箱用专门的线路连结观众的电视机,每天 24 小时不停地传送观众收视的反应。研究人员根据受众的不同反应进行统计,然后把统计、分析的结论传递给传播机构。所谓某一内容的传播效果调查,是指针对多种媒介或某一媒介传播某一内容的效果而展开的调查。例如,中国社科院新闻研究所张学浩、弭秀玲于 1987 年 11 月 7 日至 9 日在南京市区和郊县进行的"中共十三大新闻传播效果调查",就是一项专门针对会议传播效果而进行的受众调查。20 世纪 80 年代初,中央电视台群众工作部门还曾专门派人深入到观众家里,就《为您服务》节目进行专题调查,取得了受众反馈的很重要的第一手资料。

当然,各种受众调查类型虽然存在差异,但其具体的调查方法却大体是相近的。目前,人们通常使用的调查方法有以下几种。

### (一) 当面访问法

当面访问法的具体做法是事先拟好要调查的内容,选定调查时间,然后与被调查人交谈,或把节目内容拟成一览表供被调查人选择。这一调查方法的优点是能得到受众的详细资料,不足之处在于需要花费很多人力、物力和时间。我国早期的受众调查多采用这种方法。

### (二) 电话询问法

电话询问法是一种同步调查法,即在节目进行之中,以电话询问受传者正在

---

[1] 陈崇山,弭秀玲. 中国传播效果透视. 沈阳:沈阳出版社,1989.24

收听收看哪一个节目、几个人、感觉如何、对广告的看法等,有时也询问过去半小时的收听、收视情形。这一调查方法的优点是费用较为便宜,比较真实而少误差。其缺点在于电话的普及程度直接影响到调查的可靠性,而且被调查者的合作态度会直接影响调查活动的顺利进行。

### (三) 日记法

将一天的节目单分发给被调查者,请他(她)在临睡前填写家中人都有谁收听、收看节目,收听、收看什么节目。次日寄回或定期寄回并换记新日记。这种方法可以持续追踪收听、收视习惯,收集受众的个人资料。其缺点是被调查者的合作态度直接影响调查效果,比如漏记或忘记寄回或不愿记也不愿寄回等。所以其抽样不能代表全体受众。

### (四) 机械记录法

机械记录法是高科技在受众调查领域的应用。它由美国尼尔森公司率先发明并使用于电视观众的调查中,这种调查法使用一种叫自动测量计的仪器,其中装配了小型的自动装置,里面有小软盘,电视机一打开,即每隔1分钟记录一次收视频道。软盘每两周寄回更换一次。尼尔森公司经常提供给各广告公司使用的视听率调查报告,就是依靠这一仪器进行统计的。其优点是记录精确,不受人为因素的干扰,记录的资料可分析收视者的收视习惯。其缺点也很明显,它无法得到观众的其他情况,如收视的观众有多少,有哪些人等,甚至无法分辨电视节目是否有人看。所以尼尔森公司另采用日记法加以补充。另外,该调查法投资较大,不适宜于大规模的调查活动。

### (五) 网络调查法与手机调查法

随着互联网及手机用户的普及,受众调查变得越来越方便。2006年春节,就"赠台大熊猫"命名的问题,中央电视台在春节联欢晚会播放的同时,进行受众调查,有1亿多观众打电话或发短信发表了自己的意见。目前,通过与电信部门的合作,开展手机短信的调查,已成为各媒体开展受众调查的首选手段,它具有成本低、易控制、易统计等特点。网络调查法通常是将要调查的内容以问卷的形式,置于网络显要位置,特别是受众容易关注到的位置。调查内容往往是一些热点问题,为方便网络用户点击,多以选择题的形式出现。手机调查通常是电视、报纸等将短信需要发送的号码公布给受众,由受众作出回答。这两种新方法,均是一种非随机抽样状态下的调查,适用于一般的意见调查。随着网络媒体

广泛普及和应用,网络受众调查渐渐为人们所青睐,与传统的受众调查相比,网络受众调查具有一些优越性:

(1) 网络媒介可独立进行受众调查,而传统媒介的受众调查工程量浩大,它们自身难以展开调查,往往需要借助专门的调查机构进行。

(2) 网络受众调查中,在线调查的费用大大低于传统方法。网络媒介日常的调查都是采用在线调查方式,通过各种在线手段搜集受众信息。在线调查几乎不花费任何费用就可以获得大量受众信息。

(3) 网络受众调查特别是在线调查具有实时性。调查的周期短,甚至可以与所发生的重大事件同时进行,这样获得的数据能够及时反映受众的最新变化,便于网络媒介及时做出针对性调整。例如,"小悦悦事件"、"中日钓鱼岛争端"、"哈尔滨大桥垮塌事件"等,新浪网、凤凰网等门户网站都进行了实时的网民意见调查,网民可以从中了解社会对某一事件的整体态度。传统媒介的受众调查往往周期较长,调查结果只能说明较长时间以前的情况,难以跟上受众的最新变化,对受众的反应比网络媒介迟钝得多。

(4) 网络媒介能够经常进行受众调查。网络几乎每天都在进行受众调查,甚至每时每刻都在进行,这对传统媒体来说是难以想象的。受众调查工作已经与网站日常工作融为一体,网站工作人员几乎每天都在查看、分析当天、前一天或前一段时间的受众调查数据。

(5) 在线调查不受空间限制,能够进行跨地域的大规模调查。传统的受众调查受地域制约很大,特别是一些要在全国乃至全球范围内进行的大型调查,需要各个区域的通力配合,操作起来颇有难度。在线调查则可充分利用互联网全球覆盖的特性随时进行。

(6) 网络受众调查的手段丰富。它不仅可以吸收传统调查方法的精华,如抽样调查法,还可以利用其传播的高科技和互动性特点,综合网上网下多种手段进行调查,以保证调查结果的科学性、真实性。

传播学上所讲的受众调查,通常是一种抽样调查,是在一大群人中随机抽样进行调查以了解整体人群的意见,这是一种科学的方法。要检视一个调查结果是否可靠,关键要看其研究过程是否严谨。比如,抽样方法是否是随机的?抽样过程是否按原计划严格执行?调查人员的素质如何?问卷中的问题措辞是否恰当?访问态度、方式能否使被调查者配合?等等。

## 第七节　大众传播与民意测验

### 一、民意与民意测验的含义

受众调查中的一项很重要的工作是民意测验。"民意"是什么？所谓民意，就是广大人民群众对有关重大社会政治问题的见解和态度，具体表现在群众对执政者所作的官方决策和行动的看法上。

所谓民意测验，顾名思义，即是对人民群众的见解和态度进行调查的活动。民意测验的历史可以上溯到中国先秦时期的周朝，当时的太师就是专司舆论收集与民意调查的人员，当时设置的"行人"的任务是"使之四乡以采诗"。古代的"行人"是指出行的人、出使的人或出征的人，行人不论外出采诗、打仗或访问邻国，必然会带回一些有关老百姓对当政者执政的看法。这只能说明当时的统治者具有一些朴素的民主思想，但是与从尊重民意出发，主动征询民众对社会事务的意见，吸引民众参政、议政是不能同日而语的。

在中国漫长的封建社会中，封建君主是至高无上的绝对权威，任何"不协调的声音"、反对的意见在当时都没有生存的土壤，封建统治者一方面想了解一些民间的信息，另一方面又千方百计地对老百姓的民主呼声加以压制，很多仁人志士仗义执言，最后总难免遭受迫害。所以，在那样的社会历史环境里，根本无民意可言，所谓的"观民风之得失"也只能是一种形式罢了。

真正的民意测验是民主政治的产物，亚伯拉罕·林肯指出，如果没有得到他人的同意，也就是说，如果没有让他人表示其需要、其欲望、其关于社会事务应如何进行和社会问题应如何处理的意见，任何好人或聪明人都不能治理他人。民主观念是民意调查工作得以开展的前提条件。"民意"有时先在社会中的少数人中产生，有时甚至最先在个别精英分子中产生，然后经过传播和积淀，形成社会意志或国家意志，成为推动历史进步的伟大动力。18世纪初，法国哲学家卢梭最早对民主社会中民众个人意见和政府政策之间的关系作了详细的剖析。在《民约论》中，他认为，最重要的法律，虽然没有刻在铜牌和石碑上，却刻在每个人的心里，它成了国家的真正宪法，当其他法律腐烂消失时，它代行其职权，使民众保持他们自己要走的路，一般政治思想家不知道这股力量，可是一切成功都靠这股力量。卢梭的断言已为世界历史的发展所证明：顺应民意的政治力量能从无到有,从小到大,不断发展壮大;违背民意的政府必然危机四伏,最后走向垮台。从波兰政府的历次政治危机到曼德拉执掌南非政权无不证明这一点。

## 二、民意与大众传播媒介的关系

在民主化的国度里,政府往往注重吸纳民众意见,然后作出决策和采取行动。只有在这种情况下,民意才能发生政治效果,才能在社会进步和国家政治生活中产生重大影响。大众传播在政府和民众之间起着一个上传下达的作用。

### (一) 大众传播媒介是满足受众知情权的重要渠道

大众传播是体现民意的最重要的通道。报纸、广播、电视每天所报道的新闻中就有许多内容是反映老百姓愿望和呼声的,而报纸中的"读者来信"栏目,电台、电视台的访谈节目"听众之声"等,则为民意的表达提供了直接的讲坛。近些年来,网络媒体的舆论监督作用越来越大,成为广大民众了解事实真相的一个十分重要的渠道。2013年3月底4月初,上海、江苏、安徽等地先后发现人感染H7N9禽流感确诊病例,官方媒体即时公布疫情动态,并宣传相关防疫知识,从而避免了社会上的恐慌,也使谣言自然消亡。

大众传播媒介传播快、传播广,由它反映出来的民意是大量而直接的,因而也就必然成为立法、制定政策的重要依据。而且,随着国家政治事务和经济事务的日趋繁复和节奏加快,就更需要有媒介传递信息,收集和整理民意。

### (二) 大众传播媒介不断培养人民的参政意识

人民群众参与政府事务的程度,常常取决于他们所拥有的消息基础,只有在他们充分了解情况之后,才可能对某一方面的事务发表自己的见解。中国古代的农民长期受土地束缚,对外界事务一无所知,所以只能处于被统治、被奴役的地位。大众传播媒介不断地、迅速地、广泛地向人们传递或交流各方面的信息,久而久之,就培养了人民群众主动接受信息、主动传递信息的习惯,培养了他们"家事、国事、天下事、事事关心"的主人翁心理。

### (三) 大众传播媒介在民意发挥政治作用过程中起监督和保障作用

以大众传媒为中心的民意调查机构对民意进行收集、归纳和传播是十分必要的,它的最终目的在于引起政府和公众的关注,以促成事件的解决。例如,多年来,农民呼声比较强烈的乱集资、乱收费、乱摊派现象一直得不到解决,随着报纸、广播、电视等各种媒体的深入报道,引起自中央到地方各级主管部门的高度重视,随后中央下达各种文件,三令五申禁止乱收费、乱摊派,使这一现象得到了遏制。在当前我国政治经济改革不断完善的进程中,大众传播媒介作为社会公器,在国家走向科学发展的和谐社会中发挥着积极的引导和监督作用。2001年,山西繁峙矿难发生后,经过《华商报》等媒体的揭露,揪出了十多家国内媒体收受当地政府金钱贿赂,隐瞒矿难事实不报的大丑闻,在全国新闻界引起了极大的震惊。2003年,广东《南方都市报》详细报道了当地收容遣送部门违法乱纪,将无辜者殴打致死的"孙志刚案",引发了全国舆论的高度关注,国务院为此启动了收容遣返制度改革。再如,2003年10月,哈尔滨市发生"宝马车撞人案"后,各新闻媒体特别是网络媒体争相报道,引起了全国受众的广泛关注,从而使该案迅速得到解决。这一系列报道的另外一个重要收获,就是使得相关法律知识深入人心。这些新闻报道之所以受到人民群众的广泛好评,是因为它们都在一定程度上反映了民意,反映了人民群众对国家前途和社会政治问题的关注,极好地起到了监督作用。这些新闻作品的传播也使大众媒介的职能作用越来越引起人们的重视。根据中国社科院发布的《中国社会舆情与危机管理报告(2012)》(舆情蓝皮书),2012年我国粗暴执法类舆情事件较上一年度大幅下降,这说明,大众传媒的舆论监督发挥了作用。

### 三、民意测验的作用

时代的巨轮飞速向前开进,人们的视野不断得到开拓。任何现存的所谓民主制度(如议会制)、新闻自由等都不能绝对保证民主政治不受侵犯,即使是世界上最民主的国家,也不能宣称其议会制度和新闻事业是绝对公正无私的,一旦问题牵涉到党派、团体、个人的切身利益时,这种公正无私的立场便会发生动摇。因此,民意测验才是真正民主政治的试金石。

迄今为止没有哪一种工作能有大众传播那样接触公众的面广,更没有哪一种事业能有大众传播事业那样对决策层有那么大的影响力。任何有社会影响力的大众传播媒介,都有义务进行对政府、公众有益的民意测验。同时我们也可以发现,民意测验无形中也是一次公共关系的活动,它会将传播者与受众之间的关系变得更为密切。

大众传播事业不仅是新闻和文化娱乐的传播媒介,更是意见及思想的交换市场。意见及思想固然一部分来源于少数社会精英(所谓意见领袖),但我们决不能忽视广大人民群众的意见,这些思想的获得,似乎没有比民意测验更为有效、更为可靠的方法了。

## 第八节 大众传播与舆论

### 一、舆论的概念及其特性

"舆论"一词最早由法国大革命时期的杰克-内赫尔提出,19世纪末以来,人们对公众概念有了认识,对舆论有了全新的认知。19世纪末大众化的报纸开始出现,此后,20世纪初开始的一系列媒介的重大发明、普及都对舆论的形成产生了重大的影响。那种在19世纪存在的理性的、独立的"公众"概念已被"大众"概念所取代。舆论即公众意见(Public Opinion),在大众传播时代,它的公众广泛性得到强化,所以,现代社会的民主政治被称为舆论政治。"舆论——我们的社会皮肤"这个观点强调了舆论的社会控制功能,它是由德国女传播学者内尔-纽曼提出的。在她看来,舆论在双重意义上"就是人们敏感的社会皮肤";它是个人感知社会"意见气候"的变化、调整自己的环境适应行为的"皮肤";同时,它又在维持社会整合方面起着重要作用,就像作为"容器"的皮肤一样,防止由于意见过度分裂而引起社会解体。

就舆论的特性来说,除了公众性外,还体现为公开性、评判性、倾向性、权威性、压制性。

### 二、大众传播在舆论形成中的作用

在现代社会舆论的形成过程中,大众传播媒介起着十分重要的作用,被称为"舆论机关"、"舆论工厂"。

#### (一)大众传播媒介是舆论的酝酿机器

媒介能够为社会公众设置议题,这一点已为传播学者的研究所证明。传播媒介不仅能够制造舆论,而且在很多情况下常常十分成功。这种制造的舆论往往是别有用心者的炮制,带有很强的政治色彩。例如,1999年一些美国国会议员所炮制的"李文和案",就是美国国内一些顽固势力试图"妖魔化"中国的一个舆论举措。但在多数情况下,舆论的形成与媒介的反应有很大的关系,通常当媒介开始对某一事件加以报道时,舆论就开始有一个起端,随着对该事件的报道不断深入,事件逐渐成为人们关注的焦点,最终公众的态度开始为媒介的倾向性所左右。例如,美国"水门事件"舆论的形成,最终导致尼克松政府的垮台,但舆论并不是一下子就能达到这一效果的,而是经过了一段时间,经过了民众由疑惑、关注直至气愤的过程。显然,舆论的发展就是一个酝酿过程。

### (二) 大众传播媒介最终是社会舆论的代言人

在民主化社会中,真正意义上的舆论的形成,需要独立于政府的大众媒体自由的报道评论,需要人民的积极参与讨论,需要富有勇气和智能的领袖的活动。因此,在民主社会中的媒介虽然有其特定的经济目标和政治目标,但对受众市场的依赖造成媒介将民意放在其考虑的首要位置,而倾向性的形成基本上也是将一般民意作为主要的参考。在满足民众对信息的需求的同时,自然也就形成、代表了社会舆论。这并不是说媒介消极反映舆论,仅仅起舆论传声筒的作用,相反,媒介往往积极地宣扬他们的意见。以美国媒介为例,在科索沃战争期间,西方媒介一直标榜中立性、客观报道,但实际上,常常是将倾向性直接兜售给受众,报道材料的组织与分析常常就是对某种舆论的准备。

### (三) 大众传播媒介是公众舆论的激活器

在一般情况下,公众舆论都在一定的团体、群体范围内存在着,但只是在小范围内存在着,或者范围很广但没有完全公开化,媒介的相关报道成为舆论的导火索,往往将民众的情绪调动起来,积极发表意见,从而形成广泛的社会舆论。20世纪80年代以来,民众对社会腐败问题深恶痛绝,但一直未能形成舆论市场。网络反腐,互联网时代这种群众监督新形式的不断推进,更容易形成舆论热点,反腐败已成为今天人们谈论的重要话题。

### (四) 大众传播媒介是社会舆论的控制器

控制论学者将社会看作一个大的系统,传播者对这一系统的信息总量控制会产生不同的反应。"传播媒介控制舆论的具体方式包括选择控制、渗透控制和直接控制三种。前两种以操纵信息的方法控制人们的可知度,支配人们的意识倾向;后一种用鲜明的观点向人们输入理念,直接作用于人的态度。"[1] 所谓

---

[1] 张隆栋.大众传播学总论.北京:中国人民大学出版社,1993:207.

选择控制,是指选择大量能证明意见正确的事实加以报道,与此同时,又限制和控制对这一意见不利的信息;所谓渗透控制,是指在舆论尚未形成以前,对某些敏感内容加以试探性地透露或巧妙地透露,在民主社会中,渗透控制往往可以激发民众态度,以影响政府的决策;直接控制是指大众传播媒介直接发表言论,阐明自己观点,批判异己观点,从而发挥其影响力以左右公众意见,形成某些有利于自己的舆论。控制舆论从某种意义上说就是控制人心,控制政治动向。没有一个政权、集团不想通过操控舆论来达到自己的目的的。2005年春季,中国东海"春晓油气田"基本完成,日本政府和媒体不顾事实,大肆渲染中日东海领土争端,以小泉纯一郎为代表的日本政府公开武断地发表意见,试图左右日本民众意见,从舆论上压制中国,一时间日本各大媒体纷纷炒作,对中日关系造成很坏的影响,形成了中日"政冷经热"的局面。2012年9月日本首相野田佳彦与地方右翼势力相互勾结,上演了所谓"购岛"闹剧,激化了两国的矛盾,导致整个日本社会舆论右倾化,对两国政治经济造成了巨大的影响。

在民主社会里,政治的运行理应反映舆论。人们直接参与政治,表达自己意见的唯一机会是在选举中的投票行为。而在投票行为中,人们进行选择判断所需的资料很大程度上来源于媒体。媒体将相关争论点的信息传递给人们,在推动形成舆论的同时,通过舆论调查等方法把握舆论的状况,再通过报道进一步加强舆论的发展。

在今天所谓的大众社会情形中,民众多数具有遵从心理,因此,在舆论形成上,大众媒介所起的作用可以说十分巨大。大众媒介在有关事物本质的争论上,并不一定能改变人们的意见。特别是人们对于通过自身实际体验得到的观点、经验,不会因为媒介的宣传而轻易改变。"文革"后期,"四人帮"控制的媒介整天宣传全国形势一片大好,但是一般老百姓通过自己的生活得到的观点却是完全相反的,这时,媒介所说的在人们看来只不过是一种谎言而已。

但是,媒介在对一些周边性的、与人们日常生活有一定距离的事件的报道上,往往很容易左右人们的观点和行动。特别是在国际外交事务报道方面,大众传媒所提示的观点和意见基本上让人们对此不加怀疑。海湾战争时期,在伊拉克人的眼里,美国的布什是"恶魔",萨达姆是"阿拉伯世界的英雄";而在美国人的眼里,萨达姆则是一个"残暴的独裁者"。这些当然都是两国媒体所提示和强调的观点。看来,想象空间的存在与创造对于宣传十分重要。

这里有一个需要特别注意的问题是,在现代社会,积极巧妙地利用大众传媒进行舆论操作的尝试一直没有停止过。例如,日本的一些政党在议员选举时,积极推荐知名度高的艺人作为候选人,以获取选民对政党的好感和选票。这些知名度高的艺人在媒体的亮相频度很高，比起整天在幕后活动的政治家们，更能获得民众的亲近感和信赖感，因此，在参议院议员选举中大量得票。这正是拉扎斯菲尔德指出的大众媒体具有的社会机能之一——社会地位赋予机能。

# 第七章

# 大众传播的效果分析

## 内容提要

1. 关于传播效果的几种理论
2. 大众传播的社会效果理论
3. 大众传播面对的社会现实问题
4. 影响传播效果的因素

## 要点提示

传播效果是传播活动的出发点和归宿,是传播活动的中心。效果问题事实上是传播研究最集中的领域之一。本章重点阐述以下几个方面的内容:

1. 关于传播效果的几种理论:"魔弹论"及其实质;有限效果理论;适度效果理论及其"寻求范式"、"使用-满足"、"议题设定"三模式;强大效果理论;长期效果理论中的"文化行为模式"、"心理图像理论"。

2. 大众传播的社会效果理论:"知沟理论"的产生及其主要观点;"涵化理论"的产生及其主要观点。

3. 大众传播面对的社会现实问题:受众难以摆脱负面影响的原因;传播所带来的主要社会问题。

4. 影响传播效果的内部因素有信源方面的、媒介方面的、内容方面的,还有方式、技巧等方面的。影响传播效果的外部因素包括先验观念、团体规范、人际传播、个人差异等。

## 第一节 传播效果研究的历史

长期以来,传播学传统学派的研究,其主流就是效果研究。我国香港学者李金铨指出:"美国传播研究多半把重点放在传播的效果上面,而忽略了媒介组织的探索。换言之,以往的研究是从权力与商业利益中心的指挥部向外张望的。不止这样,以前所研究的传播'效果',也大致囿限于劝服的功能——即如何利用传播媒介推动选民或顾客,劝服他们接受某一特定的信息,并听从信息的建议去投票、购物或采用新品种。"[1]由于传播效果的研究总是与实证研究密不可分,因此,从本质上说,传播效果研究,即是对传播行为的效果在质与量的研究;传播效果研究的历史的确很短,但经历的却是一条艰难而曲折的旅程。

所谓传播效果是指传播者发出的信息经媒介传至受众而引起受众思想观念、行为方式等的变化。在狭义上指具有宣传或说服目的的传播行为在传播对象身上引起的心理、态度和行动的变化,通常意指传播行为在多大程度上实现的传播者的意图;在广义上,指报刊、广播、电视等大众传播媒介的活动对受众和社会产生的一切影响和结果的总和,不管这些影响和结果是有意的还是无意的、直接的还是间接的、显在的还是潜在的。传播效果研究有两个基本方面:其一是对个人效果产生的微观过程分析;其二是对社会效果产生的宏观过程分析。这两个方面的研究来源于对传播效果的分层次理解。传播效果总体来说,体现在三个层面:一是认知层面效果,作用于知觉和记忆系统,引起人们知识量的增加和知识构成的变化;二是心理和态度层面上的效果,作用于观念或价值体系,引起人们情绪或感情的变化;三是行为层面上的效果,从认知到态度再到行动,是一个效果的累积、深化和扩大的过程。

在西方传播效果研究史上,产生过许多经典案例,堪称传播研究的"里程碑"。美国学者希伦·A. 洛厄里(Shearon A. Lowery)与梅尔文·L. 德弗勒(Melvin L. De Fleur)梳理了过去60年传播学者对大众传播效果研究,总结出了14个经典案例,认为这14个经典的效果研究基本揭示了大众传播的效果。这14个经典的大众传播效果研究分别是:1. 佩恩基金研究:电影对儿童的影

---

[1] 翰林.大众传播理论 Q&A. 台北:风云论坛出版社,1997:243.

响;2.火星人入侵:广播如何使美国陷入恐慌;3.人民的选择:政治宣传中的媒体;4.日间广播连续剧的听众:使用与满足;5.衣阿华杂交玉米种推广的效果研究:创新的采用;6.电影实验:第二次世界大战中对美国士兵的说服;7.传播与说服:寻找魔力要素;8.个人的影响:两级传播;9.里维尔项目:作为最后一种诉求媒介的传单;10.儿童生活中的电视:早期研究;11.新闻的议程设置功能:思考什么;12.暴力与媒体:动荡的60年代;13.卫生局长报告:电视与社会行为;14.电视与行为:十年科学研究的演进。[1]

  传播效果是传播活动的中心。效果研究从某种程度上说,它差不多就是传播学经验学派研究的全部。以经验学派的大本营美国为例,长期以来它们都是把研究的重点放在传播的效果上,而忽略了对媒介组织的探讨。换句话说,西方过去的研究是在权力与商业利益的指挥棒下进行的实用的形而下研究。不仅如此,以往所研究的传播效果,也大致仅仅局限于劝服的功能——即如何利用传播媒介进行宣传,鼓动选民或顾客接受某种理念,从而按照媒介所宣传的意愿去行事。其实,早在第二次世界大战之前,传播研究就已萌芽,这主要得益于当时各国对第一次世界大战经验、教训的总结。第一次世界大战期间,欧洲人就对新闻传播活动有所认识,各国都对新闻有所重视,都在为本国政治进行鼓吹,欧洲人称之为"宣传战"或曰"报纸战"。"一战"爆发前,对于报纸最关注的国家是英国,在英国又以北岩爵士(Lord Northcliffe)为宣传领袖。他拥有当时影响最大的通讯社:路透社和法国的哈瓦斯通讯社(Havas),这是专门用来进行对外宣传的,对内宣传还有伦敦的《泰晤士报》和《每日邮报》;而当时的德国并不重视报纸,虽然有大陆电报通讯社,但宫廷派、保守派均对报纸不以为然。尽管当时的铁血宰相俾斯麦(Bismark)曾经利用过,但对报纸媒介的功能在认识上还是欠缺的。当时的英国拥有海底电缆45万米,而德国只有3.5万米。从这里,可以看出在新闻传播重视程度上两国之间存在的差异。战争结束后,普鲁士国王威廉二世深刻反省,认识到德国失败是因为缺少一张《泰晤士报》和一个路透社。

  第一次世界大战期间,人们对传播功能的认识全部定位在宣传上。

  人们特别关心如何发挥传播工具的威力,即探讨如何"不战而屈人之兵"。当时人们普遍认为,只要掌握大量强有力的传播媒介,宣传必然无往而不利,至于传播什么样的内容似乎倒成了次要的事。有人甚至认为只要控制住传播媒介,便可以保证有很好的劝服效果。在第二次世界大战期间,许多传播学研究的

---

[1] 参见[美]希伦·A·洛厄里,梅尔文·L.德弗勒.大众传播效果研究的里程碑.中国人民大学出版社,2009(第3版).

先驱如拉斯韦尔、拉扎斯菲尔德、霍夫兰等都曾为美国政府作过研究,他们专门探讨如何将宣传发挥出最大的效果。

"二战"后,这批学者纷纷回到高等学校和科研院所从事传播学教学和研究工作。他们的研究经费主要来自政府部门和商业机构的合同,研究的重点仍然是媒介的劝服功能。他们只关心一维方向的问题,即"大众媒介对受众产生什么样的影响",而不去追问"受众如何使用传播媒介"或"谁在操纵传播媒介"。从这可以看出,当时的研究尚未突破过去的框框。劝服效果很快便失去了学界的青睐。但战后美国在政治、经济等各方面都有了快速的发展,美国已成为世界上的超级大国,为了维护美国的国际地位和声望,传播研究学者成为美国政府战略决策的参谋,因此,许多传播研究项目往往是政府委托和资助的。效果研究最终被纳入国际传播研究的范畴。

20世纪二三十年代以来,关于传播效果的研究已经过了几个阶段,形成了在传播学界被称为主流范式(Dominant paradigm)的"媒介研究取向",在美国传播学大小近4000余项的传播研究项目中不断地被检验,不断地被理解与误解。本章将力图全面介绍传播学效果研究历史上几种主要理论,并尝试对其进行客观、公正的评价。

关于大众传播效果问题的讨论在西方已开展了70多年,传播效果研究远远早于传播学体系的形成,甚至可以说比传播学成为一门正式学科的历史还要长。就效果问题进行的积极的学术性研究也已经有40多年的历史。实际上,自施拉姆开始的西方大众传播理论,大部分课题是关于效果问题的研究。所谓传播效果,是指受众在接受了传播媒介传递的信息后,在思想感情、立场态度、行为举止等方面所发生的变化。从传播者角度讲,是指传播者通过媒介发出信息以后对受众产生的作用和影响。传播效果问题研究虽然时间不长,但其理论模式却经过了多次翻新。美国著名的传播学者凯兹(E. Katz)将20世纪30年代到70年代的传播研究分为三大阶段。

第一阶段(1935年—1955年)是所谓"魔弹论"阶段,在这20年间,一些研究先驱都在积极探索受众态度改变的根源,如拉斯韦尔研究精英报纸对政治精英的影响,霍夫兰研究人们态度的形成与改变,拉扎斯菲尔德研究大众传播媒介与人际影响的关系。研究者们普遍认为传播媒介具有巨大威力,是万能的。但这些学者来自不同的学科,对媒介效果的研究也只是蜻蜓点水,他们只是着眼于观察短期可测量的行为主义的效果,却忽视了其他更长期的非行为主义的、总体观的效果。笔者将这一阶段称为"想象效果论阶段"。因为它不是由科学研究得来的,而是借助想象得来的结论。施拉姆将"魔弹论"称为"记者的发明"是极有道理的。

第二阶段(1956年—1960年)是对第一阶段进行质疑、反驳,认为传播媒介极难改变受众的意见、态度和行为,媒介并没有多大威力甚至是无能的。笔者将这一阶段称为"检验效果论阶段"。因为其主要工作是检验大众传播是否具有被神话了的强大效果。这一时期大体的效果研究都属于劝服研究,也就是传播者中心的研究。所有的研究问题只有一个,那就是:大众传播媒介取得了什么样的效果?

第三阶段(1960年至今)1960至1970年代,美国社会经历了一连串的社会运动,种族问题、青年运动、妇女解放运动、反越战运动、水门事件等,在各种影响世界的重大事件中,大众传播媒介扮演了十分重要的角色,也使得传播研究学者对传播媒介的效果有了全新的认识。于是,学术界对传播媒介的功能重新认识,认为传媒具有很大的影响力,但并不是万能的。笔者称之为"论证效果论阶段"。这一时期,一个鲜明的特点就是研究的焦点已由传播者中心转向了受众中心。

传播效果是受众在接受了传播媒介传递的信息后,在思想感情、立场态度、行为举止等方面所发生的变化;是传播活动的出发点和归宿;是传播活动的中心。经验学派的研究,往往借助量化材料来测定受众受大众传播影响的大小。

当然各种理论的产生和消亡在时间上并不存在绝对性,其理论体系之间也并非决然割裂的,所以上述这种划分方法只能是一种大体的、粗略的框定。根据西方传播效果论的衍变历程,我们在这里简要介绍几种典型的效果理论。

## 第二节 劝服的传播效果研究

劝服的效果研究源于对宣传的认识。1927年,拉斯韦尔(H. Lasswell)出版了他的博士论文《世界大战中的宣传技巧》,在政界和学界都引起不小的反响。有人认为这一著作有教唆的性质,建议"马上销毁它"。这反映了当时人的普遍心态:即对"宣传"(propaganda)的功效表示担忧,认为它的威力锐不可当,敬畏中多少带有点负面的评价。鉴于对第一次世界大战中宣传成效的认识,在两次世界大战之间,许多有关宣传的书问世了,它们的内容有许多涉及宣传效果问题。虽然现在看来,当时的许多说法相当幼稚,但不可否认的是,大众传播理论中有两个相当重要的根源是基于宣传研究。第一是有关态度变迁的研究。

例如,宣传研究对"什么是改变人们态度最有效的方法"提出了一些初步的思考。第二是有关大众传播效果的问题。例如,大众传播对个人和社会能产生什么样的效果?这些效果是如何产生的?渐渐地这些研究开始形成一种范式:劝服研究。20 世纪 30 年代,劝服研究基本上还只是一种感性化的印象判断;40 年代开始,劝服研究成为正规的传播学术研究。属于劝服研究的有万能效果论、两级传播研究、创新-扩散研究、耶鲁研究。

## 一、万能效果论

万能效果论主要指的是"魔弹论"(magic bullet theory)。这一提法是 20 世纪 70 年代施拉姆对万能效果论进行的一种归纳。在《大众传播的过程与效果》一书中,他阐述道:"我在别的地方曾将这一观点称为传播的枪弹理论。传播被认为是魔弹,它可以毫无阻拦地传递观念、情感、知识和欲望……传播似乎可以将某些东西注入受传者脑子里,就像电流使电灯泡发光发亮一样直截了当。"[1] 施拉姆认为,"魔弹论"不是学者理论,而是记者的"发明"。它是对不讲时空条件和对象,将传播效果绝对化的错误观点的一种比喻性概括。

"魔弹论"又称皮下注射论(hypodermic needle theory),或称机械的刺激-反应理论(mechanistic S-R theory),这是西方最早产生的一种传播效果模式,一种典型的媒介传播强效果论。这一理论假定,媒介自身具有无可抗拒的力量,受传者除了无条件接受和信服媒介的传播外,绝无反抗力。其效果过程如同射击场上的枪弹射向靶子一样,"枪声"一响,受众就会"应声倒下",也如同医生给病人注射药剂一样,只要扎上一针,就会产生作用。媒介内容被看成是"注射到受众血管中的药剂",这一理论假设受众会以预期的方式对内容产生反应。

### (一) 万能效果论的主要依据

(1) 赫斯特报系在促进美西战争中所扮演的角色。19 世纪下半叶发生在美国与西班牙之间的战争,是新老殖民主义者之间的较量。为了煽动美国民众支持对西开战,以夺取西班牙殖民地古巴和菲律宾,赫斯特报系的《纽约日报》、《芝加哥先驱——美国人报》等都借口"缅因号事件"、"西班牙虐待古巴人"问题广泛进行耸人听闻的报道,努力寻求大众支持其论调,制造战争气氛,一时间战争阴云密布,终于导致 1898 年 4 月"美西战争"的爆发。赫斯特报系的战争宣传

---

[1] 张隆栋.大众传播学总论.北京:中国人民大学出版社,1993:155.

在当时影响很大,几乎左右了当时美国人的视听。

(2) 1938年,美国哥伦比亚广播公司下属电台播放的广播剧《火星人进攻地球》(the Invasion from Mars),震惊了当时大约30%的美国听众。1938年10月30日,CBS广播网播放了根据威尔斯(H. G. Wells)的科幻小说改编的广播剧,据研究人员估计,约有600多万人收听了广播。广播剧未播完就引起了民众恐慌,人们误以为火星人真的正在进攻地球,世界末日到来了,于是纷纷向外地逃亡,他们有的祈祷,有的哭喊。以新泽西州的民众反应最为强烈。事后据统计,华盛顿州、密苏里州、阿拉巴马州……几乎美国全境都受到影响。

(3) 纳粹运用心理战宣传。其实,"二战"期间纳粹在宣传领域的所作所为并不是他们的独创,早在第一次世界大战期间,英法等国就曾使用大量的心理战宣传,且很有成效,最终使协约国取得了战争的胜利。"二战"的宣传不过是对"一战"宣传形式的改进而已。但纳粹的宣传影响是很大的,一时也蒙骗了许多民众。

(4) 美国纽约麦迪逊大道上广告公司林立,尤其是媒体广告越来越发达,对全世界的消费者的生活消费风尚产生很大的影响。进入20世纪以来,广告业发展极为迅速,美国的制造业在第一次世界大战以来发展迅猛,报纸、广播等媒体广告促销也随之迅速发展,而作为世界之都的纽约成为世界广告人青睐的首选之地,因而,麦迪逊大街的广告总是引领世界潮流,并对美国人民乃至世界人民的生活消费产生巨大影响。30年代后半叶,美国渐渐走出经济大萧条的阴影,经济开始走向复苏,广告成为美国经济复苏的"助推器",显示了神奇的功力。媒体广告成了美国人消费的指挥棒,很多传播学家也对美国广告的伟力赞叹不已。

"魔弹论"的流行还与当时的西方心理学、社会学界盛行的本能心理学说、大众社会理论有很大的关系。德福勒总结说,"魔弹论"以本能学说中的"刺激-反应"论和"相互隔绝、老死不相往来"的现代大众社会观念为基础,加上"二战"前得出的媒介效果强大的信念,结论必然是媒介在控制大众思想上具有神力。"它声称效力强大的刺激会得到大众社会成员一致的注意力,这些刺激触发了内心的欲望、冲动或个人很难自我控制的其他过程。由于这些机制的遗传性,人人产生多少一致的反应。此外,由于个人在心理上与有力的社会联系和非正式的社会控制相隔绝,没有什么强大的社会关系可以瓦解这些机制的影响。其结果是大众成员可以被那些拥有媒介的人所影响和左右,特别是通过感情的感召来做到这一点。"[1]"魔弹论"这一术语用来描述"二战"前人们对媒介效果的看法是十分贴切的。无论是战争或政治宣传，还是商业宣传，其行为都导致了人们过高地评价传播的威力；同时也产生了另一个负面影响，即美国民众普遍担心野心家会利用大众媒介蛊惑人心，以达到篡夺国家权力的目的。于是，美国一些学者聚集到一起，成立了专门的"宣传研究中心"，其任务是帮助美国民众认清宣传的本质。"魔弹论"虽然为学术界所鄙弃，但时至今日仍然有许多人对媒介万能深信不疑。例如，罗马教皇约翰·保罗二世认为，人类灵魂正受到电视与广播越来越多的操控，他对这一现象深表担忧并多次向人们提出警告。一些专制国家的掌权者也把"魔弹论"奉为圭臬，长期进行大量灌输式宣传，在控制舆论方面也确实起到了一定的效果。

### (二)"魔弹论"的成效必须满足的前提条件

第一，必须有一个强权制度作为传播的后盾。在"二战"时期，纳粹宣传部长戈培尔就曾声称："宣传要想发挥效力，它的背后必须有一把利剑。"纳粹在国内严禁不同的声音，实施恐怖政策，当时有人这样形容纳粹的白色恐怖：如果你的邻居发表了不同意见，可能在半夜后他就消失了。

第二，受众除了一种信息来源别无其他信息来源。还以纳粹宣传为例，"二战"期间，德国的广播电台和报纸全部掌握在戈培尔手中，媒体必须时刻接受检查。私人没有经营新闻媒体的权力。纳粹制造了许多虚假新闻，德国民众无从考证，只有相信它。

第三，正如"魔弹论"所强调的那样："讯息被看作是子弹，如果瞄准和开火使用得当，将会击中目标，实现其目的。"[2]莫利尔等人强调了"使用得当"所能产生的结果，这就是说，强大效果的取得还要看媒介使用方法的得当与否。第一次世界大战期间，有一则假新闻很有影响，说的是英国报纸刊登了两幅缴获来的德军照片，其中一张是德国人将死马运往化工厂炼肥皂，另一张则是德国人埋葬自己士兵的尸体。负责编报的查特里准将把两张照片放在一起，并拟出了一个骇人听闻的标题：德军尸体运往肥皂工厂。这个精心炮制的消息震惊了世界，直接影响了战争的进程。"一战"期间许多成功的宣传均很注重策略的选择，假新闻也是一种策略。"二战"爆发前，纳粹制造的谎言经过很好的包装，也确实蒙

---

[1] [美]德福勒,鲍尔-洛基奇.大众传播学理论.台北:台湾五南图书出版公司,1997:182.

[2] John C. Merrill, John Lee &E. J. Friedland, Modern Mass Media, Harper&Row Publishers, New York,1990,p.85.

骗了许多善良的民众。戈培尔就曾让其掌控的媒体大肆制造谎言,说德国遭到周边国家的侵略,那些犹太牧师率领他们的教民闯入德国境内,杀害德国士兵,挖他们的眼,掏他们的心,无恶不作。这样的假新闻在德国广泛传播,极大地激发了德国民众的愤慨,也加强了他们对纳粹政府的认同。这从反面说明,媒介"使用得当",是产生强大效果的一个重要因素。

"魔弹论"是旧的传播观念——单向直线性传播观念的产物,其观点受第一次世界大战宣传的巨大效果影响,到第二次世界大战,纳粹宣传更使持这一论点的人对此确信无疑。不过,这一理论在学术界并未得到大多数人的公开拥护,并一直受到质疑和批判。20 世纪50 年代以来曾多次抬头,例如,70 年代法国社会学家雅克·艾鲁尔(Jacques Ellul)在他的《宣传:人类态度的形成》一书中认为:"宣传要比许多美国人相信的还要有效,理由是很多情况下宣传效果十分巨大以至于我们可能都认识不到它的存在,它几乎完全控制了我们的思想和行动。"[1]哈罗兰(J. D. Halloran)认为应当给"刺激-反应"模式一个合理的评价,尽管它很粗陋,但它提供了一个基础,从这个基础衍生出了许多我们对大众传播的思维。麦克奎尔也认为,它的价值在于将我们的研究兴趣引导到对大众传播过程的关注上来。媒体强大效果产生的原因必然是多样的,"魔弹论"显然是主观臆测的,缺乏科学论证,不过它的出现却引发了当时学者们对媒介研究的兴趣。他们开始把注意力从推测媒介效果转向系统研究传播内容对某些类型人的影响。

## 二、有限效果理论与劝服效果研究

劝服效果的研究有两大主要流派:一是以拉扎斯菲尔德等哥伦比亚大学学者为代表的哥伦比亚学派,他们的研究发现了"两级传播"和"意见领袖"的存在,此外还包括由此而延伸出的罗杰斯等衣阿华学者的"创新-扩散"研究;另一个主要流派是以霍夫兰为代表的耶鲁学派,他们的"传播与态度变化研究"较有影响,其关心的焦点也主要是劝服的功能。前者运用问卷调查的形式建立起半学术、半商业的研究楷模。拉扎斯菲尔德对随机抽样调查方法运用到传播研究领域做出了巨大的贡献,它所设计的小规模重访法(Panel study,又称定组研究),原先是为了研究美国农业部的广播节目,但还未来得及使用便碰上了1940年的美国大选,拉氏遂改而研究媒介效果,探讨媒介在选民投票意向上有什么作

---

[1] John C. Merrill, John Lee & E. J. Friedland, Modern Mass Media, Harper & Row Publishers, New York, 1990, p. 85.

用。这就是后来拉氏等人所写的《人民的选择》(People's Choice)一书中所表述的内容。

1940年的美国总统大选,对于美国选民而言格外地重要,因为这次选举的时间恰好介于经济大恐慌的末期与第二次世界大战的前期。美国尚未完全走出经济危机的阴影,还面临着许多经济问题。在外交政治领域美国还面临着要不要支援欧洲盟国,参与对纳粹德国作战的困扰。这时全美国都在期盼一个大有作为的人做总统,领导美国向前走。民主党产生的候选人是雄心勃勃打算第三次问鼎总统宝座的罗斯福,共和党的候选人是毫无政治经验的威尔基。两人界限分明的政治见解自然会各有其支持者。而两派意见通过传播媒介到达不同背景的投票人那里会产生什么样的影响呢?会不会改变人的投票行为呢?这一过程引起了拉扎斯菲尔德等学者的注意。于是,在1940年5月至11月间,他们选定俄亥俄州伊里县作为研究基地。之所以选这样一个县作为研究基地,是因为该县人口40年来一直处于极稳定的状态,人口几乎全为白人,职业形态的分布也十分均匀,而且当地的报纸及广播事业也很发达,该地数十年来的投票形态最接近全国的投票形态。因此,这是一个不可多得的地区。拉氏在确定抽样母体后,采用系统抽样的方法,每隔4户抽取1户为代表,让一批经过特别训练的访员上门访问。用这种方法总共抽取了3000个样本作为代表,这些样本在年龄、性别、居住地区、教育程度、籍贯、汽车及电话拥有率上均能代表全部人口的情形。这3000人在5月份全部接受了访问。

这项研究首次采取了小规模重访法。把已抽出的3000个样本,再用分层抽样的方法抽出4个各含600人的小组,每一小组的特质都力求相同,其中一组是实验组,另外三组是控制组。实验组从5月到11月期间每隔1个月访问一次,而控制组在这段时间总共只接受了一次访问,其中有一组在7月份接受访问,有一组在8月份接受访问,另有一组在10月份接受访问。研究结果发现,有多种因素影响了民众投票行为,除了受访者本身的社会背景和心理因素外,大众传播媒介的宣传效果、人际间的说服效果等都起作用。

霍夫兰在耶鲁大学的研究整整活跃了20年。他和他的学生制订了庞大而有系统的研究计划,针对传播与态度改变的问题进行了锲而不舍的探讨,其研究主要采用控制实验方法,通过一系列的实验设计,突出某一个主要因素,诸如传播者的"可信度"操纵其他外在的干扰因素,然后进行比较,观察那个主要因素的解释力量。霍夫兰的研究在他1953年出版的《传播与劝服》(Communication and Persuasion)一书中有较详尽的阐述。他英年早逝后,学术界对其研究评价不一,对其方法也鲜有接受和继承。只有他弟子麦克奎尔对其推崇备至,称赞其影响深远。

有限效果理论即有限效果模式(Limited effects model),正是建立在劝服效果研究的两大流派的研究基础之上的。它最早出现在20世纪40年代,其主要观点是大众传播的效果是有限的。霍夫兰于"二战"期间在军队中的研究显示出大众传播在传递信息方面有效,但在改变态度方面则没有太大的效果。克拉伯(J. T. Klapper)在其所著的《大众传播的效果》一书中则认为大众传播通常不是受众效果的必要和充分原因,它是透过许多中间因素发挥作用的。在该书中,他归纳了大量的研究文献后认为:① 传播媒介不像一般人认为的那么万能。没有任何研究能够显示注意传播讯息与态度行为改变之间的因果关系;② 许多研究发现,传播讯息的确对受众产生了一些效果,只是效果都非常有限;③ 讯息能够产生效果的情况,比早先社会科学家所假设的要复杂得多。[1]

要想改变媒介万能论观点的影响殊非易事。随着研究重点转移到复杂的传播过程中来,学术界逐步认可有限效果论。该模式包含的思想对以后的研究产生了较大的影响,如后来的"多级传播论",受众对媒介信息的选择性、认同性等,都是该模式的延伸、充实、修正。它的历史意义在于:把社会学和社会心理学的理论引入大众传播研究中,从而形成了以后有关大众传播研究的总的倾向。从某种意义上说,它将劝服的效果研究推向完善的境界。这里我们不妨了解一下劝服效果研究的理论与历史。

## (一)大众社会观念的修正

前面提到人们对传播效果的认识与早期社会学和心理学思潮有很大的关系。19世纪的社会学家认为,大众社会中的人们没有差别,没有个性,缺乏社会联系,是一群乌合之众。但这些看法都不是理性的,随着实证研究与量化技术的运用,人们对此有了新的理解。调查结果逐步显示当代大众社会的成员并不相同,表现在诸如阶级、宗教信仰、种族、民族、社区等方面,可以将他们划分为界限明确的类型。对这些不同的类型的研究显示,有许多重大因素影响了他们的行为。这对大众传播研究具有十分重要的意义。由于现代化导致社会发生了巨大变化,社会分化也就势所必然。

1940年年初,电视尚未成为大众媒介,美国学者贝雷尔森(B. Berelson)精心设计了一个研究方案,来研究大众传媒在美国大选中对公众的影响。他们最初感兴趣的是某一社会类型的成员如何选择与大选有关的媒介材料,以及这一

---

[1] [美]S. A. 劳沃瑞,M. L. 德福勒.传播研究里程碑.台北:台湾远流图书出版公司,1993:178.

媒介内容在公众投票取向上起到了什么作用。结果发现了另外一些效果：有些接受调查的人受到媒介的触动而行动起来，换句话说，这些人本来由于其社会类型而具有以某种方式投票的"潜在倾向"，在接触了媒介以后，这些倾向在他们心目中变得更加明确、具体。另外，他们所属的一些社会类型使得他们一开始就已拿定了主意，当媒介开始进行大选宣传时，这些人会从自己党派利益出发，选择更多的媒介内容来支持自己的观点，加强自己投票的决心。只有极少一部分人是因为受到大众传播的影响而改变了早期的投票意向。

### （二）"两级传播"与"意见领袖"

基于对"魔弹论"的怀疑，拉扎斯菲尔德等人在研究中没有发现证据能证明媒介的这种效果。他们在俄亥俄州伊里县对1940年和1944年总统选举的媒介效果研究结果表明，只有约5%的人由于竞选活动而改变了投票意向。即使是这部分人，其意向的改变大多也并非受媒介直接影响，而往往是从所谓"意见领袖"、从所在群体及传统中获得更多的劝导（两级传播论）。由此，他们对媒介效果的结论是：对受众的影响远非"魔术般的"或"不可抗拒"，而是恰恰相反，影响极为有限。模式可表述为：① 媒介的影响通常经过中介因素产生，是间接的、辅助的、有限的；② 这种影响并不表现为导致受众的意见改变，而是加强了受众本身的意见。这里的"中介因素"，即指"意见领袖"以及某些社会关系和受传者自身的接收态势。显然，媒介的纯粹作用难以确认，效果也难以预测。

拉扎斯菲尔德等人发现，大选期间平均每天与他人非正式交流看法的人比直接从媒介接受竞选材料的人要多10%左右。在调查进行到一半时，研究人员改变了他们的采访策略，他们开始比较系统地探讨作为"个人影响"来源的这种非正式接触。他们试图了解这种人与人之间的传播在改变大众传播影响方面起了什么作用，于是在研究社会关系网络，特别是在初级团体中人际互动关系对个人态度形成及改变的影响后，当时的学者们提出了"两级传播"和"意见领袖"的理论。

两级传播理论最早由凯兹等人引入，两级传播也叫两级流通模式（two-step flow of communication），其古典陈述认为人际传播影响比大众媒介的影响力大。在早期的大众传播模式中，受众是信息传播的终点站；而凯兹和拉扎斯菲尔德则认为，大众媒介所传播的信息首先是传到"意见领袖"那里，"意见领袖"再将信息传递给周围人，周围人成为意见的给予者，可以再向其他人传递信息，因此在拉扎斯菲尔德之后有人将其修正为"多级传播模式"。

凯兹和拉扎斯菲尔德的研究显示，两级传播模式包含了以下主要假设：

(1) 个人在社会中并不是孤立的单位,而是与他人互动的团体成员。

(2) 个人对一个媒介的反应不是直接的、立即的,而是经由那些社会关系转达,并且受社会关系的影响。

(3) 流通中包含两个过程,一是接受和注意,另一个是反应,其形式则是对于传播者所企图发出的影响或信息的接受或拒斥。接受并不等于反应[因为可能经由个人接触,而有次级接受(secondary acceptance)]。

(4) 在媒介面前,每个人都不是完全相等的,在传播过程中每个人各有其不同的角色,并且可以被划分成两类:主动接受和传递讯息者与被动依赖他人的指导者。

(5) 那些比较主动的角色("意见领袖")可能具有使用媒介较多、乐群性程度较高、自认对他人有影响力等特征,往往被人认为是消息的来源并扮演着指导的角色。

总而言之,大众媒介并不是在社会真空中运作,而是会进入一个非常复杂的社会关系网络中,并与其他观念、知识和权力的来源相竞争。[1]

两级传播研究在学术界也受到很多学者的批评。许多研究发现,新闻主要直接由大众传播媒介传送,而不是通过人际传播,换句话说,有些传播仍是一级传播——媒介直接将信息传递给受众。有关公共事务的意见研究发现,人与人之间是互惠的,是"意见分享",而不仅仅是"意见施舍"。一些学者研究发现,意见给予者与意见寻求者在许多方面并无明显差异。也有学者指出,"意见领袖"的二分法太过武断、含混。两级传播论暗示,"意见领袖"只依赖大众传媒获取信息,事实上,在许多不发达地区如非洲,个人旅行者或变革推广工作者与受传者之间的互动,也许比大众媒介更为有效。随着认识的深入,一级或多级传播流程被学界广泛认同,研究者也已发现"影响链"是复杂的,必须进行长久的探讨。

### (三)"创新-扩散"模式

在哥伦比亚学者研究的同时,衣阿华的社会学者也在研究传播的过程。他们所感兴趣的是创新内容的推广,其研究与两级传播相似,通称为"创新-扩散"(diffusion of innovations)。创新-扩散研究最重要的特征在于必须重视非媒介(通常是个人)的资讯来源(邻居、专家等);通常会推行一项运动来企图提供资讯,影响动机与态度,以求达到行为上的改变。"创新-扩散"研究是由媒介研究、农业技术及新药推广三路发展而来,旨在发展新事物或新思想在社会结构中

---

[1] [美]参见丹尼斯·麦克奎尔,史文·温达尔.传播模式.台北:台湾正中书局,1997:80-142.

传播和扩散的过程。最值得一提的是，瑞恩和格罗斯（B. Ryan & N. Gross）对衣阿华州农民所进行的混种玉米推广过程的研究。这种新的玉米品种在1928年被引进衣阿华州，经过长达20年的传播过程，该地区的农民渐渐接受了这一品种，使玉米产量大增，而他们的研究也成为"创新-扩散"研究的典范。他们发现，传播过程包含了四个主要元素：① 新生事物；② 在某种渠道中被传播；③ 经过很长时间；④ 最后传播给某社会体系的成员。作为社会学研究，它关注乡村社会在传播与接受方面的变化对社会变迁的影响，因而也成为第三世界发展计划研究的借鉴方法。罗杰斯将社会的变化分为内生型变化和接触型变化两种，前者变革的动力来自社会内部，后者则来自外界的新思想、新信息。可以说，"创新-扩散"研究是以劝服为目的的，它站在传播者立场上，即站在农会、药厂、政治家等的立场来观察新事物和新思想如何扩散并被广大的社会成员所采用。创新传播是"劝服传播"研究的一个支流，但它有两个特点是其他劝服研究所缺乏的：一是它所处理的必须是受众认为"新"的事物或思想；二是传播者和受众的关系通常不均等，前者不论在社会地位或创新能力上都高于后者。

作为劝服研究，"创新-扩散"研究肯定人际亲身影响大于传播媒介，尤其是将它们的影响力放在较长时间内加以考察，更清楚地显示出这一倾向。创新事物或思想的扩散通常要经历五个阶段，即认知→兴趣→认用→评估→采纳。在早期认知阶段，传播媒介发挥很大的功能；进入最后的评估或采纳阶段时，人际亲身影响的力量却更显著。就理论的基础来看，有这样几点值得注意：

第一，"创新-扩散"注重从传播者立场来推广新事物和新思想，重视传播者与受众之间的网络关系。"两级传播"阶段，研究者曾发现，"意见领袖"与其信息的下传者之间具有在某种属性上如宗教信仰、价值观、文化水平等的相似性，然而在新事物的传播过程中，传受双方的互动显得格外重要，由于受众属性的异质性的广泛存在，因此要想获得有效的传播常常困难很大。

第二，认识到异质性对传播的不利因素。就一般常理而言，当传播者与受众的相同性方面越多时，引起的共鸣就越高，新的思想、新的事物也就越容易被受众接受；反之，则难以沟通，也难以推广新事物和新思想。正是基于对这一点的认识，创新传播的目标是努力寻找双方在重要特征方面的"共同点"。研究者在印度阿拉巴巴农业推广计划中就应用了这一原理，研究者发现：与其选择有文化的中学和大学毕业生为农业推广员，不如选择一批文化水平不高但富有经验的当地农民来承担此项工作，因为学生不善于与无文化的农民沟通，农民往往认为他们清高，不了解实际情况，缺乏共同语言，因而会产生对立和排斥情绪；而当地富有经验的农民则不同，他们了解农民所思所想，很容易沟通和建立信任关系，对农民进行简单的培训,很容易将新的经验和事物推广下去。

第三,传播活动双方的情形、特征过于相同,就等于系统完全封闭,会使新鲜的信息难以进入。同样是传播某一信息,朝夕相处的传播者与受传者之间过于雷同造成思想领域观念差异不大,这就可能使一些新的思想因为自我的好恶而不易被接受。

## 第三节 适度效果论与受众中心的传播效果研究

适度效果论(moderate model)是20世纪70年代出现的一种效果理论模式。这派理论研究者有一些共同的假定:认为过去对大众传播效果的研究,过于注重态度和意见,如果注意到其他项目上可能会发现较大的效果。而且过去的研究,在思路上有些单一化,只注意"大众传播对受众成员做了什么"这一单向问题,而排除了另一个重要问题,即"受众对大众传播做了什么",尤其是一般研究者很少注意到媒介的长期效果。实际上,适度效果模式有时很难说是效果理论还是受众理论,因为包括信息寻求范式、"使用-满足"模式等在内,都是源于对受众行为的研究。所以,有些著作也就将它们放在受众这一部分来谈。

### 一、信息寻求范式

信息寻求范式(information seeking paradigm)来源于社会心理学中的"态度一致性理论"。例如,其中一个主要的假说是:一个人具有某种心理倾向,就会回避与自己既有观点不一致的信息,因为他觉得这个信息对他太具有威胁性,所以,他总是希望能找到与自己观点相同或相近的信息,佐证自己的观点,这样可以获得某种心理平衡。在这一理论范式中,比较重要的关键词是"心理固有影像"(image)、"现实的影像"(image of reality)和"寻求信息"(seeking information)。心理固有影像是人在社会生活中经验积累的结果,既包括知识水平,又包括他的某些主观能动性,即对事物的判断、分析能力。对现实的影像是由信息使用的群体构成的,这个群体可以支配个人寻求和处理信息的行为。寻求信息则是指个人在所有不同的寻求信息策略中选取他自己的策略。多诺惠和替普顿(G. A. Donohue & P. J. Tipton)的"信息寻求、回避和处理"模式中,将其区分为自由型策略与限制型策略。前者是指个人首先对可能的信息来源做一番收集,然后再选出其信息来源;后者则是以一个单独的来源作为一种信息寻求的基础,在其中寻找自己需要的信息。

信息寻求范式把研究的焦点放在个人对信息寻求的行为上,把以往对大众传播受众受媒介影响的注意力移向受众在传播活动中的积极行为。"信息寻求"一词是美国学者卫斯特莱和小巴洛(B. H. Westley & L. C. Brrow Jr.)于1959年在一项名为"新闻信息寻求行为的调查"(an investigation of news-seeking behavior)研究中首先使用的。他们强调受传者需要信息,主动寻求信息。

信息寻求范式在很大程度上受"选择性接触"理论的影响。许多研究者想测试选择性接触的预测性。有些能获得实证(即人们寻求支持他们固有观念、立场的信息),有些则不能。研究者开始了解到还有其他因素会影响人们选择信息,它包括信息本身的效用或实用性,有时这些因素比"渴望得到支持自己固有立场的信息"的因素还要占优势。

各种研究发现,有关信息寻求的理论很难用一两句话说清楚,亚特金(C. Artkin)、多诺惠和替普顿等人都从事过这方面的专门研究。在某种程度上,信息寻求范式已被相似的"使用-满足"研究模式所包容了。

## 二、"使用-满足"模式

"使用-满足"模式(uses & gratifications approach)是典型的受众研究的理论。这一研究取向正好与适度效果论相合拍,同时也极好地证明了适度效果的观点,因此,我们将其放入这一部分来谈。这种模式的研究历史较长,从20世纪40年代初到70年代末近40年。与其他模式相比,它最显著的特点是其反向的研究角度,即以研究人们如何为达到某种需要的实现和满足而使用媒介,一改以往研究媒介如何影响受传者的思维方式。这是一种典型的受众中心模式。其基本观点是:① 心理与社会需求的满足。基础的逻辑描述为他们是在探讨"需求"的社会及心理的起源,因这些需求而产生出对于"大众媒介或其他来源"的期望,导致不同的媒介暴露形态,而造成需求的满足及其他的结果,其中大部分可能是无意的结果。② 透过大众媒介的消费。"使用与满足"理论使受众具有一种基本的社会互动需求,从经验中,他期望某种大众媒介的使用可以给予这需求某些满足,这会导致人们去观看某些电视节目、阅读某些形式的杂志内容等。在某种情况下,将造成需求的满足,但是也同样可能造成对媒介的依赖和习惯的改变。

1959年,哥伦比亚大学的凯兹(E. Katz)在对贝雷尔逊(B. Berelson)宣称的"传播研究已经死亡"这一结论作出自我阐释时首先提到"使用-满足"模式。凯兹解释说,所谓"传播研究正在死亡",是指大众传播的"说服研究"正在死亡。凯兹说"说服研究"是针对"媒介对人们做了什么"(what do media do to people)的问题的回答。大多数人的研究显示:大众传播在说服公众方面没有什么效果,所以研究者转而研究实际有效的那些项目。换句话说,传统的传播研究是从媒介角度来探讨其效果的,而现在的传播研究应以受传者为中心来展开效果研究。凯兹建议如果效果研究要拯救自己,必须将问题改成"人们用媒介来做什么"(what do people do with the media),即将研究的注意力放在受众如何"使用"媒介上。他举出贝雷尔逊等人在这方面已经完成的一些研究项目来加以证明。麦克奎尔认为,"使用-满足"取向的研究可以分为古典和现代两个时期,前者包括了纽约的应用社会学研究所所作的一些研究,这一时期以拉扎斯菲尔德和史坦东(F. Standon)的受众收听广播剧和益智节目动机分类、贝雷尔逊在纽约地区报纸工人罢工时期对报纸读者进行的研究等为代表。这一类型研究最简单的想法是询问受众,依据他们个人使用媒介情形对于各种不同内容有何想法、如何感觉以及如何欣赏,以试图找出媒介诉求,以及受众如何使用各类媒介内容的理由。克拉伯称之为"功能性取向的研究"。后者是60年代以后比较深入的研究,以布拉姆勒(J. G. Blumler)和凯兹1974年出版的论文集《大众传播的使用》(The Uses of Mass Communication)为代表。这一研究取向的出现,显示出当时学术界要努力跳出效果研究的阴影,将研究的焦点调整到受众上来。

如同信息寻求典范一样,"使用-满足"模式从以传播者的传播目的为焦点,转移到以受传者的意向为探讨焦点,与信息寻求典范不同的是,它的研究范围较宽。可以说,它研究的范围是开放性的,这使研究加入了许多新因素,需要研究者考虑更多的问题。

罗森格伦引入了马斯洛(A. H. Maslow)的需求层次论(Hierarchy of Needs),用以探讨受众的"使用-满足"情况。他把人的高低层次的基本需求与导致媒介使用的另一些因素(如问题、动机等)区分开来,对凯兹的论点作了补充与修正。按照罗森格伦的见解,人的基本需求是起点,但并不直接导致媒介的使用,它首先与个人内在和外在特性形成有差别的结合,然后在周围社会结构的相互作用下产生对个人问题的强烈感受,这种感受再与寻求到的解决方法相结合,导致行为动机的产生,导致媒介的消费,由此达到不同形式的满足或不满足,而它们又可能反过来影响个人内在和外在特性的结合,以及最终影响社会中的媒介结构和政治、文化和经济结构。罗森格伦在这里又补充了一个反馈过程。

归纳起来,"使用-满足"模式可以表述如下:个人需求与动机→对于媒介的期待或选择其他活动→使用类型→满足→反馈。

布拉姆勒和麦克奎尔于1964年研究英国大选时,采用了"使用-满足"模式来研究传播的效果。这项研究的主要目的在于了解:① 公众为何收看或拒绝收看政党的广播节目;② 人们想要从广播里知道些什么;③ 对电视介绍政治家或让政治家"出镜"的方式上,人们偏好哪一种。他们还有一个主要目的是想论证一个论题,即大众媒介在选举活动中对选民没有什么影响。他们归纳了受众观看有关选举的电视节目的八个理由进行受众调查,如表7-1所示:

表7-1 1964年英国观众收看大选节目的理由

| 理　　由 | 占百分比(%) |
| --- | --- |
| 1. 看看候选人都做些什么承诺 | 55 |
| 2. 对重大政治事件向来很关心 | 52 |
| 3. 了解政治领袖的形象 | 51 |
| 4. 提醒我想起我党的政治主张 | 36 |
| 5. 判断谁可以在大选中获胜 | 31 |
| 6. 帮助自己决定怎样投票 | 26 |
| 7. 欣赏竞选的刺激 | 24 |
| 8. 作为茶余饭后与人聊天的题材 | 10 |

注:回答问卷者可以圈一个以上的答案。

前三个理由获得了半数以上人的承认,只有约1/3的人关心本党的情况和关心谁可能获胜,1/4的人选择"帮助自己决定怎样投票"。由此可见,受众是在积极主动地、有选择地使用媒介以满足个人的需求;传播者只有把信息传播与受众的需求满足结合起来,才能取得好的效果。

"使用-满足"模式原先是用来帮助我们解释各种不同的媒介诉求,并且帮助我们解释其与媒介预设效果之间的差异,在这方面,它仅仅获得了有限的成就,其主要的贡献在于它能够对受众、受众行为、不同媒介以及不同种类的内容对受众的诉求等作出更好的描述。然而,20世纪70年代以来,这一研究取向一直受到学术界的批判。许多学者批评它缺乏坚实的理论基础,主要概念在定义上含糊不清(如对"需求"的界定);研究方法也存在一些问题;对影响"满足需求"的先前变项缺乏探究。学院派的批评则认为,它过于功能主义,过于倚重心理学方法,依据受众使用媒介的动机来推测其需求。以至于有人认为,受众需求是媒介创造出来的。麦克奎尔对学界比较明确的批判进行了归纳,认为包括了两种主要的论调:① 这一模式过度强调阅听受众的主动性,事实上许多证据显示,收看电视行为往往是很少选择性的。② 这个模式无法反映内容本身的作用,因为它忽略了媒介内容的文本与文化特性。[1]

## 三、议题设定模式

20世纪70年代的传播研究发现,除了人际互动和多样化的媒体竞争改变了传播形态外,学者们认为,应当还有一些环节值得研究。例如,媒介效果过程就牵涉到认知、信息、态度和行为四个方面的因素。研究者发现,人们确实从大众传播媒介获知很多信息、学到很多知识,只是不清楚媒介讯息如何影响受众并促使其改变态度。作为适度效果论时期的一种理论,"议题设定"是专门探讨传播媒介对社会的影响的一种模式,议题设定功能模式(agenda-setting function model)的基本内容是:在特定的一系列问题或议题中,那些得到媒介更多注意的议题,在一段时间内将日益为人们所熟悉,它们的重要性也将日益为人们所感知,而那些较早得到媒介注意的议题将日益为人们所淡忘。

早在1922年,美国舆论学家李普曼在谈"舆论"时就曾指出媒介在形成人们对公共事务认知和对世界经验了解的重要性。由于外在世界过于复杂,人们必须借助大众传播媒介了解外在世界,因此,媒介边不断把"外在世界"塑造成个人"脑海中的图画",替个人建构社会环境。[2] 此外,对媒介引导舆论的功能进行系统阐述的是政治家科恩(B. C. Cohen)。他在1963年出版的《报纸与外交政策》一书中指出:"它虽然不是每次都能很成功地告诉人们想什么(what to think),但是在告诉读者该想些什么(what to think about)上出奇的成功。"[3] 也就是说,媒介难以左右人们的思想方式,但易于控制人们的思想内容。莫利尔等人也指出"媒介是很强大的导向工具,它们帮助我们决定哪些事情是要思考的,甚至有时是我们所需要做的,那是真正权力",媒介常常说"您所关注的正是我们所关注的"(what concerns you concerns us),听起来很煽情,具有一定的民本思想(people oriented),这一说法如果是真实的话,那么应当是受众而不

---

〔1〕 [美]丹尼斯·麦克奎尔,史文·温达尔.传播模式.台北:台湾正中书局,1997:179.
〔2〕 转引自翁秀琪.大众传播理论与实证.台北:台湾三民书局,1998:139.
〔3〕 转引自赛弗林,坦卡特.传播理论:起源、方法与应用.台北:台湾五南图书出版公司,1995:386.

是媒介设定了议题。事实并非如此,莫利尔等认为应当将那句口号改为"我们关注的,就是你们所要关注的"(what concerns us concerns you)。这就是媒介议题设定功能。[1]

赛弗林和坦卡特(W. J. Severin & J. W. Tankard,Jr)在《传播理论:起源、方法与应用》一书中举了三个有趣的例子。其中一个是关于1980年美国总统大选的。在大选的前几天,大部分的民意调查工作者认为选战快到了,没有必要再去做调查了。可是,就在投票的前两天,新闻媒介大肆报道了一则关于在伊朗的美国人质即将获释的消息。但最终结果是人质并未得到释放。几天之后,选举结果揭晓,里根以压倒性优势战胜了卡特赢得了大选。研究者认为,"人质问题"借助大众传媒传播很广,在公众关注的议题中,它由较低的位置上升到较高的位置。但在人们关心的议题里,"人质问题"的议题可能与卡特的议题相冲突,因为很多人会认为"人质问题"正是卡特执政的一大败笔。这一解释虽说只是假设性的,但后来却被许多心理学家、政治科学家所证实。

议题设定的研究者唐纳德·肖(Donald Shaw)和马克斯韦尔·麦康姆斯(Maxwell McCombs)于1968年第一次尝试证实大众媒介的这种功能。他们研究的题材是美国大选,对象是北卡罗来纳州查波希尔地区的选民,因为这一地区"未决定投票意向"的选民被认为是最容易受媒介影响的。肖和麦康姆斯访问了抽样所得的100名受访者,询问他们认为国内最重要的新闻事件是什么。与此同时对为选民服务的5家报纸、2家杂志和2家电视台的晚间新闻的大众传播媒体,做了一项内容分析调查。收集来的答案被编成15种类别来代表主要的议题,就像处理其他宣传活动的新闻一样。结果发现媒介所报道的话题与未决定投票意向的选民所认定的选举主要议题十分相近。媒介所强调的议题与选民所认为的该议题重要程度的相关系数达到0.976,而在次要的一类中,其相关系数则达到0.979。肖和麦康姆斯的研究报告《大众传播的议题设定功能》(The Agenda-Setting Function of Mass Media)在《民意季刊》上发表以后,立即引起了学术界的关注。因为到60年代末,有限效果论已成为强弩之末。对媒介效果到底如何,人们期待着更有说服力的证明途径。肖和麦康姆斯的研究使得效果研究发生了一次转型,即从以往注意媒介内容对受众态度、行为的影响,转移到注意媒介对受众认知的影响上。他们的初步研究证实了这样几个观点:① 大众传播媒介的功能是议题设定;② 效果研究的重点在媒介对受众认知的影响上;

---

[1] John C. Merrill, John Lee & E. J. Friedland, Modern Mass Media, Harper & Row Publishers, New York, 1990, p. 89.

③ 媒介对认知有长期效果。

由此可知,议题设置理论的主要内涵是假设大众传播媒介所强调的议题与受众所重视的议题之间呈正相关关系。唐纳德·肖和麦康姆斯的研究报告的论证中涉及的内容可以分解为以下几个部分。

### (一) 议题设定的过程

议题设定过程模式将"议题设定"看作是社会学习以产生社会共识的过程。在这个过程中,大众传播媒介与受众是互动、共享的关系。过程中的变项包括:① 记者应报道哪些事情?强调的程度有多大? ② 受众的兴趣如何? ③ 易得性如何?

可见,其间除了涉及媒介的"守门"过程外,还包括受众的选择性反应,以及寻求信息的需求等。议题设定涉及的相关因素在媒介方面表现为大众传播媒介的"守门人"功能,媒介"把关人"根据自己对事件的理解和需要为受众"建构社会现实";而在受众方面,受众由于本身的兴趣或对知识的需求以及为了减少对外界环境的不确定性,产生"需要引导的愿望"(Needs for Orientation),会主动去寻求某事的消息。议题设定的过程,即由上述两部分互动下产生了主要事件、次要事件以及其他各种事件的特性。

### (二) 议题设定理论的社会学和心理学意义

**1. 就社会学的意义而言**

议题设定是一种社会行为,同时也是一种社会学习过程。通过这一学习过程,受众每天从媒介中自然而然地学得一些重要议题。

**2. 就心理学的意义而言**

议题设定之所以能够发生作用,是因为受众有"需要引导的愿望"。当某议题的信息对个人的相关性很高,加上受众个人的兴趣浓厚,此时,如果个人的知识不足,又处于不确定的情形下时,个人对某议题相关信息的需求自然提高。因此,个人对某议题讯息的需求越大,越容易使用媒介来寻找信息,以满足需求。此时,媒介也就越容易发挥"议题设定"的影响力。

### (三) 议题设定效果的模式

除了上述议题设定过程外,麦康姆斯还将"议题设定效果"按照不同的形成方式,分为下列三种模式。

### 1. 知晓模式(Awareness Model)

知晓模式也称0/1模式。它所探讨的是知与不知的问题,是议题设定的最基本效果。也就是说,大众传播媒介报道或不报道某个议题,会影响到受众对该议题的感知。至于在认知的层次上,可以依据受众对信息的持有程度再分为三个层次:第一,知晓主要议题(General-issues),如:伦敦发生恐怖爆炸事件。第二,知晓次要议题(Sub-issues),如:知晓爆炸案发生的经过,造成的伤亡情况。第三,知晓额外信息(Extra-information),如:知晓爆炸案中有无中国人伤亡。

### 2. 显著模式(Salience Model)

显著模式也称0/1/2模式,即媒介对某一两个议题突出强调,其结果会引起公众对这些议题格外重视。

### 3. 优先模式(Priorities Model)

优先模式也称0/1/2…N模式,即传播对一系列议题按照一定的优先顺序所给予的不同程度的报道,会影响公众对这些议题重要性顺序所作的判断。媒介长期处理一组议题时,对各个议题给予不同的优先次序安排,将会使受众也按照媒介的优先顺序去认定。

美国其他一些学者也有类似的发现。如麦克里欧(J. M. McCloed)就强调了媒介与个人的认知关系。这种认知关系是"议题设定"效果的关键要素。贝克(L. B. Becker)等人于1976年提出了效果的三段模式,更进一步发展了议题设定功能的研究内涵。这一媒介效果的三段模式,如图7-1所示:

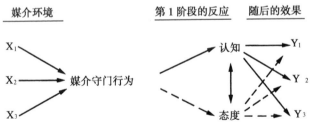

图7-1 媒介效果的三段模式

在这一模式中,政治、经济、文化、社会等环境因素对媒介"守门人"的传播行为的影响,无论是说服性研究或是议题设定研究均是一样的。图中的虚线部分正显示传统研究所注意的轨迹,而实线部分正是"议题设定"论所强调的观点,两种研究异曲同工,殊途同归。

总体来看,议题设定理论的内涵包括三个方面的内容:

其一,议题设定的过程。肖和麦康姆斯把议题设定视为受众社会学习以产生社会共识的过程。在这个过程中,大众媒介与受众是互动、共享的关系。过程中的变项包括:媒介应报道哪些事件?强调的程度有多大?受众关注什么?易得性怎样?由此可见,除了涉及媒介"守门"过程外,还包括受众的选择性反应以及寻求信息的需求等。

其二,媒介设定议题由媒介和受众相关因素组成。从媒介方面看,指的是大众媒介的"守门人"功能,媒介"守门人"在采访、编辑过程中为受众建构社会现实。从受众方面看,受众由于本身的兴趣或知识的需求以及为了减低对外界认知的"不确定感"而产生引导的需求,主动地寻找某事的消息。议题设定是在传、受双方互动下产生主要事件、次要事件和其他各种事件的过程。

其三,议题设定具有社会学、心理学意义。从社会学角度看,议题设定是一种社会行为,它首先表现为一种社会学习过程。通过这一过程,受众每天从媒介中自然而然地学到了一些议题。从心理学角度看,议题设定之所以能够产生作用,是因为受众有被引导的需求。当某议题的讯息与个人的相关性很高,加上受众对其十分感兴趣,此时,如果个人知识不足,处于不确定的情形下时,个人对某议题的相关讯息的需求就自然提高。因此,个人对某些议题讯息的需求越大,就越容易使用媒介来寻求信息以满足需求。此时,媒介也越容易发挥议题设定的功能。

传统的"说服论"所探讨的是媒介对问题采取什么立场,即是赞成还是反对;运用什么手段来打动受众,说服受众与媒介采取一致的立场和行动。"议题设定"则注重媒介说了哪些论题,特别强调哪一论题,这个被强调的论题引起个人怎样的认知和理解,基于这样的认知有什么样的反应,这些不一定要经过"态度改变"的程序。换句话说,"议题设定"研究所关注的是媒介在受众关心的议题的认知发展中所扮演的角色。从效果观点来看,媒介提供一定的信息和话题,经过受众对同一话题讨论之后产生一种共识而发生一定的随后反应。它是一种媒介与受众互相助长的效果模式。这个模式显示的效果是延缓的、心理上的,它并不意味着导致受传者的态度或意见改变,但它控制了受传者的"议事日程",构造了一个"看不见的环境",即有意识地、有系统地引导人们注意的方向及过程。简单地说,媒介决定了人们该认为哪些问题是重要的。例如"9·11事件",由于世界各国媒体的大量报道,反对恐怖主义成为2001年公众讨论最多的议题。中国加入世界贸易组织,由于经过全国上下媒体的广泛宣传,也成为2001年中国十大新闻之一。社会上所谓的"热门话题"往往是媒介推动的结果,即议题设定效果。这一模式也暗示了舆论或意见氛围形成中媒介所发挥的功能。

值得推敲的是,议题设定究竟是直接对受传者产生影响还是通过人际关系产生影响？有些学者认为该模式"一开始便集中于人们的需求"，与"使用-满足"模式有直接关系，这便导致这样一个问题：议题设置到底起端于媒介，还是起端于公众及其需求，或者起端于充当信源的精英人物？麦克奎尔和温达尔就曾对媒介议题设定模式提出过质疑。他们认为，媒介议题设定牵涉到媒介、公众及政府（包括精英分子），设定议题的人可能是三者中的一个，然而，政府（包括精英分子）与精英分子易操纵媒介，他们与媒介的议题设定功能大于公众的议题设定，因为受众虽然可以通过人际传播网络设定议题，但大范围地扩散，则只有依赖大众传播媒介。

## 四、议题建构理论

20世纪80年代初，当许多学者都将议题设置理论视为解释民意形成、效果产生的一个最佳理论时，朗氏夫妇（G. E. Lang & K. Lang）针对"水门事件"的民意测验资料和报刊资料，作了次级分析。1981年在其报告中，朗氏夫妇认为民意形成存在一个"议题建构过程"（Agenda-Building Process），由此提出了"议题建构理论"。

关于议题建构，朗氏夫妇认为首先需要对相关概念进行甄别。

首先，内容与内容重要性之间存在差异。人们关心的内容和议题建构之间有时是很难区分的，特别是议题与内容间的关系是极为复杂的。例如，美国大选，一个深谋远虑的候选人会在诸多议题中选出对自己有利的议题来加以强调。因此，有些议题虽然不为媒体所重视，但受众却认为它们是重要的或有趣的。"水门事件"在1972年美国大选期间被视为麦高文议题，因此被许多麦高文的支持者认为是极重要的议题，但是同时也有人认为它不是什么大不了的议题。

其次，过去所得到的一些媒介内容与内容重要性间的相关可能是假相关。我们可以把麦康姆斯和唐纳德·肖的原始研究和法兰克（R. Frank）的研究加以比较。法兰克比较了盖洛普的民意测验结果与新闻内容，看新闻内容是否符合民意。麦康姆斯和唐纳德·肖的研究发现媒介议题与公众议题的相关度高达97.9%，特别在以下五个重要议题上的相关度特别高：外交政策、法律与秩序、预算政策、公共福利和民权。其中外交政策在媒介议题和公众议题上都在1968年的美国大选期间高居首位。而1972年法兰克的研究资料显示，国际问题才是最主要的议题，至于"越战"，则在媒体议题的重要性上高于公众议题。这样的结果主要是由类目设定的技术造成的，因为法兰克把"越战"这样的题目从"外交政策"中单独列出来，而麦康姆斯和唐纳德·肖则将其归入"外交政策"类。

再次,影响因果关系的重要因素是时间。议题设定的效果通常都需要一个酝酿期,除非是危机事件,效果才可能是立即的。因此,所谓的事件因素,就被引入议题设定的研究中,这种所谓的"最佳效果期限"(the Optimal Time-span)的研究所得,结果常常存在分歧,难有定论。

最后,分析单元的认定问题。究竟议题设定功能指的是个人察觉某个议题的重要性,然后从媒体中得知其详细内容,还是指的是一个议题发展的过程?我们无法忽视个人对议题具有不同的敏感程度,因此也可能对相同议题作出不同的反应。一般来说,议题能够给受众留下印象,首先必须能够引起他的注意,因为能够引起受众注意的议题往往是跟他有着实质的关系。朗氏夫妇认为,当一个议题被报道了一段时间以后,对议题最关心、最有兴趣的人反而不以为然了,倒是那些对议题没有兴趣的人越来越认为议题十分重要。朗氏夫妇把这种现象称之为"天花板效应"(Ceiling Effect)。受众的反应是决定效果大小的重要因素。

朗氏夫妇将议题分为三大类型:① 与社会每个成员都息息相关的议题,无论媒介是否报道,个人都会在自己的日常生活中接触到这些议题;② 与个人只有部分关系的议题,如青少年犯罪、城市绿化等,通过媒体报道可引起更多人的关注;③ 距离每个人都很遥远的议题,如中东政局动荡、南北苏丹冲突等,这是媒介最能发挥影响力的部分。这三类议题经常被媒体提起,但影响力却有大小之分。因此,对于媒体来说,三大类议题也可以称之为低门槛议题、中门槛议题、高门槛议题,分别对应了关系到的群体。

各种议题之间也有竞争,为的是能吸引大众的注意力,与此同时,不同的受众关注的议题也会有很大的差异。因而,在研究中不能仅仅着眼于某些特殊议题与公众议题之间的关联,还必须考虑两者是在特殊的媒介环境中交互作用。

朗氏夫妇认为,有许多议题并非源起于媒介,而是来自公众本身的直接经验,媒介不过是挖掘了这些经验,报道了它们,使它们进入了公共领域。而许多人关心的议题也因此被"政治化"了,这对于一些个人很少有直接经验的议题而言,媒介报道却有很大的议题设定的作用。但是,媒介无法独立于政治系统之外运作,而它们在"水门事件"中逐渐趋于饱和报道的现象也必须与当时美国正值反战的背景相参照考虑,方有意义。因此,议题建构是一个集体的交互作用过程。

媒介在"水门事件"中所扮演的,就是一个议题建构的角色,其过程可分为以下三个步骤:

第一步,媒介强调某些事件、活动、团体、人物等,不同事件需要不同种类和分量的报道来引起民众的有效注意。媒介的这种初步强调,会影响民众思想和言谈的种类。

第二步,这些被引起注意的事件,需要加以整理,贴上"标签",并尽可能与某些现实议题或民众关心的"热点"相连接。媒介在这个阶段可以上下其手,强调其所要强调的事件。

第三步,媒介将事件或议题与次象征符号(secondary symbols)相联系,使得事件或者议题成为整个政治生态的一部分。虽然不是每个议题都有明显的政治倾向,但媒介可将其变成利益集团与利益集团之间界限分明的议题,使议题更具炒作价值。代表各种立场的发言人最终会在媒体上亮相,为争夺受众而明争暗斗。

议题建构是一个整体的过程,其间由于媒介、政治系统和公众的复杂互动,媒介发掘新闻议题并加以建构、报道,使它们成为公众讨论的焦点。三个步骤环环相扣,各步骤之间也可能会有反复,并存在反馈,而整个过程的结束,即完成将事件转化为公众议题的任务。

# 第四节 强大效果的再论证

大众传播的强大效果模式(powerful effects model)是20世纪70年代以来出现的一种效果理论,在这一理论开始探讨的阶段,一些学者认为,如果媒介的运作或各种节目能够按照传播理论的原则仔细设计,大众传播就会有很强的效果。这些原则如:间歇重复播报信息;有目标地对准受众;目的要很确定;输出的信息要与这些目的相关;要注意哪一种媒介适合负载哪一种信息;等等。

## 一、"沉默的螺旋"理论与传播强效果解析

对强大效果理论建树最大的是德国学者、社会学家伊丽莎白·内尔-纽曼。1947年,她创办了西德"二战"后第一家民意测验机构,运用她在美国所学的民意调查方法,验证拉扎斯菲尔德的"乐队-花车效果论"(Band-wagon Effect)是否在德国也适用,结果却发现在德国的选举研究中,有许多现象是无法用美国的理论解释的。比如1965年,正当西德大选时,德国阿伦斯巴赫民意调查机构做了一连串的调查,其结果令内尔-纽曼大惑不解。选民对各党派的投票意愿可谓

旗鼓相当,在观察大环境的"选举预测"题上,选民对于基民盟及其姐妹党基社盟(CDU/CSU)和社会民主党(SPD)这两大阵营的投票意愿可谓势均力敌。但在观察大环境的"选举预测"题上,选民对基民盟/基社盟会赢得选举的期望却呈直线上升。最后出现了纽氏所谓的"一分钟跟进"(the last minute swing)的现象。这使她产生了浓厚的兴趣,促使她去探讨个中原因。她通过自己的系统研究发现,大众传播存在着强大的效果。1969年德国大选的结果,官方显示基民盟/基社盟获得了46.6%的选票。如果按照拉扎斯菲尔德的理论,选民当被问及他投票给哪一方时,大多数人会说是投给了本次选举中获胜的一方,这种想站在获胜者一边的心理就是所谓的"乐队-花车效果论"。但内尔-纽曼发现这种现象在德国却完全相反,1970年有53%、1972年有53.2%受访者说,人们在1969年投了社会民主党的票,大大超过官方统计的44%;而1970年时有41%、1972年有40.8%的受访者说,他们投给了基民盟/基社盟的候选人,这一结果又少于官方统计的46.6%。这一现象只有用"沉默的螺旋"理论才能解释得通。于是,内尔-纽曼在1972年东京召开的心理学国际会议上正式提出了这一理论。所幸的是,她论述中的几个假设,都能借助这次选举研究的实证资料得到证明。此后,她每年均运用这一方法研究德国的大选。她的相关的研究论著主要有1980年出版的论文集《电视民主里的选举决定》和专论《媒介对选举的影响》、《竞选期间的大众传播媒介和意见气候》。

1973年,内尔-纽曼发表了一篇题为《累积、一致和公众效果》的论文,对拉扎斯菲尔德为代表的"有限效果研究"范式提出了质疑,认为拉氏等人的研究,很可能在当时"没有问对问题"。因此,纽曼提出了"累积"、"一致"和"公众效果"三个概念,指出未来的传播效果研究应朝着这三个面向同时考虑才能有所突破。她利用民意测验资料和借助大众媒介的内容分析,对"沉默的螺旋"这一假设作了深入的研究。她通过长期研究得出大众传播具有一致性、累积性和普遍性三个特性,三者相互作用产生对舆论的强有力的影响。

## (一) 一致性

一致性(也有译为同质性),指的是大众媒介长期呈现同质性很高的内容。伊丽莎白·内尔-纽曼指出,不同报纸、电视台等媒介常常有雷同的新闻报道,而且其主要论点也常常相似或相近。在这种情况下,因为人们不能选择任何其他信息,所以各种媒介所形成的一致性影响力征服了受众,影响了他们对信息的选择性接触。据研究,大部分人以大众媒介所表达的方式来看问题。例如,1971年美国的一次就是否要废除死刑展开的民意测验结果,实际是赞成与反对各半,但是多数人的印象仍是大多数公民反对死刑。纽曼认为那是当时的大众媒介都反对死刑的一致态度所给人的印象太深的缘故。据此,内尔-纽曼再次验证了"沉默假设"(the Hypothesis of Silence),并且进一步解释为:不赞同大多数意见(尽管只是表面的大多数意见)的受众,常常对有关论题保持沉默,这一现象往往会使主导性意见增强。纽曼认为"沉默的人"生活在现代社会里免不了孤独,要消除孤独感就必然地接近主导观点。而大众传播在这一方面将发挥很大的作用,在大众传播的巨大压力下,保持沉默的人久而久之会越来越少,其变化过程如同一个上大下小的螺旋,这就是著名的"沉默的螺旋"理论。"沉默的螺旋"理论认为:"也许更适合这样一种情况:即在大众媒介的宣传之下,并以社会其他的强制性手段作为威慑力,迫使受众随大流,认同占主导地位的观点和态度。"[1]当发现自己属于"少数"或者"劣势"意见时,一般人会由于环境压力而转向沉默或者附和。大众媒介所强调提示的意见,由于具有公开性和传播的广泛性,容易被当做"多数"或者"优势"意见所认知。在"劣势意见的沉默"和"优势意见的大声疾呼"的螺旋式扩展过程中,社会生活中占压倒优势的"多数意见"——舆论产生了。

## (二) 累积性

内尔-纽曼所说的累积性是指大众传播对受众有很大的效果且并非短期研究可得,应用同组重复访谈调查法来研究大众媒介的长期效果。媒介的强大效果,不是一天就形成的,而是有一个从小到大的过程,这一过程是呈螺旋状上升的。前提是在大众传播的接受过程中,存在两种倾向,其中一方的沉默必然造成另一方的增势,使得优势意见"行情看涨",这种优势意见反过来又迫使更多持不同意见者转向"沉默",如此循环必然产生强大的效果。

## (三) 普遍性

所谓普遍性则是指在意见自由的环境中,优势意见对个人会有很大的压力,使他不敢说出和优势意见不同的意见。内尔-纽曼认为,在现代社会,人们判断周围意见环境,审时度势主要有两个信息来源,一是自身所处的社会群体,二是大众传播。而在超出人们直接感知范围的问题上,大众传播的影响尤其强大。因此,内尔-纽曼提出"公共效果"的概念,认为"公共效果"创造了社会共识。这与"沉默的螺旋"理论是一致的。

---

[1] 张隆栋.大众传播学总论.北京:中国人民大学出版社,1993:179.

内尔-纽曼在1991年将其理论假定概括如下:
(1) 社会孤立威胁有不同意见的个人;
(2) 人们经常会体验到对孤立的恐惧;
(3) 这种对孤立的恐惧使得人们经常试图评估意见气候;
(4) 这种估计的结果,会影响人们在公开场合的行为,尤其是公开地表达意见或隐藏意见。

内尔-纽曼认为,第四个假定将前面三个也连接在一起,而这四个都对民意的形成、抵拒与转变有一定的影响力。[1]内尔-纽曼的观点,如图7-2所示:

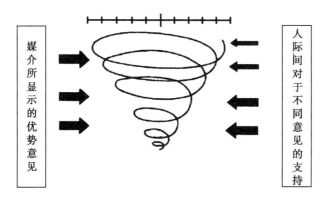

未公开表达不同意见的人数或转向赞成优势意见的人数

**图 7-2　内尔-纽曼理论示意图**

内尔-纽曼在《重建强大的大众媒介概念》一文中认为,大众媒介对舆论的确有很大的效果,但是这些效果由于研究上的限制,过去一直未被发现和予以应有的重视。她主张传播学的研究者对大众传播的效果应在实验室外多作些长期研究。"沉默的螺旋"理论与"议题设置"理论、"培养"理论及瑞典的"文化指标研究"同为20世纪70年代以后重要的媒介效果理论,为媒介如何建构社会现实以及媒介如何影响个人意见的形成,提供了崭新的研究角度。

值得一提的是,理论形成须有三个基本条件:
(1) 首先要有一个引起争议的议题存在,如果是一个早已达成共识的议题,沉默螺旋效果就不可能存在。
(2) 针对争议性议题所表达的意见,必须具有道德的成分。因此,争论的焦点不在于合理不合理,而在于道德不道德。

---

[1] [美]丹尼斯·麦克奎尔,史文·温达尔.传播模式.台北:台湾正中书局,1997:146.

（3）在整个过程中，大众传播媒介所扮演的角色非常重要，整个理论若忽视了这一部分，即不完整。因此，在实证研究本理论时，一定要连带探讨大众传播的主流意见是什么。

当然，作为一种理论，它不可能尽善尽美。事实上，70年代以来，这一理论就一直受到学术界的质疑。这些质疑总括起来有这样几点：

首先，"沉默的螺旋"理论忽视了参考团体的重要性，因为参考团体在个人惧怕孤独及观察环境过程中扮演重要角色，而这一点却被忽视了。每个人都毫无疑问地从属于某一特定的社会传统和文化，必然受到这一文化的制约。在一些单一民族中可能多数意见的压力是巨大的，而在一些多元化社会中，秩序和价值的多元使得多数意见未必能左右人们的行为。

其次，该理论过分强调受众惧怕孤独的社会心理因素，而忽略了其他导致社会行为的动力因素。例如，个人可能权衡利弊后采取行动，同时个人的社会行动如果是出于真心赞同某一方，那他根本没有必要惧怕孤独。在一些国家，有些民众在惧怕孤独时不仅不沉默而且还积极发言表达自己的观点。

再次，惧怕孤独对不同性格的人存在差异，媒介对人的影响不能一概而论。

最后，受众中多数意见的压力以及对它的抵制力量根据不同的问题性质、类型应有程度上的差异。也就是说，在涉及伦理道德、社会行为规范的问题上，多数意见往往容易奏效，而在一些技术性、程序性问题上，多数意见则未必有效。同时也要看这一问题与自身的关系如何，有利就支持，不利就反对。

一些学者的具体研究也发现这一理论存在缺陷。例如，菲律宾学者冈萨雷斯（Hernando González）在1988年发表于《传播学刊》上的《大众媒介与沉默螺旋：从马科斯到阿基诺时期的菲律宾》（Mass Media and the Spiral and Silence: The Philippines from Marcos to Aquino）一文指出，在菲律宾，主流媒介具有内尔-纽曼所说的强大媒介效果所产生的条件：累积、共鸣与和谐。但是，主流意见在马科斯时代并未能奏效。什么原因呢？冈萨雷斯的调查结论很简单，在菲律宾除了主流媒体外，还有各种周报和天主教会所办的电台，它所呈现的是各种与官方媒介完全不同的意见。这样，"沉默的螺旋"在菲律宾难以奏效。此外，20世纪90年代以来，随着网络媒介的兴起，人们再次对这一理论模式产生疑问，网络时代网民接受信息与以前已有很大的不同，内尔-纽曼所说的几种假说命题是否还能成立呢？除了社会参考团体的影响外，受众是否还惧怕孤独？是否还存在"多数意见"的压力？这些都是很值得思考的。

## 二、长期效果理论

长期效果理论,是与短期效果相对的理论体系。20世纪60年代以来,政府与社会各界日益关注大众传播的影响,于是很多研究者把他们的注意力放在群体效果问题上,而且多涉及社会结构、社会心理、社会文化、意识形态等方面,而这类效果往往是长期的、延缓的、非控制的。前面我们提到的"议题设定"模式、"沉默的螺旋"模式都带有这方面的特征。这里介绍两种具有代表性的长期效果理论。

### (一) 文化行为模式

文化行为模式是美国传播学研究者德福勒(M. DeFleur)提出来的,他认为:"基本上,文化行为模式提出这样的假设,大众媒介透过选择性的报道及演出,强调某些主题,在受众之间建立了相关的印象。被强调的内容所体现的文化行为模式往往具有引导性,媒介因而就间接地影响了人们的行为。"[1]德福勒的这一理论在格伯纳那里获得了佐证。格伯纳通过电视收看情况的研究发现,在调查问题时,常看电视的人与不常看电视的人的回答不同。常看电视者的回答常倾向于选那些在电视里频繁出现、耳熟能详的答案。比如说,电视上推销一种电冰箱,当被问及哪种冰箱最好,观众则会回答电视广告里出现次数最多的那种。常看枪战片的观众会认为这个世界处处充满危险,还常常高估他们将会被卷入某场暴力冲突的可能性。

文化行为模式揭示出了媒介的"长期效果",同时也说明了这样一个事实,以往人们的研究偏重于新闻性信息的效果,其视野受到局限,而且不能解释媒介与整个社会文化价值的建构关系。这种对社会文化价值的建构,往往是通过对娱乐性媒介内容如电视剧的分析所产生的长期效果。以往的传播研究之所以会产生这种偏差,也可能是因为受到研究方法的限制,因为实证研究方法有其一定的局限性,在短期和明显效果研究方面,实证方法可能会发挥一定的作用,但在媒介长期效果方面就显得力不从心了。

### (二) 心理图像理论

最早提出心理图像理论的是美国著名的专栏评论作家李普曼(W.

---

[1] M. L. DeFleur, Theories of Mass Communication, New York, David Mckey, 2nd ed. 1970, p. 129.

Lippmann)。他认为媒介所发出的信息足以影响人们脑海中世界的固有图像。当受众在接收或处理新信息时,一定要参考和核对由以前的信息所建构的意象。他将这一现象称为"塑型作用"(stereotyping)。波尔汀(V. Boulding)对这一理论又有所发展。他是一位系统论学者,他强调人的心智与外部世界之间有一种互动的特性。人们会发现自己身处于空间、时间、个人关系、自然现象和情感等因素相互交融的世界里,个人体验事物的纯效果取决于自己的心理图像。影响一个人心理图像的经验内容叫作"讯息"。

波尔汀对心理图像的有关理论有以下几点值得阐发。

(1) 传播效果。传播效果并非直接来自传播内容,而是决定于受传者对传播内容的解释。讯息只是一堆未经组织的信息,它只有经过受传者组织之后,才能造成它对某种外在环境的观感,而这观感或意象才是影响受传者行为的直接因素。问题的关键在于,即刻可观察到的受众行为往往不能作为传播的效果,传播并不直接影响人的外在行为。传播的内容直接影响受传者对外在环境所塑造的心理图像或观感,而这种图像影响了他的世界观、价值观、人生观甚至他的知识结构。

(2) 关于传播讯息对心理图像的效果。第一是心理图像的重新界定。当受传者接受了某种传播讯息后,发现这一讯息所代表的意义与原来脑海中固有的图像不相符合时,经过大众媒介传播的讯息不断轰击,他不得不更改修正原有的图像。这就产生了"重造"的效果。第二是图像的维持。传播媒介所传递的讯息使原有的心理图像更加具体、更加明晰。

(3) 心理图像重造的方式。按照波尔汀的说法,心理图像重造的方式有:附加、重组、澄清。所谓附加,是指受传者关于某一事物的心理图像已经形成,但由于缺乏充分的认识,还不太完整。而后来新获得的知识,丰富了受传者对这一事物的认识,因而也有助于形成一种略为完整的心理图像。大众媒介所传播的内容,不断地为受传者所吸收,从而拓宽了他的知识面。不断叠加的知识内容,使他对事物原有的心理图像得以巩固、认识得以加深。所谓重组,是指当受传者接受了一项传播讯息以后,发现某一外在的事物已经改变了;或者新的讯息使他相信过去对这一外在事物所产生的心理图像是不正确的。无论在何种情况下,这一项新的传播讯息,都足以使他改变原有的心理图像,也就是重组一个关于这一外在环境的新的心理图像。所谓澄清,是指受传者对某一外在事物仅有模糊不清的心理图像或不稳定的心理图像,在接受某一传播讯息后,对这一外在事物产生了较为清晰或稳定的心理图像。澄清的作用与上述附加作用有些相近,严格地说,二者仅有程度上的差别,在本质上是相同的。

心理图像是受传者测量一切新的传播讯息的标准。心理图像的形成与受传者价值观念、期望和信仰等因素的影响有关。受传者一方面以心理图像的标准来解释一切传播讯息,另一方面也以新的传播讯息来重组或维持心理图像,故而,心理图像是动态的。

总之,传播媒介影响受传者心理图像的过程,正是大众传播影响人的世界观、价值观、人生观的过程,这一过程是长期的、潜在的。作为一种长期效果理论,心理图像理论具有一定的说服力,从本质上说,它本源于传播效果肯定论。西方传播学界普遍认识到,从人的认知心理角度来研究传播效果,是未来传播学研究值得努力的一个方面。

从前面所论述的这些理论流派,我们不难发现传播效果理论的历史轨迹,传播学研究者从社会学、心理学等多重角度探讨传播者与受传者之间的能动关系,使传播学在近几十年的发展异常迅速,各种理论模式构成了当今传播学理论的庞大体系。同时我们也发现,每一种理论模式的提出都伴随着来自各种角度的批评。这也正是传播学迅速发展的巨大动力之一。随着人们知识的增长和传播学研究的不断深入,现存理论可能被加强也可能被修正甚至被推翻,新的理论也会在新的辩驳中产生和发展。

## 第五节　大众传播的社会效果理论

西方传播学界有关传播社会效果的理论主要有议题设定、知沟理论、涵化理论。由于在上一节里对议题设定理论已作了阐述,因此,在这一节里,我们重点介绍知沟理论和涵化理论。

### 一、知沟理论

1970年,美国明尼苏达大学的学者提契纳(P. J. Tichenor)、多诺惠(G. A. Donohue)和奥利安(C. N. Olien)在《民意季刊》上共同发表了一篇研究报告,题目是《大众传播的流动及知识的不同增长》(Mass Media Flow and Differential Growth in Knowledge)。在这篇报告里,他们提出了"知识沟假设"(the knowledge gap hypothesis)。这一假设的基本内容是:流入社会系统的大众媒介信息一旦增加,社会经济地位较高的人吸收信息的速度会比社会经济地位较低的人快,以致这两类人的知识差距会扩大。提契纳等人提出了这一理论之后,就有很多学者来进行验证,因而这一假设经过验证、修正、扩充之后,已与原来有所不同。所以,学术界一般不叫它为"知识沟假设",而称之为"知沟理论"或"知识鸿沟论"。

提契纳等人以教育程度为社会经济地位的指标,认为受教育愈多的人,其阅读、理解和记忆的能力也相应愈高。因此,教育程度高的人有较多的信息存量,比较容易了解媒介新的信息动向。尤其是教育程度高的人有较广的活动范围、较频繁的人际交往、较深入的讨论,导致其吸收新知识的速度较快。而且受教育程度高的人比较会主动接受信息,能吸收较多的知识。另外,受教育程度高的人较多选择印刷媒介吸收信息,这些印刷媒介都大量刊登有关科学及公共管理方面的新闻,因此受教育程度高者容易从这些媒介中获得较多的知识。后来,提契纳等人又在这一假说的探讨中加入了社会系统的变数。他们认为,事件的本质、社会系统中事件的冲突程度、社区结构和多元化程度以及媒介报道的频率及重复的程度,都会影响知沟的大小。

### (一) 教育程度是造成知沟的主要原因

(1) 传播技术不同,受教育程度高的人有较强的阅读能力与理解能力,很容易处理各种信息;而受教育程度低者往往则相反。

(2) 信息存储量的不同,受教育程度高者,其信息储量大,所拥有的知识背景丰富,处理信息自然也十分容易。

(3) 受教育程度高的人的生活圈子广,接触面与受教育程度低的人截然不同,在他的同类中大多数也是受教育程度较高的人。这样,他们会有共同的爱好,喜欢谈论公共事务。

(4) 选择性接触、理解和记忆的模式可以被操作。受教育程度低的人可能不会发现那些与他们的价值观或态度相符的公共事务或科学性新闻。

(5) 大众传播系统本身的性质是为社会经济地位高的人服务的。大部分刊登在印刷媒介上的公共事务和科学性新闻以及印刷媒介本身都是为了迎合高社会经济地位的人的趣味,以期赚取他们的钱。

知沟假说强调了社会经济地位对人们接受信息所起的决定性作用,认为社会经济地位高的人比那些社会经济地位低的人获得信息的速度要快,因而形成知识差距即知沟。可是经过后续的研究发现,这一假设似乎有问题,需要修正。因为有时大众传播实际上可以缩小知识鸿沟,而非扩大知识鸿沟,特别是当社会经济地位低但寻求相关信息意愿强的时候。然而,也有研究发现并不能推翻原有的假设,因为在一般状况下,大众传播信息的增加,仍然是在不断扩大知识差距。以现实为例,一个人一天看十份报纸与看一份报纸二者之间的差距是不言而喻的。一个装了有线电视和一个未装有线电视的人在看电视时获得的信息量也是很不相同的。同样,使用网络去获取信息的人与不使用网络获取信息的人在现代社会中的知沟也是很明显的。知沟在何时会扩大又在何时会缩小呢?提契纳在研究科学新闻与公共事务时发现,知沟扩大在多数情况下取决于受教育程度、家庭的社会经济地位和媒介类别三大因素。

### (二)"知沟假设"理论的修正

多诺惠等根据后来发展的理论和证据,修正了他们自己提出的"知沟假设",认为在以下四种情况下,知沟不会扩大只会缩小:

其一,如果传播媒介所报道的问题足以激发整个社区的关注,那么,信息可以超越教育水平的障碍呈现合理的分配。例如,当就业机会、自然灾害、环境改造等问题关系到社区每个成员的切身利益时,就会出现不分教育程度高低,社区成员都积极主动地关心相关信息的情况。

其二,当社会冲突产生的时候,其中的一些问题经媒介报道后,可能缩小知沟。

其三,同质性、单纯的小社区比异质性、多元化的大社区更容易缩小知沟。例如,城市越大,人们对各种事件的出现,见怪不怪,除非出现像"9·11"恐怖袭击事件这样的重大新闻事件,一般人们的信息接受差异很大;而在一些小城市,人口单纯,背景不很复杂,一点点小的事情都会闹得满城风雨,自然知沟也就减小了。

其四,就媒介而言,媒介不断报道某一事件,促使社会大众都来关注某一事件,则知沟可能因此缩小。

### (三)对知沟理论的批评

知沟理论产生以来,也受到学界的不断批评,归纳起来主要有五点:

第一,知沟理论完全站在传播者立场去考察所传播的信息对人的影响。如果接受者没有收到信息,知沟理论就将责任归咎于个人环境或个人因素,而没有检讨传播者的原因。例如,社会经济地位低的人,他们的环境所使用的语言是粗俗的,在形式上均受到限制,导致他们认知上的差距。实际上就是环境缺陷导致他们认知缺陷。决定性的变项是兴趣和动机。如果能激起整个社区的关注,则有助于知沟的缩小。

第二,知沟发生的原因不仅是因为传播的知识是不受限制的,它们也包含了态度和行为。正因为这一缘故,有研究者建议"那些被重新概念化的现象就像一个传播效果的鸿沟,而不是知沟"。

第三,知沟研究将信息接受差距限定在高低社会经济地位的人之间过于简单化,有学者认为"显著的知沟也发生在老年人与年轻人之间"。[1]

第四,信息的使用是一个创造性的过程,不同的人有不同的接受和理解。但这首先得从知识的性质上来作区别,而不是把受教育程度作为研究的基础。举例来说,某人是学文科的,他受的教育程度很高,已经是教授,而另一个人受教育程度比他低,只是一个大学生,但他学的是遗传工程,而这却是文科教授所不懂的,这样,知沟理论就很难说是成立的。

第五,知沟研究只在探讨受众是否知悉某一个主题,而没有探讨不同的受众对某一主题的了解程度,应研究了解程度的差异,因为知道并不代表了解。

另外,也有学者指出,知沟理论并不适合解释短期的社会变动,仅仅适合在一个固定的社会中进行研究,因而适应面相当狭隘。

### (四) 对知沟理论探讨的意义

对知沟的探讨是一项特殊的研究,其意义有如下几点:

首先,知沟理论将实证研究与西方马克思主义的研究思路结合起来,将关心的层面由经济延伸到知识上,富有创意性。

其次,虽然研究观念中带有很强的传播者中心的意识,但仍不失为极具人道主义襟怀的理论。

最后,知沟研究可以有助于我们了解知识成为一种社会压迫或不平等来源的可能性。

## 二、涵化理论

涵化理论(Cultivation Theory)亦称培养理论、教养理论。格伯纳(George Gerbner)及其同事们于1967年在全国暴力成因及预防委员会(National Committee on the Causes and Prevention of Violence)的资助下,于美国宾夕法尼亚大学的安南堡传播学院开始了他们一系列有关电视内容的研究。安南堡的媒介研究群,有许多也参与了20世纪60年代末、70年代初由美国卫生部所

---

[1] [美]赛弗林,坦卡特.传播理论:起源、方法与应用.台北:台湾五南图书出版公司,1995:447.

资助为"国家公共卫生局局长电视与社会行为的科学家顾问委员会"(Surgeon General's Scientist Advisory Committee on Television and Social Behavior)所作的研究计划,这项计划主要也是因为美国大众对于电视内容中日渐呈现残暴内容的忧心忡忡而成立的。"媒介与暴力"是一项大的工程,由美国著名学者担纲。其中第三部分主要是关于电视娱乐内容与暴力。最重要的部分由安南堡的研究小组承担。其研究内容包括:① 黄金时段节目中描述暴力的内容分析;② 有关美国人暴力经验的全国性调查。一旦研究完成,便可将两个世界的暴力加以比较,以评估电视的正确性如何。格伯纳把这种由暴力的电视节目所产生的效果称为"涵化",即潜移默化的影响效果。

安南堡的研究小组不仅关心电视节目中暴力的量,而且关心它的质。换句话说,暴力是如何描述的?谁杀谁?暴力被描述成是正当的还是不正当的?侵犯者受到的是奖赏还是处罚?他们认为这些都是重要的问题,为此,研究小组请格伯纳负责内容分析。

格伯纳内容分析的时间,定在1967年至1968年的10月1日至7日两个星期。电视的时段则是每日下午4时到10时,以及星期六早上8时到11时,分析是由一群受过专业训练的登录员根据电视和提供的录像带进行的,分析标准则是一定的规则。格伯纳等人的研究目的是:"提供客观及可信度的分析,工作小组可藉此推论观众获取的暴力讯息。"[1]因为不同的观众对同样的内容会有不同的看法,所以从内容并不能直接推论媒介的效果。不过内容分析却是研究媒介效果的起点。如果同样的讯息不断重复,则可能影响部分的现象。研究者们对构成暴力行为的范围并无一致的看法,于是内容分析所持的唯一定义便很重要。例如,许多观众同意杀人是一种暴力行为,而许多人也会将此概念推及到口语的攻击。在格伯纳的研究中,暴力被简单地定义为"有意伤害或杀害的公然武力表现"。格伯纳由此还发展出所谓"暴力指标"(violence index)的概念来,这使得电视暴力内容可以被量化。

研究发现1967年和1968年的黄金时段电视节目充满了暴力。大约80%以上的节目包含一次或一次以上的暴力事件。格伯纳等人研究了哥伦比亚广播公司电视台(CBS)、美国广播公司电视台(ABC)和全美广播公司电视台(NBC),比较之后发现三台的暴力节目在两年间并未减少,百分比最高(90.9%)的节目出现在1968年的ABC电视台,该电视台1967年的暴力比例也最高(88.6%),

---

[1] [美]罗伯特·贝克,桑德拉·鲍尔等.暴力与媒介.转引自:德福勒等.传播研究里程碑.台北:台湾远流图书出版公司,1993:297.

而 CBS 电视台则是出现暴力内容最少的电视台,但它的观众仍免不了会碰上暴力镜头。研究者还发现各种节目中的暴力在形式和程度上皆有差异,比如,有些节目中暴力镜头或许不算很多,却非常残酷。为此,研究者将娱乐节目分成三类,一类是西部片,一类是喜剧片,还有一类是卡通片。西部冒险犯罪题材的娱乐片是出现暴力打斗内容最多的节目,占到 96.6%;卡通片的暴力内容比例也很高,达到 93.5%;喜剧片虽暴力内容较少,却也有 66.3%,所以暴力倾向的内容是无处不在的。研究小组共分析了 183 个节目,节目包括 455 个主要人物,其中有半数是暴戾成性的,为 241 个。此外,研究者记录了 1215 次暴力冲突,很显然暴力内容在电视上随处可见,而且难以避免。

从 1969 年开始,格伯纳及其同事除了进行内容分析外,也试着针对电视对受众的影响进行研究,在这次研究过程中,格伯纳收获很大,他提出了"涵化理论"。这一理论的核心内容是:电视文化可以涵化、建构受众的世界观。为了测量涵化效果,格伯纳等设计"多看组"(heavy viewers)和"少看组"(light viewers),"多看组"指的是每天观赏电视 4 小时以上者,"少看组"指的是每天看电视 2 小时以下者,然后再比较两组在看电视后所受的不同影响,以证明电视的涵化效果。自 1969 年起,格伯纳每年均发表所谓"暴力素描"(violence profile),试图发展出"文化指标"(culture indicator)理论体系。格伯纳的主要目标是想找出电视和社会化进程之间的直接关系。"我们不问哪些传播变项引发了个人行为的哪些改变,我们要问的是:'媒介讯息、系统'如何影响大众的意识?"[1] 格伯纳的理论思路是,社会结构和媒介之间存在一种关系,文化变迁起源于科技革命后带来的讯息生产,而这种大众产品经过快速的分配后,创造了新的符号环境。文化指标正是一套标示变迁的符号环境系统,它的作用在于帮助政策的决定与指导有效的社会行为。

北美传播研究的学术传统以耶鲁学派的实验心理学和哥伦比亚学派的应用社会学为主流,格伯纳的研究开辟了第三条道路,即所谓的"文化取向"研究。如果说前二者建立在数理分析之上,对于电视文化研究而言是一种外部研究的话,那么,格伯纳的文化指标研究既注重外部研究又深入到电视文化运作机理的内部。格伯纳的文化指标理论体系包含以下几方面内容。

---

[1] G. Gerbner, L. Gross, Living with Television: The Violence Profile. 转引自:翁秀琪. 大众传播理论与实证. 台北:台湾三民书局,1998:163.

## (一) 电视具有涵化功能

电视是人类社会化进程中的一个极为重要的角色,具有涵化功能。电视涵化理论的最基本的假设是电视是一种具有强大效果的传播媒介。电视已成为美国人精神食粮的主要来源,看电视也成为每个美国家庭不可缺少的一部分,同时也是大多数美国人获知信息的主要途径。电视的权威性日益提高,电视的社会地位也很引人注目。电视冲破了传统的文字媒介和社会阶层的障碍,成为当今社会第一媒体。电视是以向社会提供娱乐的形式提供信息的,电视是讲故事的工具,它从当代人的童年时代开始就不断提供各种故事,涵化人们的素质和倾向。本来这种涵化人思想情操的工作是由教会、学校等来完成的,而现在除了电视,没有其他任何方式提供由社会精英与其他人共享的日常神话仪式。它不断创造幻觉的虚拟世界,以神话、意识形态、"事实"等为这个世界下定义。作为社会成员的观众,尤其是青少年观众,他们亲自参与社会实践的机会不是很多,因此他们理解的世界完全是由电视提供的,可以说电视影响了青少年的世界观。另一方面,随着生活节奏的加快,人们也不可能亲身耳闻目睹各种事件,只有依赖媒介提供的信息,他们才能获得安全感,获得一种替代式参与以及日常生活的参考。受众久而久之对电视的依赖会越来越强。

电视这一媒介与其他媒介有许多不同。

**1. 电视的一个最基本的特点是视听兼备**

视与听是人类感知世界的最主要的途径,报纸、杂志等印刷媒介是通过视觉来传递信息的,而广播媒介则是通过听觉来传递信息的。很显然,由于受感觉器官的局限,它们的传播效果都不同程度地受到了影响,电视的视听效果,它的形象性、逼真性都是其他媒介无法比拟的。

**2. 电视具有很强的真实性和现场感**

与其他大众媒介一样,电视也是用来传递信息的。报刊、广播、电视作为典型的媒介传播,其一般的传播模式是:信息源→编码→渠道→解码→受众。在这一过程中,受众对编码符号的解码差别很大,这一方面是受文化因素影响的结果,另一方面,对编码所产生的歧义也是一个很重要的原因。报纸、杂志、广播等在传播过程中都存在解码的问题,在阅读和听的过程中借助想象来实现对语言文字、声响符号的还原,可以肯定,这种想象决不能等同于传播者所描述的情景。但电视则完全不同,它的编码活动离不开活生生的图像,也就是说,它可以逼真地向受众再现信息源的多种情景,这样,人们的解码活动就变得十分简单,受众通过自己的视觉、听觉器官直接感受电视传递的图像和声音,接受信息。百闻不如一见,人们总是相信自己亲眼看到的事实。电视传播的现场性,使观众不仅可以"耳闻",还可以"目睹",最大限度地满足了受众的这种要求。

**3. 电视媒介更能使观众产生参与感**

由于电视取消了编码符号的转化过程,因此,电视使大众传播形式变得更为直接。电视节目主持人是造成电视参与意识的一个重要角色。在新闻专题、综艺节目等电视内容中,他们调动了观众参与交流,这很容易激发观众的兴趣。在美国的电视节目中,谈话节目、名人与游戏结合的节目是很受观众欢迎的。20世纪60年代,美国电视用户就达到4600万户,到了80年代,电视在美国已完全普及。美国观众平均每天在电视机前消磨的时间大约是4小时,在所有的大众媒介接触时间中,这是最高的。

电视实际上控制了人们的信息来源,久而久之也就控制了人们的思想意识,影响了人们的思维方式。这一观点从某种程度上与法兰克福学派学者的观点是不谋而合的。在对电视的日益依赖中,人们的思想、行动等方面逐渐趋同。听什么音乐、穿什么衣服、用什么化妆品等都受电视影响,在这样的情形下极易形成共同的世界观和价值观。因此,格伯纳的这一涵化理论充分肯定了电视媒介的角色和地位。

## (二) 电视是潜移默化的意识形态工具

大众传播媒介的一个重要特点是受众多、分布广,看电视已成为人们日常生活中的主要活动之一,而且人们之所以要看电视,不是为了追求什么选择性的暴露,他们通常只是为了娱乐。在格伯纳看来,娱乐内容最可能发挥涵化效果。他认为,电视展示的是虚幻的内容,这一内容介于虚构和真实之间,并有周期性的表现形态,长久以后,人们会接受电视所虚构的世界,而与现实中的真实世界相结合,形成个人"脑中的图画",如在美国电视屏幕上,几乎所有的主人公都是美国人。格伯纳等人在调查中发现,当被问及美国有多少人从事与法律有关的工作时,大量看电视的人往往过高估计了这一数字,因为根据内容分析发现,电视镜头中出现的执法人员或法律工作者大约占到20%,事实上,现实生活中真实的情形是只有1%的美国人从事与法律有关的行业。当被问及"在随便哪一周你被卷入任何形式的暴力的机会有多少"时,很多人的回答大大超过真实情形的1%及以下,电视主人公卷入的几率则达到10%。格伯纳小组的研究报告指出,历经10年之久的"黄金时间电视监测"显示,30%的电视人物和64%的主要人物作为施暴者或受害者或同时身兼二者卷入了暴力;而同一时期美国的统计数字却表明,在真实世界中,只有

0.3%左右的人可能卷入暴力。[1]

格伯纳研究小组的研究结果显示,电视里的美国是一个充满暴力的世界。其中,80%的黄金时间节目中有暴力,60%的主要人物遭遇暴力。平均每小时节目中有7.5处暴力片段,而在周末和专为儿童制作的白天时间的节目时段中,每小时达18处。在一系列报告中,格伯纳小组还提供了电视剧对不同年龄、性别、社会阶层和民族群体的人物显示出不平衡的风险系数,包括"暴力-受害系数"和"杀人者-被杀者系数"。在"1967年至1975年间美国电视节目的风险率(Risk Ratios)"的统计中,受害系数(Victimization Scores)显示:

男性较易成为受害者(女:-1.32,男:-1.19)。

男、女在电视内容中均成为受害者,仅程度上有所不同而已。

杀手特征:年轻男性、未婚、美国人、正派角色。

女性在美国社会生活中特别危险。

妇女中只以受害者出现的群体为:老妇、低层妇女、非美国妇女。

在黄金时间的枪战片中,作为主人公的"好男人"是杀人者。而"好女人"在暴力实践中常常相反,尽管她们比"坏女人"较少卷入暴力实践,却更易遭到杀害。

格伯纳指出,电视是现代社会的文化指标(culture indicators)。文化透过大众传播媒介与其自身沟通,而这样的沟通则维系或修正出文化内一致的价值观。对于格伯纳来说,内容分析的最有力之处即在于能分析整个的讯息系统,而不是分析个人对讯息的选择性经验。就是这样的"大众性"以及这些大众化内容构成了文化的整体,使得大众媒介内容极具意义。也正因为如此,内容分析能够顺利地勾画出电视内容的意义脉络,格伯纳认为媒介的特质不在于其具体某一个节目的影响,而在于其整体的长久的影响,观众长期依赖媒介而毫无知觉,他就必然在价值观念、意识形态上受到影响。

上述对电视节目中杀人者和受害者的统计也显示出社会意识形态、价值观念的取向。杀人是最极端的暴力形式,是区分英雄与恶棍的重要特点,综合杀人者的类型和被杀者的类型,我们会发现美国社会的价值取向。例如,中产阶级男性白人,相比之下很少在他们的青壮年时期被杀,但他们经常是杀人者。格伯纳称这一现象为社会价值的直接反映:美国社会舆论给予中产阶级、白人和青少年相当高的评价,他们在人们心目中是文明程度最高的一类,是美国人生活中的典范。女性在社会生活中遭受暴力侵犯虽然总体上比男性高,但并没有达到电视上表现的那种

---

[1] 钟大年等.电视跨国传播与民族文化.北京:北京广播学院出版社,1998:47.

夸张的程度,这反映出在美国人心目中女性始终是弱者,女性在美国社会中的高危险性表明了美国社会仍然是一个典型的男权社会,女性的生存空间非常狭小。从种族角度来看,白人(美国白人、外国白人)成为杀人者的几率明显高于他们成为受害者的几率,这也显示出具有种族优越感的白人很少成为社会的弱者,他们往往走向两极:要么是成功的英雄,要么是成功的施暴者。这些都是当代美国社会的普遍心态和集体无意识。这一点,我们从表7-2中可以清楚地看出。

格伯纳从这些统计数字里作出的评价是:电视暴力是社会力量和影响的一种戏剧性描绘。受最高评价的社会阶层、社会角色最常成为英雄形象,也最常成为成功的歹徒。相反地,受最低社会评价的社会阶层和社会角色则往往只能成为受害者的角色,隐喻的是实际生活中社会底层的人物。[1]

表7-2 美国电视里的杀人者与被杀者比例[2]

| | 类 别 | 杀人者 | 受害者 |
|---|---|---|---|
| 年龄 | 青 年 | 5 | 1 |
| | 中 年 | 2 | 1 |
| | 老 年 | 1 | 1 |
| 阶级 | 上 层 | 1 | 1 |
| | 中 产 | 3 | 1 |
| | 下 层 | 1 | 1 |
| 种族 | 美国白人 | 4 | 1 |
| | 外国白人 | 3 | 2 |
| | 非白人 | 1 | 1 |

### (三) 涵化理论的假设与"主流效果"研究的修正

**1. 涵化理论的层次**

格伯纳涵化理论认为,接触电视较多的人,会比接触电视较少的人更容易认同电视所描绘的世界,而电视所描绘的世界又基本上存在一种普遍的规律,即都在灌输社会中的主流意识形态与文化价值。于是,格伯纳涵化理论可以显示为以下几个层次。

(1) 看电视较多者会比看电视较少者更觉得世界是丑陋的、令人不舒服的

---

[1] [美]费斯克.传播符号学理论.台北:台湾远流图书出版公司,1995:191.
[2] [美]费斯克.传播符号学理论.台北:台湾远流图书出版公司,1995:190.

(mean)。格伯纳通过分析大量的样本,结果发现,许多看电视时间长的人普遍感到周围的世界不安全,这种恐惧感与观众接触电视的时间呈显著正相关。同时,暴力事件大多数是源于劫财劫色,所以多看电视的人对他人的不信任感和疏离感也与日俱增。多看电视的人比少看电视的人更容易相信,人们"只要得到机会就会利用你","多数人不可信",人们"基本上是追求他们自己的利益"才发生冲突的。格伯纳称这种对人对事缺乏信任的感觉为"邪恶世界综合征"(mean world symdrome)。而且随着现实生活中案件不断发生,会更加深这种征状。

(2)电视所描绘的世界(the world portrayed on TV)与真实世界(the real world)迥然不同。格伯纳运用控制实验方法对多看者和少看者进行比较对照,了解两组观众对社会中暴力发生情况以及对执法机构采取措施的看法。这些被测验的观众得到两组信息:一组是研究小组根据电视内容分析得来的电视上的"答案";另一组是从官方渠道获得的真实世界的答案。被测者看了这些材料后必须回答以下几个问题:① 在任何一周里,你卷入暴力事件的机会有多少?② 有多少男性在执法部门工作或从事犯罪侦探职业?所占比例为多少?③ 在所有的罪行中有多少是暴力罪行,如凶杀、强奸、抢劫和严重的攻击?④ 致命的暴力是发生在陌生人之间还是亲属和熟人之间?最后提交给两组成人被测试者和两组未成年人被测试者回答。测试结果表明,看电视多的观众与看电视少的观众相比,更容易倾向于选择电视上的"答案"。在他们看来,电视所描绘的真实世界与现实世界有很大差异,而且似乎电视中所描绘的世界更可信。

(3)看电视较多者对世界的认知与电视所描绘的情形十分接近。格伯纳的研究小组完成一系列研究报告,研究电视对健康、家庭、社会信仰等方面的影响。关于电视对健康的描述以及观众的认知变化,格伯纳在他与摩尔根(M. Morgan)、席格诺瑞利(N. Signorielli)共同完成的一篇题为《描述健康的节目:观众看、说和做什么》的报告中指出,电视被观众认为是健康信息的重要来源。在对美国两个城市近600位青少年的调查中,有24%的青少年说电视是他们获知家庭计划主要的信息来源,有45%的青少年受访者能够至少说出一句电视上家庭计划的宣传口号。[1]在另一份报告中,结论也认为美国人对健康态度的主要决定因素在于"不愿相信致命的疾病会侵袭自己的家人"。研究者指出可能的因素是人们花太多的时间浸淫在"电视的世界",而电视世界中的人们(除了

---

[1] F. G. Kilne, P. V. Miller and A. J. Morrison, Adolescents and Family Planning Information: An Exploration of Audience Need and Media Effects, In J. Blumer and E. Katz, eds., The Ways of Mass Comunication, Beverly Hills: Sage, 1974.

肥皂剧)很少生病。认为医生是无所不能的救星的观念可能在儿童时代就已养成了。事实上,有两个研究发现,花较多时间看电视的稚龄儿童比少看电视的儿童,对医生的印象更接近于电视所描述的情形。[1]即使是成人,常看电视者对医生的信心也较强,尤其是那些常看有医生出现的电视连续剧的人。因此,对医护人员的信心造成"只为今天而活"的态度以及对预防疾病的工作缺乏兴趣。

在对性别角色的认知上,安南堡研究小组成员摩尔根指出,在美国电视节目中,男女性别角色塑造一直非常传统——女性被局限于家庭、爱情或低层次的工作中,看电视较多的观众较容易认同传统的观念:"女人在天性上对家事及照料家庭感到最快乐。"从而形成所谓的性别刻板印象(sex-role stereotype),对此坚信不疑。

对生活在仅有几个少数种族国家的千百万美国人而言,电视是了解那些少数种族的主要来源。黑人和西班牙裔的角色主要出现在情境喜剧中。41%的黑人角色仅出现在6个节目里,其他种族也有同样的集中趋势;50%的西班牙裔集中在4个节目中。20世纪50年代至60年代间,黑人通常都是罪犯,到了70年代则有所改变,但是黑人比起白人的角色,仍是社会地位低下。至于西班牙裔的人物形象,研究小组的内容分析显示,多半是非技术或半技术的劳工。在许多情境喜剧中,西班牙裔的人物形象不外乎小丑、警察和匪徒。

那么,电视对少数种族的描述是否会影响儿童对少数种族的态度?是否会影响少数种族儿童对自我形象的认知?安南堡研究小组的高英(G. Gorn)和古腾伯格(M. Goldenberg)等人发现,很少与黑人儿童交往的白人儿童认为,电视是他们认识黑人最主要的资讯来源。在对名牌节目"芝麻街"的研究中也发现,由于"芝麻街"对种族形象塑造上持平等的态度,致使看此节目的儿童比不看此节目的儿童对其他种族有较正面的态度。

同样的情形也表现在老年观众受电视影响上。20世纪80年代的一项研究试图寻求老年人的自我看法与看电视时间之间的关系。结果发现:电视对老年人的正面描述强化了老年观众对自我的主观评价;相反地,负面的描述则会降损老年观众的自尊心。那些看电视较多的老年人比看电视较少的老年人,容易认为老年人是社会的障碍,自我评价也较低。

**2. "主流效果"研究**

20世纪80年代以后,涵化理论受到学术界的广泛质疑,在一片批评声中,

---

[1] H. L. Arenstein, The Effect of Television on Children's Stereotyping of Occupational Roles, Annenberg School of Communications, University of Pennsylvania Press, 1974.

格伯纳对自己的研究作了调整,他不再看重观众看电视多寡与他们认知和行动的关系,而是将重点放在电视内容对其他方面态度的影响,称为"主流效果"研究(main streaming)。所谓主流效果,格伯纳的解释是,每个人的审美、信念、价值观都不尽相同,呈现多元化的倾向,因为观赏电视而变得与电视上呈现的主流意见相认同。格伯纳同时发现,看电视少的人意见较难统一,并容易产生不同意见。可见,电视在社会文化传播中能够发挥整合的作用,电视的涵化功能不是单方面的而是一种多方向的过程,类似重力吸引的过程。媒介宣传,号召观众采取某一行动(如购买商品),结果之所以不能立刻引起响应,这其中的一个主要原因正是电视涵化过程需要时间和强度。与暴力指数研究时期不同的是,前者专门针对暴力内容这一主题作研究,80年代以后,则探讨看电视多少是否会影响受众对不同年龄层人物的印象定型的功能。

首先,分析电视内容对年龄的处理方式,分析儿童节目中男女主角的年龄分配。结果发现,特别是30岁以下的观众对老年人抱较负面的看法。至于观众看电视的多寡,则在格伯纳等人于1982年针对"对同性恋看法"、"对堕胎看法"和"对毒品合法化看法"的研究中表现出来。研究发现,无论讨论的问题性质如何,多看电视的一组意见趋向一致的倾向最明显,而政治态度愈开放的人,意见趋于一致的倾向也愈厉害;少看电视的一组的意见则呈现较多元化的格局。格伯纳提出的这一理论不能说是随意的论断,他从实践上证明了电视具有涵化公众观点的作用。

如果说电视促成的"主流效果"决定了20世纪美国人的世界观,这个发现确定能站得住脚的话,那么格伯纳这个发现对美国的民主政治是一个严峻的挑战,一方面是在追求多元化的社会格局,追求多种声音,另一方面却是在潜移默化中使社会意见趋向整合统一,这不能不说是一对矛盾。

除了主流效果以外,格伯纳还提出了"共鸣效果"(resonance):电视中所播放的内容、发表的观点与个人所持观点相一致或相近,则涵化效果就有显著扩大的趋势。例如,生活在犯罪率较高地区的人总有一种不安全感,当他们经常看美国有关暴力题材的电视片时,会更加认同环境的恶劣,对犯罪的恐惧增强,是一般观众的双倍以上。再如,女性中看电视较多者,会觉得犯罪是一种十分严重的问题,这显然是因为在美国社会中,女性成为犯罪对象的可能性较男性高的缘故。

格伯纳的研究成果在澳大利亚获得了证实。在一项对澳大利亚学生的调查中显示,观众观看电视的程度与对社会中暴力发生的可能以及人际间不信任的"邪恶"世界的认知均呈明显的正相关。学界人士解释是,电视节目的影响可能是跨文化的——虽然也可能是因为澳大利亚社会与美国社会相差不多。

一些学者看到"涵化理论"与"主流效果"理论在文化整合研究领域的价值，纷纷运用这些理论来研究一些跨文化课题。20世纪80年代，其研究主要局限在西欧和澳大利亚，近年来已渐渐转移到政治、经济文化背景与美国差异较大的亚洲和拉丁美洲国家。但是，对于涵化分析的测量项目或操作性定义是否具有国际性或跨国性的意义，很多学者持怀疑态度，他们认为不同的社会文化背景极易使所谓标准化测量提供的简易实证流于粗浅甚至产生误导。荷兰学者包曼（Bouwman）在他的暴力指标研究的荷兰版本中，提出两个理论上与方法上均极重要的问题：是否能利用标准化的指标来测量不同文化背景的观众？如果产生类似的结果，是否可以充满信心地宣布格氏的涵化理论是放之四海而皆准的？罗森格伦（Rosengreen）提出要避免涵化理论直接运用而可能导致的缺陷，应当将内容分析与问卷调查结合起来，内容分析可以对被研究社会的价值系统及其发展作出较为详细的描述；而问卷调查则可以将群体或个体与电视间的相对行为及观念也清晰地显现出来。因此，内容分析是着重于文化层面的结构；而抽样问卷统计分析的取向则在于观众对讯息的认知层面。下一步骤很自然的是联络二者的关系，这样将涵化分析应用到美国以外的国度就可以避免可能的疏漏。

另外，学者们还认识到，在本土文化中，社会结构的影响尤其需要重视，文化是一种需要整合能力的、抽象多元的复杂事物，因此不能把涵化研究看作是媒介分析的唯一取向，而应在使用涵化理论之前研究社会结构的动态特征，描述媒体在当地社会中的地位。媒介是否在被研究的社会中占有主宰性的地位足以影响整个研究目的与成果的效度。

### （四）涵化理论的贡献

传统的效果研究关心短期的效果，这是"刺激-反应"理论或皮下注射论、魔弹论的范式，而涵化分析认为媒介最主要的效果并非在改变受众，而是维持某种社会结构，使观众对世界的认知符合既有的价值规范和政治经济文化秩序。

涵化理论所关注的是电视对观众产生潜移默化的长期效果，认为电视提供给社会各阶级的人一套同质化的"隐藏课程"（the hidden curriculum），提供一个媒介环境，并且对不同的人提供一套对生活、世界、生命的解释。它的效果不在于使受众产生变化，而是要使受众不发生变化。理论上讲，涵化理论的一些结论，在某种程度上印证了英国文化研究派、法兰克福学派等的电视媒介影响受众意识形态的观点，是对符号理论、意义理论和模式化理论（modeling theory）的合理继承与发展。

# 第六节 大众传播面对的社会现实问题

在第五章里,我们探讨了大众传播媒介的作用和功能,诸如守门人功能、决策功能、教育功能等,这些功能都是正面的,我们在大众传播事业当中要加以充分利用和发挥。这些媒介的作用和功能都是媒介直接作用于受众的,强调的是媒介与受众之间的互动关系。本节从社会学角度来探讨大众传播的效果,为了避免与前述重复,将重点讨论大众传播的负面效果。可以说,这里所要讨论的是狭义的传播社会效果。但是,即使是狭义的社会效果,它们包含了很广泛的内容。例如,大众传播中的暴力题材将会对受众尤其是未成年受众产生怎样的影响?大众传播中带有色情或"准色情"内容的镜头会产生什么样的影响?大众传播的通俗化倾向长此以往会对受众的审美趣味产生什么影响?等等。

## 一、受众难以摆脱传播负面影响的原因

受众难以摆脱大众传播负面影响的原因很多。

首先,大众传播是一种长期的传播活动,在大众传播长期的耳濡目染下,一些观念性的东西必然深入人心,这其中也包含了腐朽、没落的观念。一些受众虽然认识到某些内容的危害,但因处在一个大众文化消费的环境中,久而久之免不了被同化。现代社会是信息社会,人们越来越离不开大众传播媒介,大众传播媒介"塑型"的作用越来越大,所以,在长期的"塑型"作用下,许多受众的自我防护会变得无能为力。

其次,大众传播媒介特别是新兴的网络媒介创造了"准生活"、"准环境"、"准世界",美国学者李普曼称之为"拟态环境"(pseudo-environment),即"通过对象征性事件或信息进行选择加工、重新加以结构化以后向人们提供的环境"。[1]虽然不是真实的生活、真实的环境、真实的世界,但由于这些媒介注重逼真性,能造成"以假乱真"的效果。例如,1938年10月美国哥伦比亚广播公司播放了《火星人进攻地球》的广播剧,当时的记载表明,全美有600多万听众在听了广播以后把广播剧内容当成了真事,结果形成了大恐慌。2006年,电影

---

[1] 郭庆光.传播学教程.北京:中国人民大学出版社,1999:127.

《达·芬奇密码》在美国放映后,竟有2/3的观众认为影片所反映的内容是真实的,这部影片的内容由于高度逼真,还引起了部分基督徒的不满。中国的电视连续剧《渴望》播出后,很多观众打电话给中央电视台询问"刘大妈"的病情,有的还给她寄药。《还珠格格》播出后,扮演容嬷嬷的演员因为在该电视剧中成功塑造了穷凶极恶的嬷嬷这一角色,因而经常被一些不能区分电视虚构与现实真实的观众砸鸡蛋。这些都说明大众媒介所创造的假定性情境具有高度的逼真性,足以吸引观众、打动观众。

再次,受众普遍存在的求知欲和娱乐欲望,致使受众吸收了一些不良因素。例如,西方有学者就曾指出,电视教会了人们多种生活方式。过去的广播剧、电视剧塑造了很多模式——职业模式、性别模式、爱情模式等。大众传播媒介灌输了许多奢侈的生活方式,致使有些受众放弃了原先朴素的生活方式而去追求不切实际的生活,造成社会风气的恶化。在传播内容的诱惑下,受众有丧失警觉的可能。

最后,受众中年龄层次最低的儿童、少年是无辜者,因为在此时他们的辨别能力是最低的,但他们的模仿能力却是最高的。所以在西方,谈到媒介的负面效果时首先便谈到少年儿童受影响的问题。不健康的传播内容对儿童的身心发育影响是很大的,因为这部分低年龄的受众最缺乏免疫力。

## 二、传播所带来的主要社会问题

大众传播所带来的社会影响往往是隐性的、长期的、间接的,所以有些社会问题很难直接从大众传播中找到答案。但是,有很多社会问题不能不说是大众传播所带来的。

### (一) 造成受众世界观、价值观、是非观念的改变

以我国流行的影视剧为例,20世纪80年代初是功夫片的天下,一些社会青年把学武术、学气功作为以后聚众斗殴、干坏事的途径;90年代以来,流行反腐题材片,这类电视片有批判社会不良现象的积极意义,同时也有很大的负面影响。一些影视剧过度渲染社会阴暗面,使社会大众不能认同党和政府的领导。使得社会上原本缺乏是非辨别力、缺乏免疫力的人自然而然地受到了影响。

据调查,在中国有一半以上的电视台播放港台武打片、枪战片,这些影片把警匪之间的斗争当作是吸引受众眼球的"猛料",殊不知,大量暴力描写,也使受众容易产生安全恐慌。影视剧在揭露社会阴暗面时,将一些违法乱纪的行为加

以详细地描写,客观上充当了一个教唆犯罪的教材。社会上一些闲杂人员拉帮结伙,其持刀携枪抢劫银行、打家劫舍的行为方式都与电影、电视中所表现的黑社会行为方式毫无二致;一些人在看到腐败分子如何使用手段从事腐败犯罪活动,也模仿着去做,给社会大环境带来负面影响。80年代后期流行讲述赌博的影片,各种《赌王》《赌圣》之类的片子传播到社会各个角落。一些人模仿电视片的形式,聚众赌博,在赌输之后没有经济来源的情况下铤而走险,抢劫、偷盗、杀人越货。一些港台枪战片,过度渲染暴力场面,打打杀杀几乎成为那些影视剧中的家常便饭,特别是网络游戏中很大一部分内容都与暴力有关,与这些虚拟的场景接触时间长了必然对人们的是非观念产生影响。

我国改革开放以来,经济、文化等方面都取得长足的进步,但与此同时一些社会问题也变得日益严重、日益复杂,其中必然有大众传播媒介注重商业性后所产生的副作用。暴力、色情的电视录像片、电脑游戏以及电脑"黄毒"屡禁不止,不能不说与社会上对商业价值的一味追求有很大关联。由于对财富、消费的过度崇拜,一些综艺节目中的主持人大谈特谈某一品牌的精致、某一汽车的品位,似乎消费这些就是拥有了优雅的生活和地位等。一些青春偶像在电影、电视剧里表现为拥有豪宅、名车,生活优裕而空虚,感情问题是最大的困扰,似乎青年人的生活只剩下了感情问题。我国台湾电视剧《流星花园》播出后,电视剧中的生活方式、人物行为成为许多年轻人效仿的对象,一些年轻人互相攀比物质享受,推崇"学得好不如嫁得好""学得再好不如有个好爸爸"等不劳而获、拜金主义的思想,把它们当作自己的生活信条。更为普遍的是提供感官刺激的商业广告无处不在,刺激人们的消费欲望,而实际的商品与广告中的宣传相距甚远。影视背后的商业的大手在利益的驱动下竭尽全力地把消费包裹上种种诱人的文化符号。而判断力不强的青少年很容易受到这些眩目外表的影响,渴求金钱、追求名牌。长期接触在商品拜物教指引下的媒介内容,受众价值观念自然也会发生变化。

## (二) 导致个人心灵的封闭

媒体是人与人或人与物交往的中介形式,在集多种交往于一体的综合性媒体的传播和交流中,人们与媒介所传播的信息内容接触,从而有了更大的交往空间,地理的、民族的限制都消失了。特别是网络传播发达以后,大量的信息充斥着社会时空,各种虚拟的、虚假信息也充斥于网络世界中,信息泛滥同时也会造成信息污染。沉溺于这种交流的受传者,交往的视野是更加开阔了,但个人心灵却越加封闭。在现实生活中,人们接受和传播信息的能力有所减弱,久而久之,大家都自觉不自觉地回避直接接触。究其原因,对传播媒介的过分依赖是最主要的一点。只有通过传播媒介交往才能得到自如感,才能充分发挥个体内在的智慧、幽默等交际潜力,因而渴望间接交往、恐惧直接交际成为一种越来越深刻的习惯心理。这实际上导致个人心灵更加封闭。从某种意义上说,通过介质进行的大众传播虽然成为一种便利的时尚,给人与人之间的交往找到了一条间接化的途径,放大了许多人的精神交往世界,但从另一方面却限制了更多人面对面的接触空间。

### (三)对思维习惯和判断能力的影响

诉诸视觉感官的信息不断增强,人们在阅读活动中培养起来的思维习惯逐渐丧失,对事物的辨别、判断能力明显削弱。大众传媒作品为了提高受众的阅读和观看兴趣,也十分注重形式,画面非常鲜艳、活泼,并习惯性地强化内容的逼真和感染效果,这种做法尽管降低了受众阅读收看的障碍,加强了普及性,但在客观上也削弱了其中思想的意义。随着传播内容的通俗化、游戏化,一些在现实中的事实内容原本具有的庄严、崇高的精神意义大大弱化。大众传播具有很强的教育、娱乐功能,能够引导社会风气向好的方向转变。但是,大众传播信息对社会风气的形成也有不良影响的一面。大众传播把世界各地的文化知识、生活方式等方面的信息传递给了受众,刺激了他们的各种感觉,激发了他们对于现代生活的各种欲望。因此,大众传播虽然在开拓人们的视野、增长人们的见识方面功不可没,但在刺激人们各种欲望方面也有着一定的责任。

## 三、少年儿童与大众传播

关于少年儿童与大众传播的问题,西方发达国家早在20世纪四五十年代就开始着手研究了。1954年4月,美国上院的青少年不良化防止委员会召开了关于电视与青少年犯罪的听证会。会上,美国联邦通信委员会(FCC)委员长亨洛克女士基于对电视节目中暴力镜头太多的调查,发出了废止有害节目的呼吁。传播学家拉扎斯菲尔德发言指出,有必要对"儿童与大众传播"展开科学的研究。在美国传播史上有所谓13个里程碑重大项目,其中包括《佩恩基金研究》、《诱惑纯洁的心灵——对漫画书的惶恐》、《儿童生活里的电视——早期研究》、《暴力与媒介——动荡的60年代》、《电视与社会行为——公共卫生局长报告》、《电视与行为——暴力和不利社会行为以及对认知、情感方面的影响》、《电视与行为——媒介对健康、家庭、社会信仰和美国机构的影响》等涉及儿童与大众传播媒介关系的议题。在这些设计儿童青少年的研究项目中讨论较多的问题是：① 商业电影对儿童的影响；② 儿童如何使用媒介；③ 儿童接触媒介与社会规范的形成；④ 暴力内容对儿童的影响；⑤ 媒介对儿童认知、情感影响；⑥ 媒介对儿童亲社会力量和反社会力量的影响；等等。1971 年，60 项研究报告和数百份有关以往调研的复查终于以 5 卷本的形式在美国出版，定名为《电视与社会行为——公共卫生局长报告》，重点研究了电视暴力对儿童的影响。

　　心理学研究证实，少年儿童处在长身体、长知识的阶段，他们有着很强的求知欲、好奇心，他们通过电视、图书、画报学做人、学生活、学思想。少年儿童的模仿能力很强，他们一味地模仿成年人的举止，模仿电影、电视中的人物言行，全然不知什么是好的，什么是坏的。我国香港媒介教育专家的一项研究发现，在受访青少年中，约 15.1% 有沉溺使用媒体的倾向。他们接触媒体的时间及使用的平均数，包括每天看电视、听流行歌曲的时间及每月看漫画的次数等，比一般青少年要高。同时，他们会"经常或几多"出现一些沉溺症状，如"当自己一个人待在屋里的时候，就一定要开着电视或者听着流行歌"（89.2%）、"因为要追电视节目而留在家中，不愿上街"（41.9%）、"看漫画看到不愿睡觉"（33.3%）等。

　　研究发现，青少年沉迷于媒体的倾向与他们对传媒的判别力不足有明显关系。这类儿童和青少年对媒体内容性质的鉴赏能力、辨识媒体内容的真实程度两方面能力明显较弱，得分低于一般青少年。研究还发现，年纪较大及教育程度较高的青少年，对媒体质素的鉴赏、辨认媒体内容对应现实的真实程度两方面表现较好；唯独在辨认媒体运作的动机上，年龄的大小及教育程度的高低都同样得分偏低，例如约 42.8% 的受访青少年未能清楚指认出电影里加入色情及暴力的镜头是为了吸引观众收看，显示他们普遍对传媒运作动机的认知不足。研究又显示，有沉迷于媒体倾向的青少年同时有仿效传媒内容的倾向，例如他们会"在有意无意间去学习电视剧、电影或者漫画人物处理问题的方法"、"代入歌词、剧情或者电影角色，去思考自己的感情问题"等。研究结果指出，若青少年对传媒缺乏判别能力，容易引至在日常生活中过分沉醉于叙事性的媒体内容，并且增加仿效媒体讯息的可能。[1]

　　长期以来我们的媒介文化大多是专制性的，即以训诫的口吻传播教化式的内容，缺少沟通，不讲究交往修辞。而来自境外的媒体机构往往深入研究青少年青春期的心理，针对其特点，开发媒介文化产品。近期韩国青春偶像剧、网络游

---

〔1〕 香港"突破"研究小组"香港青少年传媒素养研究（叙事媒体）报告"，见：http://www.breakthrough.org.hk/ir/research/20_narrative/narrative.htm.

戏在中国的流行正说明这一问题。儿童、青少年接受新事物的能力特别强,面对如潮水涌进的外来媒介产品,他们并没有做好伦理道德上的心理准备,美丑善恶的概念还比较模糊。道德无准则是媒介消费亚文化的典型特征。例如,对网络黑客的态度很典型地反映了这一点。根据上海市有关专家的调查统计显示,有一半以上(53.3%)的青年对羡慕网络黑客的观点持否定态度,但是16.3%的青年赞成这一观点,30.4%的青年未明确表态或是回避问题,后二者的比例虽然不是很大,但是反映了青少年中存在的模糊观念。[1]当今发达的网络社区其成员以年轻人为主,相似的消费习惯和消费动机,使得他们彼此间很容易产生共鸣,由于青少年渴望摆脱现实世界的道德规范限制,因此,他们在网络社区寻找解脱、放纵,往往对各种现实问题不作道德限制,以宽容的态度看待不合乎传统道德规范的事件。例如,近几年兴起的"博客"成为特殊的网络传播现象,不加约束的"博客"冲击的是传统的舆论环境和道德标准。"木子美"、"竹影青瞳"在网上发布个人性体验文字或裸体照片,以此引来高的点击率。对这种做法,许多青少年对此持无所谓的态度,而这实际上就是典型的亚文化心态。境外的影视文化、网络游戏产品,缺乏基本的国家利益和社会公德认同。虽不能说当今的青少年完全认同外来媒介产品的思想观念,但总体情形令人担忧。如果当代青年对这一问题没有正确的认识和道德养成,一味崇拜媒介着力宣扬的"数码精英"而不从道德伦理的角度加以认识的话,那么其潜在的问题将是很严重的。同样,当青少年把"木子美"、"竹影青瞳"这样的"博客"事件看得无所谓的时候,我们建立在传统价值观念之上的社会秩序就岌岌可危了。因此,在新媒介时代,开展媒介素养教育迫在眉睫。

在一个信息化社会里,大众传播媒介给我们带来方便和娱乐的同时,也有很多负面的影响。要提高影视文化的质量,要看到"言情"、"古装"、"戏说"之类的影视剧在供人们消遣的同时,也在传播着一种消极的价值观。只有大力整顿文化市场,规范网络经营秩序,才能为青少年的正常发展提供健康的精神食粮,为孩子们的发展提供一块净土。

## 四、大众传播对于受众鉴赏力的影响

商品经济条件下的大众传播,绝大部分内容都带有消遣和娱乐的特征。商业目的使得媒介把受众的需求放在首要位置。如果说昨天的听众、观众和读者

---

[1]《2000年上海青年发展报告——传媒力量与当代青年》,见"青年研究"网站:http://www.why.com.cn/zuzhizhuanqu/yanjiu/5.htm。

中知识分子占有很大比重,那么今天的知识分子只占听众、观众和读者总数的极小一部分。据统计,全国纯文学刊物的发行量,近几年普遍下降,有近2/3的编辑部经济亏损。这表明纯文学作品已没有多大市场。在西方发达国家里,媒介为维持生存或获取高额利润,往往对受众的需求采取顺从主义,这样,有了较高的收视率后才会有较多的广告收入,因而大众传播媒介所传播的文化从本质上说是一种通俗文化,是一种"非个性化"的娱乐文化,受众阅读这类报刊、收听这类广播、观看这类电视剧,久而久之,他们的审美情趣便受到影响。如同制衣商推出大批量的流行服装一样,传播媒介也不断地、大量推出受众喜欢的节目。因此,我们经常看到一些报纸登载一些诸如"××家的鸡窝里出了两只鳖"、"××地方的老人头上长出了两只角"之类的新闻;一些电台整日播放流行歌曲、卡拉OK;电视里日复一日地播放武打片、警匪片等。如果长期接受这种"快餐文化",受众的审美鉴赏力必然会麻木、迟钝。所以,拉斯韦尔指出,商业性大众媒介的管理者是否处于这样一种状态之中,即不论他们个人的愿望如何,他们无法从根本上提高传播品的美学水平。有些学者也认为,通俗文化正日益成为工业社会的意识形态。通俗文化是广大受众自己创造的文化客体,然而人们一旦置身于这种意识形态,就丧失了自己的主体性地位,就像创造机器的工人最终沦为机器的奴隶一样,大众也就为自己的创造物所束缚。例如,港台影视剧中的《戏说乾隆》,把一个历史上影响很大的封建君主编排成一个既身怀绝技、满脑仁政又善于拈花惹草、打情骂俏的风流皇帝。这些作品对于历史题材的随意编造到了无以复加的程度。但是,这些影视作品的创作动机则是源于受众的需求。这样一来就形成了一种恶性循环,即一方面受众需要"新奇、有趣的故事",希望提高鉴赏力,丰富自己的知识;另一方面对于广大受众,尤其是缺乏美学、历史等文化知识的、水准不高的受众来说,很可能视之为"历史的本来面目",并加以传播。因此在这种情境下,受众的鉴赏力必然下降。

有鉴于此,有识之士主张对受众的审美趣味加以积极的引导。近几年我国所倡导的"精品意识"、"主旋律"等都是积极的引导。

## 第七节　影响传播效果的因素

大众传播不是单向的直线型传播,而是扩散型传播,从信源到信息的归宿地,传播活动必然受到各种因素的干扰和影响。那么在传播过程中,究竟有哪些因素影响传播效果呢？下面我们将从传播内的因素和传播外的因素两个方面来探讨。

## 一、传播内影响传播效果的因素

传播内影响传播效果的因素有传播的信息来源，传播媒介，传播的态度、方式、技巧，传播的内容等几个方面。

### （一）传播的信息来源

在大众传播中，信息来源的正确与错误，即信息的可靠性与传播效果有着直接的关系。一般来说，受传者对传播的信息来源依赖很深，人们普遍信赖权威意见而不太信赖非权威的意见；信赖专门性信息而不太信赖普通信息。

希腊哲学家亚里士多德在《雄辩篇》中说过，一个人说话，说的人要给人一种"值得信赖"的印象——这是因为在日常生活中，一个人如果有权威，就比较容易取得人们的信任；要是遇到有争论性的问题，又不是自己的知识范围所能了解的，人们便会绝对信任他。美国耶鲁大学教授霍夫兰和柯尔曼对信息传播者的可靠性做了无数次实验。在一次实验中，他们拿出一篇关于少年犯罪因素的文章，由三种不同身份的人宣读，其中一位是法官，一位是一般的普通公民，另一位是行为不轨而又缺乏法律知识的人。结果对在座的听众进行调查时发现，听众相信法官所说的，不太相信普通人所说的，对行为不轨而又缺乏法律知识的人所说的内容则嗤之以鼻。这表明，可靠性高的传播信息来源对人们的劝服效果较佳。2003年春夏之交，"非典"疫情在某些地区传播之后，人们闻"非典"而色变，很快形成一种购买预防药的风潮。人们听说板蓝根可预防"非典"，于是开始抢购，市场上板蓝根的价格翻了好几番。在这种情况下，一些报纸发表了不少安抚公众情绪的报道，有的还登载有关领导的讲话，结果气氛更加紧张，抢购预防药更厉害。在这关键时刻，电视上北京、广东的医学专家作了讲话，指导人们注意个人卫生，室内保持新鲜空气流通，与其花钱买预防药不如买一块肥皂预防，讲话起了很大作用，人们纷纷改吃药预防为洗手预防。为什么会出现这样不同的结果呢？主要因为前者不是权威，他传递的是不是有科学道理，大家有怀疑，甚至会认为你是出于政治需要而搞一种骗局；后者是专家、权威，大家对他们信任，自然听得进去。

信息来源的权威性能形成很好的传播效果，这一点已为人们所熟悉。一些广告商正是利用受众信服权威、崇拜偶像的特点，请名人做广告，扩大了产品的销路。同样,传播媒体的权威程度也影响传播效果。同样一则消息发布在某小报上不如发表在大报上有说服力。例如,关于工资改革、物价调整这类消息是人们普遍关注的信息,如果发表在一家小报上,读者很可能会怀疑消息来源的真实性。但是,消息如果发表在《人民日报》上,人们就不会有丝毫的疑虑,那些担心物价上涨、担心个人利益受损的人,便可以对真实情况有所了解,吃下一颗"定心丸"。

总之,"名人效应"、"权威效应"都是意在说明信息的可靠性。人们只有选择这一策略,才能获得好的传播效果,反之,传播效果相对就要差一些。这也是为什么有些生产企业不惜血本力争要请名人在电视台做广告的原因。

在年龄、职业、兴趣相同或相近的受传者中,专门性的信息来源要比一般性的信息来源具有说服力。传播学先驱拉扎斯菲尔德和贝雷尔逊、戈德三人在对1940年美国总统竞选活动进行调查时发现,农业刊物对农场主投票的影响大过其他一般性的刊物,因为农业刊物是农场主专门的信息来源。

信源的专门性越强,说服能力就越强。例如,从事股票投资业的人比较信服股市交易中心公布的股市行情,而不会相信道听途说的消息。这正如一个患皮肤病的人往往相信皮肤专科医师的诊断而不太相信一般外科医生的诊断。专门性的信息来源往往会被受众认为是权威性的信息来源。

## (二)传播媒介

大众传播媒介本身就具有使它所传播的内容增加说服力的效果。这是由两方面的原因造成的:一是大众媒介本身在大多数受众心目中具有威望;二是大众传播媒介具有授予地位和威望的功能。当某件事、某个人的信息只是在人们口头上进行传播时,其效果是比较有限的。但是,如果改为由大众媒介进行传播的话,其效果就非同一般,这不仅是因为大众传媒能将其信息传至很远,更重要的是因为大众传媒具有威望和授予威望的特点。

媒介与媒介之间,其传播的效果差异也很大。在电视媒介未诞生以前,学术界一致的结论是,面对面接触的说服力大于无线电广播,无线电广播的说服力大于印刷媒介。也就是说,媒介容许受众参与程度越大,其说服力也就越强。电视因其具有高度的参与感,超过无线电广播,更超过印刷媒介,所以在说服效果上要高出这两种媒介。

同一种媒介传播的效果也不尽相同,同样是电视媒介,有些电视台受众达几亿人,有的却只有几十万甚至几万。以杂志而言,权威性刊物的影响一定比普通的一般性刊物大。从事文学研究的学者,他的学术论文发表在《文学评论》这样的权威刊物上,要比发表在一般性刊物上容易引起注意。受众往往容易相信权威性媒介传播的信息,而非权威性媒介传播的信息所达到的效果则要稍逊一筹。

因此,我们在进行传播活动时,要充分认识各种媒介传播效果的优劣,将多种媒介联合使用,以创造最佳的传播效果。几种媒介与面对面的传播联合使用,是一种具有特殊效果的说服方式。美国学者弗兰克·T.斯道杜阿与罗伯特·史密斯研究发现,在美国空军飞行员的训练和教学中,使用电影教学片再配以教师的讲解,其效果比只用电影教学片效果要好。其他实验也证实了这样的结论。我国青少年政治思想教育之所以成效显著,与采用多种媒介相结合的传播方式有很大关系。一方面,广播、电视、书报杂志广泛宣传,把电子媒介与印刷媒介的传播优势发挥出来了;另一方面,由于结合课堂、会议、讨论等其他传播方式,因而收到很好的效果。

### (三) 传播的态度、方式和技巧

传播者采取一种什么样的态度、怎样传播在大众传播中都是直接影响效果的重要因素。在态度方面,如果传播者能够以一种比较和缓的、心平气和的语调进行演说、讲解,受众则比较容易理解、容易接受。相反,如果传播者用一种盛气凌人的官腔,板着面孔进行说教、"唱高调",受众则不愿接受,甚至产生反感。我国的中央人民广播电台的"对台湾广播"和江苏人民广播电台的"金陵之声"节目的播音员在播送节目时运用的是十分亲切的语调,以"拉家常"的方式向台湾听众播音。这些节目很受台湾父老乡亲的欢迎。而在"文革"时期,我国的广播界形成了一种故作镇静、装腔作势的官腔官调。由于传播者没有用平等待人、以理服人的态度来传递节目内容,这样的广播节目办得毫无生气,当然也就不受受众欢迎。

另外,传播的态度还体现在节目的编写、制作上。报社的记者不认真写稿,经常报道一些失实的消息,时间一长,报纸的威信就会下降;电台、电视台制作的节目粗糙,或经常播放一些品位低下的节目,必然会引起受众的反感,它的收视率也必然会下降。所以,只有在字里行间、分分秒秒上狠下工夫,以认真、严肃的态度来办报纸、办电台和电视台,才能取得较好的传播效果。

无论何种媒介,传播效果的大小,技术因素也占有很大的比重。例如,文章的写作技巧、编辑手法、广播的声音控制、摄影的角度、剪辑制作的手段等,都可能影响到传播的效果。每一个项目,都已变成一门专门技术,甚至是专门行业,限于篇幅,关于传播技术对传播效果的影响,这里不再赘述。

### （四）传播的内容

传播的内容对传播的说服力会产生最为直接的影响。这种影响表现在两个方面：一是影响人们的媒介选择；二是影响人们对某种信息的信服程度。例如，内容丰富的图书、报刊或节目精彩的广播、电视会深受读者、观众的欢迎；内容贫乏、干涩、缺乏生动性的图书、报刊、广播、电视则不会有多少受众市场。

传播内容的客观性、倾向性、真实性、指导性等问题一直是大众传播学研究者关心的问题。内容是否客观、真实，传播者在编写内容时的政治立场和思想倾向，是制约传播效果的关键因素。当编辑、记者要报道一篇新闻时，对这条新闻如何写作、如何取舍、怎样选择报道角度，新闻用语掌握的分寸，对新闻事实的解释，以及标题的制作，报刊版面和广播、电视的栏目设计等都体现出传播的客观性和倾向性。有时一篇社论要比一篇新闻稿更具有说服力，因为对受众来说，明白清晰的信息要比模糊不清的信息更容易接受。比如，你要劝人们不要吸烟，不如说吸烟易导致肺癌、肺气肿、心脏病等来得更具体，更容易打动受众。

信息量的大小也会影响传播效果。例如，电视台要宣传某项政策法规，如果这一方面的内容很少，播放的时间又短，就会造成信息量的不足，这样宣传效果就会大受影响。相反，如果加大信息的传播频率，增加节目内容，则容易加强受众印象，加深对信息的记忆和理解。在广播宣传中加大信息量，也是提高宣传效果的有效途径之一。报纸、电台、电视台多方面、频繁地宣传某一产品的效果要比偶尔在某一媒介宣传的效果好得多。

## 二、传播外影响传播效果的因素

传播外影响传播效果的因素包括：先验观念、团体规范、人际传播、个人差异。也可以说，这些都是从接受者角度来谈的。

### （一）先验观念

先验观念是指人们头脑里固有的对世界的印象和形成的主观观点。先验观念颇像传播学家李普曼所说的"心中图像"，每个人在脑海里都有一幅关于世界本来面目的图画，传播要影响受众，这种"关于世界本来面目的固有图画"就会跳出来发挥作用。人们都喜欢与他们原有的态度和兴趣相符的事物，换句话说，对与自己意见或兴趣相左的事物，不但引不起他们的兴趣，相反，会使他们产生反感、厌烦等情绪。例如，从 20 世纪 50 年代过来的不少老同志，他们对于各种社会问题的评价依然使用他们那个时代的标准,这套形成于上世纪的价值标准,不会轻易改变。如果要他们接受21世纪新的流行观念,他们往往会有许多不适应甚至反感。这就是先验观念在起作用。

先验观念除了影响受众对传播内容的选择以外,还影响受众对新事物的理解、接受程度。受传者在接受新内容时,先验观念往往会"自以为是"地替媒介作出解释,从而导致传播信息在受众理解上的误差。例如,报纸上说板蓝根冲剂对预防"非典"有很好的效果,于是有些人认为只要随身携带板蓝根冲剂就不怕传染上"非典"了,从而放弃了其他更为重要的预防措施。传播活动中受众先验观念下的这种"误读"现象对传播效果有着直接的影响。所以,在大众传播过程中,我们必须认识到这种先验观念给传播带来的不利的一面,在传播中做到耐心、细致、循循善诱,这样才能起到很好的说服作用。

### (二) 团体规范

团体规范在受众的接受活动中起着一定的制约作用。团体的种类很多。按照性质划分,可以分为以下两种:一是范畴性团体,也称为类别团体。如地域团体、年龄团体、种族团体、职业团体及宗教团体等。二是利益性团体。团体的成员具有一个或一个以上的共同态度,称之为利益性团体,如各种工会、协会、商会等。按照形式划分,则又可以分为两种:一是有组织的团体。某些利益团体的成员为达到他们共同的目的,经常联系,定期地、有计划地组织活动,如政党,协会等。二是无组织的团体。某些利益团体虽然以无意识的、无计划的合作去实现他们的共同目的,但主要是以不经意的一致行动而使人感觉到他们的存在。例如,早晨公园里一起练气功、打太极拳的老人;证券交易所外一起关注股市变化的股民;火车站外一起等待旅客的出租车司机;等等。他们经常不约而同地在一起行动,无意中就形成了团体。

无论什么性质、什么形式的团体,存在时间的长短都会对传播构成影响。团体都有左右其组成分子意见的力量,这虽然也有少数服从多数、个人服从集体的意味,但团体施加给每个成员的影响是不容忽视的,它在无形或有形中给其成员划定了一个言行准则。

即使没有确立行为规范的某些松散团体,他们内部约定俗成、不言自明的一些"准规范"也会对传播产生一定的制约作用。例如,来电影院看武打电影的观众,对电影内容方面的兴趣即构成了他们共同的"准规范",此时如果将影片更换为一部言情片,必然会引起观众这一松散团体的一致反对。

因此,团体规范的压力可以促使受众接受团体认可的传播内容,而拒绝与团体意见相违背的传播内容。团体施加个人的约束力不是绝对的,这仅仅可以视为一般情形之下的总体倾向。针对这些特点,大众传播工作者应把各种团体规范作为传播的参照。例如,报纸上有新闻版、文化生活版、体育版等,都是为了适应不同兴趣爱好的人而设置的。总之,要充分发挥大众传播媒介的传播效果,就必须提高传播内容的丰富性。

### (三) 人际传播

拉扎斯菲尔德的"两级传播论"认为,大众传播时代,信息不可能即刻传播给每一个受众,总是先由大众媒介传递给社会成员中的一部分人,这部分人在信息接受过程中表现比较活跃,他们对某方面的信息比较关心、比较了解,他们再把所掌握的信息传递给周围的人,从而形成信息扩散。最早接受到大众媒介信息的这部分人被称为"意见领袖",信息经由意见领袖传播开去被称为"二次传播"。这样一来,"意见领袖"对于传播效果的影响就显得至关重要,因为"意见领袖"在"二次传播"中可以加入自己的主观阐释,所以有时信息从信源到信宿的差异会很大。

美国哥伦比亚大学的研究者研究发现,在研究机构向农民推广玉米新品种过程中,第一次向农民做宣传时,农民很容易接受大众传播媒介介绍的信息,第二次再向农民宣传时,农民不再显示积极态度,而比较容易接受有使用经历的其他人传递的信息。为什么会有这种情况发生呢?因为每个人都有求新、求异的倾向。大众传播媒介重复同一种内容往往不易引起受众的兴趣,而人际传播的内容富有新鲜感、比较有弹性、比较符合受传者的思维定式,故而容易为受众认同。社会上的流言蜚语、小道消息流传很快的原因也正在于此。

除了"意见领袖"之外,其他受传者也有可能充当"二次传播"的"二传手"角色,他们对传播效果也发挥一定的作用。

人际传播的影响对于大众传播业者的启示在于,应加大信息报道的力度和深度,对重大信息不宜作泛泛的、肤浅的报道;少留一些模糊的、含混不清的信息给受众,尽量做到清晰、准确、生动、有力,这样才能收到好的传播效果。

### (四) 个人差异

个人差异主要指个人在生理、心理等方面所表现出来的差异。这些差异又表现在性格、人格等方面。

个性是人在生物因素的基础上,经过社会环境的影响和自身实践活动而形成的心理系统对客观现实的反映,也是一个人成为"这一个"人的基本精神特征。它具体表现在对认识和活动对象的趋向和选择上,主要包括一个人的需要、动机、兴趣、信念、理想等,这些方面的差异导致人们对传播信息的反应不尽相同。

个人性格又随性别、年龄、种族、文化程度等条件不同而不同。儿童接受传播内容而改变意见的程度大于成人;男性观众比较爱好足球等体育运动节目,女性观众对这类节目反应则相对要差一些。传播效果还与每个人性格的发展有着很大关系。例如,一个人在小的时候,他可能会喜欢战争影片,当他长大成人以后,他的性格发展定型,可能会对战争影片不再感兴趣。所以,一般说来,很少有人终生喜爱一种传播内容。环境也能带来人的性格变化,这一变化也能对传播构成影响。例如,一个在北方听惯了河北梆子的听众,到了南方他可能会改听越剧。

为什么同样的传播媒介,同样的传播内容,对不同人的影响会不同呢?除了以上的原因外,个人所受教育的程度也是一个很重要的因素。受教育程度较高的人对传播内容的理解要比受教育程度低的人快。

个人的心理差异对传播效果的影响表现在哪些方面呢?美国耶鲁大学的詹尼斯教授曾做过专门的实验,结果发现,心理差异对传播有很大的影响,具体表现在以下几个方面:

(1)在生活中与他人格格不入,充满傲慢之气的人不易听从别人的劝说。这些人总以为自己高人一等,别人不如他,表现在行为上是好胜心强,不愿受人左右。

(2)有厌世、遁世思想者不太容易接受别人的影响。这些人大多有看破红尘的消极情绪,所以对各个角落传来的信息都反应冷淡。

(3)没有想象力,对各种信息茫然无知、难以理解的人受传播的影响较小。

(4)有自卑情绪的人,对自己缺乏信心,很容易接受别人的劝服。有自卑心理的人,时时处处感到自己不如别人,缺乏应有的自信,对各种信息缺乏独到的见解和自我主张,所以往往别人怎样说,自己就怎样做。这种人往往伴有从众心理。

(5)性格外向的人比内向的人容易被说服。"外向型"的人重视服从团体和适应周围环境,而"内向型"的人重视个人目标和个人的利益。所以,"外向型"的人喜欢热闹和从众随大流,往往容易接受传播内容,听从别人的劝导;"内向型"的人由于经常使自己与外界保持距离,不大有从众心理,故而难以被说服。

关于个人差异对传播效果的影响,其具体情况还很复杂,每一种个人的生理、心理差异都有可能使受传者对传播信息作出不同的反应,从而产生不同的传播效果。

# 第八章

# 传播制度与传播的控制

## 本章内容提要

1. 大众传播控制包括的内容
2. 西方最有影响的"控制分析"学说
3. 对传播活动真正起控制作用的因素
4. 正确认识新闻自由与新闻控制

## 提示

本章重点阐述以下几个方面的内容:

1. 大众传播的控制包括:消息来源的控制、传播机构内部的控制、垄断控制、广告控制、政府控制、公众控制以及自我控制等。

2. 西方最有影响的"控制分析"学说有极权主义传播理论、自由主义传播理论、社会责任理论、苏联共产主义传播理论。

3. 对传播活动真正起控制作用的因素不外乎以下几个方面:国家政府对意识形态领域的管理;行业或团体组织的压力;受众对于传播的影响和控制;传播业职业道德的自律性。除此以外,内容的揭秘程度、信息量的大小以及伦理、宗教、社会风俗等因素也会对大众传播形成控制。

4. 正确认识新闻自由与新闻控制。

# 第一节　关于传播制度的几种理论

传播的控制问题是近几年日益受人关注的热点问题。由于大众传播对我们的社会生活产生了深远的影响,给我们的生活方式等带来了巨大的变化,大众传播媒介在社会发展中既起到了许多积极的作用,也产生了许多负面的影响,因此,探讨大众传播的控制问题变得十分重要。传播控制的问题既属于传播政治学又属于传播伦理学的范畴。从传播政治学的角度讲,传播控制指的是任何国家政府、集体或个人出于国家、团队或个人意志或某种政治目的,对于传播媒介、传播内容所进行的控制;从传播伦理学的角度讲,指的是国家政府、团体或个人包括受众和媒介自身从伦理或道德标准出发,对媒介或传播内容进行的控制。

大众传播的控制,其种类很多,包括:消息来源的控制、传播机构内部的控制、垄断控制、广告控制、政府控制、公众控制以及自我控制等。这些控制有的一目了然,有的则隐蔽不易被察觉。控制类型之间也互相影响,如果传播媒介中暴力色情太多,不利于青少年成长时,传播媒介就应该自觉地加以自我控制,如果不加以自我控制的话,政府便要加以控制和干涉了。由此观之,控制是动态的、人为的,可能因情况不同而有不同的传播媒介控制形态。例如,在战时或非常时期,政府的控制力量和控制方式要比平时大且多;在一些经济发达国家(如美国、法国),垄断控制或广告控制力量又大于其他控制。可以说,各种控制方式之间的关系不是平衡的,而是相互作用、相互冲突的。

传播学界关于"控制分析"的学说,最有影响的就是施拉姆、赛伯特和彼德森三人在合著的《报刊的四种理论》一书中对四种大众传播制度理论所作的阐述。

## 一、极权主义传播理论(totalitarianism theory)

这里所说的"极权"是指"totalitarianism",施拉姆认为:"现代传播事业是在1450年诞生于一个极权社会中。极权社会的基本特性是,以社会价值衡量,国家地位高于个人。唯有将个人置于国家的统驭之下,才能获致他的目标,并使他自己成为一个文明人。""在极权国家,少数人常常处于领导地位,且命令他人悉加服从。他们是统治者,或是统治者的顾问人员,他们位于权力的中心点。"[1]这与集权主义(authoritarianism)有很大的相似性。希特勒法西斯主义是典型代表。大众传播产生于报业发展之初,当时欧洲正处于文艺复兴和宗教革命时期,封建王朝将出版事业视为洪水猛兽,害怕它们威胁到自己的统治地位,因此往往采取严厉的镇压和管制措施。历史上臭名昭著的第一个禁书法案就诞生在英国。16世纪,都铎王朝还颁布了《星法院法令》,并曾据此判处一个图书出版商死刑。在集权专制国家,君权神授思想十分盛行。

虽然极权主义传播制度随着资产阶级革命在18、19世纪的胜利而逐渐消亡,但在现代各个历史时期仍然有所表现。例如,"二战"时期纳粹德国的法西斯传播体制,政府掌握着大众传播的工具,大多数传播业人员隶属于政府,他们既无权利也谈不上自由。传播媒介沦为国家宣传机器。在许多情况下,政府直接控制着传播媒介的生产制作流程并实施严厉的监控与检查制度。各媒体的活动必须听从统治者的意志。具体做法上,专制统治者通过给出版机构、出版人颁发营业执照等方式,对新闻出版实行严格的控制。统治者对某些自认为不适于向公众发布的消息实行新闻封锁。这样一来,即使新闻机构不一定为政府所拥有,却也被视为某一政治势力的工具。施拉姆进一步指出,极权主义在世界上表现的形式有如下几种:① 新闻自由遭到完全控制,如苏联、南斯拉夫、葡萄牙等;② 新闻批评政治虽然是可能的,但检查制度仍然发挥作用,如哥伦比亚、埃及与叙利亚等;③ 以特殊法律与歧视性的立法加诸编辑人员,随时可以逮捕与控制他们,如南非、伊朗、黎巴嫩等;④ 运用非正式的办法,削弱报界所形成的反对力量,如土耳其、阿根廷与印度尼西亚。[2]虽然极权主义早已式微,但不可否认的事实是极权主义传播制度在很多国家仍然流行。

## 二、自由主义传播理论(liberalism theory)

该理论是自由竞争资本主义时代的产物,它反映了"观点公开的市场"和"自行调节的过程"的观念。17、18世纪之交,欧洲启蒙运动兴起,开始重视人的价值。英国政治家弥尔顿1644年发表《论出版自由》,谴责了检查制度的理论与实践,阐述了"出版自由"的思想。英国思想家洛克从理论上论证了"天赋人权"的原则。托马斯·杰弗逊、英国资产阶级思想家约翰·密尔等都曾对"自由"的理论进行过专门的阐述。自由主义理论继承17世纪以来的这些口号,主

---

[1] [美]威尔伯·施拉姆.大众传播的责任.台北:台湾远流图书出版公司,1995:80.
[2] [美]威尔伯·施拉姆.大众传播的责任.台北:台湾远流图书出版公司,1995:80.

张大众媒介应自由传播信息,"不受政府控制或操纵",而且"报刊要对政府提供一种其他机构无法提供的监督作用"。[1]第二次世界大战以后,为顺应人民享有"知之权利",主张:新闻人员有采访和报道的自由,新闻事业必须提供一个"思想观点和意见"的自由市场,开放私人经营,自由竞争;对政府行为进行监督不应受到惩罚;记者在其供职的机构内应有相对的自主权;对超越国界的讯息流通应有一定的限制;等等。

自由主义传播制度理论强调的是自由传播的权力,强调政府管制越少越好。"自由放任主义不需要某些更具形式的控制,而是要有一个真理的自我矫正的过程,这当然暗示有一个真正自由的意见市场存在。每一个人必须有机会接触到传播的各种管道。任何观点与意见都不应遭到减灭,除非真的危害到整个群体的福祉。"[2]每一种观念应给予同等表达的机会——这是自由主义最难达到的愿望,施拉姆认为这正是自由主义的理想主义色彩所在,不过,由于强调对个人的尊重,因此,这一理论极具号召力。自由主义传播理论其价值所在正是其在自由传播中的启蒙精神。

自由主义要实现所谓的"自由的意见市场",一要靠立法,二要靠市场经济。18世纪以来,资本主义世界的言论自由立法完成了第一步,而19世纪中叶的报业转型,报纸的财力来自广告,终于摆脱了政治性的津贴,这才真正取得了初步意义上的独立。不过这一理论在垄断资本主义阶段已失去其存在的土壤。这时垄断资产阶级所需要的,是国家对新闻传播业的干预、控制,强调新闻事业要对政府负责,为维护国家垄断制度服务。

## 三、社会责任理论(social responsibility theory)

这一理论是垄断资本主义阶段取代自由主义传播理论的一种新理论。其背景是,自由主义所标榜的理念如"自由的意见市场"、公众的言论自由权利等,在垄断资本主义的现实中并没有得到体现。第二次世界大战结束后,美国社会的媒体日益发达,新闻的效用也被任意扩大,广告越来越多,暴力色情内容开始盛行,自由市场中对于意见的"自我矫正"功能越来越难以体现。随着垄断和集中的加剧,传播媒介越来越被少数人所控制,大多数人则失去了表达意见的机会。私营化媒介在市场利益的驱动下,越来越低俗化,煽情主义、暴力、色情内容大肆泛滥,新闻专业主义丧失,新闻传播伦理窳败。

---

[1] [美]施拉姆等.报刊的四种理论.北京:新华出版社,1980:85.
[2] [美]施拉姆.大众传播的责任.台北:台湾远流图书出版公司,1995:94.

这一情况一方面引起了社会大众对自由主义及其制度的不满,社会对媒体的指责也越来越激烈;另一方面,各国政府一直觊觎对大众传播媒介的控制,此时正好寻找到一个有力的借口。20世纪50年代,英国就成立了"皇家报业委员会",对新闻界的道德准则进行规范。准确地说,对大众传播媒介的批评,开始于19世纪中叶,第一个抨击报业的浪潮开始于1911年,此后,对大众传播业的批评一直不断。20世纪40年代初,由《时代》杂志创办人鲁斯(Henry R. Luce)拨出专款,组织了"新闻自由委员会",邀请全国著名的学者担任委员,主席为芝加哥大学校长哈钦斯(R. M. Hutchins),因此该委员会也称"哈钦斯委员会",其调查报告《一个自由而负责的新闻界》在当时产生了广泛的影响。这一报告的关键词是"管制"(control)。

社会责任理论认为,大众传播媒介在执行自己的主要职能时,对社会还负有责任。其核心内容是:主张传播媒介对政府负责、受政府控制,强调国家对媒介传播活动的干预,宣扬政府是新闻自由的保护者。

### 四、苏联共产主义传播理论(soviet theory)

苏联共产主义传播理论是1917年"十月革命"之后产生的。美国学者在总结苏联传播历史与现状时认为,共产主义传播理论来源于极权主义传播理论。不过,在极权主义理论指导下,大众传播媒介是同政府分开的;而在苏联的传播理论中,大众传播媒介同政府是合二为一的,政府对大众传播媒介具有直接的领导权。列宁在《党的组织和党的出版物》一书中,强调苏维埃党的新闻机构是党和政府的一个部门,应当充当"齿轮"和"螺丝钉"的角色,也就是政党机器中的一个有机组成部分。这一理论强调对"真理"的服从,强调遵循既定"方针"和"路线"。这一理论的宗旨是保证社会主义制度的成功和延续,实现苏联共产党提出的各项目标。

在任何一种制度下,大众传播都要受到各个方面的干预和控制。在实际意义上,新闻自由也不同于理论上的新闻自由,即使是大众传播相当发达的国家,仍然会有来自各种机构的控制。在美国,"对传播媒介实行政治控制的机构,包括法院、立法机关、白宫,甚至公民。这些群体既对传播媒介施加正式的控制,又对情报流通有着非正式的影响"。[1]大众传播的信息在传播出来后,实际上是经过了各种权力机构和个人的"干预"、"控制"和"过滤"。以新闻来说,假设通

---

[1] [美]德福勒等.大众传播通论.北京:华夏出版社,1989:100.

讯社决定传递的新闻只占已发生的重要新闻的百分之几,而读者最后从报纸上读到的新闻又只占通讯社发布的百分之一二。各种控制媒介的权力机构、大众媒介内部的工作人员,充当了筛选、"过滤"的"守门人"。

在信息(传播)网络中到处都设有把关人。其中包括记者,他们确定一场法庭审判、一件事故或者一次政治示威中究竟有哪些事实应该加以报道;包括编辑,他们确定通讯社发布的新闻中有哪些应该刊登,哪些应该抛弃;包括作家,他们确定有哪些类型的人物和事件值得书写,什么样的人生观值得反映;包括出版公司编辑,他们确定哪些作家的作品应该出版,他们的原稿中有哪些部分应该删除;包括电视、电影制片人,他们确定摄影机应该指向哪里;包括影片剪辑,他们在剪辑室内确定影片中应剪掉和保留哪些内容;包括图书管理员,他们确定应该买什么书籍;包括教员,他们确定应该采用什么样的教科书和科教片;包括负责汇报的官员,他们确定应该把哪些情况向上级汇报;甚至可以包括餐桌旁的丈夫,他们确定当天办公室发生的事件中,有哪些应该告诉妻子。[1]

除了各种类型的把关人外,真正制约大众传播的因素有哪些呢?一般说来,对传播活动真正起到控制作用的不外乎以下几个方面:来自政党政府的控制;受众对于传播行为的监督;传播内容对于传播行为的制约;行业团体对于传播活动的制约;传播业者职业道德自律性对于传播的制约;等等。显然,以上几个方面在对传播进行控制时,其具体的表现方式和力度是不尽相同的,下面我们分别予以阐述。

## 第二节　国家政府对意识形态领域的管理

一个国家政权建立以后,其相应的政治法律制度和社会意识形态也随之形成。任何一个政权的统治阶层都会认识到舆论存在及其传播的重要性。早在公元前213年的秦国,秦始皇就从专制集团的利益出发,对当时儒生以古非今的言论加以控制。他采纳丞相李斯的建议,下令焚烧《秦纪》以外的列国史记,除医药、卜筮、种植之书外,其他不属于博士宫所藏的《诗》《书》都予以烧毁,私自谈论《诗》《书》的处死,以古非今的处以灭族。次年,460多名犯禁的儒生全部被坑杀于咸阳。这就是著名的"焚书坑儒"。在中国漫长的封建社会历史上,钳制

---

[1] [美]施拉姆,波特.传播学概论.北京:新华出版社,1984:161.

言论的"控制手段"真是不胜枚举。清代康熙、乾隆二朝盛行的"文字狱"可谓这种手段的极致。黑格尔说过,在东方只有一个人有自由。确实,封建社会生杀予夺之权操诸一人,这就是国君。他既不可能把一切真相告诉人民,也不允许任何人说出真相,人民只有在"使由之而不可使知之"的戒条中被愚弄。封建统治者用剥夺人民的"知情权"、"发言权"来达到维护其专制统治地位的目的,实现其长治久安的梦想。封建时代的"传播控制"实质上是对于人性的压抑和摧残。

在西方,对大众传播施加控制始于印刷术出现的时候。15世纪末,对于专制政府的革命呼声日益强烈,统治者也十分担心印刷品会唤醒人民群众。当印刷术开始为生产传单和新闻活页所使用的时候,政府想方设法来控制这种新兴的传播媒介。1529年,英皇亨利七世禁止一些书的出版,要求所有的英国出版商必须获得皇家的许可方可营业。16、17世纪的西方教会组织、僧侣贵族也从本阶级的利益出发,钳制人们的思想,压制真理的传播。意大利大科学家伽利略因传播和阐发哥白尼的"日心说"而惨遭罗马教廷的迫害。这一时期的西方各国政府,都建立了"事先检查制度"——在出版之前审批政治和宗教方面的书籍和期刊。公元1709年,英国还制定了第一部出版法。

所有这些,都是从专制思想的传统中滋生出来的。柏拉图认为,国家只有在它的圣哲的指导下才能安全。霍布斯认为维持秩序的权力是至高无上的,任何个人不得反对。黑格尔说过,国家的存在就是它本身的目的,它享有统治并制约个体公民的最大权利,而公民的最高职责则是成为国家的一员。正是这些思想导致了政府对舆论的控制。

毫无疑问,所谓"新闻自由"是相对的,几乎所有的媒介都受到政治体制的影响。不管是何种传播体系,一般都要受到一些控制,"至少是在频率分配、保护听众和观众不受诽谤性或猥亵性材料之害的法律、保护材料所有者的版权不受侵犯的法律以及保护政府不受煽动性广播之害的法律等方面。除频率分配而外,报纸不论在什么样的制度下也都受到同样的控制。这就是说,所有的制度都必然在某种程度上对它们的媒介加以管制和控制"。[1]

## 一、西方国家用于控制大众传播的手段

### (一)制定法律

用法律来限定新闻传播活动,使之随着政府的指挥棒行事。这些法律包括

---

[1] [美]施拉姆,波特.传播学概论.北京:新华出版社,1984:183.

宪法、刑法、民法、新闻出版法等。以宪法来说，几乎任何一部宪法都一方面保护新闻自由，而另一方面又限制新闻自由。刑法里也有许多限制新闻自由的条款，如"煽动、扰乱秩序罪"、"诽谤罪"、"侵犯他人名誉罪"、"败坏社会风气罪"等；至于新闻出版法，则更为具体地为传播活动限定了范围；而国家安全法则可以藉"国家和社会安全"这一弹性很大的理由限制新闻传播。1791年，美国宪法《第一修正案》颁布施行，该修正案明确规定公民有言论和新闻自由。但是，美国政府又通过制定其他法律或设置有关机构来达到对新闻传播的全面控制。例如，美国新闻自由委员会1947年的报告在谈到让报刊负起责任来的时候，曾经强硬地指出："如果报刊不自动地负起责任，政府的权力将作为最后的手段来强制它实行这种转变。"又提到："在宪法《第一修正案》或在我们的政治传统中，没有任何东西能阻止政府参与大众传播：陈述它自己的主张、补充私人提供的信息来源，以及提出私人竞争的标准。政府的这种参与并没有威胁新闻自由。"[1]因此，委员会建议"让政府慎重地扩大控制通讯工具的权力"。[2]这就十分明确地提出了让政府干预、控制新闻传播。此外，美国还对电子传播媒介制定特别法律，通过颁发或吊销许可证这一方式来进行对电子媒介的控制。按照美国1934年通讯法案的规定，发放许可证的标准，除了申请人拥有法律、技术和经济上的资格外，还必须能满足"公众的利益、方便和需要"。对于这一点的具体解释，大权完全掌握在联邦通讯委员会手中，它往往借口某些媒体没有达到法案规定的"标准"而拒绝颁发许可证或暂缓发放许可证。联邦通讯委员会还有权对它认为"有问题"，即不符合政府意图的许可证持有者，用警告、罚款、停办直至吊销营业执照的办法给以惩处，以此达到干预、控制的目的。

现在世界上的各种新闻出版法，绝大多数是限制性的而非保障性的。政府控制大众传播既然以法律为依据，则必然有各种可依据的名目。当今世界各国与大众传播有关的法律约有以下几种：著作权法、色情管制法、隐私权保护法、新闻保密法、惩治诽谤罪法、反媒介垄断独占法、惩治煽动叛乱罪法、广告管理法、许可证申请法、广播影视管理法等。

### （二）检查传播内容

西方国家的新闻出版法律都在表面上强调了公民有言论自由的权利，因此政府一般不事先审查传播内容。但是，许多国家的政府还是通过其他一系列手

---

[1]［美］新闻自由委员会. 一个自由而负责的新闻界. 北京：中国人民大学出版社，2004：51.
[2]［美］施拉姆等. 报刊的四种理论. 北京：新华出版社，1980：99.

段对新闻内容进行直接的严密控制。美国政府的新闻控制主要是采用发布、透露新闻与隐瞒、掩盖事实真相的手段。对于有些新闻机构已经获得的消息,政府机构也可以制止发表。2001年,"美国之音"采访了阿富汗塔利班领导人奥玛尔,白宫要求"美国之音"不要播放这一专访节目,但是,当时的"美国之音"还是在卫星电视频道如期播放了这一专访节目。白宫非常恼怒,下令撤销了"美国之音"总裁的职务,同时也要求当时的新闻局长辞职。类似的情形在其他国家也时有发生。英国政府于1985年8月禁止了英国广播公司(BBC)播放一部关于北爱尔兰的电视片,政府的理由是该片涉及了民族矛盾和领土问题,危害了国家安全。日本政府对二战时期的侵略历史采取隐瞒态度,日本的文部省在编修教科书时屡次歪曲历史真相、篡改历史事实,引起了亚洲各国人民的极大愤慨,这也是一种政府对大众传播的直接控制行为。

### (三)政治与经济的软化、拉拢

在许多西方国家,政府普遍认识到对待大众媒介全靠大棒政策不是长久之计,他们往往采取变堵为疏的策略,笼络新闻传播者。美国、英国等国家的总统及其他政府官员经常邀请报刊、广播、电视界的记者、领导人一起交谈、游玩、共进晚餐,以联络感情,并保持密切联系,有时以透露内部新闻作为与媒介相处的润滑剂。例如,美国政府就曾给普利策经济奖励,以拉拢他为政府服务,实际上政府只不过是将从他那儿征收的管理费返还给他而已。各国政府从经济和政治角度对大众传播事业进行软化、拉拢的措施通常有:

(1)给某些传播机构适当的政府津贴,或贿赂传播工作人员;
(2)对亲政府的传播媒介给予某些特权;
(3)将政府方面的消息优先发表于亲政府的媒介上;
(4)有选择性地多给"许可证";
(5)限制反政府报纸的发行;
(6)挑选亲政府的传播人员,给予各种奖励。

在这些软化、拉拢政策下,一些传播界的名人、领导者成为政府首脑的座上客,他们获得此特殊待遇就会非常积极地与政府合作,充当政府的喉舌。

### (四)暴力干预

在重大事件发生时,政府为掩盖事实真相,往往要派人干预记者的采访活动,这种情况下常会发生暴力干预传播的事件。第二次世界大战后,美国法院采纳霍尔姆斯法官的方案,对敢于揭露政府丑行和罪恶的进步报刊和进步人士横加迫害。1950年,美国实行了"国内安全法",加紧迫害共产党员,逮捕大批进步人士。《密勒氏评论报》主编威廉·鲍威尔仅仅因为在朝鲜战争期间揭露美军进行细菌战、破坏板门店谈判,就遭到美国军方的逮捕。至于对媒介传播者提出警告或进行恫吓,则更是司空见惯的手段。

### (五)利用官方媒介进行舆论导向

在许多发达国家,政府并未放弃对媒介的经营权,而是积极创办大众传播媒介。如英国的英国广播公司(BBC)、美国的"美国之音"、日本的NHK等都是著名的官方或半官方的媒介。它们从本国利益出发,代表政府发表观点。由于它们在国内传播界具有很大影响,因而能左右国内传播形势,起到主导舆论的作用。

任何一个国家政府都不会放弃对于大众传播的控制。瑞典政府原先对大众传播管制很松,但到了1969年6月以后,由瑞典国会通过议案设立"出版监察员",其任务就是监督媒介的传播情况。实际上,不管民主的发展程度怎样,政府都对传播活动实施直接或间接的控制,只不过控制的出发点不同而已。西方资本主义国家控制的出发点是当权者的利益,是垄断组织的利益,是本阶级的利益。

## 二、我国政府对于大众传播的控制措施

我国的大众传播媒介为国家和人民所有,它所发挥的是"桥梁"和"喉舌"的作用。国家对于大众传播的管理和控制,其出发点是国家利益和人民利益,政府行使人民所交给的权利,对传播活动进行指导和控制。

### (一)我国政府控制措施的主要特点

**1. 强调党和人民利益、国家利益高于一切**

我国政府把国家利益、人民利益作为传播的出发点。以坚持四项基本原则、坚持改革开放为指导思想,对有利于安定团结、有利于社会和谐、有利于科学发展的大众传播予以支持和奖励;对不利于安定团结,不利于社会和谐的予以批判和取缔,使整个传播活动走在有效、健康的发展轨道上。

**2. 监控机制多元化、有序化**

在我国,从中央到地方,各级政府齐抓共管,措施得力有效。中宣部、文化部、国家新闻出版广电总局以及公安、工商、税务等部门及其下属机构都对大众传播行使着监控职能。除此以外,还通过法律手段来解决传播中出现的问题,如在打击非法出版、制黄贩黄方面,就有效地运用了法律武器。传播控制的多元化不仅体现在

对于各种不良传播活动的阻止上,还表现在对于传播行为的积极引导上。

我国政府长期以来坚持"两个文明"一起抓,对精神文明建设长抓不懈,采取了许多积极有效的措施,形成了一种"向心力",使媒介传播活动自觉地接受党的领导,遵守党和国家各项规章制度和新闻宣传工作的纪律。

**3. 控制的目的是为了保障发展**

我国党和政府长期以来坚持"两手抓"的战略方针,对于错误的传播活动和言论,予以坚决的制止,同时对于各种有利于国家、民族发展的言论予以提倡和引导。例如,中宣部组织实施的精神产品生产"五个一工程",国家广电总局(现国家新闻出版广电总局)1995年以来组织实施的"电影创作精品工程"等都是积极有效的引导方式。而这些做法在西方国家是难以实现的。

### (二) 我国政府在新闻传播业中常使用的监管方法

**1. 直接监管**

我国政府在报刊、图书编辑出版中实行"总编终审制"和出版机构审批制度,在电影、电视艺术创作中实行审查制度,由专门的电影、电视审查委员会对影视艺术作品进行检查,决定颁发和不颁发许可证。对于违反四项基本原则、违反党的新闻宣传纪律的媒体和个人予以严肃处理。

**2. 间接监管**

我国政府通过颁布新闻出版法规,用法律手段来监督传播活动,做到有法可依,有章可循。

**3. 发挥政府主渠道媒体在传播活动中的主导作用**

《人民日报》、中央电视台和各级地方组织所办媒体,是党和政府的喉舌,代表党和国家的声音,是党和国家政策的发布者。作为社会传播机制中的重要组成部分,党的机关报和其他大众传播媒介既有分工,又有合作,它们处在一个平等的信息市场里。但由于党报的特殊性,它往往又起到定基调、左右传播形势的作用。通过党的机关报控制大众传播活动是社会主义国家传播的一大特色。

## 第三节 行业或团体组织对传播的压力

除了政府方面的控制以外,行业或团体组织也是对大众传播形成控制的重要方面。这些行业或团体组织包括工商业团体、劳工团体、宗教团体、教育团体、广告商等。任何一个团体要表达自己的愿望,通常有以下几种方式:① 游行、集会;② 罢工;③ 大众传播媒介宣传;④ 组织会议或党内活动。利用大众传播通常是各行业、团体组织达到目的最为方便、最为有效的方式。

## 一、西方国家的行业或团体组织对传播形成的控制

在西方国家,行业或团体组织已形成很大的势力,他们可以决定大众传播的内容,至少可以干涉传播活动,限制传播内容。当某一传播内容触犯某一团体利益时,这一团体组织就会采取各种行动,包括法律的手段来对媒介施加压力,迫使它改变传播内容。在广告商那里,如果媒介传播行为与内容对广告商不利,广告商便会对媒介施加压力直至停做广告,从而影响媒介的经济效益。在美国,报纸成本的80%要靠广告收入来支付。报纸杂志的版面安排都要受到广告篇幅的限制,而电视、广播则完全靠广告赚钱,因此广告商对大众传播的控制是十分明显的。

媒介所属的组织机构往往对媒介构成直接的控制。在西方国家,媒介不过是某一财团属下的一个子公司或孙公司,媒介操纵在财团老板手中,媒介的操作者——记者、编辑、制片人等只能仰人鼻息,根据上司的意愿行事,稍有违反,便会丢掉饭碗。因此,报刊、广播、电视往往成为媒介拥有者的代言人。以美国的"水门事件"为例,美国老牌的东部权势集团与新兴的西南部垄断财团一直有着尖锐的矛盾。尼克松作为西南部财团的代表登上总统宝座后,虽然重用东部财团的基辛格,但他还是排斥政界有东部财团背景的人,并实施一系列有利于西南财团的政策。这样就激起东部财团的强烈不满,他们利用手中掌握的媒介,批评尼克松当局的政策,并制造大量的舆论,使"水门事件"这个本来在美国很平常的窃听案不断"升级",最后迫使尼克松下台。从这里,我们不难看出,媒介在资本主义国家里实际是某个集团的舆论工具,而媒介的操作者在新闻自由领域所作的诸种努力往往是有限的。

## 二、我国行业或团体组织对传播活动的影响

在我国,行业、团体组织也对传播活动产生一定的影响,工商、税务、公安、妇联、工会、党团组织都可以从自身角度出发,以国家利益、人民群众利益为重,向媒介提出要求和建议;作为党和国家的宣传媒介,也必须对这些行业、团体组织的要求和建议予以考虑。例如,报刊或广播电视传播了有损公安人员形象的内容,公安部门就会出面交涉;某地出现了侵犯妇女权益的事件,妇联就会出面要求当地或有关媒体予以曝光;等等。

我国媒介所属的机构组织对媒介实行的控制,实际上是对媒介传播内容的一种监督,它不可能从本位主义出发,让媒介传播违背党和人民利益的内容。因此,控制的出发点仍是人民利益、国家利益。

行业组织还包括大众媒介机构本身,即媒介所有者。媒介所有者可以是一个集团或国家的某一机构。例如,美国全国广播公司隶属于美国无线电公司,美国的第三大报《洛杉矶时报》属于著名的洛克菲勒财团。我国的《光明日报》最初是中国民主同盟的机关报;《中国青年报》隶属于团中央;《人民邮电报》隶属于国家工业与信息技术部;而《中国教育报》则属于国家教育部;中央电视台由文化部领导。

## 第四节 受众对于传播的影响和控制

大众传播的对象,就是广大的受众,没有受众,大众传播媒介就难以生存。受众对大众传播的社会控制,主要是通过反馈来实现的。

### 一、受众反馈的形式

反馈包括以下几种形式:

(1)受众直接通过来电、来函、来访表达对传播方式和传播内容的各种意见、建议和批评。

(2)受众通过是否订阅报纸、是否收听广播和收看电视来显示自己对传播的意见。

(3)传播机构通过受众调查收集受众的反应。在西方国家,受众的态度和意见受到相当的重视,因为它决定着媒介经营的成功与失败、生存和死亡。所以,仅美国就有65家专门从事受众分析、调查的研究机构。

### 二、受众对媒介的要求

受众对于传播内容的选择倾向形成了对大众媒介传播活动的控制。受众对媒介的要求又分为两类:

(1)受众从公共道德和普通的社会良知出发对媒介的传播活动进行监督,提出批评和各种有益的建议。例如,大众传播内容作为通俗文化,其中必然涉及一些暴力、色情之类的不太健康的内容,这些内容对于青少年的负面影响很大,于是,家长们、老师们从家庭教育、社会教育的角度提出批评或建议。

(2) 作为大众文化的主体,受众对于媒介传播内容的要求,往往通俗性大于严肃性,娱乐性大于思想性,因此所谓订阅数、收听率、收视率实际上要看媒介在通俗性、娱乐性方面所作努力的程度。这一点在西方国家尤为突出,许多大众媒介经营者从商业利益出发,不断满足受众的这些需要,久而久之,形成了媒介的"顺从主义"。实际上这也是受众对媒介的变相控制,其结果导致媒介品位的下降。

### 三、受众对媒介的控制和影响

我国实行改革开放政策后,带动了大众传播经营管理机制的改革。我们提倡大众媒介必须讲究经济效益,同时又注重引导大众的文化品位。既要满足受众的文化需要,又要进行积极的、健康的文化建设。一般说来,受众对于大众媒介的控制和影响方法不外乎以下几种:

(1) 抵制。例如,停订某报,不看某部电影,导致其订阅数减少、票房收入下降。这种方法以受众组织使用为多。

(2) 评定等级。根据受众调查,评定优秀报刊、读者最欢迎的报刊,观众最喜欢的电影、最不喜欢的电影,收视率最高的电视台、观众最喜欢的电视节目、观众最喜欢的电视节目主持人等,将评比结果定期公布。

(3) 来电、来函。受众直接向传播者表达自己的意见,这种方式较为常见,但不一定是大多数受众的意见。

(4) 质询。受众对传播的内容进行质询,要求媒介方面予以答复。为了防止引起不必要的纠纷和触犯受众的利益,传播者往往会对内容进行审慎的选择。

受众对于大众传播的控制,一方面是对传播活动的监督,保证传播活动沿着对社会有益的方向发展;另一方面也可增强受众的社会参与意识。这对于国家发展、社会发展无疑是十分有益的。

## 第五节 传播业职业道德的自律性

每个职业都有这一职业的道德标准,医生有医德,教师有师德,大众传播工作者也有其职业道德。这一职业道德形成了对大众传播的自我控制。

大众传播机构是高度社会化的机构,它要求大众传播从业人员应具有独立的人格和高度的社会责任意识。传播业的职业道德就是广大记者、编辑、制作人员必须遵守的本行业的行为准则。例如,1954年联合国制定的《国际新闻道德规约》,就是为新闻工作者制定的行为准则。世界上不少国家都制定了大众传播的行为准则,如美国报纸主编协会的《新闻道德准则》,美国全国广播协会的《电视准则》和《广播准则》等。这些准则都明确规定了新闻工作者的权利和义务,明确规定新闻工作者不允许参与党派活动和商业活动,目的就是要保证大众传播的客观公正立场,从而保持社会公众对传播媒介的信任。

在我国,有关大众传播法规未建立以前,媒介操作者一度对商业经营活动与信息传播业务、广告征集与新闻采访不分彼此,这样就为一些品行不端的人提供了可乘之机。一些记者利用自己的特殊地位从事一些犯罪活动,在社会上产生了很坏的影响。例如,南京某报记者孙某利用自己的身份对个体户进行敲诈;陕西某报记者赵某收受诈骗犯的贿赂,编造假新闻,欺骗读者。虽然他们最终都受到了法律的制裁,但在社会上造成了很坏的影响。有些新闻单位的记者热衷于追名逐利,或者拉关系稿、发人情稿,或者搞所谓的"有偿新闻",出卖版面,收受贿赂或直接参与经商活动等。如果长此以往,媒介的声誉将会败坏殆尽。

大众传播从业人员的职业道德最主要地表现在遵守法纪、法规,执行国家新闻政策和宣传纪律,诚实、客观、公正、无私地传播大众需要的信息等方面。只有自觉地以传播职业道德从严要求自己,媒介才能具有很高的威信。当今世界著名的传播媒介莫不如此。1995年12月,在美国的一些日本军国主义分子企图用巨额资金收买纽约的一家著名的报纸,让它发表一篇文章,否认"二战"期间的侵略历史。这家著名报社的负责人并没有为重金所动,断然拒绝了日本军国主义分子的无理要求。是什么促使这家报社作出这样的决定呢?正是新闻职业道德,它促使传播者把民族尊严、国家尊严放在首位,尊重历史,尊重事实,对人民大众负责,对子孙后代负责。

由此可见,传播业职业道德的自律性较之国家政府控制、行业组织控制、受众控制更显主动性。这可以说是对大众传播的根本上的控制。只有大众媒介的传播者自我道德修养提高了,才能在受众中树立威信,才能得到大众的拥护。

当然,社会对大众传播的控制,其形式还很多,诸如内容的揭秘程度、信息量的大小以及伦理、宗教、社会风俗等方面的控制,都对大众传播产生不小的作用。总体说来,一个社会对大众传播的控制,其形式、手段以及控制程度,基本上是由这个社会的政治、经济制度所决定的,同时又受这个社会的历史背景和文化条件的影响。因此,我们必须正确看待"新闻自由",对不同社会背景下"新闻自由"的实质要有充分的认识,以避免对西方传播制度的盲目崇拜。只有把人民利益、国家利益与传播控制制度结合起来加以思考,我们才能培养起健康向上的大众传播观念和传播道德。

# 第九章

# 大众传播与社会发展

## 内容提要

1. 大众传播与现代化
2. 大众传播如何推动社会发展
3. 大众传播与社会发展的展望

## 要点提示

本章对"大众传播与社会发展"这一论题作了初步的探讨,主要阐述以下几方面的内容:

1. 大众传播与现代化。传播与个人现代化;传播与国家现代化;依附理论;国际新秩序理论。

2. 大众传播如何推动社会发展。传播角色期待;传播观念的重建;传播在社会发展中的效果分析;发展性的传播。

3. 大众传播与社会发展的展望。建立正常化的功能观;强化传播体系的发展功能;成立专门研究发展问题的机构;重视反馈;改善媒介在受众心目中的形象;创造喜闻乐见的形式;发展与大众传播相关的辅助形式;重视传播研究。

"大众传播与社会发展"是20世纪60年代世界传播事业有了重大进展后,由欧美学者提出来的一个重要论题,曾一度成为学术界最热门的话题之一。虽然该论题是大众传播效果理论中的一个重要部分,但其涉及的范围较广,所以本书将其列为单独的一章加以探讨。

大众传播与社会发展理论的建构植根于传统的传播效果肯定论。这一理论派别认为,只要有好的传媒和精心设计的讯息,就必然会达到预期的效果;只要人们认真地规划和运用,必然有助于国家和民族的发展。然而这种看法充其量只是孤立的、想当然的问题假设,在历次实证中都受到怀疑和反驳。

20世纪50年代以后,现代化的社会研究学者一致认为,只有社会中大多数人的人格结构现代化,社会整体的现代化才有可能。根据勒纳(D. Lerner)的现代化理论,国家发展的社会动力来自两个方面:一是现代"流动性"人格的注入;二是"流动性增殖器"——大众传播媒介发生作用。在勒纳的心目中,社会发展的动力图式是这样的:具有流动性人格、易于接受变革的人物组成变动的核心,然后由不断发展的大众传播媒介传播社会流动性和变革性的观念、态度,再通过城市化、文化普及、工业化和大众传媒参与诸要素之间的相互作用,使第三世界走向现代化。

施拉姆也对现代化理论显示出巨大的热情。他指出,第三世界不发达的原因在于信息的不畅通。所以,他强调信息传播对发展中国家的重要性,认为有效的信息传播可以对经济社会发展做出贡献,可以加速社会变革的进程,也可以减缓变革中的困难和痛苦。施拉姆从大众传播强效果论出发,认为媒介在国家发展中具有守望、决策和教育的基本功能。在农业技术推广、卫生知识普及、扫盲教育和正规教育等方面,可以发挥直接的效用。其后,罗杰斯(E. M. Rogers)、白鲁恂(Lucian Pye)、伯罗(David Berlo)等美国夏威夷东西方文化研究中心成员也作了大量的研究。

大约从20世纪70年代开始,从事传播与发展研究项目的学者与当时的社会学家一起,把注意力放在对现代化理论的指责与检讨上,传播理论也同样受到非难。从事传播效果实证研究的美国学者罗杰斯从1969年开始就把传播的角色调整为一种次要的中介因素,认为它只是起干预作用的因素。1976年,他领导了一批拉丁美洲学者,从发展政策与策略上指斥外来因素阻碍了社会发展,也阻碍了传播积极作用的发挥。70年代中期以来,发展政策导向问题成为讨论传播与发展的先决条件,于是,原先的理论架构发生了变化。在发展政策和发展效果之间,传播媒介充当了中介桥梁。其实,20多年来传播理论本身也有很大的变化,从社会文化角度来审视传播的作用,就会发现传播的影响因素是多元的,过程是复杂的,效果也是多层次的。这比过去从个体心理角度看传播,可能更难找到答案。那么,传播媒介在社会变迁和国家、民族发展过程中,究竟发挥什么样的作用呢?

自20世纪50年代以来,大众传播与国家发展理论经过了三代范式

(paradigm):第一代范式即"大众传播与现代化"研究;第二代范式是基于对前一代的质疑,即所谓的"依附理论"研究;第三代范式是"新国际体系"研究。

# 第一节 大众传播与社会发展研究的三代范式

## 一、"大众传播与现代化"研究

现代化的定义众说纷纭,西方传播学界关于现代化的定义以长期致力于传播与发展研究的罗杰斯的观点最具代表性。罗杰斯把现代化定义为个人从传统生活方式变成较为复杂、高度技术化、生活方式迅速变迁的过程。从个人方面看,现代化就是个人脱离传统生活方式,逐渐具有现代化的过程。从社会和国家方面来看,现代化常常等于"西方化"。有人干脆把现代化视为工业化、都市化、世俗化。尽管关于现代化的见解因人而异,但有一点是相通的,即大家都认为现代化是一种社会变迁的过程,它包括社会结构、世界观、价值观、人生观、文化形态、产业结构等的转变。

作为第一代研究范式,"大众传播与现代化"研究参与的学者很多,也产生了很多代表性著作,有些甚至堪称经典,最具代表性的有:勒纳的《传统社会的消逝》,白鲁恂的《传播与政治发展》,施拉姆的《大众传播与国家发展》,伯罗的《大众传播与国家发展》,罗杰斯的《农民的现代化》等。联合国教科文组织曾积极参与,除了支持传播学者作研究,还在非洲、亚洲、拉丁美洲成立多个训练中心,替发展中国家训练大众传播工作人员,准备发挥媒介在国家发展中的作用。这项工作得到施拉姆等人的推崇,但是,事实证明,这是理想化的一代范式。

传播与现代化之间的关系,可从传播与个人现代化和传播与国家现代化两个主要角度来看。前者是研究传播对于个人现代化程度的影响,而后者则研究传播与国家发展之间的关系,即研究在整个国家发展过程中,或是国家趋向于现代化过程中,大众传播所扮演的角色和发挥的功能。勒纳在国家趋向现代化过程中传播媒介所担任的角色问题上有过专门研究,他认为传播媒介可以创造经济和社会发展所需的气氛。充分使用媒介,可使经济和社会发展加速向前迈进,传播媒介是社会改革的"倍加器"、"加速器"。勒纳后来甚至认为传播媒介大大地促使发展中国家"加快历史脚步"。现在来看这些认识都有其局限性,都过于将媒介角色设定简单化了。传播媒介功能的发挥,取决于多方面的因素,除了平等的国际环境和全民参与的内部条件外,一些学者还提出了其他的因素。

施拉姆把传播媒介看作是发展的推动者,认为在国家发展过程中,媒介可以提供有关国家发展的信息,传播必要的技术,使人民群众通过媒介有机会参与"决策过程",发挥主人公的作用。罗杰斯则认为大众传播是国家现代化的催化剂,媒介的积极功能可以促进移情力的增强,提高人们的创新意识、改革意识,最终实现国家整体的现代化。印度学者杜比把现代化看作是一种"改变",他认为传播是促成此种改变的主要原因。日本学者大岛则在《发展中国家的传播与改变》一书中,将传播对现代化所产生的作用与影响形象地比喻为"会像涟漪一样,一波一波地向外扩大,终于导致整个国家的全面发展"。可见,大众传播在国家、民族现代化进程中有巨大作用。

关于传播与现代化的关系问题,学术界一直在探讨中,这是一个复杂的、多元的课题。而在这复杂的、多元的课题中,必须研究的一个课题,就是深刻认识与把握如何正确协调大众传播与现代化的关系问题,现代化不仅需要有现代化的大众传播媒介(硬件)与之相适应,更需要有现代化的传播意识和传播观念(软件)与之相适应,这印证了哈佛大学杜维明教授关于现代化的推进必须建构在崭新的硬件和软件上的论断。

施拉姆等人鼓吹,希望发展中国家将大众传播媒介设定为社会发展的增殖器或推进器。施拉姆认为:"在为国家发展服务时,大众传播媒介是社会变革的代言人。它们所能帮助完成的是这一类社会变革即向新的风尚行为、有时是向新的社会关系过渡。在这一类行为变革的背后,必定存在着观念、信仰、技术及社会规范的实质性变化。"[1]但是施拉姆等人的一厢情愿并没有变成现实,第三世界的发展结果是:所有的差距日益扩大,文盲人数反而增加,贫困的状态并未得到根本的改观。预期的发展结果并未出现,第三世界国家仍处在动乱之中,国家意识尚未建立,平均收入虽有所增加,但国与国、贫与富之间的差距却越来越大。媒介不仅没有带来正面的效果,相反却污染了本国文化。勒纳不无感叹地指出,媒介在落后地区带来了日渐升高的欲望,但欲望却未能得到满足,竟然成了日渐升高的挫折。一代主流范式就此寿终正寝。

## 二、"依附理论"及其批评

第一代发展理论到 20 世纪 60 年代即已成强弩之末,其后十年,第二代发展

---

[1] [美]施拉姆.大众传播媒介与社会发展.北京:华夏出版社,1990:121.

理论强调现代科技与本土制度的配合运用,试图从文化特质和社会结构中寻找出自己的发展模式。发展社会学家拉美学者弗兰克(A. Frank)和华勒斯坦(I. Wallerstein)从"世界体系论"(World System Theory)出发,把世界经济关系划分为"中心"地区("都会"国 core or center)和"边缘"地区("卫星"国 periphery)。前者为西方资本主义发达国家,后者为第三世界国家。"中心地区"西方发达国家具有经济技术和传播技术方面的巨大优势。这种一边倒的格局不利于第三世界的发展,倒十分容易形成剥削与被剥削、控制与被控制的关系。弗兰克由此提出"依附理论",他主张第三世界国家认清自身处境,去效法古巴卡斯特罗走不依附的道路。这一主张得到当时印度、墨西哥等国学者的响应。"依附理论"有别于现代化理论之处主要有两点:第一,现代化理论试图设计一套发展中国家走向现代化的路线,而"依附理论"则试图找出发展中国家因何不发展的原因;第二,现代化理论是从国家政府的角度分析发展的问题,而"依附理论"则强调外在的力量是发展中国家发展滞后的主要原因。显然,这是一种典型的以马克思主义观点批判资本主义弊端的理论,持此观点的学者认定,国际资本主义经济体系具有剥削性质。

对于"依附理论"的批评主要集中在以下几个方面:一是"依附理论"用经济决定论去解释国家发展问题显得过于狭隘;二是就华勒斯坦的"世界体系"概念来说,在一个世界体系里面,每个国家都是互相依赖的关系,中心国家本身也互相依附,并不仅仅是第三世界国家依附发达国家;三是"依附理论"把第三世界不发达的原因归咎于西方世界的剥削,而不检讨本国文化是否是一个导致不发达的原因;四是"依附理论"所谓切断与中心国家的联系,实际上并无多大意义,并未提出解决问题的真正药方;五是这一理论的论点过于宿命,忽略了第三世界国家有自身内在的凝聚力去抵抗依附的可能。

20世纪70年代中期,有感于第三世界国家的发展现状,罗杰斯开始反思早期的研究结论,他看清了外来因素对国家发展方向、速度所产生的重大影响,依据在拉丁美洲、中国和柬埔寨的研究,他推翻了以前的一些观点,写下了《传播与发展:批判的观点》一书。罗杰斯等人的批判与修正,仍然是从媒介角色的定位入手的。早期研究中媒介被设定为一种决定性的因素,媒介是自变项,发展是应变项。罗杰斯等人则将这一关系颠倒过来,"发展政策"成为自变项,而媒介成为中介变项。发展政策成为讨论传播与发展的先决条件。在发展政策确定后,经过中介变项"传播"的推动,最后才有国家的发展。

显然这一时期传播与国家发展理论否定了传播的强大效果论,认识到传播作用于发展是一个缓慢的过程。罗杰斯等认为,在考察"传播与国家发展"这一课题时,大众传播与人际传播应等同对待,平均分配资源(包括媒介资源)应作为发展目标,独立自主、自力更生是发展过程中的要素。此外,在制定发展政策时要考虑群众参与。这一观点相对早期传播与发展理论而言无疑是冷静而客观的。但这一时期主导的发展理论是"依附理论"。作为一种内向型的发展模式,更多强调政治、经济、文化上的不依附。媒介只被视为意识形态的手段。媒介在国际上的传播,尤其是在信息、技术、文化交流以及提高本民族人格素质方面的作用没有得到充分的阐述。

### 三、"新国际体系"研究

从"现代化"到"依附",有许多理论观点和思路尽管不完善,但很具有启发意义。在此基础上,国家进入了一个新的阶段。社会结构,如权力、财富、信息、机遇等的分配重组被提了出来。人作为第一要素得到了确认,即要建立一种人本精神,使人格力量得到充分的发挥。发展不能照搬某一国模式,而应当从自身实际出发,合理地吸收他国先进文化、科技成果,当今世界各国都在谋求发展,任何国家都不可能闭关自守。在发展问题上,各国都应本着公平合理的原则,相互合作,共同进步。

这样,一个与旧的"世界体系"理论不同的"新国际体系"理论应运而生了。[1] 按照新国际体系理论构想,发展不单单是经济方面的,还有政治、社会方面的,是全方位的发展。发展就需要国际间的协调、合作,这是发展的外因,外因要通过内因起作用。这一理论的构想应验了芬兰学者诺顿斯壮(K. Nordenstreng)和美国学者赫伯特·席勒(H. Schiller)的"以国家主权为核心,从全球经济与资讯结构来探讨国家发展的问题"。[2] "新国际体系"理论是一种内外并举的发展模式。在这一模式中,传播媒介的作用与功能又被重新设定。另外,传播媒介在技术层面上也发生了巨大的变革,卫星传播、网络传播系统的发展,使媒介显示出前所未有的威力。

在"新国际体系"架构下孕育出的传播与发展第三代模式,起源于对发展中两大现象的认识:一是传播科技带给社会日新月异的变化,并显示了越来越大的潜能;二是发达国家利用其经济、技术上的优势,借口"信息自由流通"而形成的"媒介帝国主义"和"传播霸权"。联合国教科文组织的著名报告《多种声音,一个世界》对这一当代国际传播的特征给予了充分的阐述。报告代表了这一时

---

[1] 潘家庆.大众传播与国家发展的再思.见:发展中的传播媒介.台北:台湾帕米尔书店,1987:52.
[2] 朱立,陈韬文.传播与社会发展.香港:香港中文大学新闻传播系,1992:42.

期研究的主要成果,其中指出发展中国家的努力目标应当是建立属于第三世界自己的话语体系,建立"国际信息新秩序"(New International Information Order),争取国家话语权和传播权。在此基础上使传播技术发挥潜能,以引导全民参与,这样才能带来国家的发展。这一时期的研究强调了媒介在国家发展中的巨大作用,但更看重均衡的传播环境。关于这一点,我们在后一章中将继续讨论。

## 第二节　大众传播如何为推动社会发展服务

我们知道,大众传播在推动国家、民族向前发展方面具有告知功能("守门人"功能)、决策功能、教育功能等,它能使人们开阔眼界、集中人们的注意力、提高人们的期望;可以授人以地位,扩大政策对话的范围,帮助人们培养趣味,影响人们轻率持有的观念。大众传播如何为推动社会发展服务的问题,实质上就是如何发挥大众传播这些作用和功能以推动社会发展的问题。这里我们拟从四个方面来加以讨论。

### 一、大众传播角色的期待

如前所述,传播与发展理论的希望是:在国家现代化过程中,无论是经济发展还是人的改变都要借助大众媒介的扩散力量。这个理想的提出以勒纳、施拉姆两人为代表。前者重视媒介对心理的激发,后者则注重媒介的发展角色,看法好像有别,其实用意都是一样的。

勒纳认为,现代人都具备一种"机动的人格",也可以说是一种"移情力"。这种移情能力的促动,可以借助传播科技而实现。20世纪20年代以前,其传播多半由印刷媒介来承担,电子媒介普及以后,人们就借助电影、电视,特别是售价低廉的收音机来完成。这种工作在勒纳眼里,传播媒介不只为人类展开了一个无限的"替代性世界",成千上万的人受它们的影响,一个现代社会也因而起飞了。

施拉姆则具体指出,大众传播媒介在国家发展工作中可以担负以下这些角色:一是作为监督者,大众传播媒介可以扩大视野,集中注意力,掀起热潮,创造社会发展风气;二是作为决策过程中的媒介,大众传播媒介可以间接协助改变顽固的态度或做法,充实人际传播,对发展工作及有关人物授予较高的身份地位,拓展对于政策的讨论,加强社会规范,协助形成品位,影响不甚牢固的观念或略作疏导;三是作为一位教师,大众传播媒介可以协助各类教育,包括学校教育与专业技术培训工作。

施拉姆所开的传播角色清单并不止这一份,但内容与精神大同小异。它们一方面反映了当时传播与发展学者们的殷切期望,另一方面也暴露了早期传播研究的缺点。也许后者特别值得我们提出来加以研讨。

在一个现代化的社会里,大众传播要充分发挥其社会功能,健全的社会体制、多元化的言论环境以及活跃的社会面貌是根本前提。但我们不能简单地认为只要大众传播发挥其功能就万事大吉了,事实上,大众传播媒介与公众、国家之间存在着密切的权利与义务关系。保障大众传播发挥积极作用,是需要我们在制度、法律内多作考虑的。

构建和谐社会是我国的一项基本奋斗目标,在实现这一目标的过程中,大众传播媒介担负着重要使命。2003年,我国爆发了"非典"这一前所未有的高致病性传染病,一时流言四起,在国内民众中造成了恐慌。由于我国党和政府通过广播、电视、报刊等大众传播媒介及时实现了信息公开化,从而稳定了全国民众的情绪,维护了党和政府的形象,避免了不应有的损失。大量的事实都证明,大众传播媒介在社会和谐稳定发展过程中扮演着十分重要的角色。2011年"甬温特大交通事故"发生后,广大群众对铁道部在相关信息的通报上表现出强烈不满,引发全国上下的舆论潮。这些都从正反两方面说明,只有信息透明化才能使百姓对政府产生真正的信任。事实胜于雄辩,一切事实表明,大众传播是信息透明化的必然途径。

对大众传播的角色期待是不能一厢情愿的。过去,传播学界过于重视大众传播媒介在知识传授、社会经济发展方面的积极意义,忽视了大众传播发展也可能带来的负面影响,如对青少年的影响问题等。因此,大众传播媒介也需要在自我约束的同时接受社会舆论和法律的监督。这一点,我们在前面的章节已有阐述。

## 二、大众传播观念的回顾与审视

传统的传播理论固然为近代行为科学增添了新的活力,但可惜的是,它的源流太广,它的发展时间却很短,而多数理论是借用、套用的,等到用来解答在现实世界中出现的问题时,常常有格格不入或失之牵强、片面、简陋之嫌。其原因在于：

（1）传统的"刺激-反应"理论不足以解释人类的传播行为。行为是源于内在的一种认知活动，而认知又是一连串刺激、组织、选择、编译符码等复杂过程，用"刺激-反应"的简单关系来解释传播行为似嫌粗糙了。毕竟信息不是一个"东西"，可以由甲地搬到乙地；或者说，信息无法像一只铅球，你用多大力气，就可预测它可以被推到多远。

（2）过去的传播理论比较偏重单向、线型的过程解说，如美国人大卫·伯罗的 S-M-C-R-E 模式，认为从传播者到效果，就是一个 A 到 B 那样简单的因果关系（A－B）。今天，我们至少可以知道，任何传播参与者，他既是一位传播者，也是一位受传者，如果生硬地将他们的角色单一化、单方向化，就谈不上传播效果了。

（3）传统的传播研究大多借助于心理学方法及社会调查中的选样方法，当然它们的功劳不可磨灭，问题是，传播这种社会行为绝不是简单的一对一的关系，也不能把个人从社会关系中孤立出来。因此我们说，传统的传播研究多半忽视了社会文化环境，把人孤立在大结构之外，而以个人为分析单位，也是一种背离事实的做法。

（4）传统的传播理论由大众媒介的兴起而发展，故在国家发展工作推动中，大家重视的是大众媒介的力量。虽然施拉姆、罗杰斯也曾谈到人际传播，但是偏重大众媒介就无法涵盖人类传播行为的全部。过去的研究一再显示，大众传播媒介在认知的效果上往往占很大的比重。这当然是早期研究方向的偏失。今天的传播学界对此已有了深刻的认识，所以才把原先施拉姆所说的"大众媒介"改变为"传播"。

从这四个方面不太完整的回顾与检审中，我们或许已经看到现代传播在观念上所应有的改变。

首先，传播研究虽然已经相当丰富，但作为传播行为起点的"人"，特别是人的神经中枢如何从事接纳、运作、选择讯息过程，我们所知实在很少，也不够肯定，也许正如施拉姆比喻的"黑箱"一样，我们还需要作进一步探究。

其次，传播是传播的参与者对信息的分享过程，其结果可能有好效果，使受传者对传播内容产生认同，相反的也会造成更多的歧义。两个立场与意识形态相异的人一再辩驳，仍难同意对方的看法就是最好的说明。有一种传统的说法是"有传播，就会有效果"，这显然是一厢情愿的观点。

再次，传播效果的产生不可能是短时间、一次的、单一通道的结果。相反，有效的传播常常是长时间、多通道的一种复合效果，效果的层次也有很多等级和类别。通常我们所谈论的效果仅是个人的、立即的、外显行为的表现,但我们很难调查社会的、长期的、心理上的效果。

最后,传播行为与社会文化因素息息相关,而媒介制度又与社会多重结构不能分开。于前者,我们常用"社会体系理论"来解释媒介运作中所受的内外影响,有时我们甚至用社会体系理论来解释媒介结构或媒介内容的僵固性。于后者,媒介制度必然与社会结构有不可分割的关系,在分析这种关系时,不禁令我们产生三个问题:"媒介为何人所有"、"谁在制作信息"、"信息制作是给谁看"。对这三个问题的不同回答决定了传播体系的不同。

## 三、传播在社会发展中的效果分析

细究传播理论的内涵,常令人感到困惑,因为传播行为跟许多社会科学一样,牵涉到人和社会的困境,往往很难找到确切的答案。更何况传播这门学问还年轻,传播体系还没有完善,这正是读者在翻遍"传播与国家发展"的历史著述后,总是找不到媒介协助发展的历史记录的主要原因。今天的效果研究虽多,但可以通用的模式并不多见。具体地说,传播技巧若无法获取刺激反应的必然结果,我们怎能奢言"有效的传播"?效果不确定,也就难以出现一个具体的改革方法。这就是"传播学"所面临的最主要问题。但是,也有很多实证研究成果,提供了许多肯定的答案。

(1) 大众传播媒介内容常为受众"建构一种环境",这个环境不同于真实世界所呈现的情景,它事实上是一个"语言符号"所塑造的社会,用这些资料,人们常常据以作决定,并以此作为解释未来新出现事物的依据。

(2) 大众传播媒介与教育系统一样,常常是"社会控制"的最佳工具。适当的控制足以为人们带来一个安定团结的社会,也使社会从此得到发展、进步。

(3) 控制的对象。大众传播媒介随时都在促成"社会变迁",大众传播媒介创造见贤思齐、追求理想的精神世界,并从此形成一种社会风气,这样我们便会拥有一个理想化的社会。

(4) 大众传播媒介的"议题设定"效果,在人们认知结构改变上,提供了充分的证明,这种效果如能加强,将是态度和行为改变的基石。

(5) 大众传播媒介无形中产生一种制约功能,受众从媒介内容中"观察学习",从正面说,它加强了文化普及的功能;从负面说,反面材料很可能增强了社会不安定因素。

(6) 当社会出现某种"危机"时,大众传播媒介可以澄清局势,教导应变方法,确定新闻导向并提供有关事实真相的大量信息,以安定人心,控制大众情绪。

(7)"使用-满足"理论说明了受众寻求信息的动机在获得满足。因此,大众传播媒介若能充分肯定大众文化的社会价值,尊重受传者之间的个性差异,则传播效果必然大增。

(8)大众传播媒介可以帮助人们在现实生活中寻求他们自己无法得到的期待和梦想。这种"替代性的参与"、"情绪的宣泄",甚至最普通的"社会参与",都有令人安定、满足的效果。

(9)不宣传或不报道乍看起来其效果等于零,但是有些不宣传或不报道常为社会带来更大的混乱。比如说,对新的价格调整措施不加以报道,从而更加激发了受众的逆反心理,这种逆反心理就会造成受众对"小道消息"的坚信不疑。

## 四、发展性的传播

如果媒介传递的信息内容能够在社会发展中发挥作用,那么我们就把这种内容称为发展性的传播信息。

在传播与社会发展的讨论中,西方传播学界的研究结论是,一个国家不能充分发展、达到经济文化的现代化,原因就是缺乏发展性的传播信息。这一结论虽然有片面性,但在一定程度上具有说服力。过去,传播与发展理论强调的是,发展性信息就是"新事物"、"新观念"或"新技术",忽略了传统文化在社会发展中的作用。实际上,传统文化不是一个封闭的体系,它是一个国家、民族赖以存在、发展的依据。它也不断地向现代文化开放,不断地积淀以形成新的民族传统文化。它在维护正常、健康的社会伦理道德、稳定社会心理、建构社会秩序等方面都发挥着巨大作用。在抵制腐朽、没落的文化方面,它更可以提高本民族大众的免疫力。因此,现代意义上的发展性传播信息是融合了古今中外一切有利于国家、社会发展的文化思想、伦理道德、科学技术的。

发展性的传播信息对于国家、民族的发展具有十分重要的作用。大众传播媒介把世界上先进民众的先进思想、先进技术传播给本国的大众,从而丰富本民族大众的思想、提高本民族的知识水平。日本注重吸收外来先进的科学知识,日本的媒介普遍重视建设发展性的传播信息,所以战后日本经济飞速发展,成为世界经济大国。我国清代统治者由于实行闭关锁国政策,不注重吸收外国的先进技术、先进文化,所以最终导致落后挨打,从传播学角度看就是国家缺少发展性的传播信息。

发展性的传播信息与国家的发展是相辅相成、互相制约的关系。国家只有发展才会产生对发展性信息的需求;发展性的信息传播必然促进社会、国家的发展。社会对信息的需求包括以下五个方面的内容:① 信息的类别;② 信息传播方式的设计;③ 信息的制作;④ 通道或媒介的选择与运用;⑤ 传播效果的测量与评价。

发展性的传播还包括媒介的建设。综观世界各发达国家,对于媒介的投入堪与能源、交通等量齐观。所以,卫星传播、信息高速公路等的建设成为世界传播新潮,世界范围的信息革命必将带来社会发展的巨大飞跃,带来人们思维方式、生活方式和行为规范等方面的巨大变化。

## 第三节 大众传播与民主社会建设

在某些特定情况下,大众传播可以影响社会变革措施的采用和流播。也就是说,大众传播媒介可以是人为的社会变革的重要因素。最为现实也最为重要的变革,是推动社会民主化进程。

如何看待大众传播在国家政治生活中的作用,是衡量一个社会民主程度的一杆标尺。大众传播的价值意义,就是协助公民与政府处理好国家与社会、国家与个人的相互关系。就大众传播与国家发展这一议题来说,施拉姆所说的传媒五大功能似乎难以涵盖,因此尤其需要突出大众传播的启智、启蒙功能。即落实在对社会民主意识的培养上,其关键在于要唤醒个体,唤醒独立个体对自身权利、对自身自由、对自身人格的追求和渴望。这一点可以回应施拉姆等人早年提出的"现代化理论",其核心要素是人的现代化。

当今社会,大众传播的政治功能主要体现在两方面:一是对公共权力的舆论监督;二是对权力机构同公民社会间的沟通协调功能。政府需要大众传播实现公民对政府决策的理解和支持,同样,民主社会也需要通过大众传播来实现自身利益的表达。

在对公共权力的舆论监督方面,大众传播实则形成了一种权力制衡机制。在西方国家,权力制衡机制已经成为民主化进程的重要手段。在美国,其权力制衡机制有国会、政府、法院的三权分立,联邦制,活跃的公民组织,独立的媒体和文化产业,投票选举制度等。其意义在于,一方面,各个利益集团在博弈的过程中,由于权力制衡的存在,可以互补互让、公平竞争,促进利益的均衡分配;另一方面,权力制衡可以保障政府和民间充分有效的平等对话,体现政治现代性,提高政治决策的理性成分。

大众传播包括新媒体,作为一种言论平台,具有较强的话语权,其本身就是一种权力,和权力有着极其复杂的关联。而作为权力制衡机制的一部分,大众传播对公民社会的形成,促进作用是巨大的。通过对政府权力的制衡,对权力滥用、权力扩大化的有效揭露报道,使社会公共领域空间逐渐扩大,让更多的社会组织参与到公共领域中来,自发地对公共领域承担起作为一个公民的责任和义务,让更多的普通民众不断地通过自己的行动来激活民主,在公共领域和社会事务中,让"权利意识"和"责任意识"成为一种共识,成为人内心深处最朴素的生活准则。

大众传播在辅助社会管理方面发挥越来越重要的作用,这一点已成为社会共识。在政府权力和民间社会的沟通协调方面,大众传播作为国家意志的一种延伸,同时也有责任和义务为公民表达民意提供一个话语运动的平台,公众可以通过大众传播表达意见,进行政治参与和舆论监督。

英国媒介文化学者尼克·史蒂文森指出,政治现代性一个最明显的特征就是大众传播媒介发生了变迁,所有的群体都强烈地渴望能找到他们自己的生活,渴望能发出他们自己的声音,并在一个更广阔的共享性的公共文化中表达自己的意见,而这些都是现代性内涵中推动社会变革的主要力量。[1]大众传播作为大众意见的发声筒、传音器,有责任肩负起权力与民意的对话,在自己权限的最大范围内体现公民个体的内在需求和主观愿望,并且帮助政府实现政策的传达,使两者之间实现良性互动,改变过去那种政府意愿强制实施的单向模式,使双向对称的交流传播成为可能,从而真正成为联系公民与政府、政权政治与政权外政治的桥梁和纽带。在此过程中,大众传播作为一种交流平台,主要在公民意识的培养、公共空间的形塑、公民话语的表达上起了积极作用。在这一过程中,大众传播不仅是历史的见证者,更是历史的积极构建者。或许,大众传播的期望在现实中终会是理想的乌托邦,但是,大众传播主体意识的自觉,将是理想的公民社会可能得以实现的希望。

---

[1] 尼克·史蒂文森.认识媒介文化.商务印书馆.2001:67.

# 第十章

# 国际传播与媒介全球化

## 内容提要

1. 国际传播的主要方式
2. 国际传播的不平等现象
3. 国际传播中的机构
4. 媒介全球化与媒介帝国主义
5. 国际传播的发展趋势

## 要点提示

本章重点阐述以下几个方面的内容:
1. 我们把以别国受众为传播对象的跨越国界的传播活动称为国际传播。

国际传播的主要方式是对外出版、对外广播、对外电视传播、信息高速公路等。在传播方法上,国际传播要注意了解对象、选择适当的媒介、尊重他国的民族习俗和宗教信仰。

2. 国际传播中的不平等现象表现为:媒介分布不平等;传播信息量和内容上的不平等;资源利用的不平等。其实质是西方大国把自己的意志强加给他国人民,达到其"和平演变"的目的。全球化与媒介帝国主义问题。

3. 国际传播中的机构有:最前沿的大众传播;媒介所属的集团、组织;通讯社——世界七大通讯社。

4. 现代科技与传播全球化;媒介帝国主义理论。

5. 国际传播的发展趋势:走合作化道路;传播手段高科技化;国际传媒在国际事务中的作用越来越大。一般来说,国际传播至少包括了八个层面的内容:印刷媒介,如报纸杂志的交流;广播媒介,如电台、电视及卫星传播电视节目的交流;影音媒介,如电影录像带、录音带的交流;卫星通信,如地球资源探察及电脑信息的交流;个人事务及商业往来,如邮件、电报、电话的交流;个人进行的人际交流,如旅游、移民等;教育及文化的交流,如会议及体育比赛等;外交及政治交流,如有关政治、军事会议等。

国际传播活动在人类史上早就存在。东汉时印度佛教传入中国,唐朝玄奘的西行取经,中国与西亚、欧洲的贸易、文化交往,明朝初期的郑和下西洋,古希腊亚历山大大帝的东征,中古欧洲的日耳曼民族大迁移等,都带有国际传播的色彩。中国宋代的印刷术和15世纪德国戈登堡的金属活版印刷技术和印刷物的发行,更加速了国际传播的发展。19世纪的工业革命,不独将人类社会推向现代化,更使国与国之间发生多方面的接触,电报、电话、广播、电视、电脑的发明使地球成了"一个村庄"。

20世纪的两次世界大战,对国际传播造成一定的破坏,也造就了某些大国的传播巨人的形象。尤其是"二战"后,美国在世界上依靠其空前强大的政治、经济及文化势力,通过美国的传播媒介向世界其他国家输出美国的文化、价值观念,由此引发了国与国之间的传播对抗和矛盾。"二战"后,人们的价值观念普遍产生了变化,一些殖民地国家纷纷独立,普遍产生了发表自己政治主张的愿望。在经济上,大小国家之间存在一定的依赖关系,大国需要推销自己的产品,小国也需要推销自己的产品,这使得关心他国的政治、经济、文化动向成为一种自觉的行动。在文化上,"二战"前的一元文化、本土文化逐步为水乳交融的多元文化所代替。大众传播为各国提供了政治的讲坛、经济的瞭望台、文化的桥梁。1962年开始的卫星通信,缩短了人与人之间、国与国之间的空间距离,使得国与国之间的传播活动变得更加频繁。而"信息高速公路"的建设则更使国际间的传播消除了时间上的差异。1993年,美国终止"星球大战"计划,提出"国内信息基础设施"(即NII,俗称"国内信息高速公路")计划。1994年3月,时任美国副总统的戈尔在联合国国际电信联盟大会上宣布建立"全球信息基础设施"(GII,俗称"全球信息高速公路")的倡议。为了推行这一计划,同年美国提出重新加入联合国教科文组织的要求(美国提出重返联合国教科文组织与它退出该组织,前后刚好间隔10年时间。20世纪80年代初,当第三世界国家倡议提出的《多种声音,一个世界》,即《马克布莱德报告》发表后,美国等发达国家的新殖民主义不断受到谴责,作为联合国教科文组织的两个创始国美国和英国先后于1985年、1986年退出了这一组织)。在过去的几年里,美国政府致力于发展美国的全球信息基础设施,其战略目标是:平衡全球自由化和各种各样的国家利益;在主要国际传播社会组织进一步增强灵活性;对多边的国际机构加以改革;拆除妨碍今日全球信息基础设施——互联网的人为障碍。[1]众所周知,美国在国际传播中一直处于霸主地位,对世界的国际传播有很大的影响,通过推行全球信息高速公路,美国可以依仗其经济、技术优势,试图在这场新的传播变革浪潮中占据领先地位。

在传播活动如此发达的今天,人类社会的文化与生活已产生非常重大的变化,有效的国际传播在许多不同国家的社会风俗、习惯、个人行为与意识形态等方面,都建立起某种程度的共同性。例如,通过计算机互联网、卫星电视的传递,世界各国的观众都可以收看到巴黎的时装周;巴黎流行的服装款式,经由电视报道和时装杂志的介绍,可以很快地在世界各地流行。

国际传播还能对国际局势、政治、外交等产生重大而深远的影响,这种能对政治、外交产生影响的国际传播,实际上可以称之为国际宣传。当今世界的国际传播存在着严重的不平等现象。第三世界发展中国家由于在经济、文化上的局限,其传播事业严重地受制于少数西方发达国家。国际传播界的这种不合理现状,集中表现在少数西方大国对国际传播信息的流通量、国际传播的内容、国际传播资源的使用等的控制和垄断。世界各国尤其是第三世界国家正为自身在国际传播中的生存权而努力着。

# 第一节 国际传播的方式、方法

国际传播的主要方式是对外出版,对外广播、电视传播,信息高速公路。对外广播、电视依靠的是卫星转发技术,而信息高速公路依靠的是卫星以及越洋电缆,对外出版则需要经由外贸途径。显然,广播、电视在传播控制上较后二者要困难得多。

---

[1] William J. Drake, The Information Infrastructure Strategies for U. S. Policy, New York, The Twentieth Century Fund Press, 1995.

## 一、对外出版

对外出版指的是对国外出版发行报纸、杂志和图书。利用出版物对外宣传是早期国际传播的主要方式。

在报纸出版方面，全世界约有 8000 余种日报，世界各地的日报发行量近 5000 万份，而一半以上的日报是由发达国家出版的。世界上最著名的报纸，如美国的《纽约时报》、《华盛顿邮报》、《洛杉矶时报》、《华尔街日报》，英国的《泰晤士报》，法国的《世界报》，日本的《朝日新闻》、《读卖新闻》等，它们在世界上许多国家都有发行。中国有《中国日报》英文版，《北京周报》也用英文、法文、西班牙文、日文、德文出版并向世界各地发行。俄罗斯的《莫斯科新闻》以英文、法文向欧美国家发行。在越南、韩国等国家，也有用多种文字出版发行的报纸。

刊物的对外出版发行更为活跃。在美国，仅国际交流署就用 16 种文字出版发行 10 余种杂志和各种小册子。美国的畅销刊物《读者文摘》(Reader's Digest) 就以 15 种文字及 39 种版本出版，在国外每期发行约 1150 万册；美国的《时代》杂志 (Times) 在国外每期销售约 500 万册；《新闻周刊》(Newsweek) 在国外的发行量也很大。美国外交部门还在中国发行一种中文刊物《交流》，其宣传目的更为明确。其他国家的畅销刊物在世界上也有很大的市场，如法国的《星期快报》杂志 (L' Express) 和德国的《明镜周刊》(Der Spiegel) 等。中国也有参与国际传播的刊物，如《人民画报》、《中国建设》、《中国文学》等，都以英、法、德、日、俄等多国文字出版。

在图书出版方面，1955 年以来世界图书的出版量增加了约 1 倍，从总册数来说，增加了 2~3 倍。大部分出版的图书由欧洲的出版商作为一种附属商品销给以前的殖民地国家，它成为第一种大量外销的大众媒体。美国的出版公司每年外销书籍价值超过 3 亿美元，将近一半销往加拿大，还有一部分销往欧洲、亚洲和拉美国家。世界其他国家，如俄罗斯、中国等，都设有专门的外文出版社，将本国政治、文化、教育、科技等方面的成果介绍到国外去。例如，我国就曾向国外发行过多种文字的《红楼梦》、《西游记》等文学名著。

世界各国对外出版图书、发行报刊，其目的无非是对外宣传和介绍本国的政治、经济、文化等方面的发展情况，推广本国的价值观念和生活方式以使国外读者对本国的意识形态产生认同，最终使其为本国利益服务。

## 二、对外电子传播

对外电子传播主要包括广播、电影、电视、计算机国际网络等。它是国际传播中最强的一部分,也是现代国际传播的主体。

### (一)广播

广播是国际传播中最为方便的一种媒介。在世界上任何一个地方,只要拥有一台短波收音机,就可以收到来自世界各个国家电台的声音。20 世纪 20 年代,苏联成为第一个以若干种外国语制作广播节目的国家,不久,英国和其他国家也相继开展了这一传播形式。在美国,一些公司如通用电气公司、国家广播公司(NBC)和哥伦比亚广播公司(CBS)都建立了短波发射台,主要播出一些商业化的娱乐节目,但也转播一些外语节目。第二次世界大战期间发生的"珍珠港事件"使美国政府认识到依赖商业性广播公司做国际性服务是不行的,于是美国政府于 1942 年成立了"美国之音"(VOA),由国务院直接领导,后改由国际交流署领导。

"美国之音"在国际传播中扮演了一个重要的、特别的角色。它宣称自己的新闻原则是客观、公正、全面,同时,它又时时播送"反映美国政府立场的社论"。实际上,它真正的面目是美国政府对外宣传的媒介。"美国之音"目前共使用 42 种语言对外国广播,每周播出的时间长达 1300 多小时。

英国广播公司(BBC)在国际传播中的影响也十分巨大,目前在全世界大约有 1 亿多听众。BBC 宣称自己的广播宗旨是"报道的准确性高于时效性","新闻就是新闻,不是宣传",而实际上也往往免不了作为政府的宣传阵地,有时纯属英国政府的"传声筒"。

目前把世界上进行国际广播的国家按每周播送节目时数的多少加以排列,最多的是美国,其他依次是俄罗斯、中国、英国、日本、朝鲜、德国、埃及等。

### (二)电视

电视媒介在国际传播中始终是最活跃的,利用电视进行国际传播是一种比较常见的方式。据联合国教科文组织估计,美国拥有全世界三分之一的电视台,其次为日本、英国、德国、意大利、加拿大、中国。以电视进行国际传播主要有两种方式:一是输出电视录像片;二是卫星转发节目。在输出电视录像片方面,美国远远超过了其他国家。美国制作与输出电视节目的公司超过 200 家,80%的制作节目外销。英国、法国和德国也竞相输出大量节目。在墨西哥,模仿美国肥皂剧的"新潮剧"非常流行,很多节目也由墨西哥销售到其他拉丁美洲国家。中东国家的大部分节目都是由黎巴嫩和埃及制作的。

### (三) 电影及其他新型娱乐文化

电影及计算机网络传播在国际传播中也是很重要的方式。全世界有三分之一的影片是由美国制作的,三分之一是由欧洲国家生产,还有三分之一是由亚洲国家生产。美国、韩国的电影,日本的动漫、游戏,这些娱乐文化产品在世界上占据了很大的市场,现在在世界的每一个角落都可以看到好莱坞制作的影片。这些影片也把美国的生活方式、价值观念带到了世界各地。

### (四) 互联网传播

互联网使国与国之间的传播变得更为快捷、方便,而且在对外传播中成本较低。网络化实现了"信息的共享",某些发达国家正是利用其高度发达的网络系统和信息占有量方面的优势,不断把一些本国的价值观念和体现本国国家利益的思想观点搭载在科技文教信息中传递给对方,如打着民主旗号在网络上所进行的问卷调查等。

《大趋势》一书的作者奈斯比特认为,使地球变成地球村的两项重大发明:一是喷气式飞机,二是通信卫星,后者尤其重要。卫星通信在国际传播中有着举足轻重的地位,没有卫星技术的广泛使用,现代国际传播将难以展开。美国、俄罗斯、英国、法国、日本、德国、加拿大等国都利用卫星向国外传播广播、电视节目。例如,"美国之音"就使用好几个卫星转发器向世界各地转播广播、电视节目。近两年开办的"与美国对话节目"还实现了现场转播。

国际传播中通常要注意的问题,有如下几个方面。

第一,要了解传播对象。在国际传播中,传播过程要比普通的传播复杂得多。对受传者除了要考虑他们的人文、社会、地理等客观条件之外,还要考虑到他们所处的政治制度、他们的生活习俗、欣赏习惯等主观因素,当然,政治见解、政治环境的差异是国际传播中的最大障碍。如何使政治、文化环境不同的受众接受自己的思想观点,是每个传播者所必须研究的。美国的《读者文摘》除了用15种文字出版外,同一种文字还分别出了不同的版本。例如,英文就有美国版、英国版、澳大利亚版、加拿大版、新西兰版、印度版及亚洲版。之所以这样做,是出于对各国受众政治文化背景的考虑。

第二,要充分尊重各国人民的民族习俗和宗教信仰。各国人民的宗教信仰千差万别,其禁忌也很多。

第三,选择适当的媒介。传播媒介的选择适当与否,关系到传播效果的强弱。近几年来,我国在北美、欧洲、大洋洲一些国家设立了相关机构,并与美国、加拿大等一些机构合作播放中国的电视节目,取得了一些很好的效果。

总之,不论何种传播方式、方法,其最终目的都是为了提高传播效果。随着科学技术和政治、文化等的不断发展,新的传播方式和方法将不断涌现,必将丰富国际间的传播活动。

## 第二节 国际传播中的不平等现象及其实质

国际传播中存在许多不平等现象,这是世人有目共睹的。这些不平等现象主要表现在以下几个方面。

### 一、媒介分布不平等

第二次世界大战以后,各国的经济、文化都有了长足的发展,特别是第三世界发展中国家开始了漫长的现代化进程,传播领域也有了飞速发展,但与西方发达国家相比仍存在巨大的差距。我们可以从一组统计数字中看出来:北美洲人口占世界总人口的6%,却拥有世界上半数的收音机和电视机;欧洲的人口数没有北美的多,却拥有世界上三分之一的报纸和约十分之一的电视机和收音机;在亚洲,日本一国的报纸销售和电视机拥有量,差不多与亚洲其他国家的总和相接近。全球互联网的根服务器共11个,其中9个在美国,1个在欧洲一个在日本。发达国家拥有互联网传播技术的绝对话语权。

发展中国家如亚洲、非洲、南美洲的一些国家,在媒介方面所出现的"盲区"必然被发达国家填补。根据20世纪80年代初联合国的统计数据,发达国家印刷品的外销量占世界总量的90%以上。发达国家80年代以来的电影输出量始终在产量的70%以上。至于利用短波广播进行宣传,更是发达国家唱独角戏。据统计,目前美国、英国对海外广播的时间居世界前两位。在电视片输出上,发达国家占据了绝对优势。在亚洲、南美洲、非洲、东欧一些国家的银屏上,充斥的是美国、法国等国的娱乐片。由此可见,世界传播媒介呈现出垄断与半垄断的趋势。

## 二、传播信息量和内容上的不平等

这一点与媒介关系紧密。发达国家由于在媒介上占有绝对优势,形成了与发展中国家传播的信息量和传播内容的不平等。非洲、亚洲、拉丁美洲的一些国家由于没有自己的通讯社,不得不采用世界大通讯社的信息。据联合国统计,拉丁美洲国家所刊登的国际新闻,有近40%来自合众国际社,21%来自美联社,10%来源于法新社,9%来源于路透社。显然,仅美国的合众国际社和美联社两大通讯社就操纵了60%的拉丁美洲国家报刊中的国际新闻。据统计,发达国家的几大通讯社操纵着全世界80%以上的国际新闻传播,这些大通讯社利用手中掌握的报道权,大量报道和美化西方社会生活,而对发展中国家积极向上的一面熟视无睹,因此,这些大通讯社不仅决定了第三世界人民可以知道些什么,以及如何理解他们所知道的事件,而且还严重影响他们的生活方式。[1]

另一方面,少数西方发达国家向发展中国家发出的新闻数量与相反方向流动的新闻数量之间差距悬殊。"美联社的一般世界专线电讯每天从纽约向亚洲平均发出90 000字,反过来,从亚洲向纽约发出19 000字供向世界范围发送。合众国际社从纽约向亚洲发出的一般专线电讯总计大约100 000字,而从亚洲各地向纽约发送的每天只有40 000字到45 000字不等……法新社从巴黎向亚洲发出30 000字以上,另外大约有8 000字是在亚洲收集向亚洲的顾客发送的,这同一8 000字还要发回巴黎,收编到法新社其他世界电讯中……新闻的不均衡在于从伦敦或纽约发向亚洲的新闻比从相反方向发来的要多得多。虽然来自西方的新闻中也可能包括世界其他地方的新闻——主要侧重来自北美和西欧的新闻。合众国际社电视新闻部每月从西方向亚洲播出150则电视新闻报道,而从亚洲播出的新闻报道平均每月约20则。至于英国电视新闻社,它每月从伦敦向亚洲发出大约200则报道,而从亚洲发出的报道仅20则,另有从日本发出的10则。"[2]到21世纪,美联社每天向全球15 000多家媒体提供新闻稿件,音频视频新闻图片,图表为全世界10亿多的读者服务,美联新闻为600家报刊广告公司提供服务。

国际新闻传播中的信息不平等,不仅表现在信息的流通量上,而且表现在传播内容上。西方发达国家在向发展中国家大量兜售西方的物质文明、价值观念、生活方式的同时,往往对发展中国家经济、社会的发展视而不见,或不能用历史

---

[1] 联合国教科文组织出版办公室.多种声音,一个世界.北京:中国对外翻译出版公司,1981:200.
[2] 同上。

的、发展的眼光来看待发展中国家的情况,因而常常热衷于报道发展中国家的灾祸、犯罪、恶劣的环境、社会动乱等内容。在他们的报道中,发展中国家到处是丑陋、肮脏、饥饿、内乱和动荡。国际传播中的这种不合理现象,导致广大发展中国家的形象被歪曲、丑化,它们的政治和经济利益被损害,它们的思想和文化被侵蚀,使不少青少年受到严重的精神污染以至丧失民族自尊心,盲目崇拜和向往西方文明,向往西方的生活方式。

### 三、资源利用的不平等

国际传播中主要的资源是无线电频率和卫星驻留轨道。发达国家利用其在经济和技术上的优势抢先瓜分了这些国际公共资源。仅占世界10%人口的发达国家控制了90%的无线电频率。[1]而在空间轨道利用上,联合国缺乏统一、合理的分配制度,因此很多发达国家如同上汽车抢占座位一样,依仗其实力大量抢占空间卫星轨道驻留点。目前,占据空间轨道最佳驻留点的均是美、英、法、日等国的通信卫星。20世纪90年代,欧美的卫星电视已发展到相当的程度。据有关资料显示,到1992年2月,美国已有72个频道、欧洲有67个频道的电视节目,利用卫星向国外进行传播。[2]由于发达国家抢占大多数的卫星轨道驻留点和最佳无线电频率,使第三世界国家后发展的卫星传播技术遇到了很大的困难。2012年1月23日国际电联讨论"无线电规则"重新安排无线电频谱,150多个国家3 400多名代表出席大会. 我国目前已成为无线电应用大国,在公众通信领域,目前全球移动用户不到25亿,而我国即将达到5亿,是全世界的大约20%。我国的移动通信发展水平不逊于美国,跟欧洲持平,这些都是我国改革开放后急起直追的结果。

国际传播不平等现象背后的实质是大国沙文主义和大国霸权主义。发达资本主义国家不惜重金建立自己强大的传播体系,一方面是为了获取巨额利润,出版业、电影业、电视业都可以从其他不发达国家获取较高的利润;另一方面就是要强行推销其社会制度及其思想体系,对于这一点,我们从美国历届总统的有关言论中可见一斑。

美国前总统肯尼迪1957年8月21日《在美国参议院的讲话》中着重指出,"美国之音"和其他机构应该"挑起"铁幕后面各国人民的抵抗情绪,并让他们相信我们(美国)会给以"道义"上的支持。

---

[1] T. L. McPhail, Electronic Colonialism, Sage, California, 1981, p.152.
[2] 吴信训.大众传播新潮.成都:四川人民出版社,1994:86.

美国前总统艾森豪威尔在给《读者文摘》创刊35周年的贺词中直言不讳地指出,《读者文摘》对于人们在家庭中加强美国生活方式,做出了极大的贡献,它使这种生活方式为许多国家人民所欣赏。

美国前总统尼克松更是把传播媒介视做和平演变的工具,他在1980年著的《真正的战争》中指出:"我们不应当怕进行宣传战——不管是在苏联帝国内部,还是在世界上其余地方。我们应当重新加强自由欧洲电台和自由电台的工作,并且在苏联帝国侵略矛头所指向第三世界的那些地区建立能同苏联宣传直接竞争的类似电台。"在1984年著的《真正的和平》一书中,他说:"为了赢得这场意识形态斗争,西方也必须搞机会主义。""当他们打开门,伸手去拿他们想要的东西时,我们就竭尽全力把尽可能多的真理塞进门里去。""如今在匈牙利发生的一些变化证明了这一点。位于苏联帝国边界上的匈牙利,很容易收到奥地利广播电台和电视台的未受干扰的节目,因而彻底地受到了西方的爱好和思想的熏陶。"

从这些言论中我们不难发现,美国等西方发达国家是把对外传播作为一项战略工程来看待的,其目的是影响别国的受众以便把美国的意志强加给他国人民,或达到其"和平演变"的目标。

随着经济文化的不断发展,许多第三世界国家对某些发达国家在国际传播中的所作所为有所察觉,纷纷要求建立和发展本国的大众传播事业,建立独立的、现代化的传播基础结构。他们针对目前传播领域中的不合理、不平等现象,于1976年提出了一个口号:在国际传播领域建立一个新的、更加合理、更加公平的新闻传播秩序。30多年来,经过广大第三世界国家的努力,国际新闻流动有了一些改善,但在总体上,20世纪50年代以来形成的不合理、不平等的旧格局,基本上没有多大变化。由于发达国家的阻挠和干涉,第三世界国家建立世界新闻新秩序的道路是曲折而又漫长的。

## 第三节 国际传播机构

从事对外宣传工作的传播媒介大多是国营的,如美国的"美国之音"、"自由欧洲电台"、"自由亚洲电台",英国的"BBC",也有部分私营的商业性媒介实际上也在从事国际传播工作,如《华盛顿邮报》。由此可见,国际传播中的机构包括了国家经营机构和私人经营机构两种。这两大类传播机构又可根据其职能分为三种:第一种是最前沿的传媒,包括报刊、书籍、电影、广播、电视等;第二种是媒介所属的集团、公司,如美国的大报业集团甘尼特集团、纽豪斯集团、奈特-里德报业公司、哥伦比亚广播公司、英国国家广播公司等;第三种是通讯社。

这里,我们重点谈一下通讯社。通讯社是一种采访、搜集并向各种媒介提供文字新闻、新闻图片和新闻资料的传播机构。通讯社分国内和国际两类。国内通讯社在国内采集和发布新闻。国际通讯社在国际范围内采集和发布新闻。通讯社的业务是及时采集新闻(包括文字、图像、音响)、资料及有关信息,向国内外用户发稿,通过报刊、广播电台、电视台同观众发生关系。通讯社的特点是发稿量大,报道内容广泛,发稿迅速及时并且持续时间长。有些通讯社也出版报纸、刊物直接同读者见面。

现在全世界共有174家通讯社。1982年,美国出版的《世界新闻年鉴》把这些通讯社分为五个等级。列入A级的国际性的通讯社有美国的美联社和合众国际社、英国的路透社、法国的法新社等8家,列入B级的主要通讯社有日本的共同社、加拿大通讯社、中国的中新社等21家。20世纪80年代以来,国际形势发生了巨大变化,有些通讯社力量有所削弱,有的通讯力量得到了壮大,总体看,经过多年的发展,世界各国通讯社的发展规模和格局都已经是今非昔比,一般公认的世界著名通讯社有6家:美国的美联社和合众国际社、英国的路透社、法国的法新社、俄罗斯的俄通社和中国的新华社。

## 一、美联社

美联社是当今世界最大的新闻通讯社,于1848年作为一个合作组织在纽约成立,当时为6家报纸服务。现在的美联社,作为一个不以营利为目的的合作社,是在1900年成立的。该社从第一次世界大战开始到1940年发展迅速,采用其新闻稿的报纸从约100家增至约1400家。1920年前即已开始建立国外分社。为了与合众社及其他通讯社竞争,它从1940年起扩大业务。这一年,它开始向广播电台提供新闻报道;1946年成立美联社国际服务部;1954年成立美联社广播电视部。20世纪70年代末该社租用40多万英里的电话线路播发新闻和图片。1998年约有1700家美国的报纸和约6 000家广播电台和电视台接受该社的服务,在海外约有112个国家和地区的8 500家报纸、电台和电视台接受该社服务。美联社使用6种语言发稿(英语、德语、瑞典、荷兰语、法语和西班牙语)。每天24小时、每周7天发稿,每天发稿2千万字、1千张照片。美联社共有3 000多名记者、编辑,在71个国家有93个记者站,在美国有144个记者站。1998年9月21日,美联社宣布它已经从广播公司新闻网手中购得全球电视新闻网,而且会将它与现存的美联社电视服务合并成为一个全球性的电视新闻机构——美联社电视新闻网(APTV)。

美联社每天累计发稿字数为 300 万字,世界各国每天约有 10 亿人可以读到、听到或看到美联社发出的新闻和图片。美国著名作家马克·吐温曾这样描写过美联社——世间只有两样东西的影响可以达到全世界任何角落:天空中的太阳和地球上的美联社。此话虽有些夸张,但美联社的全球性渗透能力和广泛影响却是不可忽视的。

## 二、合众国际社

合众国际社 1958 年 5 月由合众社与国际新闻社合并而成,创立于 1907 年是美国历史上著名的商业通讯社,为美国第二大通讯社。由美国著名报人斯克里普斯于 1902 年创立,两次世界大战使得该社得到了迅猛的发展。1958 年,该社与赫斯特创办的国际社合并组成了合众国际社,总部设在纽约,并设国内分社 146 个,国外分社 78 个。1987 年全社记者编辑 1 200 人,国外 200 人,用英文、西班牙发稿每日 1300 万字,全球有订户约 5 000 家,其中中国的报纸 700 家,电台电视台 3 330 家,1988 年 2 月该社世界新闻电信集团公司接管。1991 年 8 月再次申请破产,并大量削减雇员和关闭部分分社,1992 年 6 月被设在伦敦的中东广播中心公司收购。

合众社拥有一个全球性的双向通信网络,合众社于 1972 年建立了一个电脑化的信息储存和检索系统,将各个分社全部并入。此外,合众社还通过它的图片传输系统将新闻照片、图表等形象信息传送给国内外的订户。合众社还提供全电脑化的"数据新闻"服务业务,通过本社电脑将各种新闻和信息及特稿直接传输到各用户的电脑终端。2000 年 10 月 6 日,财政陷入困境的合众国际社被韩国统一教教主鲜明的新闻世界通讯集团收购。

## 三、路透社

路透新闻社成立于 1851 年,为英国最大的通讯社,由德国人保罗·路透创办,总社设在伦敦。路透社主要是向国外报道各种新闻,所以在国外设有 100 多个分社,分布在世界上的 128 个国家,它同世界上的 120 多个通讯社建立了业务联系,国外有 1500 家报纸采用路透社的新闻,国内只在曼彻斯特设有分社,路透社每天发稿约 70 万字。

路透社最初为私人企业,只限于发商业新闻,但由于路透对新闻通讯有着浓厚的兴趣,经过他的努力,终于将路透社发展成世界几大通讯社之一。由于路透社在英国乃至世界上的影响日益扩大,英政府为加强宣传,也插手路透社的业务并给予津贴。实际上,路透社在一定程度上受英政府控制。路透社的股权属于伦敦各报的报业主联合会、郡级报级的报联社、澳大利亚报联社、新西兰报联社。这四家股东间有一项确保该社在新闻报道中"独立性"和"正直性"的托拉斯协议。

## 四、法新社

法新社成立于1835年,为法国最著名的通讯社。由于该社最初是由查理·哈瓦斯所创,因此早期称"哈瓦斯通讯社"。1944年9月更名为法新社,总部设在巴黎。法新社在国内有13个分社,在国外165个国家和地区设立110个办事处。法新社每天用法语、英语、西班牙语和德语四种文字向世界各地发稿,字数达60万以上,同时还向世界各地发送大量图片和综述性文章。世界上有3500家订户抄收和采用该社提供的稿件。

法新社名义上是独立的报业联合企业,实际上是法国官方通讯社。法新社在业务上分为三大部:新闻部、总务部、技术部。摄影部从属于新闻部。该社的日常工作由一位总经理负责,总经理任期3年,由一个15人组成的董事会任命。董事会成员中的8名由新闻机构(报纸、电台、电视台)的代表充任,其余7名由"国营机构客户"的代表担任。发展至今,该社已拥有2000余名雇员,其中记者、编辑约1000人。

## 五、俄通社-塔斯社

俄通社的前身是苏联的塔斯社,成立于1917年,前身为彼得格勒通讯社,1925年7月改称塔斯社,即苏联通讯社。苏联解体后,1992年1月23日成立了俄通社,1992年1月30日正式定名为俄通社-塔斯社,为俄罗斯国家通讯社,目前在俄罗斯及独联体国家约有70家分社,在其他59个国家有63个分社。

俄通社-塔斯社总部设在莫斯科,独联体境内有4000家报纸、电台和电视台采用塔斯社播发的新闻稿和图片。有115个国家的1000多家新闻机构采用塔斯社提供的消息,它每天用俄、英、法、德等各种文字对外播发消息,每天发稿总数达250万字,每年播发近600万张图片。

## 六、共同通讯社(简称共同社)

共同社成立于 1945 年 11 月,它的前身是创办于 1936 年的同盟通讯社。总部设在东京,在日本国内有 5 个支社、1 个总局、48 个分局。其中大阪支社规模较大,具有总分社性质,主管东、阪、神及日本西部九州各分局活动,负责向主管地段报社和电台、电视台直接发稿。国外现有分局 31 个,派驻国外记者 40 多人。到 2007 年共同社有职员 1 950 人其中记者 1 200 人,其内外新闻稿和传真照片的收发工作已实现了电脑化,每日发稿量达 60 万字,传真照片 120 张。共同社全天对世界各地播发英文电讯,但国外新闻单位对共同社电讯的采用率并不高。

随着日本经济的发展和国际地位的提高,共同社也加强了与国际上几大通讯社的合作,目前已同美联社、合众社、路透社、塔斯社、法新社、新华社等近 60 家外国通讯机构订有长期交换新闻和图片的合同,此外还有一些其他的业务协作关系。

## 七、新华通讯社(简称新华社)

新华社创建于 1931 年 11 月,其前身是红色中华通讯社,1937 年 1 月改称新华社,并向全国发布新闻,新中国成立后成为国家通讯社。它是中国最大的新闻中心,是在国内外具有广泛影响的重要舆论机构。

新华社总社设在北京。在国内,除台湾省外,其余的省、市、自治区和军队均设有分社。1984 年起,建立了亚太、中东、拉美和非洲 4 个总分社。新华总社的主要业务机构有总编辑室、国内新闻编辑部、国际新闻编辑部、对外新闻编辑部、新闻摄影部、参考材料编辑部、体育新闻编辑部等。

至 2012 年,新华社每天向国内中央级报社、广播电台和电视台播发新闻 4 万至 5 万字;向省、市、自治区以下的地方报纸播发新闻 1 万字;用英、法、西、阿、俄、中六种文字每天向国外播发新闻 6 万字。新华社每天通过 40 多条线路,接受和处理世界各地的新闻约 200 多万字。此外,还用 4 种文字向 100 多个国家和地区的报刊寄发专稿。每天通过传真、航寄等途径,向国内外播发新闻照片 700 多张,全年发稿 20 多万张。

新华社还设有新闻研究所、新华出版社和中国图片社,办有《参考消息》、《经济参考》、《瞭望》、《半月谈》等报刊。新华社在国外还设立了许多分支机构,在宣传我国政府政策、了解世界局势、促进中外交流等方面发挥了重大作用。

除了出版以及广播电视等传播媒介、集团、公司、通讯社外,还有一些协调机构,如联合国教科文组织、国际电讯联盟、国际报纸发行人联盟、国际新闻学会、国际记者联盟等,它们都在国际传播中发挥了一定的作用。

## 第四节　全球化与媒介帝国主义

近几年来,关于全球化与媒介帝国主义的讨论已成为人们普遍关注的一个热门话题。"全球化"一词见诸报端是近几年的事,但对全球化的真正内涵却是众说纷纭,莫衷一是。美国学者约翰·汤普逊指出:"……一般的说法,全球化指的是世界上不同部分渐增的联结,这样的过程产生复杂的互动与相互依赖的形式。依此定义,全球化可与'国际化'及'跨国化'区别,然而这几个名词在文献中常被交相替换使用。"汤普逊进一步指出,全球化发生在:① 活动发生在近似全球的场域;② 活动的组织、规划或协调是以全球的规模来进行的;③ 活动涉及某种程度的交换与相互依赖,如此本地的活动放在世界不同的部分,并被其影响。[1]

从全球化的类型来看,其一是指企业形式为超国家企业组织,因此所有权及控制运作的机制均以全球为基础;其二是指企业的意识形态,这一意识形态的建立是为了服务企业的利益;其三是指经验性层面,指的是全球化过程中可观察的,其特性为主要社会、文化与机构的改变,其巨大的渗透力值得注意。全球化作为一个不以人们意志为转移的客观存在,已经以不同的形式渗入了我们经济建设、文化建设、人文社会科学的教育和研究以及人们的日常生活中。在全球化浪潮中,媒介文化的全球化最为突出,我们不得不对其加以重视。如今全球化已成为一个普泛的概念,在经济、政治、文化等领域都有讨论。本书是将其作为一个文化命题来加以讨论的。

### 一、现代科技与传播全球化

麦克卢汉早就指出,媒介技术的发展使地球成为一个"地球村"。在媒介发展史上,从口语传播时代到印刷文化时代,人类经历了一个漫长的发展历程。自

---

[1] 彭芸.国际传播新焦点.台北:台湾风云论坛出版社,1998:1.

从19世纪末以来电子媒介的不断发明，人类的传播格局发生了巨大的变革。技术革命的进程也相对加快了。无线电广播从问世到拥有5000万听众用了38年时间；电视从发明到拥有5000万观众花了13年时间；而互联网从1993年对公众开放到拥有5000万网民，仅用了4年时间。在我国，网络媒体发展也异常迅速，据统计，1997年年底，我国网民只有67.5万人，根据中国互联网络信息中心公布的最新数据，截至2012年6月底，我国网民总数已达到5.38亿，成为世界上网民人数最多、增长最快的国家。[1]

海湾战争以前，世界上只有少数国家开办了国际卫星电视，如1980年开办的"美国有线电视新闻网"（CNN），1984年美国新闻署开办的世界第一家官方国际电视台——世界电视网（World Network）以及国际传媒巨头默多克的新闻集团于1989年和英国广播公司于1987年开办的对欧洲进行广播的卫星电视网等。海湾战争后，国际卫星电视发展迅速。目前，有近20个国家开办了50多个国际卫星电视台，播出节目300多套，覆盖世界2/3以上的人口。[2]数字压缩技术的发明和使用，使通信卫星发挥着更大的作用，也为跨国传播公司的扩张提供了技术上的可能。随着卫星有效辐射功率的不断增加和接收技术的进步，现在用口径1.2米的接收天线就可以直接收看到卫星电视节目。数字压缩技术的发展，使每个卫星转发器能同时转播6~8个数字频道。因此，各国电视台纷纷踊跃利用卫星来传递自己国内节目，各大广播公司则纷纷采取合并、联营、联合持股等手段向全球扩张。媒介巨子默多克、布鲁斯康尼、鲁斯与华纳兄弟公司等都在积极开拓新大陆市场。1983年3月，鲁斯与华纳兄弟公司合并成当时全球最大的媒介传播公司——时代华纳。据估计，当时资产近180亿美元，劳动力接近34万，母公司设在美国，亚洲、澳洲、欧洲甚至拉丁美洲都有其子公司。2000年年初，美国网络公司"美国在线"与时代华纳合并成为世界上第一个传媒"航母"。据估计，这一世界传媒巨头当年的市场价值达到了3500亿美元。显然，许多发展中国家由于缺乏资金，市场化程度低，将无法与这些媒介巨头竞争。

许多传媒公司也把他们的触角伸向了发展中国家，试图开辟新的市场。世界排名第二的传媒娱乐集团——美国维亚康姆（Viacom），就曾试图打开中国市场，希望在中国拥有一个频道。迪斯尼、好莱坞等娱乐机构也纷纷将其发展目光瞄向了中国，2005年以来，外国大片一直占据中国电影市场上座率前几位。同样在巴西、印度、伊朗和第三世界其他地方，也都有跨国公司的媒介产品流通。

〔1〕 中国互联网络信息中心（CNNIC）.《第30次中国互联网络发展状况统计报告》.
〔2〕 马庆平.外国广播电视史.北京：北京广播学院出版社，1997：312.

虽然20世纪80年代关于国际传播新秩序的大讨论,达成了"传播可自由且平衡的流通"的共识,人们偶尔也能看到一些发展中国家的媒介文化产品出现在西方市场,但那是微乎其微的,多数情况下只是充当西方文化消费的调节剂。因为,第三世界国家在媒介技术、资金和人才等方面都与西方发达国家有很大差距,实际传播的自由和平衡在现实中是很难实现的。

很多人认为,第二次世界大战后的新殖民主义,重心不在欧洲而在美国,加上资本主义与跨国企业在协助边陲国家走向工业化与现代化的同时,也都使这些国家对美国及其他发达国家产生依赖。从政治、经济到社会生活的各个方面,边陲国家都没有自主可言。

## 二、媒介帝国主义理论的产生与发展

严格地说,媒介帝国主义议题的研究肇始于传播与国家发展理论研究的不断推进,一些具有批判精神的传播学者,把他们敏锐的目光投向了国际传播中的"信息垄断"与第三世界所面临的西方传媒的"文化入侵"现象。1969年,赫伯特·席勒(Herbert Schiller)出版了他的《大众传播与美国帝国》一书,揭开了"媒介帝国主义"理论研究的序幕,被后人称为研究媒介帝国主义的先驱。席勒一改美国传播学研究的实用传统,对美国资本主义传媒的文化霸权进行了批判。席勒的研究跳开了具体传播媒介效果研究的范畴,更多地沿着"依附理论"的结构模式,从全球政治经济与传播的角度来探究国家发展问题。

虽然媒介帝国主义的研究在上世纪60年代就已经开始了,但这一概念却是由美国学者鲍依德-巴勒特(Oliver Boyd-Barrett)于1977年提出的,巴勒特对这一概念进行了界定,他认为媒介帝国主义指的是"任何国家媒介的所有权、结构、发行或传播与内容,单独或总体地受制于他国,受制国却无相等的力量去影响对方"。[1]在他看来,媒介帝国主义是权力来源不平衡所造成的结果。当然,有些媒介的行为或影响是有意的商业、政治策略;但有些媒介的输出并没有刻意强调政治、社会或经济的影响,接受国被影响的程度或是接受或只是无意地吸收,这和过去帝国主义稍有不同之处。麦克菲尔(T. L. Mcphail)则用电子殖民主义来指称国际上的信息、媒介不平等现象,他认为西方国家殖民帝国的建立有几种不同的趋势:一是军事的征服,始于古罗马时代;二是藉宗教之名进行的侵略,十字军在中古时代的出征即为代表;三是17世纪开始到20世纪中叶的重商

---

[1] 彭芸.国际传播与科技.台北:台湾三民书局,1991:201.

主义的殖民主义。在殖民地国家纷纷独立以后,西方国家多通过跨国公司来代替其传统的统治方式。"依附理论"之所以盛行,正说明跨国公司对第三世界国家的影响是深远的。在一个传播科技发展迅速的时代,跨国公司以最新的传播科技来掌控、操纵和支配信息的流通,这使得媒介文化可以在他们的指挥棒下传播,那么,对第三世界的意识形态的影响也会顺着他们所希望的方向发展。

不论是媒介帝国主义还是电子殖民主义,强调的都是电子传播时代媒介的重要,以及媒介如何成为科技时代控制他人、他国的利器。巴勒特认为,媒介帝国主义的形式有四种:其一是传播的工具形式;其二是一整套的工业安排;其三是理想实现的价值观;其四是特殊的媒介内容。[1]

以色列学者凯兹和英国学者桑托斯(T. D. Santos)从内因探讨媒介帝国主义理论,他们认为,虽然美国等西方国家在国际经济中占有绝对优势,但每个第三世界国家对外依赖有轻重之别。因而在传播领域,只研究外在世界系统是不够的,还必须探讨每个国家的内在因素。国际传播对输入国有正负面的影响,但内在力量在社会变化过程中有它的自主性,第三世界并非束手无策,可以采取一些必要的行动来抵制外来文化入侵,他们不赞同全球化使文化趋同的观点。也有学者从文化人类学"文化扩散"角度出发,认为吸收外来文化可以滋补本国传统文化。所以,国际传播的自由畅通不是坏事。有的学者甚至认为美国等大的跨国公司向外扩张,目的完全是追求全球最大的经济利益,如此而已,谈不上"政治目的",也未必与美国的政府目标相一致。还有的学者提出了一种"不对称的互相依赖关系理论",即权利的不平衡对文化有不利的影响,但受众可以决定自己的需要,对本国文化工业的发展也有作用,只是还缺乏不受限制的选择权。

20世纪80年代,研究媒介帝国主义理论成果颇为突出的华人学者李金铨对此则持中庸观点,他在《"传播帝国主义"理论省察》一文中认为,对媒介帝国主义正面影响的估价不能过于乐观,第三世界国家媒介文化的发展,并不意味着依赖关系的改变。美国等国家的西方文化并不代表世界文化的共同性,也不代表世界文化的先进性,所以他极力主张对本土文化要加以保护。同时,他也反对席勒等主张的要改变传播失衡就要退出资本主义体系的观点。美国学者费杰斯(Fred Fejes)对席勒的研究也进行了批判,他认为,应当把第三世界国家在受到外来文化冲击时,人们如何体验外来文化这一点放在重要位置。他指出,应该研究受众接受这些产品后的反应,以及这些媒介文本是如何被"诠释"的,这些"诠

---

[1] 彭芸.国际传播与科技.台北:台湾三民书局,1991:202.

释"会不会随着文化语境的不同而产生差异等问题。[1]

许多学者对媒介帝国主义产生的背景进行了分析,他们对新殖民主义提出严厉的批判,认为这种新的殖民主义与17、18世纪的帝国主义相比更胜一筹。在对发达国家的依赖过程中,第三世界国家丧失了自己的文化自主权甚至话语权。20世纪90年代,英国学者汤林森(John Tomlinson)对文化帝国主义进行了专门阐述,代表了西方学者的一种视角。他认为,第三世界国家之所以会对西方国家的文化产生依赖感,主要是因为本国文化过于原始、落后,西方文化具有先进性,所以,西方文化自身具有魅力,自然会使殖民地国家的民众产生归依感。他提出讨论"文化帝国主义"的四种途径,即:媒介帝国主义、民族国家的话语、批判全球资本主义的话语以及对现代性的批判。在他看来,以往绝大多数关于文化帝国主义的论述,大都把媒介作为讨论的重心,也就是把电视、电影、广播、报纸、广告以及互联网等当作问题的核心。汤林森认为,文化帝国主义最重要的方面,没有不是将意识形态四处传播的,但媒介并不是现代文化的中心,它只是中性的、平等的扩散,而不是把自己的意识形态强加于第三世界国家。显然,汤林森在理论与方法上都存在缺陷,首先是他的西方文化优越论的立场;其次,汤氏从媒介传播的具体形式来寻找西方跨国资本主义对发展中国家的意识形态的影响,自然不会找出任何媒介帝国主义的证据;再次,汤林森回避了话语与权力的关系。正是由于这一立场,汤氏否定了文化帝国主义对第三世界的"文化支配"以及相应的"文化殖民"与"文化霸权"。

就存在形态而言,媒介帝国主义最明显的、最直接的形式是媒介文化产品的大量倾销,由少数发达国家制作的电影、电视节目、唱片、新闻、书报期刊流通世界各地,如好莱坞制作的影片。许多量化研究发现"单向的流通"是国际传播的特色之一。根据联合国教科文组织1987年对全球78家媒介公司所做的统计显示,位居前15名的基本上是当今一些发达国家的公司。20世纪90年代末,经济全球化促使这些媒介公司在战略上作出调整,如兼并浪潮使得西方的媒介公司更具竞争力,80年代所保持的这一格局即使在21世纪开始时仍然没有改变。

媒介帝国主义有四个重要假设:其一,文化产品输出国被假定具有侵略控制他国的意图。其二,西方的文化信息产品对本国的文化、规范及价值观有负面影响。这些负面影响通常来自外来文化与本地文化的价值观的不协调,对本地文化造成破坏性的改变。其三,输入国民众不会选择性地吸收、调节或抗拒外来文化,显然,效果理论的"魔弹论"成了这一假设的前提。其四,在外来文化入侵

---

[1] 见:传播学论文选萃Ⅲ.南京:南京师范大学出版社,2000:40.

的情况下,当地政府没有能力抵抗文化入侵,而强国依仗其技术、资金的优势,为所欲为,全然不顾输入国文化习俗,肆意破坏输入国的文化主权。

在传播科技日益发达的今天,媒介帝国主义揭示了第三世界国家在媒介发展上所遭遇的几个瓶颈,因此,这一概念也是研究信息不平衡的重要方法,成为学术探讨的一个途径。"发展理论"强调社会经济、个人心理因素是研究国家发展的先决条件,大众传播媒介可以动员人们,加速社会变迁,促进经济发展,加强政治参与,并认为大众传播媒介是发展的工具,研究的重点是以国内的系统为主。而媒介帝国主义与"依附理论"则从全球系统着眼,认为每一国不能单独存在,都是国际政治经济环境中与他国互动的产物,各国的媒体不能单独地行使其功能,而必须从其结构、组织、内容等看其受其他国影响的程度。现代化理论强调发展的内在过程,"依附理论"关注中心国与边陲国的关系。毋庸置疑,"现代化"理论对发展中国家的发展抱有乐观态度;而"依附理论"与媒介帝国主义则以悲观的态度看待边陲国家的发展状况。

文化帝国主义是马克思主义文化学者所喜欢使用的概念,而媒介帝国主义则是非马克思主义文化学者常使用的概念。前者从宏观的角度,关注媒介主权与控制社会权力结构的关系,以及媒介信息所表征的意识形态及其对阶级制度的繁衍所具有的效果。后者则从微观的角度,关注文化传播中的实际问题,将媒介帝国主义看作比较有用的分析工具,因为它指涉的现象较具体,较便于做严格的实证。文化帝国主义关注一个重要的文化议题,即文化自主与文化同质。西方学者认为,20世纪的文化帝国主义是毁灭性的,文化的影响是西方工业国对外军事、政治或经济扩张的中心面向,要了解国际上中心与边陲的动力,就不能不重视文化渗透的问题。美国学者汉姆林克(C. J. Hamelink)因此认为,亚洲与拉丁美洲的许多国家并不能算是真正的独立,经济因受外援、贷款、投资、商务情形等影响而产生依附,而文化方面的同质化倾向日趋严重。按照汉姆林克的说法,文化同质化的过程,指的是"中心国家某些文化的发展是以说服传播的形式传播给接受国",因此这不仅仅是单向的关系,更牵涉到"同化"这个基本概念。因此,接受国的本土文化及其所具有的创新能力和自身特殊的属性在这种情形下很可能受到破坏,各民族文化之间的差异性也可能逐渐消失。[1] 20世纪90年代以来,西方发达国家在文化输出上,更注重全球营销策略的调整。例如,跨国媒体的经营策略就包括了外国直接投资,其中所有权的资产、外国市场的渗透、产品制作、流通的效率、解决客观存在的市场壁垒、建立媒介帝国等都在考虑

---

[1] 彭芸.国际传播与科技.台北:台湾三民书局,1991:207.

之列。

随着国际政治、经济形势的发展,全球化被认为是现代性的扩展,全球化意味着一种全球文化的诞生,对媒介文化在国际间的传播过程有了全新的认识。许多学者认为,全球化无疑代表了一种重要趋势,但全球化并不能脱离本土化,全球化与本土化都是相对的,如同一个硬币的两面。美国学者罗伯特森(R. Robertson)提出的"球土化"(Glocalization)这一概念恰当地概括和体现了二者之间的辩证关系。可以说"球土化"是西方跨国媒介传播公司文化输出的最新策略,而其文化同化的媒介帝国主义议题已被经济一体化淹没,这一倾向日益明显。20世纪90年代以前的研究固然过于激进,但放弃对文化入侵、文化危害的警惕,也是相当危险的。

## 第五节　国际传播的发展趋势

人类社会日益发展的今天,国际社会之间的相互关系显得越来越重要,打开国门了解其他国家的情况,走向世界,让其他国家了解自己,显得十分迫切和必要。过去那种国与国之间互相对立、互相隔绝的情形已大为改观,国际社会普遍倾向于接受多元文化和价值观念,对有分歧的观点往往采取比较宽容的态度。在这样的背景条件下,国际传播呈现出以下几种态势。

### 一、走合作的道路

国际社会之间的合作体现在以下三个方面。

#### (一)西方发达国家之间的合作

西方发达国家由于他们在社会制度、价值观念、政治观点等方面的一致或相近,他们在与发展中国家进行贸易或文化交流时有着共同的目标,因此,他们需要信息共享,这样也就必然产生媒介的共同开发和运用。事实上,美英等国之间早已开始这样做了。他们已经在埃及、波兰、意大利等国合作开设英语教学节目。在欧洲,法国与挪威、瑞士、芬兰等国在旅游信息、电视节目等领域也广泛展开合作。

### （二）西方发达国家与第三世界国家之间的合作

西方发达国家要想进一步了解发展中国家的情形，进一步推行其传播战略，他们需要与第三世界国家进行合作。而第三世界国家由于经济和技术上的局限，需要发达国家的支持。例如，在传播设施、卫星技术、电视节目等方面，第三世界国家都需要与发达国家合作。

当然，合作的方式、方法很复杂，合作的具体过程也充满困难，其中牵涉到政治、文化、经济等因素。以往的国际传播，大多数国家进行的都是单向的宣传，其结果往往是越来越对立，矛盾也越来越大，彼此的隔膜也越来越深。这种局面不利于国际关系的发展。近十多年来，发展中国家普遍重视了国际传播媒介的建设，纷纷建立起独立的、现代化的传播基础结构，初步改变了国际传播中自"北"向"南"流的"单向流通"格局，但"单向流通"的倾向仍然存在，许多发展中国家呼吁建立国际新闻传播新秩序，加强"南北对话"、"南北合作"。

### （三）第三世界国家之间的合作

由于第三世界国家在国际地位、经济状况、存在的问题等方面相似，他们需要在国际传播中加强团结，共同改变国际传播不合理、不平等的局面。这样，他们之间的合作也就势所必然了。第三世界之间的传播合作，一方面表现为在国际舞台上进行相互道义上的支持；另一方面表现为技术和信息上的合作。为了打破西方大国通讯社等对国际传播的垄断，发展中国家间开展了卓有成效的国际合作和区域性合作，建立了一批地区性的通讯机构。1981 年，亚洲新闻交换网成立，中国、朝鲜、巴基斯坦、越南等国在这一组织中发挥了重要作用。1983 年，泛非通讯社成立，非洲国家间的新闻合作由此更加密切。拉美国家也加强了新闻合作，于 1983 年成立了拉美特稿社。在广播、电视方面，亚、非、拉等地区也先后建立了一些区域性合作组织。

国际间的合作，加强了国与国之间在意识形态、文化领域的交流，加深了各国人民之间的相互了解，推动了国际传播事业的发展。

## 二、传播手段走向高科技化

使地球"村庄化"的传播科技正被广泛地应用于国际传播领域。通过卫星收看新闻等电视节目，是 20 世纪 60 年代和 70 年代最了不起的电视成就。卫星转播电视的质量大大优于微波传送，因为它只需要一次转播，不像微波系统那样要经过多次接力,这样,中间环节少,电波信号损失少,传播质量就高。此外,广播卫星的传播覆盖面极大,三颗卫星就可以覆盖整个地球,使地面上广播、电视信号受地形、建筑物等干扰的问题得到彻底解决。世界上最早用于转播电视节目的通信卫星是1962年7月10日美国电话电报公司发射的"电星一号"卫星,它实现了美国和欧洲之间的第一次实况图像传输。1964年,美国又发射了"同步通信卫星三号",能向包括亚洲的日本在内的20多个国家传送卫星电视节目,从而开始了电视传播的新纪元。

1984年1月23日,日本成功地发射了世界上第一颗直接广播卫星"BS-2号",它可以将电视节目直接送到用户家中而不需要地面接收站和天线接收装置的中继。这也意味着国际传播的天然"屏障"没有了,如果不加限制,任何人只需要安装一个简易的卫星电视天线即可以收看国外电视节目。

发展中国家在基础设施落后、技术跟不上的情况下也积极努力开发传播领域。1980年4月1日,中国开始通过卫星收录和转播国际新闻;1982年7月23日,中国自制卫星地面站设备在上海试运行获得成功;1984年4月16日,中国发射的第一颗试验通信卫星定点成功,运行正常。

现在,卫星转播已广泛地被用于体育节目转播、新闻采访之中。随着电脑技术的普及,新闻传播的效率大为增强,减少了过去冲、洗、印的工序,加快了国际传播的节奏。

## 三、国际传播媒介在国际事务中所扮演的角色越来越重要

美国传播学研究者福兰克斯说过,人们得到对方的信息越完全,一般来说,产生误解和偏见的机会越少。国际传播研究的权威马克汉姆亦认为,冲突随着传播的加强而减少。国与国之间信息交往越多,越不可能以暴力解决冲突。大众传播可以帮助公众了解事实真相,从而稳定公众情绪,形成一种有利于和平解决争端的气氛。同时,国际传播也有预警作用,某一可诱发重大冲突的事件,经过媒介报道,可引起人们的注意和重视,从而使事态及时得到控制。例如,1995年美元对日元汇率的下跌情况经过媒体的深入报道,引起两国政府的高度重视,从而采取了一些应急措施,避免了更大的经济、政治危机。

当然,事物总是一分为二的,国际传播的巨大作用也被某些别有用心的人用来作为干涉别国内政的工具。其常见的手段是:肆意渲染事态,以掀起轩然大波,制造不安定气氛;挑拨国与国之间的矛盾;挑拨民众与政府的矛盾;在别国政治活动如大选中进行一定的舆论导向;等等。

总之，在国际事务中，尤其是解决地区争端、缓和紧张局势等方面，国际传播正发挥着越来越大的作用。国际传播的重要性已越来越为人们所认识，它正朝着有利于世界和平和发展的方向迈进。

# 主要参考文献

## 一、英文部分

1. Andrea L. Rich, Interaction Communication, New York: Harper & Row, 1974.
2. C. G. Browne, Communication Means Understanding, New York: Mc-Graw-Hill Book Co., 1959.
3. C. Cherry, On Human Communication, New York: Wiley, 1957.
4. Cassato, Mary Basante, Mass Communication: Principles and Practices, Molefik. Macmillan Publishing Co. Inc., New York, 1980.
5. Curran James, Gurevitch, Michael and Woollacott Janet(eds.), Communication and Society, London: Arnold, 1971.
6. Curran, James & Gurevitch, Michael, Mass Media and Society (4th ed.), Hodder Education, a member of the Hodder Headline Group, eds., 2005.
7. E. Emery, P. H. Ault, W. K. Agee, Introduction to Mass Communication, New York: Dodd, Mead, 1970.
8. George A. Miller, Language and Communication, N. Y: Mc-Graw-Hill Book Co., 1951.
9. Herbert J. Gans, Popular Culture and High Culture, New York: Basic Books, 1980.
10. John R., Bittner, Mass Communication: An Introduction, New York, 1980.
11. Joseph A. Devito, Communicology, New York: Harper & Row, 1978.
12. Joseph R. Dominick, The Dynamics of Mass communication (updated edition), New York: Harper & Row, 1994.

13. Julia T. Wood, Communication Mosaics (3rd ed.), Wadsworth/Thomson Learning Inc., 2004.

14. Lazere, Donald, American Media And Mass Culture: Left Perspective, University of California Press (eds.), 1987.

15. Lee Thayer, Morality and the Media, New York: Haslings House (ed.), 1986.

16. M. L. Defleur, Theories of Mass Communication, New York: David Mckay (2nd ed.), 1970.

17. Marshall McLuhan, Understanding Media: The Extensions of Man, New York: Mc-Graw-Hill, 1966.

18. Marshall McLuhan, The Medium is the Message, New York: Random House, 1967.

19. Marxist Approaches to Media Studies: The British Experience, See: Critical Communication 1, 1984.

20. Merrill John C., Lee John & Friedlander Edward Jay, Modern Mass Media, New York: Harper & Row, 1990.

21. Robertson Roland, Social Theory, Culture Relativity and the Problem of Globality, in Anthony D. King (ed.), Culture, Globalization—the World-System, Minneapolis: University of Minnesota Press, 1997.

22. Schramm Wilbur, The Process and Effects of Mass Communication, Urbana Ⅲ University of Illinois Press, 1954.

23. Simith A. G., Communication and Culture, New York: Holt, Rinehart & Winston (eds.), 1966.

24. T. L. McPhail, Electronic Colonialism, Sage, California, 1981.

25. William J. Drake, The Information Infrastructure Strategies for U. S. Policy, New York: The Twentieth Century Fund Press, 1995.

## 二、中文部分

1. [美]德福勒,丹尼斯. 大众传播通论. 北京：华夏出版社,1989
2. [美]德福勒,鲍尔-洛基奇. 大众传播学诸论. 北京：华夏出版社,1990
3. [美]赛弗林,坦卡特. 传播理论：起源、方法与应用. 北京：华夏出版社,2000
4. [美]施拉姆. 大众传播媒介与社会发展. 北京：华夏出版社,1990
5. [美]施拉姆,波特. 传播学概论. 北京：新华出版社,1984

6. [美]施拉姆等.报刊的四种理论.北京:新华出版社,1980
7. [美]威尔伯·施拉姆.大众传播的责任.台北:台湾远流图书出版公司,1995
8. [美]麦奎尔,温德尔.大众传播模式论.上海:上海译文出版社,1987
9. [美]斯蒂芬·小约翰.传播理论.北京:中国社会科学出版社,1999
10. [美]詹姆斯·科伦等.大众媒介与社会.台北:台湾五南图书出版公司,1997
11. [美]约翰·费斯克.传播符号学理论.台北:台湾远流图书出版公司,1995
12. [美]大卫·麦克奎恩.理解电视:电视节目类型的概念与变迁.北京:华夏出版社,2003
13. [美]E. M. 罗杰斯.传播学史——一种传记式的方法.上海:上海译文出版社,2002
14. [美]托夫勒.第三次浪潮.北京:三联书店,1984
15. [美]托夫勒.权力的变迁.成都:四川人民出版社,1993
16. [美]丹尼尔·贝尔.后工业社会.上海:科学普及出版社,1985
17. [加]麦克卢汉.理解媒介——论人的延伸.北京:商务印书馆,1992
18. [英]史蒂文森.理解媒介文化.北京:商务印书馆,2001
19. [英]安吉拉·默克罗比.后现代主义与大众文化.北京:中央编译出版社,2001
20. [日]西村胜彦.大众传播学导引.台北:台湾水牛出版社,1980
21. [日]池田喜作.最新公共关系实务.台北:台湾文冈图书公司,1978
22. 李金铨.大众传播学.台北:台湾政治大学新闻研究所,1981
23. 徐佳士.大众传播理论.台北:台湾正中书局,1986
24. 郑贞铭.大众传播学理论.台北:台湾华欣文化事业中心,1976
25. 陈世敏.大众传播与社会变迁.台北:台湾三民书局,1983
26. 李茂政.传播学.台北:台北时报文化公司,1981
27. 彭芸.国际传播与科技.台北:台湾三民书局,1991
28. 彭芸.国际传播新焦点.台北:台湾风云论坛出版社,1998
29. 翁秀琪.大众传播理论与实证.台北:台湾三民书局,1998
30. 张慧元.大众传播理论解读.苏州:苏州大学出版社,2005
31. 张隆栋.大众传播学总论.北京:中国人民大学出版社,1993
32. 徐耀魁.大众传播学.沈阳:辽宁教育出版社,1990
33. 戴元光等.传播学原理与应用.兰州:兰州大学出版社,1988
34. 张咏华.大众传播社会学.北京:外语教学与研究出版社,1992

## 后 记

　　记得第三次修订这本教材,我说我已经没有前两次那样的激情了,原因是,传播学随着网络信息技术的进步,理论知识的更新步伐太快了,随之而来的是一些观念需要更新,于是我感觉到现在的教材快跟不上学科发展的速度了。确实,网络与新媒体技术日新月异,正改变着传播的版图,媒介融会也成为传播的现实,传播的教材已跟不上时代变化的节奏,知识的更新已是迫在眉睫。

　　自1994年我开始写第一本传播学教材至今已快二十个年头了,这些年传播学著作如雨后春笋般涌现,对新闻传播学教育应当说是一件好事。长江后浪推前浪。面对汗牛充栋的传播学新成果,渐渐地我也有了一种会落伍的担心。受到传播学研究的新观念、新思想的影响,我努力不断调整、不断完善这本教材。几年前,一位素未谋面的读者,从远方给我寄来一本书,打开一看,竟然是我所写的教材,在信中这位读者朋友讲了很多鼓励的话,并语气中肯地给我讲了他阅读后的"发现",把书中有疑问的地方一一画出,同时将他自己较有把握,属印刷错误或笔误之处校正出来。这位读者如此有耐心看我的书,对我来说是莫大的奖赏和鼓励,我非常感激,同时也增加了几分责任感。正是这种责任感促使我下决心在新一轮的修改中,认真推敲每一个章节,不辜负读者对我的期望。

　　任何一个学科都是一个宇宙,传播学也是一个宇宙。要完全掌握传播学的精髓很难。讲授传播学课程十多年来,我始终觉得需要补充的内容实在太多了,但我不灰心,就当自己是初学者,学习传播学永远都不嫌晚。

　　说到学习传播学的态度,传播学鼻祖施拉姆的经历也许对我们都有启发。作为人文学者的施拉姆直到做博士后时才开始他的传播学研究,到四十多岁才形成他的传播观,而他对传播的兴趣却是缘于他的口吃毛病,纠正口吃的过程使他发现,传播学研究领域实在是太广阔了。在传播学这一领域,他没有拉扎斯菲尔德那样的自负,三十多岁时他凭借着一股毅力学习数理统计、控制实验等他从未涉及过的知识,他的勤奋,使他完成了从人文学者向社会学者的转型。相比施拉姆,我们所做的工作都是微不足道的,传播学研究才刚刚开始,这样想,我们就有信心了。

虽然努力避免错误,但我相信书中的乖舛定然难免,敬祈学界朋友不吝赐教。

作 者
2013 年初春于姑苏